JN416273

Main Idea로 푸는 역대상·하

HOLMAN Old Testament Commentary

I & II Chronicles

General Editor Max Anders | Author Winfried Corduan

Copyright © 2004 B&H Publishing Group
Originally published in English under the title
Holman Old Testament Commentary: I & II Chronicles
by B&H Publishing Group, 127 Ninth Avenue North, Nashville, TN 37234-0188, USA.

All rights reserved.

Korean Edition Copyright © 2010 by Timothy Publishing House,Inc,
Seoul, Republic of Korea

Translated and used by permission of B&H Publishing Group
through arrangement of rMaeng2, Seoul, Republic of Korea.

본 저작물의 한국어판 저작권은 알맹2를 통하여
B&H Publiching Group과 독점 계약한 (주)도서출판 디모데에 있습니다.
신 저작권법에 의하여 한국 내에서 보호받는 저작물이므로 무단 전재와 무단 복제를 금합니다.

Main Idea로 푸는

역대상·하

맥스 앤더스(Max Anders) 책임 편집 | 윈프리드 코듀언(Winfried Corduan) 지음 | 이중순 옮김

디모데
Timothy Publishing House

저와 제 아내 준(June)에게
모든 도움과 격려를 아끼지 않으신
래리 블랑켄십(Larry Blankenship) 박사님께
감사드립니다.

추천의 글

요즘, 여러 사람들에게 읽히며 회자되는 목사님들의 설교나 글을 읽어보며 많은 생각을 하게 됩니다. 그 글들의 대부분은 성경보다는 성경 이후의 얘기나 성경보다 더 멋지게 말하려는 흔적들로 가득 차 있습니다. 그러한 글들이 처음에 쓰여질 때는 물론 성경에 근거를 두었겠지만 그 글에 영향을 입은 사람들은 성경은 없고 텍스트가 된, 성경과는 전혀 다른 모습의 인간상들을 만들어낼 가능성이 높아집니다.

변하지 않는 것이 있습니다. 사람은 변하지 않습니다. 그리고 하나님은 변하지 않습니다. 그러나 주위를 보면 변화되는 것들을 센스 있게 기록해놓은 것들로만 가득해서 변하지 않는 인간의 영혼, 그 깊숙한 곳의 문제들이 전혀 해결되지 않은 채 남아 있습니다.

영혼을 찔러 쪼개는 유일한 도구는 하나님의 말씀입니다. 그러므로 교회가 다시 성경의 근거를 마련하고 그 토대 위에 말씀을 세우는 작업을 놓쳐서는 안 됩니다. 이것은 이미 했다고 해서 무관심할 것이 아닌, 중단없이 계속되어져야 하는 것입니다. 제 이야기를 하자면, 제 속에서 변하지 않는 모습을 봅니다. 하나님 말씀에 불순종하는데 익숙한 제 모습입니다. 신앙 생활을 시작할 때 말씀 공부를 충분히 하면 어느 날엔가는 하나님의 말씀으로 풍성한 삶을 살 것이라 기대하며 오늘까지 달려왔습니다. 그러나 요즘 하나님 말씀에 불순종하는 변하지 않는 제 모습을 보며 경악합니다. 이런 제게 오직 주의 말씀이 은혜로 임할 때, 제가 그 말씀 앞에 순종하는 모습을 봅니다.

우리는 다시 성경을 보아야 합니다. 그 말씀이 무엇을 말하고 있는지 깊이 추적해야 합니다. 이 책, 「Main Idea 시리즈」는 하나님의 말씀에 순종하고자 하는 사람들에게 바른 길잡이이자, 말씀을 깊이 사랑하는 사람들에게 좋은 영향을 줄 책이라고 생각합니다. 또한 성경을 자신의 생각과 형편에 맞추어 해석하려는 것이 아니라 성경이 말하는 진정한 뜻을 찾는 사람들에게 큰 도움이 될 것입니다.

홍정길(남서울은혜교회)

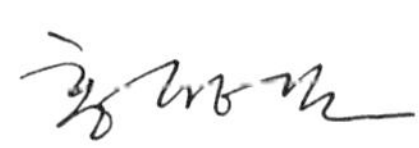

우리 시대는 정보의 홍수 시대라고 할 만합니다.
문제는 이 홍수 속에서 우리가 향방 없이 떠밀려 내려가고 있다는 것입니다.
정보의 부재가 문제가 아니라 정보의 향방이 문제입니다.
우리 시대의 설교와 성경 공부가 동일한 위기에 직면해 있습니다.
이 책은 이런 위기를 돌파하는 예지를 제공합니다.
성경 텍스트의 메인 아이디어는 바로 메시지의 향방이어야 합니다.
저는 그래서 이 책이 모든 진지한 성경학도들과 설교자들을 위한
다윗의 물맷돌이기를 기도하며 추천하는 바입니다.

추천의 글

이 책은 명료한 요약, 명료한 주석, 명료한 적용, 명료한 결론이 명료하게 나타나 있습니다.
거기에 명료한 예문은 설교자의 구미를 돋구기에 가히 매력적입니다.
이 책의 매력에 중독되는 것이 오히려 한국교회 강단의 축복일 것을 예언하고 싶습니다.

감사와 기대를 담아
이동원*(지구촌교회)*

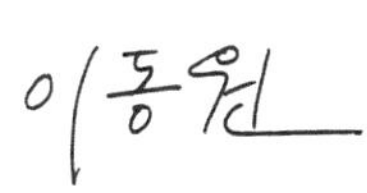

Contents
차 례

Main Idea로 푸는 역대상·하

하나님의 말씀과 하나님의 백성들과의 관계는 물과 물고기의 관계만큼이나 절실하고 심각한 관계다. 하나님을 사랑하는 사람들은 성경을 통해 말씀하시는 하나님의 음성을 듣기를 갈망한다. 그 이름이 목사든, 전도사든, 선교사든, 교사든 하나님의 말씀을 가르치는 모든 일꾼들 또한 영적으로 굶주린 사람들에게 하나님의 말씀으로 풍성한 양식을 공급함으로 그들이 영적인 활력을 갖게 되기를 갈망한다. 그래서 하나님의 말씀을 보다 쉽게, 보다 재미있게, 보다 분명하게 가르칠 수 있도록 인도해줄 자료를 구하지만 쉽게 찾아볼 수 없는 것이 현실이다. 성경을 가르치는 사람에게는 책임이 있다. 누구를 가르치든, 어느 본문을 가르치든 성경

본문 구성

들어가는 글_ 대표적인 크리스천 저술가들이 쓴 주옥 같은 글을 인용함으로 각 개인과 그룹 모임을 하나님의 말씀으로 끌어들이는 토론으로 유도한다.

본문 이해_ 한 절 한 절을 쉽고 명쾌하게 해설한다.

메인 아이디어_ 각 장의 내용과 가르침을 요약하여 한눈에 파악하도록 돕는다.

결론_ 성경의 원리를 요약하고 그것이 삶과 연결되도록 다리를 놓는다.

에 대한 흥미를 자극하고, 성경에 대한 지식을 확대하며, 구체적으로 순종할 수 있는 성경의 원리를 발견하고, 발견한 진리를 삶에 적용함으로 그들의 삶에 변화가 일어나도록 해야 한다.

이 책은 구약 성경을 공부해가는 동안 이러한 역동적인 결과를 얻어낼 목적을 가지고 특별한 틀로 구성하였다.

이 작은 도구가 성경을 보다 더 쉽게, 더 분명하게, 더 정확하게 배우고 가르치기를 원하는 모든 하나님의 종들의 손에 들려짐으로 성경에서 막 튀어나온 듯한 건강한 하나님의 백성들을 세우는 성령의 도구로 쓰여지길 기도한다.

발행인 고종율

삶의 적용_ 현재의 삶과 성경의 진리를 연결하도록 돕는다.

기도_ 각 장에서 발견한 원리와 적용의 실행을 위해 기도할 수 있도록 돕는다.

티칭 가이드_ 성경 교사들을 돕기 위한 성경 교수 계획을 제시한다.

심층 연구_ 더 깊은 지식을 원하는 사람들을 위해 낱말과 어구와 주제에 대한 보다 깊은 연구로 인도한다.

역대상·하 서문

에스라에 의한 복음

역대기는 구약 백성들에게 기쁜 소식이 되는 하나님의 메시지를 담고 있다. 이것은 하나님의 뜻에 다시 연결될 수 있는 길을 찾고 있던 한 민족에게 희망의 책이었다. 영적 무감각 상태가 오랜 기간 지속되던 한 민족에게 새로운 영적 흥분을 불어넣었기 때문이다.

이 말이 처음 아홉 개 장을 통독하려고 하는 사람들에게 졸음과 혼미함을 일으키는 것으로 유명한 이 책에 대한 터무니없는 설명처럼 들릴 수도 있을 것이다. 역대상·하는 지루하게만 보이는 이름이 나열된 긴 목록으로 우리의 인내심을 시험하고 있기 때문이다. 우리는 역대기를 읽으면서 영적으로나 다른 측면으로나 일말의 흥분도 느낄 수 없다고 결론 내릴지도 모른다.

그러나 우리가 지금 주전 5세기의 예루살렘에 살고 있지 않기 때문에 역대기가 원래의 독자들에게 말했던 것과 똑같은 방식으로 말할 수는 없을 것이다. 하지만 그것이 역대기가 당시 왜 희망의 책이었는지 우리가 이해할 수 없음을 의미하지는 않는다. 우리가 그 책의 내용을 알게 되면, 그것이 기록된 시대의 틀을 뛰어넘어 하나님의 메시지 속에 담긴 보편적인 진리를 깨닫게 될 것이다.

우리는 역대상·하의 메시지를 '에스라에 의한 복음(gospel according to Ezra)'이라고 부르고자 한다. 여기서 '복음(gospel)' 이라는 용어는 몇 가지 중요한 관점에서 그리스도의 복음(Christian gospel)과 동일한 가르침을 의미하지 않는다. 우선, 그것은 근본적으로 개인 구원에 관한 메시지가 아니다. 비록 개인 구원이 구약의 중요한 부분이었고 역대기에서도 마찬가지지만, 그 주요 초점이 종종 하나님의 백성이라는 공동체, 다시 말해 이스라엘 민족에 맞춰져 있었기 때문이다. 한 개인이 하나님과 맺고 있는 관계는 그 또는 그녀가 하나님의 백성들과 맺고 있는 관계와 함께 일괄적으로 형성되었던 것이다. 따라서 우리가 지금 역대기에서 보고 있는 복음은 이스라엘 민족에게 사용된 단어라는 사실을 명심해야 한다. 둘째로, '에스라에 의한 복음' 은 그리스도께서 이 땅에 오심과 그의 죽음과 부활에 관한 것이 아니다. 역대기는 하나님이 왕의 혈통을 어떻게 선택하셨고, 성전을 어떻게 준비하셨으며, 성전 제사를 관할하도록 제사장과 레위인들을 어떻게 부르셨는지에 관한 내용이다.

그럼에도 불구하고 그리스도의 복음과 '에스라에 의한 복음' 이 함께 공유하고 있는 근본적인 진리도 존재한다. 복음은 인간의 죄성(sinfulness)이라는 기본 진리에서부터 시작된다. 다시 말해, 인간의 자연 상태는 하나님으로부터의 소외라는 것이다. 우리는 역대기에서 그 점을 확인하기에 충분할 정도로 다양한 사람들에 의해 저질러진 타락 행위에 대한 기록을 발견하게 될 것이다. 또한 우리는 하나님이 어떻게 자신의 손을 펴셔서 자기 백성들에게 하나님과 화목할 수 있는 방법을 제시해주셨는지를 보게 될 것이다. 그 방법은 예루살렘에 있는 성전과, 그 성전 관리자로서의 왕, 이스라엘 백성들이 여호와께 순종하도록 이끌어야 할 임무를 맡았던 제사장과 레위인들을 중심으로 하고 있다. 그러나 우리는 하나님의 부르심에 합당하게 살아야 할 왕과 사람들에 의해 저질러진 수많은 실패들도 보게 될 것이다.

이 복음의 또 다른 구성 요소는 신의 심판이다. 만약 순종과 불순종 사이에 아무런 차이가 없다면, 신이 베푸는 자비는 거의 무의미하게 된다. 따라서 불순종은 엄한 징계를 받게 될 것이다. 그럼에도 불구하고 하나님의 구속의 은총은 항상 거기에 존재한다. 그것은 주로 올바른 성전 예배로 돌이키는 이스라엘 민족으로 표현되고 있다. 그러나 단순히 제사 의식의 기계적 이행만이 만사를 형통케 하는 것은 아니다. 하나님은 자기 백성이 그분의 뜻을 구하는 데 헌신적인 마음으로 그분께 돌아오기를 바라신다.

역대기는 일종의 지침서라고 할 수 있다. 이스라엘 백성의 유산과, 그들의 왕과, 제사장들 그리고 성전에 관한 정보를 제공함으로써 하나님의 선민이 되는 것이 무엇을 의미하는지에 대해 구약의 모든 가르침을 취합해놓았기 때문이다.

우리는 역대상·하의 내용을 보다 세밀히 살펴봄으로써 구약 복음의 절정이라고 할 수 있는 이 메시지가 어떻게 전개되는지 보게 될 것이다.

집필 시기와 배경

역대기는 구약에서 마지막에 집필된 책들 가운데 하나다. 우리가 가지고 있는 성경에서는 역사서의 일부로 사무엘상·하와 열왕기상·하 바로 뒤에 배치되어 있지만, 전승되는 히브리 원전에서는 맨 마지막에 위치해 있다. 역대기의 내용은 우리에게 그것이 언제 쓰였는지를 정확히 추정할 수 있는 정보를 제공하고 있다. 역대기의 마지막 절은 이스라엘 백성에게 바벨론 유수로부터의 귀환을 명령하는 고레스의 칙령을 언급하고 있지만, 우리는 그 이전의 성경 구절에서 귀환 이후 세대들의 족보를 발견하게 된다(대상 3:17-21). 이스라엘의 역사에 관해 우리가 알고 있는 바에 의하면, 역대기는 유대인들이 예루살렘으로 귀환한 이후 얼마 뒤에 집필되었다. 그들은 이미 성전을 중건하였고, 당시 취약한 지방 정부가 존재하고 있었으며, 여호와에 대한 그들의 신앙심은 형식적이었다.

역대기는 이스라엘 백성들이, 자신들이 누구인지 상기할 필요가 있는 시점에 쓰였다. 그들은 자신들이 하나님 보시기에 특별한 존재이며, 그들의 징세싱에 합당하게 살아가는 데 전념한다면 장구하게 이어져 내려온 축복의 유산에 참여할 수 있다는 사실을 다시 한 번 상기할 필요가 있었던 것이다. 이 모든 특성들이 주전 5세기의 에스라와 느헤미야가 살던 시대와 딱 맞아떨어진다. 이 두 사람은 예루살렘에 돌아왔을 때, 하나님을 피상적으로만 알고 있는 일단의 사람들을 발견하게 되었다. 그들은 여전히 성전 제사를 피상적으로 준수하고는 있었지만, 하나님의 특별한 백성으로서의 정체성과 열의는 이미 잃어버린 상태였다. 역대기는 그들에게 반드시 필요한 것이었다.

저자

역대기는 특정 인물을 저자로 밝히고 있지 않다. 따라서 우리는 전승과 추론, 추측 등에 의존할 수밖에 없다. 제사장 에스라가 역대기를 기록했다는 유력한 고대 전승이 전해져 내려온다. 나쁘지 않은 출발점이지만, 확실한 근거라고 할 수는 없다. 그럼에도 불구하고 에스라가 역대기의 저자라고 믿을 만한 몇 가지 이유가 더 있다.

1. 역대기의 마지막 두 절(대하 36:22-23)은 에스라 1장 1-3절과 거의 동일하다. 게다가 에스라 1장 3-6절은 앞의 두 성경 본문이 공유하고 있는 문장에서 시작된 생각을 실제로 완성하고 있다.
2. 역대기와 에스라는 문체와 주제 면에서도 똑같다. 둘 다 목록과 족보, 성전 예배의 순수성, 레위 족속의 특권과 의무 등에 대해 똑같은 관점을 보여주고 있다. 만약 누군가가 에스라를 역대기에 단순히 덧붙인다 해도 그것을 쭉 읽어 내려가는 사람은 아무런 차이도 인식하지 못할 것이다. 이야기가 에스라 자신의 시대에 이르게 되면, 그가 1인칭으로 말하기 시작한다는 사실을 제외하고는 말이다.
3. 역대기가 성전과 제사장직에 상당히 초점을 맞추고 있음을 감안할 때, 그 저자가 제사장이었을 것으로 추측해볼 수 있다. 그 점 역시 에스라와 딱 들어맞는다

(스 7:1-6).

4. 집필 작업의 특성상 역대기를 기록한 사람은 박식할 뿐만 아니라, 문서 자료에 접근할 수 있어야 했다. 역대상·하를 기록한 저자는 우리에게 그가 공식적인 왕실 기록에 접근할 수 있었음을 상기시킨다. 에스라 정도의 위상을 가진 사람이라면 그런 배경을 지니고 있었을 것으로 추측되지만, 이를 뒷받침할 만한 근거가 하나 더 있다. 에스라와 느헤미야는 유다 재건 과정에서 친구이자 동료였는데, 느헤미야가 상당한 규모의 장서를 모아 정리했다는 설을 뒷받침하는 몇 가지 유력한 자료가 존재한다(외경 마카베오 하 2:13-15). 에스라가 실제로 느헤미야가 수집해놓은 두루마리 책을 빌려보았는지의 여부는 에스라가 역대기를 집필하는 과정에 필요한 정보를 담고 있는 두루마리 책이 이용할 수 있는 상태로 존재했다는 사실만큼 중요하지는 않다.
5. 역대상·하의 저자는 유력한 지도자의 위치에 있었음이 틀림없다. 누군가 이 모든 정보를 수집해 책으로 편찬한 것이 국가 부흥의 중요한 수단으로 활용하기 위한 것이 아니었다면, 전혀 의미 없는 헛수고였을 것이다. 다시 한 번 강조하건대, 에스라는 그런 조건에 딱 맞아떨어진다.

따라서 에스라가 역대상·하의 저자라고 믿을 만한 충분한 이유가 있다고 본다. 앞으로 저자를 지칭할 때 대부분 '역대기 저자' 라는 전통적인 용어를 사용하겠지만, 경우에 따라서는 에스라로 언급할 때도 있을 것이다.

역대기 집필에 사용된 문헌

역대기 전체, 특히 각 왕의 통치를 묘사하는 결론 부분에서 에스라는 더 많은 정보를 위해 참고해야 할 특정 문헌을 언급하고 있다. 게다가 그는 역대기에 언급된 목록들을 편집하기 위해 무수히 많은 다른 성경 구절을 사용했음이 분명하다. 구약의 처음 다섯 권에서 대부분 발견되는 족보 자료가 그 대표적인 예라고 할 수 있다. 에스라가 언급한 문헌들은 다음과 같다.

- 사무엘상·하(예를 들면, 대상 29:29)
- 열왕기상·하(예를 들면, 대하 27:7)
- 이사야처럼 그가 쓴 글이 성경의 일부인 선지자들(예를 들면, 대하 32:32).
- 나단처럼 우리가 현재 그의 글을 가지고 있지는 않지만, 성경 이야기를 통해 잘 알려져 있는 선지자들(예를 들면, 대상 29:29).
- 잇도처럼 특정 언급 외에는 우리에게 알려진 것이 전혀 없는 선지자들(예를 들면, 대하 9:29).

일반적으로 역대기 저자가 언급한 참고 문헌들에 대한 검증이 지나치게 강조될 수 있다. 일부 자유주의 비평가들에게 있어 역대기 저자가 자신의 설명을 합리화하기 위해 특정 역사 문헌을 언급하고 있다는 사실은 일부러 속이기 위해 그것들을 날조했음을 암시한다. 다양한 문헌에 대한 언급이 속임수가 아니라 역사적 신뢰성을 시사한다고 본다면, 중요한 것은 참고 문헌이 아니라 에스라가 그 정보를 가지고 무엇을 했느냐이다.

역대기의 구조

역대상·하가 어느 시점에 한 권의 두루마리 책으로 묶였다고 믿는 것도 일리가 있지만, 애초부터 두 권의 두루마리 책으로 시작되었을 가능성도 배제할 수는 없다. 어떤 경우든 두 책이 결합된 것만은 의심의 여지가 없다. 역대하는 분명 역대상의 속편이다. 이 두 책을 내용별로 크게 구분하면 다음과 같다.

장 구분	내용	의미
역대상 1-9장	유다와 레위 지파를 중심으로 한 족보	유다 왕국과 제사장 족속을 위한 발판 마련
역대상 10장	사울의 죽음	다윗 왕국으로의 전환: 왕권이 베냐민 지파가 아니라 유다 지파에 속하게 되었다는 선언
역대상 11-29장	다윗의 통치	이상적인 왕국 1단계: 성전 건축을 위한 세심한 준비
역대하 1-9장	솔로몬의 통치	이상적인 왕국 2단계: 성전 건축
역대하 10-36장	유다의 왕들	모두 다윗의 자손으로 다윗과 솔로몬의 표준을 다양한 수준으로 실행에 옮겼던 왕들의 왕위 계승

이 책에서 우리는 하나님이 오래전에 에스라와 역대기를 통해 자기 백성들에게 무엇을 가르치셨는지 살펴봄으로써 이 세상에서 이루어지는 그분의 역사에 대한 가르침을 배우고자 한다.

역대상 1:1-54

하나님의 백성의 뿌리: 아담에서 야곱까지

"너희가 아담과 이브의 아들딸이니?" 비버가 묻자 피터가 말했다. "그들 가운데 일부가 바로 우리란다."

- C. S. 루이스(C. S. Lewis)

이스라엘 백성들은 아담에서부터 시작하여 셋, 노아, 아브라함을 거쳐 열 두 지파의 조상 야곱에 이르기까지 그들의 혈통을 추적할 수 있었다. 그들이 위대한 유산을 되돌아볼 수 있었듯이, 우리도 앞서간 사람들의 삶 속에 배어 있는 하나님의 은혜의 유산을 회고해볼 수 있다. 그들이 하나님의 부르심에 합당하게 살아야 했듯이, 우리도 하나님의 복음이라는 귀한 보물을 다음 세대에 전해주어야 한다.

들어가는 글

자신의 뿌리를 발견하는 것의 힘

1977년 많은 미국인들이 알렉스 헤일리(Alex Haley)의 소설 「뿌리(Roots, 열린책들)」를 원작으로 한 텔레비전 미니시리즈를 시청했다. 이 유명한 아프리카계 미국인 저자는 자신의 가계를 추적해 얻은 결과를 토대로 자기 가족의 배경에 대해 이야기하고 있다. 헤일리는 그 가족사를 노예로 팔려 미국으로 실려가는 쿤타 킨테(Kunta Kinte)라는 이름의 한 흑인 사내로부터 시작하여 자신의 선조인 쿤타 킨테의 후손들이 겪었던 운명을 노예 해방 시점까지 추적했다. 그것은 한 개인의 강인함과 인간의 나약함을 모두 보여주는 이야기였고, 그 이야기를 통해 미국에서 노예로 살아갈 수밖에 없었던 흑인들에 대한 잔인한 학대가 상당 부분 폭로되었다.

많은 분석가들은 사람들이 그 프로그램에 보인 열렬한 반응에 놀랐다. 미 전역의 아프리카계 미국인들은 그들의 조상이 얼마나 학대받았는지를 새삼 깨닫고 억누르고 있던 불만을 또다시 표출했다. 많은 백인들은 자신들의 죄를 한 번 더 고백했고, 지난 일들에 대해 후회하며 슬퍼했다.

사람들은 자기 자신의 과거뿐만 아니라 조상들의 과거에 대해서도 공감한다. 그리고 자기 조상이 부당한 대우를 받았다면, 지금도 여전히 모욕감을 느낀다. 반대로 이전 세대가 위대한 일을 해냈다면, 그것을 자랑스럽게 여긴다. 우리가 우리 자신에 대해 어떻게 생각하는지는 종종 우리 조상에 대해 어떻게 생각하느냐에 의해 영향을 받는다.

족보는 우리 가족의 역사, 결과적으로 우리 자신의 역사를 밝히는 데 도움이 된다. 역대상의 처음 아홉 개 장이 대부분 족보들로 채워져 있어 읽어 내려가기가 쉽지 않다는 사실을 부정할 사람은 아무도 없을 것이다. 우리는 발음하기가 어려운 만큼 의미도 없어 보이는 길고 긴 이름 목록을 대하게 된다. 하지만 그 책의 원래 독자들에게는 그 목록의 목적이 분명했다. 에스라 시대에 한 민족으로서의 정체성을 다시 확립하려고 애쓰던 하나님의 백성들은 자신들이 누구인지 그리고 그들이 어떤 역사적 과정을 거쳐왔는지에 대한 정보에 굶주려 있었던 것이다. 당시 유대인이라는 사실은 무엇을 의미했는가?

그 족보들은 그들의 정체성을 공고히 하는 데 도움이 되는 중요한 지식을 제공했다.

본문 이해

하나님의 백성의 뿌리: 아담에서 야곱까지

Main Idea	하나님의 백성의 기원은 아담에서부터 시작하여 야곱(이스라엘)으로 이어진다. 히브리인들과 좀 더 가까운 관계에 있는 이스마엘 족속과 에돔 족속을 포함한 모든 인류가 동일한 혈통에서 갈라져나왔다.

A. 아담에서 아브라함까지(1:1-27)

Supporting Idea	아담으로부터 많은 민족이 생겨났고, 그중 하나의 혈통은 하나님의 택한 백성의 조상인 아브라함에게 이어진다.

1:1-3. 우리는 아담에서부터 시작하게 된다. 이는 당연한 일이다. 하지만 그것이 정말 주목할 만한 사실인가? 성경의 역사에 대해 조금이라도 알고 있는 사람들에게는 그것이 분명 사실이다. 역대상의 원래 독자들은 온 인류가 아담에서부터 시작되었다는 사실을 잘 알고 있었을 것이다. 심지어 성경을 거의 믿지 않는 현대의 무신론자들도 '아담'을 최초의 인류를 상징하는 존재로 인식할 것이다. 인류가 아담에서부터 시작되었다는 말은 누구나 들어보았을 것이다. 그런데 왜 당연한 이야기를 하는 것일까?

그럼에도 불구하고 당시 역대기 저자가 좀 더 강조해서 주장한 것으로 보이는 요점을 살펴보면, 그 첫 번째 구절에 중요한 의미가 담겨져 있다. 온 인류는 아담에서부터 시작되었다. 그것은 결과적으로 모든 인간이 공통의 기원 속에 하나로 묶여 있음을 의미한다. 오직 아담에서부터 시작된 하나의 인류만이 존재하며, 아담의 혈통을 이어받은 우리 모두는 평등하다. 만약 이 이야기가 언급할 필요가 없을 정도로 너무나 분명해 보인다면, 사람들이 그와 반대되는 무언가를 어떻게 믿을 수 있었는지를 예로 들어 정반대의 설명에 한번 주의를 기울여보자.

힌두교는 다수의 창조 신화를 가지고 있다. 그 신화들 가운데 하나에 의하면, 인류는 최초의 인간인 푸루샤(Purusha)의 분해되는 몸에서 유래되었다고 여겨진다. 푸루샤의 서로 다른 신체 부위에서 서로 다른 사람들이 나왔다는 것이다. 힌두교의 가장 높은 계급인 브라만(Brahmins)은 그의 머리로부터 나왔고, 가장 낮은 수드라(Shudras) 계급은 그의 발로부터 생겨났다. 이런 식으로 인도 신화는 인류의 최초 기원에서부터 사람들 사이에 차별을 만들어낸다. 그러나 성경의 이야기는 인류가 아담 안에 공통의 기원을 가지고 있다는 사실 이외에 어떤 것도 가르치지 않는다. 사람들이 나중에 나누어진 것은 다른 이유들 때문이었다.

하나님의 사람들은 다른 모든 사람들과 함께 인류 안에서 하나다. 심지어 하나님의 택한 백성인 유대인들도 그들의 기원에 있어서는 그저 아담의 후손일 뿐이다. 나중에 그들이 '택함을 받은 것' 은 구별된 창조에 의한 것이 아니라, 하나님의 부르심에 근거한 것이다.

족보 목록은 셋의 혈통을 따라 태고의 조상들을 거쳐 노아까지 계속된다. 아벨은 그의 불행한 죽음으로 인해 자손을 두지 못했고, 가인의 몰락한 집안에 대해서는 역대기 저자가 관심을 보이지 않는다. 그러나 창세기의 설명에서 알 수 있듯이, 가인의 혈통도 셋의 자손들과 마찬가지로 아담의 후손이며, 가인의 혈통이 이탈한 것은 그의 죄 때문에 일어났다는 사실에 주목하라. 역대기에 나와 있는 이 족보는 기본적으로 사건이 아니라 사람들을 기록한 목록이기 때문에 우리는 여기서 창세기가 그들에 관해 말해주고 있는 이야기들에 대한 언급을 전혀 찾아볼 수 없다.

1:4-7. 역대기 저자는 지금 우리에게 노아의 가계에 대한 정보를 제공한다. 족보 목록은 여기서 노아의 아들들에 의해 세 갈래로 나뉜다. 저자는 더 이상 추적하지 않을 분파인 야벳과 함에서부터 시작한다. 그런 다음, 그의 최종 목적지로 계속 이어질 혈통인 셈에 대한 이야기를 다시 꺼낸다.

이 설명은 창세기 10장과 매우 유사하지만, 역대기는 다양한 인간 집단의 지리적 분포에 대해서는 언급하지 않고 있다. 따라서 우리는 홍수 이후 인간 세상이 세 지역을 중심으로 다시 정착해나가는 과정을 설명하는 동일한 정보는 얻을 수 없다. 창세기에서 우리는 야벳의 후손들이 주로 지금의 유럽 남동부와 터키 지역으로 이주했고, 함의 자손은 북아프리카와 가나안 지역에 거주했으며, 셈족이 메소포타미아 지역에 정착하게 되었음을 알 수 있다. 후자가 바로 아브라함으로 이어지는 혈통을 이어받은 집단이다.

야벳은 일곱 명의 아들을 두었는데, 우리에게는 그중 두 아들 고멜과 야완에 관한 정보만 주어져 있으며, 그것도 겨우 그들이 낳은 아들들의 이름만이 나와 있을 뿐이다. 전체적으로 보아 우리는 야벳 족속이 함족이나 셈족만큼 이스라엘 역사에서 두각을 나타내지 못했음을 알고 있다. 결국에 가서 이스라엘에 중대한 영향을 미치게 되는 야벳 혈통의 한 민족은 페르시아였다.

1:8-16. 성경 공부를 위해 함의 아들들을 기록한 목록을 읽다보면, 몇몇 낯익은 이름들과 마주치게 된다. 그 목록은 함의 후예들이 때로는 지명과 동일시될 정도로 아주 큰 집단을 이루어 그 가운데 상당수가 이스라엘 민족의 역사에 중요한 역할을 했음을 강조하고 있다고 해도 과언이 아니다. 우리가 알아볼 수 있는 이름들 가운데는 보통 에티오피아로 알려져 있는 구스와, 이스라엘의 약속의 땅과 동의어가 되어버린 가나안, 이스라엘의 장래의 적 블레셋 족속, 그리고 히위 족속, 여부스 족속, 아모리 족속 등과 같이 고대로부터 가나안 땅에서 살아온 거주민들이 있다.

우리가 알아보지 못할 이름 가운데 하나는 미스라임이다. 그것은 이집트의 또 다른 이름으로 이스라엘은 그 민족과 길고 파란만장한 관계를 맺게 된다. 그 민족과의 장래 조우를 위한 역사적 발판이 여기서 마련된 것이다. 역대기 저자는 영걸한 니므롯에 대해 특별히 언급하고 있다. 그의 무용은 이미 오래전부터 널리 알려져 있었다(창 10:9).

1:17-27. 마침내 셈의 혈통이 우리를 아브라함에게로 이끌지만, 곁가지에 대한 약간의 탐색이 추가되고 난 이후다. 사실 우리는 일부 똑같은 정보를 두 번 얻게 된다. 24-27절에는 직계 혈통이 언급되어 있는 반면, 17-23절의 장황한 설명은 아무 관련도 없어 보이는 욕단의 혈통을 포함하고 있기 때문이다. 이 구절에서 눈에 띄는 두 사람은 에벨과 벨렉이다.

에벨은 중요하다. 이스라엘 민족 전체를 지칭하는 통상의 이름이 되어버렸던 '히브리인(Hebrews)' 이 '에벨의 후손들' 을 지칭하는 말로 그의 이름에서 유래되었을 가능성이 있기 때문이다. 따라서 이 책의 원래 독자들은 에벨의 이름이 나왔을 때 특별히 주목했을 것이다.

에벨의 아들 벨렉으로 인해 우리는 땅이 나뉜 시기에 관한 언급을 접하게 된다. 사람들은 너무 앞서 나가 이 표현이 바벨탑 사건에서 비롯된 대혼란과 관련되어 있다고 추론하는 위험까지 감수하려고 하지는 않을 것이다. 단편적인 정보만을 가지고 있는 우리로서는 그저 재미삼아 족보상의 이름과 잘 알려져 있는 사건을 서로 연결해볼 수 있을 뿐이다.

벨렉의 아우 욕단은 약속의 혈통에 속하는 영광을 누리지는 못했지만, 열세 아들의 아버지로서 그 나름대로의 유산을 남겼다.

24-27절은 벨렉까지의 족보를 다시 언급하고, 욕단과 그의 후손들을 생략한 채 아브라함까지 이어진다. 여기서 아브라함은 전통적으로 '존귀한 아비' 로 해석되는 그의 원래 이름 아브람으로 불리지만, 곧 '열국의 아비' 를 뜻하는 그의 언약의 이름 아브라함으로 바뀐다.

B. 아브라함에서 야곱까지(1:28-34)

Supporting Idea	아브라함의 아들 이스마엘은 한 민족의 조상이 되었고, 그두라는 아브라함에게 많은 아들을 낳아주었다. 그러나 약속의 혈통은 바로 야곱(이스라엘)을 통해서 이어진다.

1:28. 이 부분은 뜻밖의 사실을 담고 있다. 역대기 저자는 이삭과 이스마엘을 언급하면서 아브라함의 아들들을 소개하고 있다. 역대기 저자의 접근 방식을 이미 알아차린 사람들은 그가 이삭의 자손에 앞서 이스마엘의 후손들에 대해 먼저 이야기할 것이라고 예상했을 것이다. 그리고 그 예상은 정확히 맞아떨어진다. 그러나 저자는 실제로 이삭에 대해 다루기 전에 아브라함이 그의 후처 그두라를 통해 낳은 아들들을 먼저 언급하고 있다.

1:29-31. 먼저 우리는 아브라함이 사라의 여종 하갈에게서 낳은 아들 이스마엘에 대해서 읽게 된다(창 16:1-15). 역대기 저자는 이스마엘의 열두 아들을 열거한 목록 외에는 우리에게 어떤 정보도 제공하지 않는다. 그러나 이스마엘 족속이 구약 시대뿐만 아니라 오늘날에도 얼마나 중요한 민족이 되었는지 잊어버리지 말라. 비록 아브라함이 그의 집에서 이스마엘을 쫓아내어 하나님의 언약의 혈통에서 제외시킬 수밖에 없었지

만, 하나님은 이스마엘을 위해 특별한 축복을 마련하셨다. 그분은 이스마엘이 크게 생육하고 번성하여 큰 민족의 조상이 될 것이라고 약속하셨고(창 17:20), 그는 현재 아라비아 종족의 조상으로 간주되고 있다.

이슬람의 경전 코란(Qur'an)에서는 이삭이 아니라 이스마엘이 아브라함의 아들들 사이에서 지도적 위치를 차지하고 있다. 오늘날의 이스라엘과 이웃의 아랍 국가들 사이에서 벌어지고 있는 충돌의 기원을 이삭과 이스마엘에서부터 시작된 대립의 또 다른 장(章)으로 보는 것이 타당할 것이다. 사실상 창세기는 이스마엘의 후손들에 대한 설명을 다음과 같은 말로 끝맺고 있다. "그들은 모든 형제들과 적대감을 가지고 살았다"(창 25:18, 표준새번역).

1:32-33. 이제 역대기 저자는 아브라함이 사라의 죽음 이후에 얻은 후처 **그두라**에게서 낳은 아들들에 대한 개략적인 설명을 삽입한다(창 25:1). 모두 여섯이 있지만, 우리는 그들 가운데 적어도 두 명이 아브라함에게 손자를 낳아주었음을 알 수 있다.

1:34. 그래도 중요한 맥은 이삭과 그의 두 아들 에서와 이스라엘을 통해서 이어진다. 역대기 저자는 야곱을 언급할 때 종종 그의 언약의 이름 '이스라엘'을 사용한다. 그것은 야곱이 여호와의 천사와 씨름한 후에 얻은 이름이었다(창 32:28).

C. 에서와 에돔(1:35-54)

Supporting Idea	우리는 이스라엘의 역사에서 중요한 민족인 에돔 족속에 관한 정보를 얻게 된다.

1:35-42. 역대기 저자는 그의 주요 관심 대상인 야곱에 집중하기 전에 먼저 에서에 초점을 맞춘다. 이 부분을 이해하는 데 필요한 열쇠는 "세일 산에 거한 에돔 족속의 조상 에서"라고 언급하고 있는 창세기 36장 9절 말씀이다. 여기서 우리는 이 장의 나머지 부분을 구성하는 세 가지 요소를 모두 손에 넣게 된다. ① 에서와, ② 그가 에돔 족속의 조상이라는 사실(그는 '에돔'이라고 불리기도 했다)과, ③ 그의 후손들이 세일 산에서 살았다는 정보 등이 그것이다. 인간 에서와 에돔 사람들, 그리고 세일 산, 이 세 가지 개념은 이 부분을 풀어나가는 데 없어서는 안 될 매듭이다.

에서는 우리가 이미 다른 걸출한 인물들을 통해 마주쳤고 앞으로도 야곱을 통해 만나게 될 열둘이나 열셋만큼 많지 않은 다섯 명의 아들을 두었다. 그러나 이스마엘의 경우와 마찬가지로 에서도 하나님의 계획 속에 있었다는 사실을 명심할 필요가 있다. 비록 이삭을 통해 그에게 전달되는 하나님의 약속이 충분하지는 않았지만 말이다(창 27:39-40). 에서는 기본적으로 고달픈 삶과 예속, 그리고 야곱에 대한 적개심 등을 약속받았지만, 결국에 가서 얻게 될 자유에 대해서도 보장받았다. 그럼에도 불구하고 에서 역시 하나님의 섭리에 의해 포용되었다.

여기에 열거된 여러 이름들 가운데 특히 에서의 손자 아말렉이 눈에 띈다. 아말렉 족속은 결국 이스라엘의 가장 지독한 적 가운데 하나가 되었기 때문이다. 그들은 이스라엘이 애굽을 탈출하는 와중에 가장 먼저 싸워야 했던 민족이었고, 그것은 홍해가 갈라지는 사건이 있은 후 얼마 지나지 않은 시점의 일이었다(출 17:8-16). 그런 대립은 사울 왕 시대에 가서야 비로소 해소되었다(삼상 15:1-2). 우리는 별다른 부가적인 설명 없이 에서와 세일의 후손들의 이름을 대하게 된다.

1:43-54. 역대기 저자는 우리가 에돔에 초점을 맞추는 기회를 이용해 에돔의 위대한 왕들의 목록을 제공하고 있다. 이것은 고대의 자료를 편집한 것이다. 본문은 이스라엘에 왕이 있기 전에 그 왕들이 통치했음을 말한다. 이런 사실은 원래 목록의 작성 시점이 적어도 사사기 시대까지 거슬러 올라갈 수 있음을 시사한다. 그러나 모세가 이미 창세기 36장에 그 내용을 포함시켰기 때문에 그 원래 목록은 그것보다 더 오래된 것임에 틀림없다.

그 목록에서 '하닷' 이라는 이름의 두 남자가 특히 주목을 끈다. 둘 가운데 먼저 언급된 브닷의 아들 하닷은 이스라엘의 또 다른 적인 미디안 족속과 결전을 벌였다. 그들은 수세기 후 기드온이 기적적인 승리를 거둘 때 상대했던 바로 그 사람들이다. 50절에서 다른 하닷에 대해 언급한 내용은 역대기 저자가 그의 아내가 누구인지 구체적으로 설명하면서 그녀의 어머니와 할머니까지 언급하고 있기 때문에 눈에 띈다. 분명 므헤다벨은 당대의 뛰어난 인물이었을 것으로 추정되지만, 우리가 그녀에 대해 아는 것은 더 이상 없다.

1장은 에돔의 족장들의 이름을 쭉 나열하는 것으로 끝난다. '족장들' 은 '왕들' 과 다르다. 족장의 역할이 정확히 무엇이었는지 설명할 수 있을 정도로 충분한 정보가 존재하지는 않지만, 전쟁에서의 장군의 역할이었을 것으로 짐작된다.

Main Idea 복습	하나님의 백성의 기원은 아담에서부터 시작하여 야곱(이스라엘)으로 이어진다. 히브리인들과 좀 더 가까운 관계에 있는 이스마엘 족속과 에돔 족속을 포함한 모든 인류가 동일한 혈통에서 갈라져나왔다.

결론

신발을 수선하는 방법

내가 독일에서 보낸 어린 시절을 최대한 거슬러 올라가 기억할 수 있을 때부터 아버지는 우리의 신발을 고쳐주셨다. 보통 토요일 오후가 되면, 아버지는 낡은 스웨터를 입고 펜치와 칼, 접착제, 망치 등을 챙겨 일을 시작하시곤 했다. 나는 삼각대 위로 몸을 구부리고 있던 모습, 다물고 있는 입술 사이로 튀어나와 있던 여러 개의 압정들과 앞에 놓여 있는 일에 집중하던 눈, 그리고 새로운 구두창에 못을 박을 때 짧고 강하게 망치를 내리치던 아버지의 모습 등을 언제까지나 기억할 것이다.

내가 열두 살이던 어느 토요일 오후 아버지는 말씀하셨다. "신발을 어떻게 수선하는지 보여주마." 아버지는 신발 한 켤레의 구두창을 가는 데 필요한 모든 공정을 시범으로 보이셨고, 내가 일부 공정을 직접해볼 수 있도록 기회도 주셨다.

우리 가족의 유산 가운데 일부는 바로 구두 수선하는 일을 연습하는 것이다. 비록 여러 세대를 거치는 동안 우리 가족 가운데 누구도 그 기술을 직업으로 삼은 적은 없지만, 모두가 그 일에 대해 잘 알고 있었다. 따라서 그 기술을 한 세대에서 다음 세대로 전수하는 것은 분명 가족의 연속성을 의미했다. 아버지와 나는 내가 망치를 들고 구두창에 압정을 박아넣는 것이 '코듀언(Corduan)' 가의 일원이 되는 데 기여한다는 사실을 잘 알고 있었다. 나는 앞서 가신 코듀언 가문의 여러 세대들과의 연속성을 입증해온 것이다.

그러나 가치 면에서 신발을 수선하는 기술을 능가하는 또 다른 유산이 있다. 그 유산은 하나님의 백성의 일원이 되는 것이다. 그리고 그것이 바로 역대기 저자가 이스라엘 백성들에게 제시하고 있는 유산이다. 지루할 정도로 길고 혼란스러운 이름 목록을 통해 전달하고자 하는 메시지는 강하고 분명하다. "너희들은 하나님의 택한 백성이 되는 유산을 물려받았다. 보라, 지금까지 여호와께서 그분의 백성이 된 사람들을 대대로 어떻게 이끄셨는지 말이다. 너희가 그 일원이라는 사실을 잊지 말라."

하지만 그러한 유산을 물려받는 데는 큰 책임이 수반된다. 자신의 과거에 대해 생각하는 것은 자신의 미래와 그 유산을 확대해야 할 의무에 대해 생각하는 것으로 이어질 수도 있다. 우리는 하나님의 은혜에 대한 지식을 계속해서 다음 세대에 전해야 한다. 역대기 저자는 유산을 물려받는 것을 그런 식으로 보았고, 우리도 그렇게 해야 한다.

▣ 진리 알기

- 하나님은 성경의 족보 가운데 우리에게 알려진 것처럼 후손의 혈통을 포함한 인류 역사의 모든 사건을 주관하신다.
- 모든 인류는 아담의 후손이다.
- 하나님이 특별히 그분의 백성으로 택한 혈통은 바로 이스라엘 민족이다.
- 하나님은 자신이 택한 백성의 직계 혈통에 속하지 않는 사람들에게도 관심을 가지신다.
- 우리는 그리스도인으로서 믿음의 유산에 동참한다.
- 우리는 믿음의 유산에 동참하는 사람으로서 그 유산을 다음 세대에 전해주기 위해 최선을 다해야 할 의무를 지니고 있다.

▣ 적용하기

- 그리스도를 믿는 신자로서 당신의 유산을 발견할 수 있는 시간을 가져보라.
- 지금까지 당신의 유산이 되어온 믿음을 이해하기 위해 당신이 할 수 있는 모든 일을 하라.
- 당신이 지금 하나님의 은혜로 하나님의 자녀가 된 사람처럼 살고 있는지 당신의 삶을 평가해보라.
- 다음 세대가 반드시 하나님의 자녀가 되는 기회를 가질 수 있도록 필요한 조치를 취하라.

삶의 적용

주저하는 복음 전도자

프랭클린 그레이엄(Franklin Graham)은 누구일까? 많은 사람들이 그의 이름은 잘 알지 못하지만, 그의 아버지인 복음 전도자 빌리 그레이엄(Billy Graham)의 이름은 잘 알고 있다. 프랭클린이 어렸을 때, 그에게는 '빌리 그레이엄의 아들' 로 알려지는 것이 쉽지 않았다. 그래서 그는 자신의 정체성을 주장하기 위해 반항에 의존할 수밖에 없었다. 프랭클린은 스무 살이 되어서야 비로소 아버지와의 논쟁에 자극받아 그리스도를 자신의 구세주로 받아들였다. 그가 현재 빌리의 후계자로 지명되어 있는 빌리 그레이엄 복음전도협회(Billy Graham Evangelistic Association)에 관여하기로 동의했던 것도 그후 여러 해가 지나서였다.

프랭클린 그레이엄의 이야기는 그가 자신의 책 「이유 있는 반항(Rebel with a Cause)」에서 스스로 밝히고 있듯이, 우리가 역대상 1장으로부터 배울 수 있는 교훈을 예증하고 있다.

프랭클린은 독실한 가정에서 태어났다. 이스라엘 백성들이 그랬듯이, 우리 가운데 많은 사람들도 하나님과 동행했던 사람들의 긴 계보를 돌이켜볼 수 있다.

그럼에도 불구하고 프랭클린 그레이엄이 깨달았던 것처럼 그리스도인이 된다는 것은 우리가 물려받을 수 있는 것이 아니다. 우리는 믿음의 조상들을 자랑스러워하고, 우리의 그리스도인 가정을 즐거워할 수 있다. 그러나 우리의 구원은 예수 그리스도에 대한 우리의 개인적 반응에 달려 있다. 우리가 기독교식 가정 교육과 기독교 문화 속에서 살아가는 것과 실제로 그리스도인이 되는 것을 혼동해서는 안 된다.

빌리 그레이엄은 그의 아들에게 다가가 그 자신이 그리스도에 대해 결정을 내려야 한다고 말했다. 이 세상에서 가장 유명한 복음 전도자는 자신의 아들이 그리스도인이 되는 것을 당연한 일로 여기지 않았다. 그렇다고 자기 아들의 비기독교적 행위를 합리화하지도 않았다.

우리는 대대로 이어지는 믿음의 전수를 볼 때, 그것이 자동적으로 이루어지는 것이 아니라는 사실을 명심해야 한다. 하나님은 우리가 이전 세대로부터 복음을 전해받은 것처럼 다음 세대에게도 전해주기를 바라신다.

기도

하나님 아버지, 우리에게 구원을 주실 뿐만 아니라, 우리로 하여금 당신의 백성들로 이루어진 긴 계보의 일원이 되게 하시니 당신의 은혜에 감격하지 않을 수 없습니다. 우리에게 맡겨진 구원의 복음을 계속해서 다음 세대에 전하는 데 우리가 충실하도록 도와주십시오. 아멘.

심층 연구

A. 족보: 네게 부탁한 것을 지키라

역대상의 족보들은 저자가 쓸데없이 기록해놓은 무익한 정보가 아닌 것이 분명하다. 그 족보들은 하나님의 백성이 되는 유산을 표현하고 있다. 그 족보에 기록된 사람들은 그들 자신이 그 계보를 이어가는 일원임을 나타낼 뿐만 아니라, 그들이 다음 세대에 전하는 유산 자체를 의미하기도 한다.

많은 가정의 경우 대대로 전수되는 물건을 가지고 있다. 그것은 보석처럼 값비싼 것일 수도 있고, 식탁보같이 금전적으로는 별 가치가 없는 것일 수도 있다. 그리스도인들은 종종 자신의 조부모나 증조부모가 소유하던 성경책을 소중히 생각한다. 나는 최근 후대의 성년식이 있을 때마다 사용되는 '탈리트(talit)' 라는 기도보를 대대로 전수하는 유대인 가정에 대한 이야기를 들었다. 그 낡은 천 조각의 가치는 그리 높지 않지만, 그것은 그 가족에게 값을 매길 수 없을 정도로 귀중한 것이다.

역대상 1장의 족보에서 전수되고 있는 아이템은 하나님의 백성이 되라는 그분의 부르심이다. 1장의 흐름을 따라가다보면, 그 사실은 점점 더 분명해진다. 맨 처음 사람들이 이 세상에 생겨날 때, 아담에게는 그것이 인간이 되라는 부르심이지만, 그 혈통이 좁혀짐에 따라 그 부르심의 구체성도 좁혀지게 된다. 결국에 가서 우리는 위대한 약속의 전수자인 아브라함과 그의 후손들과, 특히 이스마엘과 에서로 대표되는 그보다 못한 약속을 받게 되는 다른 혈통들 사이를 가르는 분명한 윤곽을 깨닫게 된다.

우리는 그리스도를 믿는 신자로서 믿음의 족보 안에 들어 있다. 우리가 하나님 편에 서 있는 것은 우리의 유전적 기질이 아니라, 복음에 반응한 우리와 그분의 관계에 근거한 것이다. 그럼에도 불구하고 우리가 수십 세기에 걸쳐 이어져 내려온 하나님의 백성의 일원이라는 의미에서의 족보는 존재한다. 우리는 우리에게 주어진 복음을 전수해야 할 의무가 있다.

바울은 디모데에게 이렇게 편지했다. "네게 부탁한 아름다운 것을 지키라(Guard the good deposit that was entrusted to you)"(딤후 1:14). '부탁한 것(deposit)' 이라는 단어는 안전하게 보관하도록 우리에게 맡겨진 것, 다시 말해 우리가 책임져야 할 어떤 아이템을 말한다. 그 부탁한 것이 바로 하나님이 주신 구원의 메시지인 복음이다. 우리는 하나님으로부터 '부탁한 것' 을 받았기 때문에 그것을 신중하게 다루어야 할 뿐만 아니라 그것이 안전하게 전수될 수 있도록 노력해야 한다.

B. 아담까지 갔다가 다시 돌아오기: 역대기와 누가복음(1:1)

우리는 성경에서 역대상의 앞부분 몇 장을 빈틈없이 뒤쫓고 있는 또 다른 족보를 발견하게 된다. 그것은 누가복음 3장 23-38절에 기록되어 있듯이 예수 그리스도의 족보다. 만약 당신이 누가복음 3장 34-38절을 자세히 들여다본다면, 우리가 현재 다루고 있는 역대상 1장을 아주 간략하게 요약한 내용을 보게 될 것이다. 우리는 거기서도 야곱과, 그의 아버지 이삭과, 그의 아버지 아브라함과, 그의 아버지 데라 등등을 보게 된다. 하지만 이번에는 그 과정이 거꾸로 진행된다. 23절의 예수에서부터 시작하여 모든 세대를 거치면서 거슬러 올라가다가 '하나님의 아들' 아담에서 비로소 끝이 난다.

역대기 저자가 시작한 것을 누가가 완성한 것이다. 그리스도와 함께 새로운 인류가 생겨남으로 말미암아 인간의 족보를 계속 이어가야 할 필요가 더 이상 없기 때문이다. 그분은 아담의 인류를 완성시키셨고, 그분을 통해 다시 태어난 사람들로 새로운 인류를 시작하셨다(고후 5:17, 롬 5:12-20).

C. 스바라는 사람이 왜 이렇게 많아?(1:9, 32)

역대상 1장을 쭉 읽어 내려가다보면, 9절에 가서 '스바' 라는 이름을 그의 동생 '드단' 과 함께 발견하게 될 것이다. 그리고 그 사람이 나중에 솔로몬 왕을 방문했던 그 유명한 스바 여왕의 조상임에 틀림없다고 결론내릴지도 모른다(대하 9:1-12). 그러나 계속 읽어 내려가다보면, 우리는 그 장 32절에서 그두라의 아들들 가운데 소개되어 있는 또 다른 '스바와 드단' 을 발견하게 된다. 그러고는 그 스바의 정체에 대해 의문에 빠지게 된다.

이름은 어느 문화에서나 반복되는 경우가 많으며, 심지어 두 사람의 이름이 함께 반복되기도 한다. 우리는 계속해서 역대기를 공부해나가는 동안 이름의 반복에 대해 너무 많은 의미를 부여하지 않도록 조심할 필요가 있다. 대부분의 경우 역대기 저자가 이름을 반복하는 것은 두 사람이 같은 이름을 가지고 있었다는 단순한 이유 때문이다.

D. 히브리인 에벨(1:25)

셈의 4대손 에벨은 히브리인(Hebrews)이라는 이름의 기원이었을 것으로 추정된다. 그러나 히브리인이라는 이름과 관련이 있는 용어가 또 하나 있다. 대략 주전 2000년에서 1200년 사이에 쓰인 것으로 추정되는 중동 지역의 기록을 보면, '하비루(Habiru)' 라는 언급이 가끔 나타난다. 그들은 유랑 생활을 하는 사람들로 특정 지역을 넘나들며 때때로 문제를 일으켰던 것으로 보인다. 가나안의 여러 왕들이 이집트 왕에게 약탈을 일삼는 하비루를 상대할 수 있도록 도와달라고 청원하는 내용의 서판들을 모아놓은 사료(使料)도 존재한다. 당시 그들은 가나안 땅을 하나하나 정복해가는 과정에 있었던 것으로 보인다. 그 고대의 편지들은 여호수아의 가나안 정복 시대까지 거슬러 올라간다. 많은 학자들은 우리가 그것을 통해 그 충돌을 가나안 족속의 입장에서 들여다보게 된다고 믿는다. 만약 그것이 사실이라면, 우리는 '하비루(Habiru)' 와 '히브리(Hebrew)' 가 서로 관련 있는 용어라는 사실을 믿을 만한 충분한 이유를 갖게 되는 것이다.

E. 에돔 족속(1:43)

구약에 의하면, 에돔 족속은 야곱의 형 에서의 후손들이었다. '에돔' 이라는 단어는 '붉은' 이란 어원을 가지고 있으며, 에서의 불그스름한 피부색 때문에 붙여진 그의 별명이기도 했다. 우리가 본문에서 볼 수 있듯이, 에돔 지역과 세일 지역 사이의 구분은 명확하지 않다. 세일은 아마 에돔 족속이 정착했던 지역의 옛 이름이었을 것이다. 그렇다면 사해 남단에서 아카바 만(Gulf of Aqabah)에 이르는 불모지대를 가리킨다. 비록 그 땅 자체는 그렇게 비옥하지 않았지만, 전략적으로 매우 중요한 위치를 차지하고 있었다. 이집트에서 요르단 골짜기와 시리아로 이어지는 주요 통로가 에돔을 가로지르고 있었기 때문이다. 에돔을 지배하는 것은 중요한 수송로를 장악하는 것이었다.

에돔 족속의 언어는 히브리어와 흡사하다. 그러나 야곱과 에서의 관계가 편치 않았던 것처럼 이스라엘과 에돔 족속도 서로 사이가 나빴다. 출애굽 당시 모세가 에돔 족속에게 그들의 영역을 통과할 수 있도록 허락해달라고 부탁했지만, 그들은 거절했다(민 20:14-21). 에돔이 많은 군대를 동원하여 이스라엘이 지나가지 못하도록 막았을 때, 이스라엘은 돌아설 수밖에 없었다.

다윗 왕이 결정적인 전투에서 에돔 족속을 제압함으로 말미암아 에돔은 한때 유다의 속국이었다(대상 18:12-13). 그러나 역대기에서 다루고 있는 대부분의 기간 동안 에돔과 이스라엘은 누가 상대방을 지배하느냐를 두고 팽팽한 줄다리기를 벌였다. 다른 무엇보다도 홍해로 나갈 수 있는 아카바만의 항구가 걸려 있었기 때문이다.

앗시리아와 바벨로니아, 페르시아 등과 같은 주요 메소포타미아 제국들이 팔레스타인 지역을 점령했을 때, 에돔 족속은 처음에 이스라엘의 꺼져가는 운명을 조롱하며 방관만 하고 있었다. 그래서 이스라엘 선지자들에게 비난을 받기도 했다(예를 들면, 렘 49:7-22, 옵 1:1-21 참고). 하지만 에돔 족속 자신도 결국 정복되어 세력이 상당히 약화된 채 명맥만 유지하는 신세가 되었다. 신약 시대에는 로마인들이 당시 이두매(Idumea)로 알려져 있던 에돔 지역을 어느 정도까지 재건했으나, 나중에는 그들의 영역 대부분이 나바테아(Nabatea) 왕국에 편입되었다.

이두매는 이스라엘 역사에 또 다른 의미 있는 기여를 했다. 로마가 유대를 점령했을 때, 그들은 유대를 포함하여 전체 지역을 다스릴 분봉왕으로 안티파터(Antipater)라는 이름의 이두매인을 임명했다. 그 안티파터가 헤롯 가문으로 알려져 있는 유대 왕조의 조상이라는 사실이 확인되었다. 따라서 우리가 나중에 역대기에서 에돔 족속의 정복에 대해 읽게 될 때, 그 에돔 족속이 다시 한 번 권력을 차지하는 순간이 오게 될 것이라는 사실은 매우 흥미롭다. 오랜 세월이 흐른 뒤, 메시야가 탄생했을 때 이두매인이 그 땅을 책임지고 있었던 것이다.

고안

A. 들어가는 글

1. '자신의 뿌리를 발견하는 것의 힘' 이야기로 시작하라.
2. 배경 설명: 역대기는 하나님의 백성들이 그분과의 지속적인 관계를 확신할 필요가 있을 때 기록되었다. 이스라엘 백성들이 여전히 하나님의 계획 안에 있다는 사실을 깨닫도록 돕기 위해 역대기 저자는 역사적 인물들과 당대의 사람들 사이에 존재하는 연속성을 가르치고 있다. 그 연관성을 보여주는 첫 번째 부분은 아담에서부터 열두 지파의 조상 야곱에 이르기까지의 족보로 구성되어 있다.
3. 적용: 이 성경 본문에서 우리는 아담에서 시작하여 야곱에 이르는 기본적인 혈통을 보게 된다. 그리고 그 과정에서 셋과 노아 그리고 아브라함처럼 잘 알려져 있는 인물들뿐만 아니라, 중요한 연결 고리 역할을 하면서도 이 족보가 아니었으면 알려지지 않았을 다른 많은 사람들도 거치게 된다. 역대기 저자는 우리에게 이스마엘과 그두라와 에서의 후손을 포함하여 약속의 직계 혈통에 속해 있지 않은 많은 분파들에 대한 정보도 제공한다.

B. 본문 이해

1. 아담에서 아브라함까지(1:1-27)
2. 아브라함에서 야곱까지(1:28-34)
3. 에서와 에돔(1:35-54)

C. 결론: '신발을 수선하는 방법' 을 읽어주라.

토의 질문

1. 사람들이 사회에서 제구실을 다하기 위해서는 자신의 민족적 배경과 가족사에 대해서 아는 것이 필요한가?

2. 만약 신자들이 자기 교파와 교회의 역사를 안다면, 어떤 유익이 있는가?

3. 당신을 그리스도께 인도한 사람들, 그리고 그들을 그리스도께 인도한 사람들, 그리고 또다시 그들을 그리스도께 인도한 사람들을 차례로 추적하여 당신 자신의 영적 계보를 확인할 수 있는가? 당신은 그 축복에 대해 하나님께 감사한 적이 있는가?

4. 다음 세대가 복음을 듣고 반응할 수 있는 확실한 기회를 가질 수 있도록 하기 위해 당신은 지금 무엇을 하고 있는가?

역대상 2:1-4:23

유다에서 다윗까지: 왕의 혈통

"유대인들은 과거에도 그랬듯이 지금도 하나님의 자녀들 가운데 장자다."

- 존 칼빈(John Calvin)

이 장들은 야곱의 아들 유다에서부터 시작하여 다윗 왕을 부각시키고 이어서 역대기가 쓰인 시대에 이르기까지 유다 지파의 족보 자료를 보여준다. 우리는 왕의 혈통 외에도 다양한 인간들을 보게 된다. 그들 가운데 일부는 하나님과 동행하는 삶을 살았던 반면, 인격적 결함을 보인 사람들도 있었다. 우리는 '에스라에 의한 복음'에서 하나님이 종종 결함이 있는 사람들을 통해서도 자비롭게 역사하신다는 사실을 깨닫게 된다. 그들은 하나님의 사랑을 받을 만한 자격이 없음에도 불구하고 그분의 계획을 실행하는 도구로 사용된다.

들어가는 글

아마포를 만드는 방법

아마포(linen)는 면보다 훨씬 더 억센 천이다. 그것의 기원은 고대 이집트까지 거슬러 올라간다. 로마인들이 그들의 제국을 통해 그것의 보급에 결정적인 역할을 했다는 학자들의 일치된 의견이 있는 것으로 보인다. 중세 시대에는 아마포 제조업자들과 양모 산업 사이에 심각한 대립도 있었지만, 아마포는 오늘날까지 계속 사용되고 있다.

그러나 아마포는 만드는 과정이 복잡한 직물이다. 그것은 아마(flax)에서부터 시작된다. 아마가 다 자라면, 최대한 긴 줄기를 얻기 위해 일일이 손으로 뽑아야 한다. 그런 다음, 먼저 물에 담가두거나, 아니면 이슬과 비에 젖도록 그냥 내버려둔다. 아마는 씨를 제거한 후 말리고나면, 짚보다 더 부드럽고 유연하기 때문에 질긴 밀랍 빛 섬유로 사용될 수 있다.

다음으로 아마를 가공 처리해야 한다. 말려놓은 섬유를 빗질하여 곧게 펴고 선별하는 과정을 거치다보면 섬유소가 제거되고 부드러운 섬유 원료만 남게 된다. 그것이 실이 되기 위해서는 면이나 양모처럼 방적(紡績)되어야 한다. 마침내 염색과 직조 과정을 거치면 옷이나 식탁보 등을 만들 수 있는 직물이 만들어지는 것이다.

하나님은 인류 역사 가운데 일하시면서 종종 길고 복잡한 과정을 이용하셨다. 우리가 적절한 과정을 거치지 않고는 아마포를 얻을 수 없듯이, 무한한 지혜를 가지신 하나님은 그분의 목표를 이루시기 위해서 어떤 경로가 최선인지 잘 알고 계신다. 우리는 그분이 특정 방법을 선택하신 이유를 모를 수도 있다. 하지만 지름길이 항상 최선의 결과를 만들어내는 것은 아니라는 사실을 그분이 잘 알고 계심을 우리는 확신할 수 있다.

그 적절한 사례가 바로 유다 지파의 족보다. 야곱의 장자로 당연히 언약의 약속을 물려받았어야 할 르우벤은 제외되었다. 그런 다음, 우리는 화려한 혈통에 속해 있는 사람들을 소개받는다. 그 혈통을 이어받은 일부 사람들은 여호와에 대한 신앙심으로 우리를 감동시키지만, 나머지 사람들은 뻔뻔스러운 불신앙으로 우리를 숨 막히게 만든다. 하지만 그 전체 그림은 우리를 다윗 왕에게로 그리고 결국에 가서는 메시아에게로 인도하는 과정을 하나님이 어떻게 주관하고 계신지를 보여준다.

본문 이해

유다에서 다윗까지: 왕의 혈통

Main Idea	유다 지파는 왕의 지파가 되었다. 하지만 우리는 그 족보에서 매우 다양한 부류의 사람들을 보게 된다. 그들 가운데는 남다른 신앙심으로 눈에 띄는 사람들이 있는가 하면, 의로운 삶과는 거리가 먼 사람들도 있다. 그들은 하나님이 그분의 목적을 이루시기 위해 다양한 방법으로 일하신다는 사실을 보여준다.

A. 야곱에서 헤스론의 아들들까지(2:1-9)

Supporting Idea	유다의 혈통은 불안한 출발을 보인다. 유다와 그의 후손 가운데 일부는 그들의 행실로 인해 좋지 못한 평판을 받지만, 그들을 통해 약속의 혈통이 계속 이어짐으로써 하나님의 은혜가 분명하게 드러난다.

2:1-2. 역대상 1장 34절에서 역대기 저자는 이삭의 두 아들 에서와 야곱(이스라엘)에서부터 출발했다. 에서에 대한 이야기를 끝낸 저자는 이제 야곱과 그의 후손들에 대해 언급하기 시작한다. 이 두 성경 구절은 실제적으로 뒤에 이어질 여덟 개 장의 표제라고 할 수 있다. 9장까지 쭉 읽어 내려가다보면, 여러 지파의 족보를 알 수 있는데, 우리는 여기서 예비 목록을 입수하게 된다.

역대기 저자는 이후 여러 지파의 족보를 전개하면서 단과 스불론을 생략한다. 그가 왜 그렇게 했는지에 대한 설명은 무엇이든 추측일 뿐이다. 역대기 저자는 그들에 관한 아무 정보도 가지고 있지 않았을지도 모른다. 만약 그렇지 않았다면, 단과 스불론의 후손들이 그의 관심을 전혀 끌지 못했을 가능성도 있다. 하지만 그가 포함시킨 많은 자료들도 별로 중요해 보이지 않는다. 적어도 단의 경우에는 역대기 저자가 (성령의 인도하심에 따라) 일부 자료를 포함시키는 것이 유익하지 않다고 판단하여 일부러 생략했을 가능성이 여전히 남아 있다. 역대기를 집필한 목적 가운데 하나는 성전에서 드리는 하나님에 대한 예배를 중심으로 이스라엘 민족을 재통합하는 것이었다. 그러나 단은 예루살렘과 경쟁하면서 금송아지가 세워지는 우상 숭배의 주요 거점이 되었다(왕상 12:29). 그래서 역대기 저자는 어떤 식으로든 단을 인정하지 않으려고 했을지도 모른다.

이 예비 목록에서 요셉이 야곱의 아들 가운데 하나로 언급되고 있음을 주목하라. 그러나 우리가 실제로 열두 지파를 언급할 때는 요셉 지파가 존재하지 않는다. 대신 요셉의 두 아들 에브라임과 므낫세는 각각 자신의 이름을 따서 이름 붙여진 지파를 가지고 있다.

2:3-9. 유다는 자세히 다루어지는 첫 번째 지파다. 다른 지파들을 둘러본 후에 역대기의 대부분은 왕의 지파인 유다와 제사장 지파인 레위를 집중적으로 다루고 있다.

유다는 원래 형제들 사이에서 첫째가 될 수 있는 권리를 가지고 있지 않았다. 비록 근친상간 행위로 인해 그 지위를 박탈당하기는 했지만, 장자는 르우벤이었기 때문이다(이 부분에 대해서는 역대상 5장 1-2절과 관련하여 좀 더 논의할 예정이다). 장자의 공식적인 권리는 실제로 야곱의 사랑하는 아내 라헬에게서 태어난 아들 요셉에게로 넘어갔다. 유다는 심지어 둘째나 셋째도 아니었다. 출생 순서로 따지자면 넷째로 태어난 것이다. 그럼에도 불구하고 약속의 혈통이 그를 통해 오게 될 것이라는 하나님의 보증을 받은 사람은 바로 유다였다(창 49:8-12).

만약 우리가 유다의 혈통이 그 순수성과 의로움으로 남다른 면을 보였다고 생각한다면, 놀라움을 금치 못할 것이다. 처음부터 부정(不貞)이 있었고, 바로 유다 자신이 그 부정을 저질렀다(창 38장 참고). 성경 본문에 언급된 다섯 명의 아들 가운데 셋은 가나안 출신 아내에게서 태어났고, 나머지 둘은 역시 가나안 여자로 창녀 행세를 했던 유다 자신의 며느리를 통해 태어났다. 첫째 엘과 둘째 오난은 그들의 사악함 때문에 여호와께 죽임을 당했고, 셋째 셀라는 나중에 비주류 후손으로 약간의 언급이 있을 뿐이다(대상 4:21). 실제로 약속의 혈통이 계속 이어지는 통로가 되는 사람은 바로 교활한 다말의 아들 베레스였다. 역대기 저자는 최종적인 왕의 혈통에서 일어난 스캔들에 대해 언급하느라 바쁜 와중에도 이 사슬의 또 다른 연결고리인 아갈을 독자들에게 상기시킨다. 아갈은 여호수아 시대에 그의 불순종으로 많은 이스라엘 백성의 목숨을 희생시켰던 아간과 동일 인물이다(수 7장).

역대기 저자가 심술궂은 일면을 가지고 있어 악의로 유다 혈통의 모든 무뢰한들을 언급했던 것일까? 아니면 그가 더 큰 어떤 목적을 가지고 있었던 것일까? 후자가 좀 더 그럴 듯한 선택인 것처럼 보인다. 역대기 저자는 그의 독자들에게 초창기 선조들의 인품을 포함하여 과거에 있었던 장애물들을 상기시키고 있는 것이다. 하나님은 유다의 혈통을 통해 역사하셨지만, 유다도 그의 아들들도 그런 영예를 받을 만한 자격은 없었다. 따라서 독자들은 하나님이 다윗의 혈통을 위한 조상을 선택하시는 과정에서 드러나는 하나님의 은혜의 실체를 뚜렷하게 인식하게 된다.

이 족보 구성에는 몇몇 뛰어난 인물도 있는데, 세라의 아들들 시므리, 에단, 헤만, 갈골, 다라 등이 그들이다. 이들은 구약의 다른 부분에도 여러 차례 나타난다. 열왕기상 4장 31절에는 그들이 비록 솔로몬만큼은 아닐지라도 대단히 지혜로운 사람으로 언급되어 있다. 그리고 헤만은 시편 88편과 89편을 기록한 저자로도 알려져 있다.

초점은 이제 유다의 손자 헤스론과 그의 후손들에게로 옮겨간다. 먼저 그의 세 아들 람과 글루배(갈렙의 다른 이름 - 역자 주) 그리고 여라므엘이 언급되지만, 우리는 나중에 훨씬 더 많은 유다의 후손들에 대해 알게 된다.

B. 람과 갈렙의 후손들과 헤스론의 더 많은 아들들(2:10-24)

Supporting Idea	헤스론의 두 아들 람과 갈렙은 다윗 왕뿐만 아니라 광야에서 성막을 건축했던 브살렐도 그들의 후손으로 생각했다. 헤스론은 나중에 더 많은 아들들을 낳았다.

2:10-12. 역대기 저자는 곁가지로 이탈함 없이 우리에게 직계 혈통을 보여준다. 그는 심지어 보아스의 아내이자 오벳의 어머니인 모압 여자 룻이 그 혈통에 포함되어 있다는 사실조차 이야기하지 않는다.

이 성경 본문은 역사적 상황에 대해 언급하지 않고 있다. 유다와 그의 가족은 요셉이 기근 동안 그들을 위해 안전한 피난처를 마련해놓자, 다른 형제들과 함께 애굽으로 이주했다(창 46:8-27). 따라서 족보 목록이 일부 세대를 생략하고 있지만, 그들 가운데 일부는 당시까지도 애굽에서 살고 있었을 것이다. 그리고 역대기 저자는 광야 시대와 출애굽 시대에 대해서도 무시하므로 우리는 그저 불완전한 데다 요약까지 된 족보 목록을 얻을 수 있을 뿐이다. 여기서 적용되는 원리는 뒤에 나오는 일부 다른 목록에도 적용된다.

2:13-17. 이새의 일곱 아들을 열거하고 있는 이 목록은 모두를 포함하고 있지 않다. 다윗이 나중에 주요 등장 인물 가운데 한 사람이 될 것임을 우리가 알고 있는데, 여기서 그냥 이름만 언급하고 지나가는 것은 아이러니컬하다. 본문에 언급된 자매들은 실은 이복누이들이다. 그들의 아버지는 나하스라는 이름의 남자다(삼하 17:25). 그 상황을 이해하는 한 가지 방법은 이새가 나하스의 미망인을 그의 두 번째 아내로 맞이했다고 보는 것이다. 아비가일과 스루야의 아들들은 다윗의 군대에서 뛰어난 명장으로 이름을 날렸다. 특히 요압은 다윗의 군대 장관이 되었고, 아마사는 결국에 가서 다윗에 맞서는 압살롬의 군대를 이끌었다.

2:18-20. 여기에 언급된 갈렙은 여호수아와 함께 이스라엘 백성이 약속의 땅을 정복할 수 있도록 하나님이 도우실 것이라고 신뢰했던 신실한 정탐꾼 갈렙이 아니다. 우리는 역대상 4장 15절에 가서야 그 갈렙을 만나게 될 것이다. 이 성경 본문의 갈렙은 여호수아 시대의 갈렙보다 3백 년 전에 생존했던 인물이다.

역대기 저자는 애굽에서의 체류와 출애굽, 가나안 정복 등의 역사적 배경에 대해서는 무시하지만, 그 시대에 살았던 사람들은 포함시키고 있다. 그런 경우에 해당하는 중요한 인물 가운데 한 명이 브살렐로, 그는 광야에서 성막의 모든 기구를 제작하는 책임을 맡았던 사람이다. 역대기는 솔로몬에 의해 지어진 성전에 초점을 맞추고 있기 때문에 성막에 대해서는 별로 강조하지 않는다. 따라서 브살렐의 경우에도 그의 신원을 확인할 수 있는 추가적인 언급이 전혀 주어져 있지 않다. 그럼에도 불구하고 에스라의 독자들 가운데 상당수는 그 이름을 알아보았을 것이다.

2:21-24. 헤스론은 람과 갈렙, 그리고 여라므엘을 낳은 이후에도 두 명의 아들을 더 두었다. 스굽은 헤스론이 요단 강 동쪽 연안의 길르앗에 위치한 한 가문으로 늦게 장가들어 얻은 아들이었다. 헤스론의 손자 야일은 그 지역의 스물세 성읍을 책임지고 있었다. 그리고 헤스론이 죽기 직전, 그의 마지막 아내 아비야가 임신하게 됨에 따라 헤스론이 죽은 후 그의 가계에 한 사람이 더 추가되었다. 아스훌이라는 이름의 이 사람은 역대

상 4장에서 좀 더 다뤄질 예정이다.

헤스론은 갈렙 에브라다에서 죽었다. 이곳이 어디를 말하는지에 대해서 논란이 없는 것은 아니지만, 에브라다는 보통 베들레헴과 같은 뜻이다. 이것은 헤스론이 어느 시점엔가 애굽을 떠나 가나안 땅으로 다시 돌아왔음을 의미한다.

C. 여라므엘의 혈통(2:25-41)

Supporting Idea	헤스론의 장자의 혈통은 뒤에 이어지는 역사에 별로 중요하지 않은 것처럼 보이지만, 구약 시대 사람들이 자녀에 대해 가지고 있던 몇 가지 중요한 신념을 보여준다.

2:25-41. 역대기 저자는 헤스론의 핵심적인 세 아들 가운데 장자인 여라므엘을 마지막에 언급하려고 남겨둔다. 람이 남긴 왕의 혈통이라는 유산의 화려함은 말할 것도 없고 갈렙 혈통의 영웅적 유산과 비교하여 불행히도 여라므엘의 후손들은 위대함과 아무 상관이 없다. 그들은 이후 역사에서 사막에 거주하는 사람들로 몇 차례 등장할 뿐이다(삼상 27:10, 30:29). 그럼에도 불구하고 몇 가지 흥미로운 점이 이 족보 목록 속에 감추어져 있다.

이렇게 족보를 강조하는 것은 얼마나 많은 사람들이 후손을 갖는 것을 소중히 여겼는지를 보여준다. 자식이 없는 사람들, 다시 말해 셀렛과 예델에 대해 이야기할 때, 그것은 사실에 대한 서술이라기보다는 그들을 애도하는 표현이라고 할 수 있다. 세산은 딸만 두었을 뿐 가족의 유산을 이어갈 아들이 없었다. 그는 자신의 딸 알래를 그의 애굽 종 야르하에게 주어 결혼시켰고, 그들은 가문의 혈통을 이어갔다. 이렇게 해서 우리는 족보 속의 다양성이 계속되는 가운데 이방 민족의 피가 혈통 속에 섞여 들어가는 것을 보게 된다.

33절과 34절은 유다 지파에 대해 설명하는 이 부분의 흐름에서 전환점을 이룬다. 33절은 여라므엘의 후손들에 대한 이야기를 끝내는 것처럼 보이지만, 그것은 곧 34-41절에서 다시 시작된다. 이제 우리는 다시 갈렙의 혈통과 람의 혈통 그리고 헤스론의 아들 아스훌에 대해 차례로 살펴본 다음, 마지막으로 유다의 아들 셀라에 대한 이야기로 다시 돌아갈 것이다.

D. 갈렙의 후손들이 거주하는 성읍들(2:42-55)

Supporting Idea

헤스론의 아들 갈렙의 자손을 기록한 두 번째 목록의 초점은 스스로를 갈렙의 후손으로 여기는 사람들이 거주하는 성읍들에 맞추어져 있다.

2:42-55. 우리는 갈렙의 아들들에게로 다시 돌아간다. 이 족보 목록은 앞의 목록과 다르다. 그래서 일부 학자들은 이것이 앞의 목록을 반박하는 다른 목록이라고 설명한다. 그러나 성경에 대해 잘 아는 사람이라면, 여기에 기록된 이름들이 성읍과 마을의 이름까지 포함하고 있음을 인정하게 될 것이다. 이 목록에는 다른 의도가 담겨져 있다. 우리는 첫 번째 목록에서 갈렙의 후손들 개개인에 대해 알 수 있었고, 이제는 갈렙이나 그의 후손들 가운데 한 사람을 자신의 조상으로 여기는 사람들이 거주하는 성읍과 마을들을 만나게 된다.

이 갈렙은 민수기 13장 30절에서 약속의 땅을 정탐하고 돌아와 하나님을 여전히 신뢰했던 그 갈렙이 아니라는 사실을 기억하라. 그는 헤스론의 아들 갈렙으로 유다 지파의 상당수가 갈라져 나온 세 사람 가운데 한 사람이다. 이 부분에서 역대기 저자는 우리를 위해 얼마나 많은 유다 후손들이 실제로 이 갈렙의 혈통에서 나왔는지 분명하게 보여준다. 우리가 그 성읍들의 목록을 조사해보면, 그것들이 유다 왕국의 영역을 대부분 언급하고 있다는 사실을 깨닫게 된다.

헤브론은 다윗 왕이 예루살렘에 정착하기 전에 7년 동안 통치했던 곳이기 때문에 중요한 성읍이었다. 헤브론은 어떤 의미에서 유다 왕국의 수도였고, 갈렙의 후손들은 그 성읍에 거주했다.

우리가 51절까지 내려가보면 베들레헴이 언급되어 있음을 알 수 있다. 이곳은 다윗의 고향이었다. 더 뒤로 가면, 역대기 저자는 우리에게 소라 족속과 수갓 족속 같은 특정 씨족에 대해 말해준다. 이 부분의 끝에 가면, 겐 족속으로 야베스에서 살았던 서기관 족속에 관해 약간의 흥미로운 이야깃거리가 기다리고 있다.

E. 다윗의 후손들(3:1-24)

Supporting Idea	다윗의 혈통은 그의 많은 아들들에서부터 시작하여 솔로몬과 유다의 모든 왕들과 포로 생활을 거치면서 에스라 시대까지 계속 이어진다.

3:1-9. 역대기 저자는 다윗의 아들들을 출생 순서에 따라 기록한 목록을 그들의 어머니의 이름과 함께 제공하고 있다. 관련된 장소가 두 곳 있는데 다윗이 약 7년 동안 통치했던 헤브론과 그가 33년 동안 왕으로 있었던 예루살렘이다. 이 목록을 대충 들여다보더라도 여러 가지 점이 눈에 들어온다. 다윗이 많은 아들을 낳았다는 사실 이외에도 많은 아내를 두었음이 눈에 띈다. 먼저 언급된 여섯 명의 아들만 보더라도 모두 헤브론에서 태어났음에도 불구하고 그때마다 아내가 다르다. 우리는 예루살렘에 이르러서야 네 명의 아들을 낳은 다윗의 아내를 만나게 된다. 그녀가 바로 밧세바다. 6-8절에는 다윗의 아들 아홉 명의 이름이 더 있지만, 그들의 어머니의 이름은 주어져 있지 않다.

게다가 우리는 다윗의 첫 번째 아내 미갈이 전혀 언급되어 있지 않음을 보게 된다. 다윗은 그녀를 통해 어떤 자손도 두지 않았다. 사실 그 둘의 관계는 긴장 상태에 있었다(대상 15:29 참고). 한편 아직도 더 많은 아들들이 있지만, 그들은 다윗의 첩들에게서 태어난 사람들로 공식적으로는 그의 아들로 간주되지 않는다. 그럼에도 불구하고 그들은 아마 같은 집안에서 살며, 더 큰 '다윗 씨족'의 일원이었을 것이다. 마지막으로 역대기 저자는 다말에 대해서도 언급한다. 그녀가 다윗의 유일한 딸이었다고 생각하기는 어려울 것이다. 다말은 사무엘하 13장에 상세히 언급되어 있는 그녀의 형제들 사이에서 벌어지는 권력 투쟁 과정에서 우리의 주목을 끈다.

우리는 때때로 성경에 나오는 이야기를 읽을 때, 그들이 실제로 존재했던 사람들이라는 사실을 놓치기 쉽다. 오늘날에도 어른들의 편의에 따라 여러 배우자의 자식들이 함께 모여 사는 '가정들'이 재앙을 초래하는 원인이 되듯이, 다윗의 '집안'도 건강하지 못한 상황이었다. 역대기 저자는 다윗의 생애에서 가장 큰 부정적인 사건들 가운데 두 가지(즉 밧세바와의 간음과 압살롬의 반역)를 다루지 않고 있지만, 우리는 다윗의 집안에 곧 재앙이 닥칠 수밖에 없는 상황이었음을 감지할 수 있다.

우리는 사무엘하 13장에서 다윗의 장자 암논이 자신의 이복형제이자 압살롬의 친누이인 다말을 어떻게 강간했는지 알 수 있다. 다윗은 그 일에 대해 들었을 때 격노했지만 아무 조치도 취하지 않았다. 압살롬은 복수심으로 암논을 죽이고 도망쳤다. 그러나 다윗은 그의 군대 장관 요압의 부추김으로 결국에 가서는 압살롬이 자신의 궁전으로 다시 돌아오도록 허락했다(삼하 14:33). 나중에 압살롬은 자신의 아버지를 죽이고 왕위를 대신 차지하려고 반역을 시도했다(삼하 15-18장). 사람들은 인간이 양심의 법이나 하나님의 명령을 무시하고도 장기적으로 심각한 대가를 치르지 않고 가구처럼 마구 뒤섞여 옮겨질 수 있다고 믿는 것 같다.

3:10-16. 이제 다윗의 후손들, 좀 더 구체적으로는 솔로몬의 후손들을 기록한 목록이 뒤따라나온다. 그것은 유다 왕들을 열거한 명부다. 이 목록은 여러 왕들의 삶이 보다 자세히 언급되어 있는 역대기의 뒷부분을 위한 개요가 될 것이다. 여기서는 족보의 형태로 전체 개요를 간단히 훑어볼 수 있을 뿐이다.

하지만 이 간단한 목록도 나중에 중요해질 무언가를 우리에게 말해주고 있다. 우리는 다윗 자신의 가정 생활이 얼마나 엉망이 되었는지를 알 수 있다. 솔로몬의 무분별한 혼인은 그의 지혜만큼이나 전설적인 것이 되어버렸다. 게다가 그 왕들은 종종 어리석든지 아니면 사악했으며 두 가지가 모두 해당되는 경우도 있었다. 하지만 그 왕위 계승의 혈통은 화살처럼 그렇게 곧지도 않고 그렇다고 많은 우여곡절을 겪지도 않으면서 대대로 이어져 내려와 시종 그 집안에 머물게 된다.

이것을 북왕국 이스라엘의 왕들과 비교해보라. 그들의 가장 긴 왕조는 겨우 다섯 세대에 걸쳐 이어졌을 뿐이며, 왕이 바뀔 때마다 그 집안도 수시로 교체되었다. 남왕국 유다는 때때로 타락이 극에 달했을 것으로 추정됨에도 불구하고 대단한 이점을 하나 가지고 있었다. 그것은 다윗의 왕권이 영원히 그의 가문에 머물게 될 것이라는 하나님의 약속이었다. 그 모든 문제점에도 불구하고 하나님의 역사는 계속 진행되고 있었던 것이다.

3:17-24. 왕의 혈통은 바벨론 포로 생활로 들어가서 다시 귀환할 때까지도 계속 이어졌다. 유대인들이 성전을 재건하고 예루살렘에 다시 정착하기 위해 처음으로 포로 생활에서 돌아왔을 때, 스룹바벨은 더 이상 왕으로 불리지는 않았지만 그들의 지도자였다(스 3:2, 느 12:1, 학 2:20-23). 스룹바벨은 보통 스알디엘의 아들로 불린다. 그러나 19절은 스룹바벨을 그의 삼촌인 브다야와 연관짓는다. 브다야는 구약의 계대 결혼법에 따라 스룹바벨을 낳았을 것이다(신 25:5-10).

F. 훌과 아스훌의 후손들(4:1-10)

Supporting Idea	갈렙의 아들이자 베들레헴의 설립자인 훌의 자손들은 더 많은 주목을 받게 된다. 그리고 우리는 야베스를 포함하여 아스훌의 아들들에 대해 배우게 된다.

4:1-4. 우리는 한 번 더 유다의 현손(玄孫) 훌에 대한 정보를 얻는다. 그는 이미 역대상 2장 19절과 50절에서 두 번이나 등장한 바 있다. 결국 그는 베들레헴의 건설과 직접적으로 관련이 있는 것으로 알려졌고, 그의 어머니의 이름도 에브라다로 밝혀졌다. 따라서 그의 이름은 이 역대기의 독자인 바벨론 포로기 이후 시대의 유대인들에게 중요했다.

4:5-8. 역대기 저자는 계속해서 크게 호를 그리며 아스훌에게로 돌아간다. 그는 역대상 2장 24절에서 헤스론의 유복자로 간단하게 언급되었던 인물이다. 우리는 이제 아스훌 자신의 두 아들과 그들의 후손 가운데 일부에 대해 알게 된다.

4:9-10. 추측컨대, 야베스는 아스훌의 후손들 가운데 하나로 여기에 삽입된 것으로 보인다. 하지만 그것이 정확히 명시되어 있지는 않다. 그리고 아무 관련이 없는 일부 다른 목록들이 뒤따라 등장한다. 야베스는 큰 문제를 가지고 있었는데, 그것은 바로 그의 이름이다. 엄청난 산고를 겪어야 했던 야베스의 어머니는 그녀의 가엾은 아기를 '고통(Pain)' 이라고 불렀다. 그것은 히브리 말로 야베스와 발음이 비슷하기 때문에 그 아이에게 그 꼬리표가 붙여지게 되었다. 우리 문화에서는 이름을 자신과 깊이 연관짓지 않으며, 필요하다면 바꿀 수도 있는 것으로 취급한다. 우리는 일반적으로 한 개인의 이름이 중요하거나 의미 있다고 생각하지 않는다. 그러나 야베스가 살던 시대에는 그렇지 않았다. 이름은 한 개인의 주된 특징을 요약한 것으로 간주되었다.

야베스는 '고통의 사람' 으로 이 세상에 태어났다. 고대 신앙에 의하면, 고통은 그의 운명임에 틀림이 없었다. 그러나 야베스는 그의 이름을 통해 자신에게 주어진 운명에 굴하지 않았다. 우리는 야베스가 얼마나 신앙심이 깊었는지 알지 못하지만, 그가 자신의 형제들보다 더 존귀했으며 자신의 문제에 대한 해결책으로 하나님을 의지할 줄 알았다는 사실을 알 수 있다. 야베스는 하나님께 부르짖으며 그의 이름을 통해 미리 암시된 삶에서 벗어나게 해달라고 간청했다. 그는 담대히 하나님의 축복을 구했고, 고통으로 이어질 수 있는 어떤 환난으로부터도 벗어나게 해달라고 여호와께 간구했다. 그리고 하나님은 그의 요청을 들어주셨다.

야베스의 기도가 특별히 심오한 것은 아니었다. 그는 지경을 넓혀달라고 요구했고, 그의 이름이 자신에게 가져다줄 것이라고 믿고 있는 고통으로부터 자신을 지켜달라고 간구했다. 이 작은 에피소드를 그렇게 중요하게 만드는 것은 그가 기도한 내용보다는 그가 기도했다는 사실이다. 야베스는 자신에게 가장 절실한 소망을 가지고 하나님께 나아가 솔직하게 말하는 것을 두려워하지 않았다. 야베스가 자신의 기도가 적절한지의 여부를 점검했는지는 분명하지 않지만, 그는 마음에 있는 것을 가지고 하나님의 보좌로 즉시 나아갔다. 하늘 아버지 앞에서 하나님의 자녀가 외치는 즉흥적이고 자연스러운 부르짖음, 그것이야말로 진정하고 완벽한 의미의 기도라고 할 수 있다.

G. 유다 지파의 다른 구성원들(4:11-23)

Supporting Idea	유다 지파와 관련된 족보는 모두 끝이 난다. 먼저, 유다 지파와 관련은 있지만 직접적인 관계는 없는 사람들이 나온다. 그런 다음, 마지막으로 유다의 세 번째 아들 셀라의 후손들이 등장한다.

4:11-20. 이 부분에서 역대기 저자는 앞에 나온 족보들과의 연관성에 대한 구체적인 언급 없이 많은 가족 집단을 포함시키고 있다. 우리는 그 가족 집단들이 헤스론의 아들들 가운데 어떤 아들과 관련되어 있는지 알지 못한다. 심지어 많은 학자들은 여기에 언급되어 있는 사람들이 실제로는 유다의 후손이 아니라 유다 지파로 입양된 사람들이라는 의견을 제시하기도 한다.

이 부분에서 핵심적인 성경 구절은 13절과 15절이다. 우리는 여기서 구약의 나머지 부분을 통해 꽤 많이 알고 있는 두 사람을 발견하게 된다. 우리에게 친숙한 갈렙이 마침내 여기에 나온다. 여호수아와 함께 신실한 정탐꾼이었던 그는 하나님께 그의 순종에 대한 보상을 받았다(민 13:30). 우리가 보는 성경 본문에는 나와 있지 않지만, 갈렙과 옷니엘은 형제였다(삿 1:13 참고). 옷니엘은 여호수아가 죽은 후 첫 번째 사사가 되어 40년 동안 이스라엘을 다스렸다(삿 3:7-11). 따라서 우리는 이 성경 본문에서 유다 지파에서 중요한 두 사람을 보게 된다. 만약 족보가 사람들에게 그들의 위대한 유산을 상기시킴으로써 그들을 격려하는 역할을 하게 된다면, 옷니엘과 갈렙은 분명히 그 목록에 포함되어야 한다.

역대기 저자는 역대상 4장 17-18절에서 메렛을 언급함으로써 다양한 족보에 독특한 관점을 들이대는 방침을 계속 이어가고 있다. 이 메렛은 두 명의 아내를 두었는데, 한 명은 유대인이었고, 다른 한 명은 애굽인이었다. 게다가 그 애굽인 아내는 바로의 딸 비디아였다. 우리는 다시 한 번 하나님이 구약 시대에도 이방인들을 위한 자리를 만듦으로써 그분의 택한 백성을 형성하기 위해 포괄적으로 역사하셨다는 사실을 볼 수 있다.

4:21-23. 셀라의 후손들에 대한 목록은 약간의 비애를 안고 있다. 유다가 죄를 짓는 데 계기가 된 사람이 바로 셀라였다. 그가 실제로 죄를 짓지는 않았지만 말이다. 유다는 그의 두 아들 에르와 오난이 죽은 뒤 신명기 25장 5절에 따라 세 번째 아들 셀라를 며느리 다말에게 주어 그녀를 통해 후사를 잇도록 조치했어야 했다. 그러나 유다는 그렇게 하기를 거부했고, 그 자신이 다말을 통해 베레스와 세라의 아버지가 되어버렸다. 따라서 우리가 셀라의 아들들에 관해 읽을 때, 그들 가운데 한 명은 틀림없이 어머니가 다말이었을 것이라고 자연스럽게 생각하게 된다. 하지만 그런 사람은 없었다.

셀라 혈통의 한 가지 흥미로운 특징은 기술을 가진 장인들에 대한 언급이다. 우리는 아스베야의 집에서 세마포 짜는 사람들을 만나게 된다. 그들은 아마 세마포를 만들기 위해 복잡한 과정을 거쳤을 것이다. 또한 왕으로부터 특별히 도급을 받아 일하는 옹기장이 가문이 있었다.

이렇게 해서 유다의 계보가 마무리된다. 우리는 유다의 아들들에서부터 시작하여 그의 후손들을 추적했다. 그 과정에서 특히 헤스론의 아들들을 중심으로 살펴보았고, 다윗의 혈통에 특별히 주목했으며, 마지막에는 유다의 또 다른 아들에 대한 이야기로 마무리했다. 유다는 왕의 혈통을 이어받은 지파로, 바벨론 포로 생활에서 돌아온 사람들을 가장 잘 대변할 수 있는 지파일 뿐만 아니라 메시야가 태어났던 지파다.

Main Idea 복습	유다 지파는 왕의 지파가 되었다. 하지만 우리는 그 족보에서 매우 다양한 부류의 사람들을 볼 수 있다. 그들 가운데는 남다른 신앙심으로 눈에 띄는 사람들이 있는가 하면, 의로운 삶과는 거리가 먼 사람들도 있다. 그들은 하나님이 그분의 목적을 이루시기 위해 다양한 방법으로 일하신다는 사실을 보여준다.

결론

팀북투(Timbuktu)로의 탐험 여행

초창기에 유럽에서 가장 유명했던 아프리카 탐험가는 독일인 하인리히 바르트(Heinrich Barth)였다. 그는 1850년부터 1855년까지 엄청난 규모의 탐험대를 이끌고 사하라 사막을 가로질러 사막 남단에 있는 지역을 두루 여행했다. 이 탐험대의 목표 가운데 하나는 노예 무역의 잔인성에 대한 정보를 수집하는 것이었다. 간단히 설명하자면, 바르트와 그의 동료들은 트리폴리(지금의 리비아)를 출발해 차드 호(Lake Chad)의 남단을 거쳐 팀북투(지금의 말리)의 서부 지역으로 몰래 들어갔다가 다시 그 여로를 따라 되돌아왔던 것이다. 하지만 그것은 터무니없이 줄여서 말한 것이다!

바르트의 여정은 대략 5년이 걸렸다. 그 과정에서 그들은 약탈자들뿐만 아니라 혹독한 기후와도 싸워야 했다. 그들은 수없이 공격을 당했고, 인질로 붙잡히기도 했으며, 바르트 자신도 목말라 거의 죽을 뻔했다. 그 일행은 더 많은 지역을 관찰하고 탐험하기 위해 여러 차례 나뉘기도 했는데, 그때마다 바르트의 동료 가운데 한 사람은 집결지로 돌아오지 못했다. 바르트가 모든 여정을 마치고 홀로 트리폴리에 도착할 무렵에는 장염으로 인해 건강이 많이 좋지 않은 상태였다. 바르트는 그후 얼마 지나지 않아 사망했다. 그럼에도 불구하고 그의 탐험 여행은 대성공이었고, 하인리히 바르트는 후대의 많은 탐험가들의 본보기가 되었다.

우리는 역대상에 나와 있는 족보들을 읽을 때, 하인리히 바르트와 그의 탐험 여행을 생각하게 된다. 분명한 목적지로 표현되는 목표가 있었지만, 그 여행은 쉽지 않았다. 결국 우리가 끝맺으려고 하는 곳은 다윗 왕의 혈통이다. 그리고 그 혈통은 언젠가 메시야로 이어지게 될 것이다. 그러나 사하라 사막을 가로질러야 했던 바르트의 탐험 여행처럼 우리도 종횡으로 움직이고 또 움직여야 한다. 혈통이 갈라졌다가 다시 합쳐지는 것처럼 보이더니 또다시 멀어진다. 이 족보들 속에는 더 이상 이어지지 않는 막다른 골목도 많이 나타난다. 족보에 기록된 사람들 가운데 상당수가 유다 지파의 일원이라는 사실을 빼고는 성경이 하고자 하는 이야기에 어떤 기여도 하지 못하는 것처럼 보인다. 어떤 이들은 그 나름대로 의미가 있음에도 불구하고 장래 왕족이 되는 혈통의 일원이 아니다.

이 모든 혼란 속에 영적 교훈이 있는 것일까? 물론 있다. 우리는 그것을 우리 자신의 삶 속에서 볼 수 있다. 나는 내 자신의 삶을 바라보면서 때로는 사막을 횡단하고, 막다른 골목을 추구하며, 길을 잃기도 하고 다시 시작했다가 중단하기를 반복하는 나 자신을 발견하게 된다. 그것은 때때로 당황스러운 혼란일 수도 있다. 하지만 나는 그 족보들을 통해 하나님이 지금까지 어떻게 역사하셨는지 나 스스로에게 상기시킬 수 있다. 그분은 모든 것이 어디에 적합한지 잘 알고 계시며, 그분의 목적지까지 이르는 전 과정을 인도하고 계신다. 하나님께 있어 나의 삶은 역대기에 나와 있는 족보처럼 나를 그분이 원하시는 사람으로 만들어가는 그분의 작업실이다.

▣ 진리 알기

- 하나님이 그분의 백성들의 전개 과정을 주관하심으로 결국 다윗 왕의 혈통이자 메시야의 혈통으로 이어지게 된다.
- 하나님은 왕의(메시야의) 혈통에 직접적으로 속해 있지 않았던 사람들에게도 중요한 역할을 맡기셨다.
- 하나님이 우리의 삶 속에서 역사하실 때, 우리를 전혀 예상하지 못한 여행에 여러 차례 데려가실지도 모른다. 그리고 그 여행의 목적도 당장은 분명하지 않을 수 있다.
- 하나님은 우리의 삶에서 일어나는 좋은 일들뿐만 아니라 때로는 악한 사람들의 행위를 통해서도 역사하신다.
- 우리에 대한 하나님의 목표가 분명하지 않아 보일 수도 있지만, 우리는 그분이 우리의 삶을 주무르시면서 그 목표를 향해 끊임없이 움직이신다는 사실을 잘 알고 있다.

▣ 적용하기

- 하나님이 주권자로서 역사적 사건들을 주관하신다는 진리에 대해 곰곰이 생각해보라. 당신은 당신 자신의 삶과 가족들의 삶 속에서 하나님의 주권적인 활동을 어떤 식으로 볼 수 있는가?
- 당신의 삶 가운데서 생기는 문제를 하나님께 간구하는 기회로 삼아라. 그리고 당신이 그 문제를 당신의 삶이라는 직물을 구성하는 한 가닥 실로 볼 수 있도록 기도하라.

• 막다른 골목으로 보이는 상황이 실제로는 그분과 다른 사람들에게 더 크게 봉사하는 기회가 될 수도 있다는 심오한 진리를 당신이 깨달을 수 있도록 기도하라. 막다른 골목처럼 보이던 것이 더 큰 봉사로 나아가는 열린 문이 되었던 경험을 한 성경의 인물들을 상기하라.

삶의 적용

지연된 의료 선교

알버트 슈바이처(Albert Schweitzer)는 원래 신학을 공부했다. 그는 스물다섯 살이 될 때까지 철학과 신학 분야에서 박사 학위를 모두 취득했다. 그런 다음, 신학을 가르치고, 책을 저술하면서 성공적인 경력을 쌓기 시작했다. 하지만 그는 여전히 자신의 삶에 만족하지 못하고, 인류의 행복을 위해 무언가를 더 해야 한다고 생각했다. 그래서 슈바이처는 의학 분야의 강의를 듣기 시작했고, 서른일곱 살이 되던 해 마침내 세 번째 박사 학위를 취득하고 의사가 되었다. 그는 곧바로 아프리카로 출발해 후에 세계적으로 유명한 정글 병원이 될 의료 기관을 설립했다. 알버트 슈바이처는 인생의 후반부를 통하여 '생명에 대한 경외(reverence for life)'를 실천하고자 하는 그의 소명 의식으로 유명하게 되었다. 그는 노벨 평화상을 받았고, 그의 봉사 정신을 본받으려고 노력하는 수많은 사람들의 삶에 지대한 영향을 미쳤다.

알버트 슈바이처의 가르침은 때로 논쟁의 여지가 있었다. 그가 말한 모든 가르침이 복음주의적인 그리스도인들에게 무비판적으로 받아들여져서는 안 될 것이다(예를 들면, 그는 복음서를 언제나 믿을 만한 기록으로 취급하지는 않았다). 그럼에도 불구하고 그는 역대상의 족보에 나와 있는 원리를 예증하고 있다. 슈바이처는 그의 삶에서 훨씬 뒤에 이루어질 선교 분야에 대한 하나님의 부르심을 감지하고, 먼저 신학자로서의 경력을 추구했다. 게다가 그는 사전에 철저히 준비함으로써 마침내 선교 현장에 도착했을 때 유능하게 일하고 권위 있게 말할 수 있는 준비 태세를 갖추고 있었던 것이다.

주님이 원하시는 곳까지 우리를 데려가시는 데는 오랜 시간이 걸릴지도 모른다. 그러는 동안 그분은 우리가 철저히 준비하기를 기대하신다. 그분이 이미 우리에게 맡겨 주신 특정한 일을 잘해낼 수 있도록 말이다.

기도

하나님 아버지, 우리는 모든 것이 직선으로 흘러가기를 원하는 사람들입니다. 우리는 앞으로 무슨 일이 벌어질지 알고 싶어하고, 그 결과도 알기를 원하며, 그것들을 지금 당장 얻고 싶어합니다. 하지만 주님, 우리는 당신이 그러한 방법으로 일하지 않으신다는 사실을 깨닫게 됩니다. 당신은 우리를 굽은 길이나 길모퉁이로 데려가실 수도 있고, 가파른 산길이나 골짜기를 통해 인도하실 수도 있습니다. 우리가 당신의 계획을 분명하게 보지 못할 때에도 당신을 신뢰할 수 있도록 도와주십시오. 아멘.

심층 연구

야베스의 기도(4:9-10)

우리는 이미 야베스의 기도가 지니고 있는 주요 특징에 대해 언급했다. 하지만 여기서 몇 가지 추가적인 설명을 덧붙이고자 한다.

1. 야베스의 기도는 우리의 모범이 되어야 한다. 야베스에 관한 짧은 이야기는 자신이 고난에 처해 있다고 느꼈을 때 하나님께 솔직하게 도움을 구했던 한 사람을 우리에게 보여주고 있다. 그의 기도와 관련하여 가장 인상적인 것은 솔직함이다. 야베스는 특정한 소망을 가지고 있었고, 그것들을 여호와 앞에 자신이 느끼는 대로 내어놓았다.

그리스도인들은 자신의 필요를 가지고 하나님께 솔직하게 나아가는 것을 결코 두려워해서는 안 된다. 하나님은 우리의 하늘 아버지이시며, 우리는 그분의 아들딸로서 그분과 직접적인 관계를 맺고 있다. 우리는 항상 그분께 우리 자신을 거리낌 없이 표현할 수 있어야 한다. 설사 우리의 요구 사항이 어리석고 이기적이며 심지어 잘못된 것이라는 생각이 들더라도 말이다. 하나님은 우리가 무엇을 생각하고 있는지 이미 다 알고 계신다. 따라서 우리가 마음속 깊은 곳에 있는 감정을 가지고 하나님께 나아가더라도 그분은 놀라지 않으실 것이다.

그리스도인이 자신의 기도가 올바른 기도 규범에 맞지 않을까봐 걱정스러워서 기도하기를 두려워한다면, 그것은 얼마나 비극적인 일이겠는가! 일정한 형식을 따르는 기도는 본질적으로 아무런 문제가 없지만, 하나님께 응답받기 위한 어떤 의무적인 형식이 결코 존재해서는 안 된다. 야베스는 하나님께 자신의 필요를 솔직하게 표현했던 사람으로서 우리의 본보기가 된다.

2. 야베스가 그 자신의 삶과 상황 안에서 기도했던 것처럼 우리도 그렇게 기도해야 한다. 각 사람은 하나님이 그에게 명령하신 특정 역할에 대해서 주님께 해명할 의무가 있다. 그것이 직업에 대한 기독교 교리다. 각 개인은 삶 속에서 어떤 상황에 처해 있든지 간에 하나님으로부터 받은 사명을 가지고 있다. 우리는 다른 사람의 삶이 아무리 매력적으로 보인다 하더라도 그의 경험이나 사명을 우리 자신을 평가하는 기준으로 삼아서는 안 된다. 우리의 평가 잣대는 다른 사람들이 아니라, 하나님이 우리에게 주신 사명이다.

이 직업의 교리는 야베스에게도 마찬가지로 적용된다. 하나님은 그의 기도에 응답하셨고, 그의 땅을 늘려주셨다. 우리 가운데 상당수는 문자적인 의미에서든 비유적인 의미에서든 땅 개발업자로 부름받지 않았다. 기껏해야 우리가 소유하고 있는 땅을 일구며 살도록 부름받았을 뿐이다. 모든 사람이 확장의 사역에 부름받은 것도 아니다. 어떤 사람들의 천직은 하나님이 이미 그들을 앉혀놓으신 그 모퉁이를 차지하는 것이다. 하나님은 때때로 우리가 단순히 성실하게 살기를 바라신다. 그분이 우리를 위해 미리 정해놓으신 경계선 안에서 말이다.

3. 하나님은 야베스의 기도에 대한 응답으로 그를 축복하셨다. 하나님은 정말로 우리의 기도에 응답하신다. 성경에는 하나님이 기도하는 사람들에게 어떻게 응답하시는지를 묘사하는 많은 성경 구절들이 있다. 예를 들면, 모세(출 32:11-14)와 히스기야(대하 32:20, 24)는 여호와께서 그들이 간구한 대로 들어주셨던 수많은 성경 인물들 가운데 대표적인 예라고 할 수 있다.

그러나 우리가 기도를 필요 조건으로 여겨 기도하지 않고는 하나님의 축복을 결코 얻지 못할 것이라고 생각해서는 안 된다. 우리가 기도할 때 하나님이 우리를 축복하신다는 사실이 우리가 기도할 경우에만 하나님이 우리를 축복하신다는 착각으로 이어져서는 안 되는 것이다. 하나님은 원하시면 언제든지 축복하실 수도 있고, 축복하지 않으실 수도 있는 분이시다. 우리가 특정 기도를 드리지 않는다고 해서 하나님이 우리에게 주실 좋은 것을 보류하지는 않으실 것이다. 야베스는 우리에게 하나님이 얼마나 후하게 축복하시는지를 예증하고 있지만, 우리는 더 많은 축복을 받을 수 있는 방법과 관련된 테크닉을 얻기 위해 그를 눈여겨보아서는 안 된다. 우리는 하나님이 분명 우리의 기도를 들으시고 응답하시리라는 확신을 가지고 자유로이 그분께 나아가야 한다.

교안

A. 들어가는 글

1. '아마포를 만드는 방법' 이야기로 시작하라.
2. 배경 설명: 아마포를 만드는 것이 많은 단계를 거쳐야 하는 길고 복잡한 과정이듯이, 하나님의 백성의 전개 과정도 일부 복잡한 족보를 만들어냈다. 이 책의 1장에서 우리는 아담에서부터 시작된 인류의 기원뿐만 아니라, 그 혈통이 결국 어떻게 해서 야곱에 이르렀는지 살펴보았다. 이제 저자는 유다 지파에 초점을 맞춘다.
3. 적용: 유다 지파 내에 많은 계보가 존재하지만, 그 중에서도 주요 혈통은 세 형제 람과 갈렙과 여라므엘에서 시작된다. 이들 혈통은 왕에서부터 농부에 이르기까지 다양한 신분의 사람들과, 흉악한 죄인에서부터 신실한 성인에 이르기까지 여러 부류의 사람들을 포함하고 있다.

B. 본문 이해

1. 야곱에서 헤스론의 아들들까지(2:1-9)
2. 람과 갈렙의 후손들과 헤스론의 더 많은 아들들(2:10-24)
3. 여라므엘의 혈통(2:25-41)
4. 갈렙의 후손들이 거주하는 성읍들(2:42-55)
5. 다윗의 후손들(3:1-24)
6. 훌과 아스훌의 후손들(4:1-10)
7. 유다 지파의 다른 구성원들(4:11-23)

C. 결론: '팀북투(Timbuktu)로의 탐험 여행'을 읽어주라.

토의 질문

1. 특별히 유다 지파에 관한 족보 기록이 존재한다는 사실이 왜 중요한가? 에스라 시대의 사람들은 왜 누가 유다 지파에 속해 있었는지를 정확히 알고 싶어했을까?

2. 우리는 이 족보에서 실패자로 보이는 사람들을 통해 무엇을 배울 수 있는가?

3. 이 족보 목록에 나와 있는 일부 혈통들은 유다 지파의 미래에 별로 중요하지 않은 것처럼 보인다(예를 들면, 여라므엘이나 아스훌, 셀라 등의 후손들). 우리는 이 혈통들 가운데서 역사하시는 하나님을 어떻게 보는가?

4. 하나님이 즉시 최종 결과를 가져다주시기보다는 긴 과정을 거쳐 역사하시는 것을 당신이 본 적이 있다면, 그 경험을 이야기해보라.

역대상 4:24-5:26

사라진 지파들

"예수님 뒤에서 기타를 치고 싶어하는 사람은 없다. 모두가 그 밴드의 리드 싱어가 되기를 원한다."

- T. A. 힐(T. A. Hill)

이 성경 본문은 우리에게 추가적인 족보 자료를 제시하는데, 이번에는 이스라엘의 변방에서 살다가 제일 먼저 사라졌던 네 지파, 실제로는 셋과 반 지파에 관한 내용이다. 시므온 지파는 추측건대 유다 지파에 흡수되었으나, 그렇게 된 것은 하나님의 용감한 사람들이라는 명성을 쌓은 이후였다. 르우벤과 갓, 그리고 므낫세 반 지파는 요단 강 동쪽에 살았다. 그들은 앗수르인들에 의해 제일 먼저 정복되어 포로로 끌려갔다. 이 네 지파는 지리적으로 이스라엘의 변방에 위치해 있었던 것처럼 결국 하나님의 백성의 역사에서도 그렇게 중요한 역할을 하지 못했다. 그런데도 우리는 그들의 경험으로부터 교훈을 얻을 수 있다. 신실한 시므온은 칭찬을 받은 반면, 나머지 세 지파는 신실하지 못함으로 인해 정복되었던 것이다.

들어가는 글

알려지지 않은 팀들이 함께하는 단체 경기

미국에서 자동차 경주의 인기는 지난 20년 동안 급상승했다. 사람들은 그 색깔과 소음, 스피드 그리고 아슬아슬한 승패를 연출하는 한 편의 드라마에 매료된다. 노련한 운전자들은 승리를 쟁취하기 위해 그들의 목숨을 건다. 그리고 우승자가 결승선에 도착하면, 그는 자신의 자동차 소유주와 스폰서들, 그리고 팀에게 감사를 전한다. 그렇다. 비록 운전자가 혼자서 트랙을 돈다 할지라도 그는 그 승리가 위대한 팀의 노력의 결과라고 단언할 것이다. 때때로 어떤 사람은 자동차 경주가 단체 경기라고 주장하기도 한다.

그러나 자동차 경주는 단체 경기라고 하기에는 다소 어색한 구석이 있다. 야구 팀이 경기를 할 때, 경기장이나 텔레비전의 관중들에게 가장 먼저 전달되는 정보 가운데 하나는 라인업이다. 사람들은 지금 누가 경기를 하고 있는지 알고 싶은 것이다. 마찬가지로 농구와 하키, 배구, 수구 등 어떤 단체 경기든지 간에 관중들은 그 팀을 구성하고 있는 선수들의 명단을 제공받게 된다. 심지어 풋볼에서도 아나운서는 누가 특정 플레이를 했는지에 대해서 만큼은 이야기할 것이다. 그러나 자동차 경주에서는 팀이 좀처럼 관중들에게 소개되지 않는다. 관중들이 피트 스톱(pit stop: 자동차 경기 중 급유와 정비를 위해 정차하는 것 - 역자 주) 동안 팀원들이 자신의 임무를 수행하는 모습을 볼 수도 있지만, 그들의 이름은 알려지지 않는 경우가 대부분이다.

이 부분의 주제를 이루고 있는 지파들은 그렇게 알려지지 않은 팀의 일원이다(혹은 일원이 될 수도 있었다). 그들도 하나님의 택한 백성에 속해 있었다. 모든 하나님의 백성과 마찬가지로 그들도 그분의 언약을 따라 살며 이 땅에서 그분을 나타내기로 되어 있었다. 비록 유다가 운전자의 역할을 맡았지만, 그들 역시 '피트 스톱 팀' 의 일원이었다는 사실에는 의문의 여지가 없다. 그들은 지리적으로 멀리 떨어져 있었고, 제사장을 배출하지도 못했으며, 그들의 혈통에서는 결코 합법적인 왕이 나오지 못하게 된다. 그리고 메시야 역시 다른 지파를 통해 오시게 된다. 그러나 그들에게는 여전히 이 땅에서 하나님의 '팀'의 신실한 구성원이 되어야 할 의무가 있었다. 이 장에 언급된 네 지파 가운데 셋은 그들의 사명에 부응하지 못했고, 결국 팀에서 그들의 자리를 잃고 말았다.

본문 이해

사라진 지파들

Main Idea	시므온과 르우벤, 갓 그리고 므낫세 반 지파는 이스라엘의 변방에 위치했지만, 그럼에도 불구하고 하나님의 언약의 백성으로 살아야 했다. 시므온은 이스라엘의 역사에 적은 기여를 한 소규모 지파의 대표적인 예이며, 다른 세 지파는 하나님을 버림으로 말미암아 결국 기억만을 유산으로 남긴 채 정복되고 말았다.

A. 시므온 지파(4:24-43)

Supporting Idea	시므온 지파는 이스라엘의 더 큰 역사에서 별로 중요한 역할을 하지 못했다. 그들은 자신들의 영역을 유다와 공유해야 했고, 결국 더 큰 지파인 유다에 흡수되고 말았다. 하지만 그들은 몇 차례에 걸쳐 긍정적인 군사적 모험을 감행하기도 했다.

4:24-27. 우리가 지금까지 예상했던 대로 역대기 저자는 우리에게 족보를 제시하고 있지만, 이번에는 다소 완전치 못해 보이는 족보다. 그 기본적인 계보는 시므온에서부터 시작하여 사울, 살룸, 밉삼, 미스마를 거쳐 결국 시므이와 그의 아들 열여섯과 딸 여섯까지로 이어진다. 그러나 우리는 곧 거의 변명조로 어쩌면 큰 씨족의 조상이 되었을 수도 있는 그 열여섯 명의 아들들이 많은 자손을 낳지 못함으로 말미암아 그 혈통이 소규모 족속으로 남게 되었다는 이야기를 듣는다.

4:28-33. 이것은 시므온 지파에게 공식적으로 할당되었던 성읍들의 목록이다. 그 싱

읍들 대부분은 유다의 영토로 편입되었다. 사실 그 성읍들 가운데 상당수는 원래 유다 지파에게도 분배된 바 있었다. 31절 후반부에서 우리는 그 성읍들이 적어도 다윗 왕이 통치할 때까지는 시므온 지파의 성읍이라는 명칭을 유지했다는 사실을 알 수 있다.

그 성읍들과 그 주변의 '마을들' 을 열거하는 이 목록은 서구화되고 산업화된 우리의 머릿속에 불규칙적으로 확장되어가는 도시의 이미지를 떠올리게 하는 것 같다. 오늘날의 기준으로 그 실제 규모를 따져보면, 소규모 마을과 아주 작은 촌락을 떠올릴 필요가 있다. 전형적인 '성읍' 에 살았던 사람들은 겨우 풋볼 경기장만한 지역을 둘러싸고 있는 담 안에서 다닥다닥 붙어 생활했을 것이고, '마을들' 은 주차장 한쪽 끝에 옹기종기 모여 있는 오두막들이었을 것이다.

시므온 족속은 족보 기록을 유지했다. 그것은 분명 24-27절에 나와 있는 족보라는 그럴듯한 명칭이 좀처럼 어울리지 않는 빈약한 정보보다는 훨씬 더 광범위한 내용이었을 것이다. 시므온 지파 사람들은 더 강력한 유다 지파 속에 흩어져 살았음에도 불구하고 그들의 조상에 대한 기록을 보존함으로써 자신들의 정체성을 유지할 수 있었다. 하지만 그 발자취는 결국 멈추고, 시므온 지파는 유다 지파에 흡수되며, 시므온은 사라지게 된다.

4:34-43. 역대기 저자는 시므온 지파가 거둔 두 차례의 군사적 성공을 언급하면서 시므온에 대한 이야기를 마무리한다. 시므온 지파의 많은 족장들은 더 많은 땅이 필요하다고 결론 내렸고, 일부 토착민들로부터 그것을 빼앗았다. 이 두 이야기는 다른 경우라면 알려지지 않았을 사람들의 목록으로 꾸며져 있다. 그들은 자기 씨족의 족장으로서 남다른 능력을 발휘했던 것이다.

하지만 그 두 이야기에는 점점 명성을 잃어가는 지파에 속하는 일부 무명 용사들에 의한 땅의 탈취 이상의 의미가 있다. 땅을 손에 넣는다는 것은 이스라엘의 열두 지파에게 있어 종교적인 문제였다. 설사 종교적인 동기가 명확하게 언급되어 있지 않더라도 새로운 땅을 취하고, 그 과정에서 이교도들을 제거하는 그 행위 자체는 하나님에 대한 믿음에서 비롯된 행위였던 것이다.

첫 번째 사건은 더 많은 땅이 필요했던 몇몇 가문과 관련되어 있다. 그들은 적당한 지역을 우연히 발견했고, 그것을 빼앗아 사용했다. 첫 부분이 거의 형식적으로 언급되어 있는 이 일화는 유다의 히스기야 왕 때 일어났다. 그러나 그 연대기적 배경은 그 이야기를 매우 흥미롭게 만들어준다. 우리가 나중에 역대기에서 살펴보겠지만, 히스기야의 통치 기간은 하나님에 대한 순종이 그 특징이며, 그 결과로 유다의 인접 지역에서 어느 정도 성공을 거두었음에도 불구하고 외곽의 변방 지역은 상황이 많이 달랐다.

앗수르 왕 살만에셀은 이미 열 개 지파로 구성된 북쪽 이스라엘의 수도 사마리아를 완전히 파괴한 상태였다. 그것은 이론적으로 시므온을 포함하고 있었다. 지리적으로 볼 때 시므온이 북쪽으로부터 멀리 떨어져 있었지만 말이다. 히스기야 왕의 통치 기간 동안 앗수르의 또 다른 왕 산헤립은 남부 지역 유다까지 휩쓸며 가는 곳마다 파괴와 약탈을 일삼았다. 산헤립 자신이 남긴 기록에 의하면, 그는 46개의 요새화된 성읍을 점령하였고, 20만 명 이상을 사로잡아갔다(동일한 사건을 설명하고 있는 역대하 32:1-21 참고).

그것이 영토 확장을 계획하고 있는 지파에게 최상의 시기처럼 보이지는 않았을 것이다. 어쩌면 모두가 앗수르에 맞서 스스로를 지키느라 여념이 없었기 때문에 시므온 지파 출신의 일부 지역 약탈자들에 대한 방어 태세를 늦추고 있었는지도 모른다. 그 사건들이 어떻게 일어났는지와는 상관없이 시므온 사람들은 이스라엘이 어려움을 당하는 동안 보다 안정된 기반을 확립하고 있었다(모우님 족속은 이스마엘의 후손이지만 가나안 사회에 동화된 것으로 보이는 종족 집단이었다.).

우리는 또한 전통적으로 에돔의 땅으로 간주되는 세일 산으로 들어갔던 일부 시므온 사람들에 의해 펼쳐진 두 번째 작전에 대해 간단한 보고를 받는다. 이 지역은 요단 강 동쪽에 위치해 있었고, 원래부터 시므온에게 양도된 땅의 일부는 분명 아니었다. 그들은 거기에 정착하는 과정에서 아말렉 족속도 제거했다.

고대로부터 이스라엘의 적이었던 아말렉 족속은 당시 얼마 남지 않은 상태였다. 그들은 사울 왕에게 패했고(삼상 15:1-35), 다윗에게 완전히 참패당했지만(삼상 30:17), 일부가 살아남아 도망쳤다. 시므온 족속은 결국 그 과업을 영원히 완수했고, 영토를 추가로 확보했으며, 사악한 적을 제거함으로써(삿 6:4-6) 하나님이 수세기 전에 사울에게 부과하셨던 책무를 이행했다.

B. 동쪽 지파들: 초기의 신실함(5:1-24)

Supporting Idea	르우벤과 갓, 므낫세 반 지파 등 동쪽 지파들은 처음에 하나님의 백성의 신실한 구성원이었다. 하나님도 그들에게 성공으로 축복하셨다.

5:1-2. 요단 강 동쪽에 자리잡았던 세 지파 가운데 르우벤이 가장 먼저 언급된다. 역대기 저자는 우리에게 이 지파가 왜 이스라엘의 역사에서 보다 중심적인 역할을 하지 못하고 변방에 머물러 있을 수밖에 없었는지 설명하고 있다. 무엇보다도 르우벤은 야곱의 장자였기 때문에 그의 후손들은 다른 지파들에 비해 우월한 지위를 차지해야 했다. 그러나 르우벤은 야곱의 첩들 가운데 하나이자 단과 납달리의 어머니인 빌하와 통간함으로써 근친 상간의 죄를 저질러 상속권을 잃어버렸다(창 35:22). 야곱의 사랑하는 아내 라헬은 아이를 낳을 수 없었기 때문에 자신의 대리자로 빌하를 지명하였고, 빌하는 두 아들을 낳았다(창 30:4-8). 르우벤 자신의 어머니는 레아였지만, 그것이 인륜을 저버린 행위에 대한 가혹한 처벌에 전혀 영향을 미치지 못했음은 물론이다.

르우벤은 자신의 두 형제의 어머니와 잠자리를 같이했기 때문에 장자의 지위를 차지하도록 허락되지 않았다(창 49:4). 하지만 그 영예가 둘째에 해당하는 시므온에게도, 계통상 그 다음에 해당하는 레위에게도 돌아가지 않았고, 훨씬 더 어린 요셉에게로 돌아갔다.

요셉은 그의 형제들 사이에서 그들이 분하게 여겼던 지위인 공식적인 장자로 지명되었다(창 37장, 그 표시로 '채색옷'을 입었다). 그러나 '요셉'이라고 불리는 지파는 없다. 요셉의 아들 므낫세와 에브라임이 각각 그 이름으로 불리는 지파의 조상이 되었다(창 48:5). 장자의 역할과 관련된 또 다른 반전에서 야곱은 둘 가운데 더 어린 에브라임에게 더 큰 지위를 부여함으로써 므낫세가 아닌 에브라임이 장차 모든 지파들 가운데서 지도자가 된다. 사실 에브라임은 북쪽 지파들 사이에서도 주도권을 차지하지 못했다. 어찌 되었든 역대기 저자가 기록하고 있듯이, 가장 높은 지위를 획득한 지파는 유다였다.

5:3-8 상. 이제 르우벤의 후손들에 대한 목록이 나온다. 다시 한 번 강조하건대, 이 목록은 그 이름이 에스라 시대까지 꾸준히 이어져 내려온 사람들 가운데 일부만을 강조하고 있다. 성경 본문은 르우벤의 네 아들 하녹과 발루, 헤스론, 갈미를 언급하고, 곧

바로 요엘이라는 사람에게로 건너뛴다. 우리는 이 요엘에 관해 추가적인 정보를 가지고 있지 않다. 추측컨대, 그는 르우벤의 아들 가운데 한 사람의 아들(따라서 르우벤의 손자)이었을 것이다. 하지만 그것은 추측일 뿐이다. 우리는 다시 한 번 이 목록에 모든 세대가 나타나 있지 않다는 사실을 인식할 필요가 있다. 우리는 주전 1900년경에 살았을 르우벤으로부터 시작하여 겨우 일곱 번 연결 고리를 거친 후에 주전 733년 르우벤 족속을 포로로 끌어갔던 앗수르 왕 디글랏빌레셀의 시대에 활동했던 족장 브에라까지 내려갔다.

이 브에라는 르우벤 지파의 족장으로 간주되었다. 하지만 이론적으로는 르우벤이 이 시점까지 북이스라엘 왕국을 구성하는 열 지파의 일원이었을 것이라는 사실을 기억해야 한다. 브에라는 앗수르에 정복당하고 그의 백성들이 포로로 끌려가는 과정을 주도했다는 불명예를 안고 있었다. 이 목록은 르우벤의 후손들과 관련이 있었던 사람들을 몇 명 더 언급하면서 끝맺고 있다.

5:8 하-10. 르우벤에 관한 정보는 그 지파의 영역을 기술하는 것으로 끝을 맺는다. 르우벤 족속은 요단 강 동쪽 사해 주변에 모여 살았다. 가장 번성한 시점에는 그들의 영토가 유브라데 강까지 이르렀다. 그것은 하나님이 모세를 통해 밝히셨던 약속의 땅의 원래 범위에 속해 있었다(신 1:7). 역대기 저자는 우리에게 르우벤 지파가 하갈 족속을 무찌르고 그들의 지역을 점령했다는 사실도 말해준다. 이 하갈 족속은 이스마엘의 어머니 하갈의 이름을 따서 자신들을 불렀던 것으로 보아 분명 이스마엘에서 유래된 종족의 한 분파였을 것이다. 르우벤은 그렇게 해서 과거 하갈 족속의 지역이었던 길르앗 동편 온 땅을 차지하게 되었다.

성경에 종종 등장하는 다른 지명들처럼 '길르앗'도 융통성 있는 의미를 지니고 있었다. 그것은 요단 강 동편에서 갈릴리 바다에 접해 있는 좀 더 북쪽 지역을 가리키는 것일 수 있다. 그런 경우에는 므낫세 반 지파와 갓 지파가 살았던 지역을 의미했다. 한편으로는 요단 강 동안(東岸) 전체를 의미할 수도 있는데, 그것이 바로 여기서 사용된 의미다. 따라서 르우벤은 한때 요단 강 동쪽 지역 전체를 관할한 적이 있었던 것이다.

5:11-17. 다음으로 우리는 갓 지파에 관한 정보를 얻게 된다. 갓은 야곱의 일곱 번째 아들이었다. 그의 어머니는 레아가 라헬과 빌하를 상대로 후손을 얻기 위한 경쟁을 벌일 당시 그녀의 시녀이자 대리자인 실비였다(창 30:11-13). 야곱이 임종 시 그 지파에 대

해 말한 내용은 분쟁으로 점철된 삶을 예언했다. "갓은 군대의 박격을 받으나 도리어 그 뒤를 추격하리로다" (창 49:19).

갓은 사해와 갈릴리 바다 사이의 요단 강에 가장 가까이 접해 있는 지역인 바산에 살았다. 바산은 살기 좋고 비옥한 지역으로 종종 길르앗의 일부분으로 간주되기도 한다. 역대기 저자는 우리에게 이 지파의 몇몇 중요 인물들에 대해 개략적으로 설명하고 있다. 그는 그 족보 기록이 편집된 시점에 대해 이스라엘 왕 여로보암과 유다 왕 요담의 통치 기간이라고 구체적으로 말함으로써 자신의 전거(典據)를 분명히 밝히고 있다. 여기에 언급된 여로보암은 앗수르의 침략으로 갓이 정복당하기 이전 북왕국의 마지막 안정기 동안 이스라엘을 통치했던 여로보암 2세였다.

5:18-22. 에스라는 이제 르우벤과 갓이 이루었던 업적을 영광스럽게 묘사함으로써 독자들을 고무시킨다. 그는 또 므낫세 반 지파에 관해 직접적으로 언급하기 전에 그들을 그 이야기에 엮어넣는다. 우리는 이제 최상의 상태에 있는 하나님의 백성을 보게 된다. 그들은 많은 군대를 모아 하나님이 그들에게 허락하셨던 땅 전체를 점령했다. 그들은 스스로의 힘이 아니라 하나님께 지속적으로 부르짖음으로써 그렇게 했다. 결과적으로 하나님은 그들에게 몇 차례에 걸쳐 놀라운 승리를 허락하셨다. 역대기 저자는 우리에게 그들이 얼마나 많은 노획물을 취했는지 설명하고 있다(5만 마리의 약대와 25만 마리의 양, 2천 마리의 나귀 등). 그들은 자신들의 힘으로 그 위업을 달성한 것이 아니었다. 그들이 하나님을 신뢰했기 때문에 하나님이 그들의 기도에 응답하신 것이다.

5:23-24. 므낫세는 규모가 큰 지파였다. 그들은 요단 강 양쪽에서 상당한 몫의 땅을 할당받았다. 이 성경 본문에서는 갈릴리 바다 동쪽 지역에 정착했던 동편의 반 지파에 대해서만 다루고 있다. 역대기 저자는 몇몇 사람의 이름을 언급하고나서 생색을 내려는 듯 다 용력이 유명한 족장이었더라라는 찬사를 덧붙임으로써 이 지파를 형식적으로 다루고 있다. 그들이 족장이었다는 사실에는 의문의 여지가 없다. 앞부분에서 파악된 정보를 감안할 때, 그들 가운데는 틀림없이 용감한 전사들이 일부 있었을 것이다. 그러나 역대기 저자는 그들의 위업을 함께 나누기보다는 그들의 실패에 대해 이야기하고 싶어한다.

C. 동쪽 지파들: 신실하지 못함에 대한 징계(5:25-26)

Supporting Idea	동쪽 지파들이 하나님에 대한 믿음을 저버렸을 때, 그분은 앗수르 사람들을 보내어 그들을 포로로 끌고 가도록 만드셨다.

5:25-26. 조금 전에 동쪽 지파들을 자랑했던 역대기 저자는 이제 그의 태도를 바꾼다. 바로 몇 구절 앞에서 우리는 동쪽 지파들이 전쟁에 참여하여 여호와를 신뢰함으로 말미암아 성공을 거두었다는 사실을 배웠다. 하지만 이후 그들은 이웃의 이교도들이 믿는 종교에 동화되기 시작했다. 사실상 하나님의 도우심으로 승리를 거두었던 그들이 이번에는 자신들이 무찔렀던 사람들이 믿는 신들을 섬기기 시작한 것이다. 하나님은 그것을 결코 받아들이지 않으신다. 주전 733년, 하나님은 앗수르의 왕을 보내어 그들을 포로로 끌고 가도록 만드셨다.

성경 본문은 하나님이 앗수르 왕에게 불의 마음을 일으키셨다고 분명하게 기록하고 있다. 그것은 단순히 이스라엘의 동쪽 지파들을 정복하기로 결정했던 앗수르 사람들과 그들을 막지 못하셨던 하나님의 문제가 아니다. 혹은 앗수르로부터 동쪽 지파들을 보호하지 못하셨던 하나님의 문제도 아니다. 하나님은 역사를 주관하시며, 역사적 사건들은 우연히 일어나지 않는다. 우리는 하나님이 여호와를 저버린 동쪽 지파들의 죄를 징계하시기 위해 앗수르 왕 디글랏빌레셀로 하여금 그들을 정복하게 만드셨음을 보게 된다.

그것은 어리석기 짝이 없는 시나리오지만 역대기에서 여러 차례 더 반복될 것이다. 역대기 저자는 조심스럽게 돌려서 이야기하지 않는다. 동쪽 지파들이 하나님을 신뢰할 때 하나님이 그들에게 보상하셨다고 그가 느끼듯이, 반대의 경우에는 하나님이 그들을 징계하셨다. 어떤 경우든 하나님은 궁극적으로 그들의 운명을 결정짓는 동인(動因)이셨다. 변방에 거주했던 그 지파들은 보다 행복한 미래를 소유할 수 있었다. 하지만 우상을 숭배함으로써 그들은 몰락했다. 그런 현상은 북서쪽에 자리잡은 지파들과 유다 왕국에도 일어나게 된다.

Main Idea 복습

시므온과 르우벤, 갓 그리고 므낫세 반 지파는 이스라엘의 변방에 위치했지만, 그럼에도 불구하고 하나님의 언약의 백성으로 살아야 했다. 시므온은 이스라엘의 역사에 적은 기여를 한 소규모 지파의 대표적인 예이며, 다른 세 지파는 하나님을 버림으로 말미암아 결국 기억만을 유산으로 남긴 채 정복되고 말았다.

결론

"하지만 나는 선교사가 되기를 원했어요!"

레오타 랫클리프(Leota Ratcliffe)는 일리노이에서 잠시 교편을 잡은 뒤 공부를 더하기 위해 1906년부터 1907년까지 인디애나에 있는 테일러 대학(Taylor University)에 진학했다. 그녀는 거기에 있는 동안 선교사가 되라는 하나님의 부르심을 경험했고, 결국 라이베리아(Liberia)를 거쳐 크루(Kru) 족이 거주하는 땅으로 들어갔다. 그녀의 임무는 선교 현지에 도착하자마자 학교에서 학생들을 가르치는 것이었다.

레오타는 자신이 일리노이에서 했던 것과 똑같은 일을 하기 위해서라면 아프리카까지 그 먼 길을 오지는 않았을 것이라고 생각했다. 그녀는 결국 스스로 교사직을 사임하고 자신이 진정한 사명이라고 생각했던 것을 실행에 옮기기 시작했다. 그리고 얼마 동안은 그 일이 효과적으로 진행되는 것처럼 보였다. 하지만 그 독자적인 사역을 계속 유지할 수 있는 자원이 그녀에게는 없었다. 그렇게 아프리카에서 약 1년을 보낸 뒤 그녀의 선교사로서의 삶은 끝이 났다(Rousselow and Winquist, 「God's Ordinary People: No Ordinary Heritage」). 어쩌면 레오타는 자신의 소명을 확인하는 데 좀 더 조심스러웠어야 했을 뿐만 아니라, 동료들과 함께 자신의 사역을 정착시키는 데도 훨씬 더 많은 인내심을 발휘했어야 했다.

대부분의 그리스도인들이 선교사가 되기 위해 먼 지역을 여행하는 것은 물론이고, 전임으로 직접적인 사역을 감당하는 일은 결코 없을 것이다. 시므온과 갓, 르우벤, 므낫세 지파들처럼 우리도 항상 변방에서 활동하는 자신을 발견하게 될지도 모른다. 유명한 복음 전도자들은 강단에서 수천 명의 청중들에게 하나님의 말씀을 선포하는 반면, 우리는 소그룹 멤버들에게 주일학교 공과를 전달하기 위해 열심히 애쓴다.

그럼에도 불구하고 우리는 하나님의 나라에서 중요한 역할을 하고 있다. 사도 바울은 우리 몸이 여러 부분으로 구성되어 있듯이 그리스도의 몸 된 교회도 많은 구성원들을 가지고 있다고 말한다. 설사 서로 아주 많이 다를지라도 그들 모두가 똑같은 가치를 지니고 있다는 것이다. 실제로 그는 "몸의 더 약하게 보이는 지체가 도리어 요긴하고"(고전 12:22)라고 기록하고 있다. 교회에서 남을 지원하는 역할을 수행하는 것이 우리의 중요성을 약화시키지는 않는다.

시므온과 르우벤, 갓, 므낫세 지파들이 비록 이스라엘의 변방에 위치해 있었지만, 그들도 하나님의 언약에 충실하기만 했다면 다른 어떤 지파만큼이나 많은 하나님의 축복에 참여할 수 있었을 것이다. 그리스도인이 수행하는 사역은 아무리 작은 일이라도 하나님 보시기에 중요하며, 그분은 우리가 그것을 성실하게 수행해나가기를 바라신다.

■ **진리 알기**

- 하나님은 때때로 그분의 종들이 그분의 나라에서 작고 사소해 보이는 역할을 수행하기를 바라신다.
- 우리에게는 작고 사소한 것처럼 보이는 사역이 하나님께는 더 크고 중요해 보이는 임무만큼이나 중요하다.
- 하나님은 우리가 그분의 부르심에 충실하기를 바라신다. 우리가 그분의 사역의 중심에 있든, 가장자리에 있든 말이다.

■ **적용하기**

- 단체 경기에서 소위 무명 선수의 플레이가 팀의 승리를 날려보낼 수도 있고 팀에게 우승을 안겨줄 수도 있다는 사실에 대해 곰곰이 생각해보라.
- 당신이 현재 사역에서 수행하고 있는 역할에 대해 생각해보라. 당신이 열의 없이 그 일을 수행할 경우와, 반대로 주께 하듯 전심으로 그 사역을 감당할 경우 어떤 일이 일어날지 비교해

보라.

• 세상에서 무명 선수의 역할을 수행하고 있는 어떤 사람에 의해 당신의 삶이 긍정적으로 영향을 받은 적이 있는가? 그것은 어떤 모습이었는가? 하나님께 당신의 삶도 그렇게 사용해달라고 기도하라.

삶의 적용

당신은 개미가 아닙니다!

개미는 놀라운 피조물이다. 그들은 개미 식민지로 이주시킬 더 많은 개미들을 끊임없이 재생산하는 여왕을 가지고 있다. 다른 개미들은 모두 그들 사회가 계속해서 생육하고 번성하도록 유지하기 위해 필요한 일을 하는 데 동참한다. 일부는 여왕 개미를 먹이고, 보금자리를 지키는 개미들도 있으며, 대부분은 먹이를 찾아 돌아다닌다.

누구나 개미는 열심히 일하며 그들의 공동체에 헌신한다고 칭찬한다. 개미들은 자신의 임무를 자동적으로 수행하며, 도덕적 책무를 이행하는 차원이 아니라 본능적으로 행동한다. 본인이 원해서 어떤 조직에 합류한 사람과는 달리, 개미들의 전체 삶은 그들의 식민지에 집중되어 있다. 심지어 개미들은 어떤 먹이를 들어올릴 것인지의 여부를 결정하는 것처럼 보일 때도 집단의 안녕을 최우선하는 본능에 근거해서 행동하고 있음을 확인할 수 있다.

개미들은 아마 개인적인 사고보다는 집단적인 사고를 가지고 있는 것 같다. 그런 생각은 지금껏 공상 과학 소설에서 주로 탐구되어왔다. 예를 들면, 로버트 하인라인(Robert Heinlein)의 소설 「므두셀라의 아이들(Methuselah' s Children, 오멜라스)」에서는 하나의 집단을 이루는 30-90명의 개체들이 단 하나의 사고를 공유하는 종족으로서 어느 외계 행성에 살고 있다. 한 개체가 생각하는 것을 공동체 전체가 생각하고, 집단이 생각하는 것을 거기에 속해 있는 각 개체가 생각하는 것이다. 그들은 경험이든, 의문이든, 신념이든 오직 한 가지 집합체만을 공유하고 있기 때문에 하나의 단위를 구성하는 개체들은 보통의 인간들이 경험하는 불행을 겪지 않아도 된다. 개인적인 염려의 결여는 행복감과 만족감으로 가득 찬 구성원들로 이어진다. 누구든지 자신만의 사고를 포기하고 그것을 공동체의 한 가지 사고에 융화시킴으로써 그 일원이 될 수 있기 때문이다.

개미들은 우리가 시므온과 르우벤, 갓, 므낫세 지파들로부터 배워야 할 교훈 가운데 하나를 예증하고 있다. 개미 한 마리가 특정한 먹이 한 조각을 옮기는 일을 책임 맡는 특정 개미로 지명될 수도 있듯이, 그 네 지파들도 하나님의 계획 속에 당연히 들어 있는 자신들의 특정한 자리를 인식해야 했다. 설사 그것이 언약의 백성을 구성하는 주요 지파들 가운데 하나가 되는 것이 아닐지라도 말이다. 마찬가지로 우리도 자신이 실행에 옮기고 성실하게 수행해야 할 특정한 임무가 무엇인지 발견해야 한다. 그것이 사소해 보일지라도 말이다.

우리는 하나님이 우리에게 맡기신 임무가 무엇이든 간에 그것을 성실히 수행해야 한다. 하지만 개미처럼 아무 생각 없이 움직여서는 안 된다. 우리는 하나님이 우리를 어디에 내려놓으시든 간에 충실해야 하고, 나중에 그 결과를 우리 주님께 보고해야 할 책임이 있다. 그것은 우리에게 개미가 극복해야 하는 것보다 더 큰 부담이 된다. 그러나 한편으로는 그것이 우리에게 희망을 주기도 한다. 우리가 하나님의 나라에서 무엇을 하든 간에, 그 일이 의미 있고 중요하다는 사실을 알고 있기 때문이다.

기도

하나님 아버지, 우리는 우리가 일한 것에 대해 칭찬과 보상과 인정받기를 간절히 원하는 인간의 모습 그대로 당신께 나아갑니다. 우리는 감사와 격려를 바라며, 우리가 한 일이 중요하다고 생각하기를 좋아합니다. 그러나 대부분의 경우, 작은 일을 부탁받게 되며, 심지어 우리가 받을 만하다고 생각하는 인정도 제대로 받지 못하고 있는 것처럼 느낄 때도 종종 있음을 깨닫게 됩니다. 주님, 우리에게 맡겨진 모든 임무에 성심을 다할 수 있도록 도와주십시오. 그리고 우리의 임무가 중요하지 않다는 생각에 빠져 나태해지거나, 아무도 우리의 노력을 인정하지 않는다고 느껴 분개하는 유혹에 빠지지 않도록 도와주십시오. 아무리 사소한 일을 맡을지라도 신실한 종이 될 수 있는 힘을 우리에게 허락해주십시오. 아멘.

심층 연구

A. 밉삼과 미스마에 대한 소개(4:25)

우리는 앞에서 이미 '밉삼'과 '미스마'라는 이름과 마주친 적이 있다. 역대상 1장 29절에서는 그 이름들이 이스마엘의 두 아들로 소개된 바 있다. 따라서 그들은 분명 동일한 사람이 아니다. 이스마엘이 이삭의 이복형제이므로 원래의 밉삼과 미스마는 동일한 이름을 가진 그 두 사람보다 네 세대 앞서 있는 야곱의 이복 사촌이었을 것이라는 사실을 명심하라. 여기서 눈여겨보아야 할 부분은 그 두 사람의 아버지 살룸이 자기 아들들의 이름을 지을 때 이스마엘의 혈통의 중요성을 인식하고 있었던 것으로 보이는 대목이다. 살룸의 할머니(즉 사울의 아내)는 가나안 여인이었다. 따라서 살룸이 이스마엘의 두 아들의 이름을 따서 자기 아들들의 이름을 지음으로써 자신의 혈통에 섞여 있는 비(非)히브리인의 피의 존재에 대해 의도적으로 경의를 표했을 것이라는 추측이 가능하다.

B. 아말렉 족속(4:43)

우리는 이 성경 구절에서 시므온 지파가 마침내 남아 있던 아말렉 족속을 완전히 제거했음을 알 수 있다. 성경 본문은 그들이 과거의 패배를 피해 달아났던 아말렉 사람들이라고 구체적으로 명기함으로써 그것이 소탕 작전이었음을 분명히 밝히고 있다.

아말렉 족속은 가나안 땅과 그 주변에 살았던 여러 족속들 가운데 하나로 이스라엘 백성들에 대한 적대 행위에 끊임없이 가담했다. 그들은 유목 민족이었으므로 우리가 그들의 영토에 대해 생각할 때에는, 그들이 성읍과 마을을 세우고 영구히 정착했던 어떤 지역보다는 그들의 이동 영역을 고려할 필요가 있다. 아말렉 족속은 자신들의 영역에 대해 그들이 원하는 만큼 융통성 있게 생각했다. 그들은 필요를 인식할 때마다 자주 이스라엘에 대한 침략을 감행했다. 그럼에도 불구하고 그들의 기본적인 영토는 유다 남쪽에서 홍해까지였다. 대부분 사막 땅으로 이루어져 있었으며, 그들은 거기서 가축을 사육했다.

아말렉 족속은 창세기 14장 7절에 처음 등장하는데, 거기서는 가나안 왕들의 연합체(이들은 나중에 아브라함에게 패배당했다)에 의해 정복당했던 한 집단으로만 간단하게 언급된다. 그 다음에는 출애굽기 17장에서 나오는데, 이스라엘 백성이 홍해를 건넌 직후였다. 이스라엘 백성이 사막을 거쳐 시내 산을 향해 이동하고 있을 때 아말렉 족속이 그들을 공격했다. 이스라엘 백성은 자신들의 힘으로 아말렉 족속을 물리칠 수 없었다. 그러나 모세가 기도하면서 그의 두 손을 들어올렸을 때, 하나님이 여호수아와 그의 군대에게 전투에서의 우세를 허락하셨고, 마침내 싸움은 이스라엘의 승리로 끝이 났다.

그러고나서 한 세대 뒤에 히브리인들이 요단 강 동안(東岸)을 따라 북쪽으로 진군하며 약속의 땅으로 나아가고 있을 때, 아말렉 족속이 그들을 뒤에서부터 공격했다(민 14:45). 마지막으로 사사 시대에는 아말렉 족속이 처음으로 모압 족속과 동맹을 맺었고(삿 3:13), 다시 미디안 족속과 동맹을 맺어 이스라엘을 압박했다(삿 7:12). 두 차례 모두 이스라엘의 사사 에훗과 기드온이 그들을 무력화시켰다.

아말렉 족속을 완전히 제거해야 할 책임이 사울에게 맡겨졌다(삼상 15장). 선지자 사무엘은 사울에게 그들을 진멸하라는 하나님의 명령을 전달했지만, 사울은 하나님의 명령을 철저히 따르지 않았고, 그로 인해 여호와의 심판을 받았다. 사울의 후계자 다윗은 아말렉 족속을 무찔렀다(삼상 30:1-20). 시므온 사람들이 그들의 작전을 개시할 쯤에는 아말렉 족속이 더 이상 강력한 세력이 아니었다. 아말렉 족속은 그 이후 구약에서 다시 언급되지 않는다.

C. 누가 첫째인가?(5:1)

하나님이 야곱의 삶 속에서 '장자'의 개념과 관련하여 사용하셨던 역설적인 방식에 대해 좀 더 생각해보자. 야곱은 그의 어머니 리브가에게서 태어난 쌍둥이 아들 가운데 둘째였다(창 25:26). 우리는 야곱이 그 형 에서를 두 차례나 속여 장자의 권리를 빼앗았다는 사실도 알고 있다. 처음에는 팥죽 한 그릇으로 에서로부터 장자의 권리를 샀고(창 25:29-34), 나중에는 그의 아버지 이삭을 속여 그 축복을 가로챘다(창 27:1-29). 따라서 후손들이 큰 민족을 이루고 번창하게 될 것이라는 아브라함과의 언약을 상속받은 사람은 바로 야곱이었다(창 12:1-3).

하지만 반전은 계속되었다. 야곱의 장자 르우벤은 그 지위에 따르는 영예를 얻을 자격을 잃어버렸고, 그 지위가 요셉에게로 돌아갔다. 야곱이 요셉에게 만들어 입혔던 그 아름다운 예복이 그의 형제들 사이에서 지도자가 되고 하나님의 언약의 전달자로 지명되는 표시였다는 것이 일반적인 견해다(창 37:3). 그 이후 야곱이 요셉의 아들들에게 축복해야 하는 시점이 되었을 때, 그는 다시 한 번 차자 에브라임을 장자 므낫세보다 앞세웠다(창 48:14).

그러나 반전은 여기서 끝나지 않는다. 야곱의 손자들 가운데 또 다른 한 쌍도 결국 출생 순서가 뒤바뀌고 말았다. 유다는 다말을 통해 쌍둥이를 얻었는데, 해산 과정에서 나중에 세라라고 불리게 되는 첫 번째 아기가 먼저 나오기 시작하자 산파가 즉시 그의 손목에 빨간 리본을 묶어 그를 장자로 지명했다. 하지만 세라는 곧 도로 들어갔고, 실제로 먼저 태어난 쪽은 베레스였다(창 38:27-30). 결국은 우리가 역대기 앞부분에서 이미 살펴보았듯이, 베레스가 메시야로 이어지는 왕의 혈통의 조상이라는 사실이 확인되었다(대상 2:5).

그 교훈은 분명하다. 하나님은 우리가 예상하는 패턴을 따르지 않으신다. 우리는 하나님이 약속을 이행하실 것이라고 기대할 수는 있지만, 그분이 사용하실 방법에 대해서까지 섣불리 판단해서는 안 된다.

교안

A. 들어가는 글

1. '알려지지 않은 팀들이 함께하는 단체 경기' 이야기로 시작하라.
2. 배경 설명: 자동차 경주라는 스포츠에서 대부분의 사람들은 운전자 외에는 그 팀에 속해 있는 다른 사람들의 이름을 알지 못한다. 마찬가지로 하나님이 그분의 백

성과 메시야로 이어질 혈통을 세우셨을 때, 일부 지파들은 보조적인 역할을 수행하게 될 것이다.

3. 적용: 시므온과 르우벤, 갓, 동쪽 므낫세 지파들은 지리적으로나 중요성 면에서 이스라엘의 변방에 위치해 있었다. 그럼에도 불구하고 하나님은 그들이 그분과의 언약에 충실하기를 기대하셨다. 하나님은 그들이 순종할 때 그들을 축복하셨고, 그들이 그분의 뜻에서 벗어날 때는 그들을 징계하셨다.

B. 본문 이해

1. 시므온 지파(4:24-43)
2. 동쪽 지파들: 초기의 신실함(5:1-24)
3. 동쪽 지파들: 신실하지 못함에 대한 징계(5:25-26)

C. 결론: '하지만 나는 선교사가 되기를 원했어요!' 를 읽어주라.

토의 질문

1. 우리가 하나님의 사역의 가장자리에 위치해 있는 것처럼 느껴질 때는 언제인가?

2. 우리의 사역이 하나님께 별로 중요하지 않은 것처럼 보인다고 생각하는 것이 당연할 때가 있는가?

3. 우리가 작은 임무를 수행하면서 비판적이라는 인상을 주지 않고 보다 충실할 수 있도록 어떻게 서로 격려할 수 있는가?

역대상 6:1-9:44

제사장들과 왕,
그리고 많은 용사들: 서쪽 지파들

"진정한 그리스도인들은 모두 택함받은 세대다. 그들은 하나의 가족을 이루며, 세상과 구별되는 민족을 형성한다."

- 매튜 헨리(Matthew Henry)

역대상의 이 장들은 계속해서 족보와 지리 정보를 다루는 가운데 나머지 지파들을 대부분 언급하지만, 한편으로는 두 가지 결정적인 관심 영역에 초점을 맞추고 있다. 성경 본문은 우리에게 제사장의 계보를 보여주는 상세한 목록을 제공한다. 이는 아론의 후손들만이 제사장으로 봉사할 수 있었기 때문이다. 성경 본문은 또 베냐민 지파 출신의 실패한 왕 사울의 유산에 초점을 맞추고 있다. 이 부분은 그리스도 안에 있는 하나님의 새 언약 아래서 우리가 태어난 것이 아니라, 그분의 은혜로 하나님의 가족에 양자로 입양되었음을 우리에게 상기시킨다.

들어가는 글

귀족의 특권

중세 후기 동안 유럽에서는 많은 귀족들이 자신들의 권리가 침해당하고 있다고 느꼈다. 과거에는 영주들이 모든 특권을 누리며 성에서 살았던 반면, 평민들은 그 주변 지역에 살며 귀족들의 보호에 의존할 수밖에 없었다. 농민들은 그들의 영주에게 복종해야 했고, 영주들은 자신의 농민들을 돌봐야 할 책임이 있었다. 이런 체제는 때로 효과를 거두기도 하고, 그렇지 못한 경우도 있었다. 만약 귀족들이 소작인들을 착취하려고 마음먹는다면, 그들을 막을 수 있는 사람은 아무도 없었다. 심지어 가장 고결한 성품을 지녔다는 귀족들까지도 자신이 특권과 권력의 지위를 차지하고 있다고 생각했다.

그 이후 유럽의 사회 구조에 큰 변화가 일어났다. 중세가 끝나갈 무렵에는 한때 촌락이나 시장에 불과했던 장소들이 큰 마을과 도시로 변해버렸다. 도시의 성장과 함께 독립적인 장인이나 상인들처럼 새로운 부류의 사람들이 사회에 진입했다. 도시에 사는 사람들은 이제 생활필수품을 공급받기 위해 더 이상 귀족들에게 의존할 필요가 없었다. 그들은 이제 귀족들의 감독 없이도 신발을 수선하고, 빵을 구우며, 직물을 팔게 되었고, 스스로 길드나 조합을 형성하여 자체적으로 운영했다. 특권과 지위라는 배경이 없었던 일부 사람들은 부를 축적하여 공작이나 남작 못지않은 특권과 지위를 누렸으며, 심지어 귀족 계급으로 신분이 상승되는 경우도 있었다.

많은 귀족들은 자신들의 특권에 대한 그런 침해 행위에 분개했다. 합법적으로 귀족이 될 수 있는 유일한 방법은 귀족으로 태어나는 것뿐이라는 전제를 근거로 삼았던 그들은 자신들이 귀족 조상을 두지 않은 사람들은 절대 넘볼 수 없는 독특한 지위를 가지고 있다고 느꼈던 것이다.

평등이 최우선 사항인 미국에서는 단지 특정 가문에서 태어났다는 이유만으로 특별한 권리를 가질 수 있다는 관념이 전혀 어울리지 않는 것처럼 보인다. 우리는 부유한 가정에서 태어나는 사람이 있는가 하면, 가난한 집안에서 태어나는 사람들도 있다는 사실을 인정하지만, 한 개인이 혈통 때문에 자신의 운명을 개척하지 못한다는 생각에는 분

노한다. 이론적으로는 '어떤 아이도 대통령으로 자랄 수 있다.'

우선 역대상 6-9장은 레위 지파의 족보를 제공한다. 그것은 성전과 관련하여 하나님께 봉사하는 일에 종사하는 사람들에게는 없어서는 안 될 타고난 권리였다. '제사장직에 대한 그 특허 증서'는 필수적인 요구 사항이었다. 우리는 또한 베냐민 지파에 속한 사울 왕의 족보를 보게 된다. 그러나 여기에 깔려 있는 메시지는 정반대다. 왕권은 혈통에서만 나오는 것이 아니라는 것이다. 사울은 왕이 되는 권리를 획득해야 했으나 결국 실패하고 말았다. 그 다음에는 요단 강 서안(西岸)의 약속의 땅에 자리잡은 다른 지파들이 있었다. 역대기 저자는 지금까지 그려온 그림을 완성하기 위해 어느 정도의 정보를 제공하고 있지만, 그 지파들의 기원의 중요성에 대해서는 더 이상 강조하지 않는다. 다시 말해, 그 지파들은 동쪽 지파들과 마찬가지로 주로 보조적인 역할을 수행하고 있었던 것이다.

본문 이해

제사장들과 왕, 그리고 많은 용사들: 서쪽 지파들

Main Idea	레위 지파의 족보는 성전 봉사에 관여할 수 있었던 사람들을 기술하고 있기 때문에 중요하다. 베냐민의 족보는 통치에 실패했던 사울 왕에게로 이어진다. 그리고 다른 지파들은 주로 나라에 군사적 힘을 제공했다.

A. 레위 지파(6:1-81)

Supporting Idea	하나님에 대한 예배의 중요성 때문에 레위 지파는 상세한 족보를 얻게 된다.

레위는 게르손과 그핫과 므라리 이렇게 세 명의 아들을 두었다. 우리는 그들의 후손

을 '씨족(clans)' 이라고 부를 것이다. 그핫 씨족과 아론 가문의 구성원들만이 제사장 역할을 수행하도록 허용되었다. 다른 레위 족속들은 모두 성전 예배를 도울 수는 있었지만, 제사장이 될 수는 없었다. 다윗 시대에는 각 씨족을 대표하는 한 명의 후손이 성전 음악을 주관하는 지도자로 봉사했다. 주책임자는 그핫 씨족 출신의 헤만이었고, 게르손 씨족 출신의 아삽과 므라리 씨족 출신의 에단은 헤만의 보조자 역할을 수행했다. (그들의 기본적인 관계를 나타내는 아래 도표를 참고하라.)

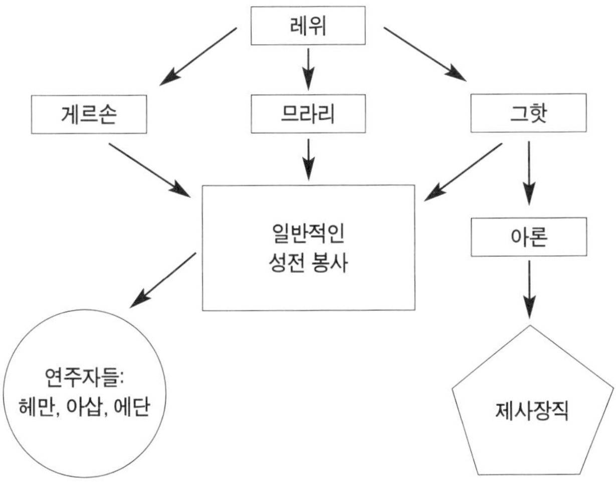

6:1. 역대기 저자는 레위 지파와 그들이 성전과 관련하여 수행하는 역할에 관심이 많았기 때문에 게르손과 그핫, 므라리 이 세 씨족 사이에 구별을 짓는 것이 매우 중요했다. 레위 지파가 제사장 지파였다고 말하는 것은 전혀 틀린 것이 아니지만, 실제로는 그 후손들 가운데 극히 일부만이 제사장직을 맡을 수 있었다. 그들은 그핫 씨족의 구성원일 뿐만 아니라, 아론의 후손의 범주에도 속해 있어야 했던 것이다. 심지어 모세도 아론에게 맡겨진 제사장 역할을 수행하는 것이 허용되지 않았고, 그들의 뒤를 이은 사람들에게도 동일한 원칙이 적용되었다.

6:2-3. 역대기 저자는 가장 중요한 대제사장의 혈통을 소개하기 위해 먼저 그핫의 후손들에게 초점을 맞춘다. '아들' 이라는 표현 뒤에 열거되어 있는 사람들이 앞서 언급된

개인의 후손으로 이해되어야 한다는 데는 의문의 여지가 없다. 그러나 중간에 여러 세대가 언급되어 있지 않은 경우도 일부 나타난다. 예를 들면, 사무엘의 소년 시절 제사장직을 수행했던 엘리처럼 성경을 연구하는 사람들에게 친숙한 몇몇 인물이 언급되어 있지 않다. 그 목록은 성전이 파괴되었던 포로 시대까지의 제사장 계보를 다루고 있다.

그핫은 네 명의 아들을 두었는데, 그 중에서 아므람이 가장 중요한 인물이다. 그의 자녀들 가운데 유명한 트리오 아론과 모세, 미리암이 포함되어 있었기 때문이다. 그리고 그 셋 가운데 특별히 역대기 저자의 관심을 끄는 대상은 바로 아론이었다.

아론은 네 명의 아들을 두었고, 그들 모두가 제사장이 되었다(출 28:1). 차기 대제사장이 되었을 장자 나답과 그의 동생 아비후는 장막에 향을 피우는 것과 관련된 규례를 어김으로 말미암아 하나님의 거룩함을 모독한 죄로 죽임을 당했다(레 10:1-3). 결과적으로 엘르아살이 새로운 제사장의 혈통을 계속 이어가는 아론의 아들이 되었다.

6:4-15. 역대기 저자가 지금까지 제사장직을 맡았던 모든 제사장을 언급하고 있지는 않지만, 아론에서부터 바벨론 포로 시대의 제사장 여호사닥에 이르기까지 연속성을 보여주는 제사장 목록을 제공하고 있다. 우리는 장막이 처음 세워졌을 때의 제사장 아론과, 성전이 처음 완공되었을 때의 제사장 사독, 그 성전이 파괴되는 것을 직접 목격해야 했던 제사장 여호사닥 등을 만나게 된다. 또한 그 목록에는 에스라에게 특별히 중요했던 특정 제사장들의 이름도 나와 있다.

아사랴에게는 그가 솔로몬에 의해 세워진 성전에서 제사장직을 수행했다는 취지로 간단한 설명이 붙어 있다. 이 설명은 구태여 덧붙일 만한 가치가 없는 것처럼 보인다. 그것은 사독 시대 이후 계보 상에 있는 모든 제사장들도 마찬가지이기 때문이다. 그러나 우리가 아사랴를 좀더 세밀히 살펴보면, 역대기 저자가 왜 그에 대해 특별한 언급을 덧붙이려고 했는지 깨닫게 된다. 역대하 26장 16-21절에서 우리는 웃시야 왕이 성전에서 분향하려고 시도함으로써 제사장직까지 떠맡으려고 했음을 알게 된다. 그러나 대제사장이 이끄는 일단의 제사장들이 그를 가로막으며 책망했다. 웃시야가 분향하려고 다시 시도하자 문둥병에 걸렸고, 다시는 성전 안에 들어갈 수 없었다. 당시 제사장직과 성전의 순수성을 지키기 위해 왕과 맞서는 위험을 무릅썼던 대제사장이 바로 아사랴였다. 따라서 아사랴가 성전에서 제사장직을 수행했다는 그 짧은 언급은 예배와 거룩함의 규례를 지켜냈던 사람에 대한 에스라의 경의 표시로 해석되어야 할 것이다.

이 목록에서 눈에 띄는 사람이 한 사람 더 있다. 우리는 나중에 역대하 34장에서 힐기야에 대해 다루게 될 것이다. 그는 요시야의 통치 기간 동안 성전에서 율법책을 발견하여 그것으로 종교 개혁과 성전 수리를 단행한 제사장이었다.

6:16-30. 우리는 이제 레위 지파의 다른 분파들에 대한 정보를 얻게 된다. 그들은 나머지 두 씨족 게르손과 므라리 이외에도 그핫 후손들 가운데 제사장 혈통에 속해 있지 않은 사람들이다. 역대기 저자는 먼저 우리에게 세 씨족을 다시 한 번 상기시킨다. 이어서 마치 꾸러미의 포장이 풀리듯이, 바깥쪽에 덮여 있는 막을 제거하고 나서 내부에 있는 보다 구체적인 핵심으로 파고드는 식으로 족보가 펼쳐진다.

역대기 저자는 우리에게 세 씨족의 이름을 상기시키자마자 각 시조의 아들들을 언급한다. 그런 다음, 우리는 각 씨족에 속해 있는 추가적인 후손들에 대해 읽게 된다. 그핫 씨족이 여전히 가장 많이 주목을 받게 되는데, 이번에는 대제사장의 계보에 속해 있지 않았던 사람들이 소개된다.

2절과 18절에서는 암미나답이 그핫의 네 아들 가운데 하나로 기록되어 있지 않다. 하지만 그 이름은 분명 이스할의 다른 이름일 것이다. 출애굽기 6장 21절에도 그가 고라의 아버지로 기록되어 있기 때문이다. 그의 아들 고라는 전혀 밝은 부분이 아니지만, 제사장직의 숭고함을 회복시키려는 에스라의 노력을 고려할 때 언급할 만한 가치가 있는 중요한 인물이다. 민수기 16장에서 우리는 고라가 일단의 지지자들과 함께 자기 자신은 물론이고 장막에서 일하고자 하는 다른 이스라엘 백성들을 위해 제사장직을 빼앗으려고 시도했음을 알 수 있다. 그는 제사장직이 아론과 그의 아들들에게로 제한되어야 하는 이유에 대해 모세의 오만 외에는 다른 이유가 없다고 주장했다.

모세는 그에 대응하여 고라에게 한 가지 노선을 제안했다. 그와 250명의 지지자들이 여호와께 분향하고 하나님이 그들의 예배를 받으시는지 확인해보자는 것이었다. 그들이 실제로 그렇게 했을 때, 하나님은 땅이 갈라져 그들을 삼키게 하셨다. 이 기사를 읽고 고라의 이름을 알아본 사람이라면 누구나 아론의 혈통에게만 주어지는 제사장직의 엄격한 제한성을 다시 한 번 머리에 떠올렸을 것이다.

이 목록에는 엘가나라는 이름이 여러 번 등장한다. 다른 성경을 통해 우리가 익히 알고 있는 엘가나는 27절과 34절에 언급되어 있는 여로함의 아들 엘가나다. 이 엘가나는 위대한 신지자 사무엘의 아버지였다. 그가 살던 시대에는 역대기에 나오지 않는 엘리가 대제사장직을 맡고 있었다. 사무엘은 엘리의 보조자로 장막에서 어린 시절을 보냈지만(삼상 2:18), 제사장은 아니었다. 그가 매년 이스라엘을 순회하며 제사를 주관했던 것은 사실이나(삼상 9:13), 고라가 시도했던 것처럼 성막 내에서 제사장직을 수행하지는 않았다. 성전에서만 제사를 드리도록 하는 제한 사항(신 12:13)은 사무엘의 죽음 이후에도 성전이 세워질 때까지 얼마 동안 지켜지지 못했다.

역대기 저자는 28절에서 사무엘의 아들 요엘과 아비야를 우리에게 상기시킨다. 그들이 독직과 부정, 뇌물 수수 등으로 여호와께 충실하지 못함으로 말미암아 사무엘이 지니고 있었던 선지자와 사사로서의 특별한 소명을 더 이상 이행할 수 없었다(삼상 8:2-3). 이스라엘 백성들은 대신 왕을 세웠다. 그럼에도 불구하고 요엘은 또 한 명의 중요한 레위인 악장 헤만의 아버지가 되었다.

6:31-47. 역대기 저자가 그의 기준 틀로 특정의 역사 시점을 고수하게 만드는 것은 어렵다는 사실이 이제 분명해졌다. 그는 때때로 포로기 이후 백 년이 지난 자기 시대의 관점을 취하기도 하지만, 한편으로는 자신이 언급하고 있는 과거 시대의 입장에서 말하는 것처럼 보일 때도 있다. 역대상의 나머지 부분에서는 그가 결국 다윗 왕의 통치를 중심으로 한 관점을 취하고 유지할 것이다. 중요한 막간극과 같은 9장과 10장에서는 그 관점을 일관되게 유지하지 못하지만 말이다. 따라서 이 부분에서는 다윗이 언약궤를 예루살렘으로 옮긴 이후 장막에서 음악을 연주했던 지도자들이 그 초점이다. 다윗은 예배에 사용하는 표준 음악을 제정했을 뿐만 아니라 그가 직접 작성한 수많은 시편들이 증명하듯이 음악에 심취해 있었다.

여기에 언급된 세 사람은 모두 성전 음악에 중요한 기여를 했다. 헤만은 지도자였고, 왕 앞에서 선견자나 선지자의 역할도 수행했다(대상 25:5). 아삽은 열두 편의 시편(시 50편, 73-83편)을 썼다. 에단은 여두둔이라고 불리기도 했으며(예를 들면, 대상 25:1), 그 이름으로 예배에 사용되는 많은 시편을 기록했다(시 39, 62, 77편). 이 가인(歌人)들을 위해 제시된 족보는 그들의 사촌인 제사장들을 기록한 족보와는 분명 차이가 있다.

6:48-53. 레위 족속의 임무를 개괄하는 내용이 여기에 뒤따라나온다. 분향하고 제물을 바치는 임무(아론 혈통의 제사장직에 제한되어 있는)와 성전 음악의 연주(세 명의 연주자에게 맡겨진) 이외에도 다른 많은 임무들이 정기적으로 수행되어야 할 필요가 있었다. 동물을 희생 제물로 바치는 일을 중심으로 한 거대한 종교 단지를 운영하는 것

은 청소와 제물 검사, 군중 관리, 보안, 안내, 음식물의 분배 등을 위해 막대한 인원을 필요로 했다.

성소를 각자 맡은 업무를 충실히 수행하는 수백 명의 종업원들에게 그 생사가 달려 있는 커다란 회사로 생각해보라. 그리고 만약 당신이 지금 다윗 시대를 생각하고 있다면, 그 그림을 두 배로 늘릴 필요가 있다. 비록 다윗이 언약궤를 예루살렘으로 가져와 그것을 위해 새로운 성소를 만들었지만, 기존의 성막 역시 그대로 존재하면서 솔로몬이 예루살렘에 성전을 짓기 전까지 관리를 필요로 했기 때문이다. 이 모든 허드렛일은 직접적으로 제사장의 혈통에 속해 있지도 않았고, 음악적인 봉사에 지명되지도 않았던 다른 레위 사람들에 의해 수행되었다.

50-53절에서 역대기 저자는 다시 한 번 대제사장의 목록을 짧게 인용한다. 이번에는 그가 다윗 시대에 서서히 초점을 맞추고 있기 때문에 다윗 시대의 제사장인 사독과 아히마아스에서 멈춘다.

6:54-81. 역대기 저자는 앞서 언급한 다른 지파의 경우에도 그랬듯이, 레위 지파에 할당된 성읍들에 대해서도 자세히 언급한다. 여기에 함정이 있다. 레위는 사실상 자기 영역을 따로 가지고 있지 않았다. 야곱이 그의 아들들에게 공식적으로 축복을 선언할 때(창 49:1-27), 레위와 시므온은 모두 가나안 땅에 흩어져 살게 될 것이라고 예언했고(창 49:7), 그 예언은 그대로 성취되었다. 시므온의 경우에는 그것이 그의 가계가 유다 지파와 뒤섞이면서 결국 사라지게 되는 것을 의미했지만, 레위의 경우에는 그 후손들이 약속의 땅 전역에 흩어져 있는 많은 성읍에서 살게 됨으로 그 예언이 성취되었다.

레위 족속의 성읍 분배는 씨족 구분을 엄격하게 지키면서 이루어졌다. 일반적으로 그핫 씨족은 남쪽에 있는 성읍들을 받았고(유다와 베냐민, 시므온, 에브라임 사이에서), 게르손 씨족은 북쪽에서 살도록 지시받았으며(잇사갈과 아셀, 납달리 사이에서), 므라리 씨족은 요단 강 동안에 있는 기존 성읍들을 할당받았다(르우벤과 갓, 므낫세 내에서).

희생 제사가 사사 시대와 다윗의 통치 기간 내내 한 특정 장소로 제한되지 않았다는 사실을 기억하라. 비록 성막이 본부 역할을 하고 있었지만 말이다. 따라서 레위 족속은 각자가 거주하는 지역에서 하나님의 모든 율법이 철저히 지켜지도록 하는 책임을 맡았을 것이다. 우리는 나중에 역대기에서 일부 레위 사람들이 일반인들 사이에서 가르치는 사역을 별도로 감당했다는 사실도 배우게 된다(대하 17:7-9).

B. 북쪽 지파들(7:1-40)

Supporting Idea 소위 '북쪽 지파들'에 대한 목록에서 주안점은 그들이 군사적 힘을 제공했다는 사실이다.

7:1-5. 잇사갈은 야곱의 아홉 번째 아들이자 레아의 다섯 번째 아들이었다(창 30:17-18). 그는 자신의 아버지로부터 받은 예언적 축복에서, 안장 사이에서 쉬는 데 만족하고 강제적인 노동에 기꺼이 복종하는 노쇠한 나귀로 비유되면서 다소 미지근하고 열의 없는 보증을 받았다(창 49:14-15). 그의 지파는 갈릴리 바다 남쪽에 정착했고, 평범한 생활을 했다. 잇사갈 지파는 왕정이 도입되기 이전에 한 명의 사사를 배출한 바 있는데, 그의 이름은 돌라로 부아의 아들이자 도도의 손자였다(삿 10:1). 또 분열 왕국 시대에는 수많은 단명 왕조들 가운데 하나가 잇사갈 지파에서 나왔는데, 아주 쉽게 잊혀질 만한 왕 바아사와 그의 불행한 아들 엘라가 바로 그들이었다(왕상 15:27-16:10).

그럼에도 불구하고 역대기 저자가 우리에게 잇사갈에 대해서 이야기할 때, 그런 것들은 전혀 중요해 보이지 않는다. 역대기 저자가 관심을 가졌던 부분은 바로 잇사갈 지파가 다윗 왕국에 제공할 수 있었던 지원이었다. 이 짧은 족보의 주안점은 잇사갈 지파가 8만 7천 명의 군대를 동원할 수 있었다는 사실을 공개하는 것이다.

7:6-12. 이것은 베냐민의 족보에 대한 첫 번째 언급에 불과하다. 베냐민은 야곱의 열두 번째 아들로 라헬이 두 번째로 얻은 아들이었다. 베냐민은 그의 친형제 요셉보다 훨씬 늦게 태어났고, 그의 어머니 라헬은 그를 분만하는 과정에서 죽었다(창 35:16-18). 그에 대한 야곱의 축복 역시 그를 먹이를 잡아 삼키기 위해 항상 나돌아다니는 굶주린 이리라고 불렀을 뿐 특별히 매력적인 내용은 아니었다(창 49:27).

베냐민 지파는 그의 형제들 가운데 문제아 기질을 가지고 있었다. 한번은 일부 베냐민 족속의 사악한 행동과, 그 악한 무리를 재판에 회부하자는 타 지파의 제안에 대한 베냐민 지파의 거절로 말미암아 내전이 일어났다. 그 과정에서 대략 2만 6천 명의 베냐민 측 군대 가운데 겨우 6백 명만이 살아남음으로써 베냐민 지파의 존속 여부마저 도전받는 심각한 상황에 빠지게 되었다(삿 19-21장). 하지만 우리가 이 성경 본문에서 알 수 있듯이, 다윗 시대에는 베냐민 지파가 그 군사력을 회복하여 동원 가능한 군대 규모에 크게 기여할 수 있었다.

7:13. 납달리는 스포트라이트를 받는 무대에서 많은 시간을 보내지 못했던 또 다른 지파이다. 그 시조는 야곱의 여섯째 아들로 라헬의 시녀 빌하의 두 번째 아들이었다. 야곱의 임종 축복에서는 그가 새끼를 많이 낳는 자유로운 암사슴으로 묘사되고 있다(창 49:21). 납달리 지파는 성경에서 언급될 때마다 호의적으로 등장한다. 그들이 이스라엘 역사에 가장 크게 기여한 바는 드보라와 함께 싸웠던 사사 바락을 통해서였다(삿 4:6). 납달리에 대한 역대기 저자의 짧은 언급에서 우리는 그의 네 아들의 이름을 알 수 있고, 그의 어머니가 라헬의 시녀 빌하였다는 사실을 상기하게 된다.

7:14-19. 이제 우리는 므낫세 지파로 다시 돌아가는데, 이번에는 서쪽 반 지파다. 요단 강 동쪽에 정착한 동쪽 반 지파에 대한 정보는 이미 앞장에서 언급한 바 있다. 므낫세는 요셉의 두 아들 가운데 장자였지만, 지배적인 지위는 그의 동생 에브라임에게로 돌아갔다(창 48:5). 요셉 지파 자체는 존재하지 않는다. 에브라임과 므낫세의 두 반 지파가 있을 뿐이다. 성경이 요셉 족속이라고 말하는 경우는 에브라임을 염두에 둔 표현이다(예를 들면, 대상 7:29, 수 10:6).

므낫세 지파의 상당수가 요단 강 동쪽에 정착하기로 결정했지만, 그들은 그곳으로 돌아가 정착하기 전에 다른 지파들이 가나안 땅을 정복할 수 있도록 돕는 데 있어 그들의 의무를 다했다. 나머지 반 지파는 요단 강 서쪽에서 주요 땅을 분배받아 정착했고, 그들이 바로 성경 본문에 나와 있는 사람들이다. 이들은 자신들이 이스라엘 역사에 기여한 것 가운데서 특히 그들의 조상인 영웅적인 사사 기드온을 자랑할 수 있을 것이다(삿 6:15).

우리는 다시 한 번 길지 않은 목록을 얻게 되는데, 그 속에는 일부 흥미로운 암시가 담겨져 있다. 14절에서 우리는 적어도 므낫세 혈통의 일부가 아람 여인을 통해서 이어졌다는 사실을 알 수 있다. 이것은 족보가 종종 깜짝 놀랄 만한 개입을 포함하고 있음을 보여주는 또 하나의 사례다.

역대기 저자는 15절에서 슬로브핫과, 그가 딸들만을 낳았다는 사실을 언급한다. 이 상황과 관련된 일화가 하나 있다(민 27:1-7). 약속의 땅에 근접해 있을 때, 이 다섯 명의 여인이 모세와 다른 족장들을 찾아가 그들이 남자 형제가 없으므로 대신 유산을 상속받을 수 있도록 허락해달라고 요구했다. 그 요청이 받아들여져서 여인들은 일정 몫의 땅을 분배받았다(수 17:3-6).

7:20-29. 에브라임은 한때 북쪽 지파들 사이에서 리더 역할을 했지만, 에스라 시대에는 더 이상 중요한 존재가 아니었다. 역대기 저자가 이 지파에 대해서도 많은 시간을 할애하지 않고 있어 유다와 레위 그리고 베냐민 지파에게 주어졌던 긴 언급과는 대조를 이룬다. 하지만 이 목록에도 약간의 볼거리가 존재한다. 에브라임은 바로의 총리대신인 요셉의 아들이었다. 그의 두 아들 에셀과 엘르앗이 가축을 빼앗으려고 가드에 내려갔다가 죽임을 당한 사건은 그들이 애굽에 살 동안 일어났던 일임에 틀림없다. 에브라임은 그 일로 인해 여러 날 동안 슬픔에 잠겨 있었다. 결국 그는 또 다른 아들을 갖게 되었고, '재앙' 을 뜻하는 히브리어 브리아를 그의 이름으로 주었다. 브리아의 자녀들 가운데 한 명이 세에라라는 이름의 딸이었는데, 그녀는 여러 성읍을 세워 이름을 떨쳤다.

에브라임의 짧은 족보가 전개되는 동안 우리는 27절에서 이스라엘 역사상 가장 유명한 인물 가운데 한 사람인 눈의 아들 여호수아와 마주치게 된다. 여호수아는 가나안 땅을 정복하고 정착하는 과정에서 이스라엘 백성의 지도자였다. 그러나 에브라임의 후손들에 대한 열거는 거기서 끝이 난다. 다시 한 번 강조하건대, 에브라임의 혈통은 역대기 저자의 목적에 있어서 중요하지 않았다. 역대기 저자는 그 혈통이 위대한 여호수아까지 이어진다는 사실을 보여주고 나서는 더 이상 나아갈 필요성을 느끼지 못했던 것이다.

7:30-40. 우리는 한 번 더 덜 중요한 지파들 가운데 하나인 아셀 지파에 대한 정보를 얻는다. 아셀은 레아의 몸종인 실바가 야곱에게 낳아준 두 번째 아들이었다. 아셀의 후손들 역시 이스라엘의 역사에서 보조적인 역할을 수행했지만, 야곱의 예언적 축복에 따라서 그들은 번영을 누렸다(창 49:20). 잇사갈과 베냐민 지파의 경우와 마찬가지로 이 족보 목록도 아셀의 군사적 능력에 대한 언급으로 끝을 맺고 있다.

C. 베냐민과 사울(8:1-40)

Supporting Idea	베냐민 지파에 속한 사울의 가계가 유다 지파에 속한 다윗의 가문에 가장 큰 경쟁자였기 때문에 역대기 저자는 베냐민과 사울에 대해 좀 더 자세한 정보를 제공한다.

8:1-28. 이 족보는 7장에 나와 있는 족보와 상당히 다르다. 하지만 이것이 맞고, 다른

것은 틀리다고 믿을 만한 이유는 없다. 우리는 이 자료를 7장 6-12절에 나와 있는 정보의 증보판이나 부록으로 생각해야 할 것이다. 그렇게 생각할 만한 이유가 창세기 46장 21절과 민수기 26장 38-41절에 있다. 이 두 성경 본문은 그 이름들을 또 다른 방식으로 분류함으로써 기존의 두 목록과는 다른 두 개의 목록을 추가로 제공하고 있다. 역대기에 나오는 두 개의 목록이 모두 정확하다는 것은 믿을 수 없는 사실처럼 보이지만, 그것들은 동일한 주제에 대해 서로 다른 관점을 제공하고 있다.

우리는 앞서 베냐민 지파가 이스라엘의 열두 지파 사이에서 많은 문제를 일으켰다는 사실을 언급했다. 하지만 베냐민 지파가 일부 긍정적인 기여를 하기도 했다. 예를 들면, 우리는 역대상 8장 6절에서 모압 왕 에글론으로부터 이스라엘을 해방시켰던 왼손잡이 사사 에훗과 마주치게 된다(삿 3:12-30).

우리는 역대상 8장 7-11절에 언급되어 있는 사건들에 관해 추가적인 정보를 가지고 있지 않다. 알 수 없는 어떤 환경으로 인해 일부 베냐민 족속이 모압으로 추방되었다. 그 망명자들 가운데는 두 명의 아내를 둔 사하라임이라는 사람이 있었는데, 그는 알려지지 않은 어떤 이유로 인해 그들과 이혼을 했다. 그들에게 불임이 문제가 될 수는 없었을 것이다. 적어도 그들 가운데 한 명인 후심은 두 아들 아비둡과 엘바알을 낳았기 때문이다. 그렇다면 당신은 그 이유를 모르겠는가? 주요 계보가 계속 이어지는 것은 그 버림받은 아내의 두 번째 아들 엘바알을 통해서였다. 우리는 다시 한 번 하나님이 그분의 역사를 위해 역설적으로 약하고 천한 사람들을 선택하셨다는 사실을 깨닫게 된다.

28절에 따르면, 베냐민 지파의 후기 족장들은 예루살렘에서 살았는데, 당시에는 그곳이 여부스 족속의 요새 바로 아래에 위치해 있는 정착촌이었다('심층 연구' 참고). 예루살렘은 나중에 유나 왕국의 수도가 되었지만, 베나민과의 친근성을 결고 잃지 않았다. 따라서 왕국이 나누어질 당시 베나민은 두 '남쪽' 지파 가운데 하나로 불릴 만큼 유다와 관련되어 있는 것으로 간주되었다.

8:29-40. 우리에게 베냐민 지파 전체를 총괄하는 추가적인 족보를 제공했던 역대기 저자는 이제 사울 왕과 그의 후손들에 대한 족보를 좀 더 구체적으로 살펴본다. 기브온과 시므아는 사람의 이름이 아니라 지명이다. 두 곳 모두 '더 큰 예루살렘 수도권' 안에 위치해 있다.

33절에 나와 있는 사울과 그의 아들들에 대한 언급은 간단하다. 그 계보는 넬, 기스,

사울, 사울의 아들들 순으로 이어진다. 그 네 아들 가운데 이스보셋이라고도 불리는 에스바알이 역대상 10장에 언급되어 있는 블레셋 족속에 의한 살육에서 살아남은 유일한 생존자였다. 그는 사울의 죽음 이후 잠시 동안 북쪽 지파들의 왕으로 통치한 뒤(삼하 2:10), 왕국이 다윗을 중심으로 다시 통일될 무렵 자신의 부하들에게 살해당했다.

끝까지 살아남은 사울의 유일한 친족은 손자 므립바알이었다. 그는 요나단의 아들로 므비보셋이라고도 불렸다. 그 이후 오랜 세월 동안 다윗은 요나단에 대한 사랑과 존경으로 므립바알에게 친절을 베풀었다. 다윗은 그에게 왕의 상에서 먹을 수 있는 특권과 함께 왕궁에 영원한 거처를 마련해주었다(삼하 9장). 뒤에 이어지는 계보 전체는 므립바알의 후손들이다. 우리는 그 혈통이 베냐민 지파의 자존심을 회복하며 빠르게 채워지는 것을 볼 수 있다.

D. 포로 생활로부터의 귀환(9:1-44)

Supporting Idea	우리에게 다양한 역사적 뿌리를 제공한 역대기 저자는 이제 그것들을 바벨론 포로 생활에서 돌아온 사람들의 목록에 연결시킨다.

9:1-2. 역대기 저자는 다시 한 번 우리를 시간의 착각 속으로 몰아넣는다. 그는 바벨론 포로 생활에 대해서 거의 언급하지 않았고, 이번에는 그 죄목을 구체적으로 설명하지 않은 채 그것이 유다의 부정(不貞)함 때문에 일어났다고만 말한 뒤, 곧바로 포로기 이후의 재정착하는 행복한 순간으로 이야기를 끝낸다. 이 책의 원래 독자들 가운데 상당수에게는 이 장이 가장 중요한 부분이었을지도 모른다. 역대기 저자는 그의 독자들에게 하나님의 백성에게 남겨진 유산을 이해하는 것의 중요성을 설명하려고 애썼던 것이다. 그들 자신의 시대로 곧바로 이어지는 이 정보는 모두가 애타게 찾고 있던 내용이었을 것이다.

우리가 졸업 앨범이나 새로운 전화번호부, 단체 사진 등을 얻게 될 때, 가장 먼저 찾아보는 것 중에 하나는 바로 나 자신이다. 따라서 이 책의 독자들은 가능한 한 빨리 이 장에 이르고 싶었을 것이다. 우리 할머니 할아버지가 여기에 기록되어 있을까? 내가 이 그룹의 구성원으로 인정되고 있는가? 내가 사회에서 존경받을 만한 지위에 있음을 주장할 수 있는가? 그들 자신의 시대와 가장 중요한 관련성이 거기에 있었던 것이다.

주전 539년, 바사 왕 고레스는 유대인들이 바벨론에서 그들 자신의 나라로 돌아가도 좋다는 칙령을 선포했다. 이 명령은 하나의 목적을 가지고 있었는데, 그것은 바벨론의 느부갓네살 왕에 의해 파괴되었던 성전을 재건하는 것이었다(대하 36:23). 따라서 이스라엘 백성들이 예루살렘으로 돌아왔을 때, 그것은 분명히 성전을 재건하고 예배 제도를 다시 확립하기 위함이었다. 그러므로 처음 그 땅에 다시 이주해온 사람들의 대다수가 제사장들과 레위인들 그리고 성전 봉사자들처럼 성전과 관련되어 있는 사람들로 구성되었음은 당연한 일이다.

9:3. 당시 고국으로 돌아온 사람들의 소속 지파는 레위 이외에도 유다와 베냐민, 에브라임, 므낫세 등이었다. 뒤에 언급된 두 지파는 북이스라엘 왕국의 일원이었음을 주목하라. 그들은 북쪽 열 지파의 일원으로 더 오래 전에 포로로 끌려갔던 사람들이다. 그들이 오늘날 '사라진 지파들' 이라고 불리는 이들의 후손이기는 하지만, 북쪽 지파 출신의 사람들은 모두 완전히 사라졌다. 그럼에도 불구하고 에브라임과 므낫세가 여기에 언급되어 있는데, 그것도 여기까지가 끝이다. 더 상세한 목록은 그 두 그룹에 대한 어떤 정보도 제공하지 않고 있다.

9:4-6. 유다 지파에 속한 총 690 가족이 역대기 저자에 의해 계수되어 있다. 그 가운데 우대의 가족도 포함되어 있는데, 그는 자신의 혈통을 추적해 유다의 아들 베레스까지 거슬러 올라갈 수 있었다. 따라서 그도 이론적으로는 왕의 혈통으로 분류될 수 있었다.

9:7-9. 베냐민 지파는 총 956 가족으로 사실상 유다 지파보다 더 큰 파견단을 제공했다. 여기에 이름이 기록된 족장들은 그 가족의 대표자이든지 특히 명망이 있다고 간주되는 사람들이었다.

9:10-13. 유다와 베냐민 지파의 일반인 가족들을 합친 것(1,646)보다 더 많은 제사장 가족들(1,760)이 있었다. 이것은 귀환의 목적이 성전 재건에 있었기 때문이다. 역대기 저자는 그들이 능력 있고 믿을 만한 사람들이라고 칭찬한다. 우리는 나중에 다윗이 제사장직을 순번제로 조직화했음을 볼 수 있다(대상 24:1-19). 그 제도가 포로기 이후 부활된 것이다(눅 1:5). 그렇게 많은 제사장들이 있음을 감안할 때, 모두가 매일같이 제사를 수행할 수 없었음이 분명하다.

9:14-16. 여기에는 실제적인 계수 없이 레위 족속의 짧은 목록이 나온다. 이후에는 회막 문지기에 대한 장황한 설명이 이어진 뒤, 28절부터 일반 레위인들의 임무에 대한

이야기로 시작된다.

9:17-27. 문지기들은 성막(그리고 나중에는 성전)에 대한 경비를 책임 맡았다. 그곳에 보관되어 있는 물건들의 성스러움을 감안할 때(금이나 귀한 직물 등으로 만들어진 일부 물건들의 가치는 말할 것도 없고), 그 구역을 안전하게 지키는 일만 전념하는 일단의 보초들이 있어야 한다는 사실은 지극히 자연스러웠다. 그러나 훨씬 더 중요한 것은 일반인의 출입이 금지되어 있는 지역에 아무나 들어가지 못하게 함으로써 누군가가 그 구역의 신성함을 지킬 필요가 있었다는 사실이다. 훨씬 뒤에 그리스도께서 이 땅에 계실 동안에는 성전 문에 누구든지 할례를 받지 않고 안으로 들어가는 자는 자신의 죽음에 대해 스스로 책임져야 한다는 안내문이 붙어 있었다. 일단의 보초들이 경비를 섬으로써 그런 종류의 비극을 방지할 수 있었을 것이다.

역대기 저자는 아론의 손자 비느하스를 언급함으로써 성막을 경비하는 것이 얼마나 중요한지를 보여주는 사례를 제공하고 있다(민 25:1-18). 이스라엘이 약속의 땅의 정복을 앞두고 사막에 체류하는 후반기 동안 일부 이스라엘 남자들이 모압 여인들의 호감을 사기 위해 모압 족속의 신들을 숭배하기 시작했다. 하나님은 그에 대한 징계로 전염병을 보내셨다. 얼마 후 모세가 우상 숭배자들에 대한 심판을 선언하고 있던 바로 그때, 모두가 보는 앞에서 시므온 지파 출신의 한 남자가 이교도인 미디안 여인과 함께 성막 출입구에 나타나 안으로 들어가 예배 의식을 행하려고 했다. 비느하스가 그들을 보자마자 창을 집어들어 그들 모두를 죽였다. 시므온 지파 출신의 시므리와 그의 미디안 여인 고스비가 죽자 하나님은 그 전염병을 멈추셨다.

22-27절에 따르면, 에스라 시대에는 겨우 212명의 문지기가 있었다. 1년 365일 하루 24시간을 감안한다면, 그것은 불충분한 수치임이 분명하다. 보초들은 24시간 계속해서 경비를 서야 했고, 때때로 성에 살지 않는 다른 레위인들에 의해 보충되어야 했다.

9:28-34. 여기에는 문지기 임무를 맡지 않은 레위인들에 의해 수행되었던 임무들의 목록이 나온다. 어떤 사람들은 제사 도구를 관리해야 했고, 제단에 진설되는 떡, 포도주와 기름, 유향, 모든 기구를 관리하는 사람들도 각각 있었다. 우리는 하나의 짧은 언급 속에서 자신이 행하는 모든 일이 하나님의 율법에 어긋나지 않도록 하기 위해 무던히 애썼을 일부 제사장들이 향품을 섞는 일까지도 관리했다는 사실을 배우게 된다. 찬송하는 자들에게는 특별한 지위가 돌아갔다. 그들은 주야로 때를 가리지 않고 대기했기

때문에 다른 의무를 부담하지 않았다.

9:35-44. 이 부분은 사울의 족보를 두 번째로 열거하면서 끝을 맺고 있다. 일부 이름의 철자가 약간 다른 점을 제외하고는 역대상 8장 29-40절에 나와 있는 족보 목록과 동일하다. 동일한 성경 구절이 왜 반복되어 있는지에 대한 설명은 전혀 없지만, 그 위치에 있음으로 해서 한 가지 기능을 수행하고 있는 것은 분명하다. 지금까지 이어져온 족보로부터 사울의 비극적인 삶을 장황하게 설명하는 이야기 형식의 성경 구절로 자연스럽게 넘어가도록 하는 기능 말이다.

Main Idea 복습	레위 지파의 족보는 성전 봉사에 관여할 수 있었던 사람들을 기술하고 있기 때문에 중요하다. 베냐민의 족보는 통치에 실패했던 사울왕에게로 이어진다. 그리고 다른 지파들은 주로 나라에 군사적 힘을 제공했다.

결론

운전면허증은 단지 시작일 뿐이다

미국에서는 십대들이 16세쯤 되면 운전면허증을 취득할 수 있을 거라는 기대에 부풀어 있는 것이 거의 일반적이다. 대부분의 학교들이 운전 교육 프로그램을 가지고 있고, 대부분의 주에서 부모나 손위 형제, 심지어 친구가 운전을 가르치는 것이 허용되고 있다. 따라서 '면허를 따는 것'은 한 젊은이의 삶에 있어서 중요한 변화가 아닐 수 없다. 다른 누군가를 의지하지 않고서도 가고 싶은 곳이면 어디든 운전해서 갈 수 있다는 것은 오랫동안 꿈꾸어오던 소망이 마침내 성취되는 것이기 때문이다.

물론 그 환상은 현실의 차가운 한기 속으로 빠르게 사라지고 만다. 차가 없으면, 운전면허를 가졌다 해도 아무 데도 갈 수 없다. 자동차 번호판과 보험에 대한 비용도 지불해야 한다. 차도 유지 관리가 필요하다. 설사 차가 있다 해도 시간이 없으면 어디든 운전해서 갈 수가 없다. 게다가 그때쯤 되면 아마 삶의 책무가 점점 더 복잡해질 것이다.

무엇보다도 운전면허 소지자라는 특권 집단에 들어섰다는 설렘이 빠르게 시들해진다. 고등학교 2, 3학년생으로서 그 소중한 카드를 가지고 있다면 자부심을 느낄지도 모른다. 하지만 1, 2년 후에는 당신이 운전면허를 가지고 있을 것이라고 모두가 생각할 뿐만 아니라, 그 카드의 주요 기능은 수표 발생을 위한 신분증명서 역할을 하는 정도일 것이다. 어른들의 경우에도 운전면허증이 실제로 우리의 관심을 끄는 유일한 시점은 몇 년에 한 번씩 그것을 갱신해야 할 때다.

운전면허증을 소지하는 것처럼 고대 이스라엘에서도 내부 집단에 속하는 것은 뛰어난 지파의 일원이 됨으로써 가능했다. 예를 들어, 만약 당신이 레위 지파에 속해 있었다면, 제사장이나 성전 봉사자가 될 수 있는 특권을 누리는 지파의 구성원 자격을 지닌 것이다. 만약 당신이 왕의 지파의 구성원이었다면, 이스라엘을 다스릴 왕들을 배출하는 지파의 일원인 것이다. 그러나 그것이 어떤 지파가 될 것인가?

에브라임은 온 이스라엘에 대해 리더십과 왕권을 행사하는 지파가 되기를 원했지만, 결코 그만한 능력을 갖추지 못했다. 우리는 앞에서 잠시나마 다른 지파들보다 더 많은 특권을 누릴 것처럼 보였던 베냐민을 왕의 지파로 지켜보았으나 그 역시 기대에 미치지 못했다. 결국 최고의 자리는 유다에게로 돌아가게 된다.

지금까지의 이야기와 관련하여 한 지파의 일원이 되는 자격을 많은 친구들이 아직 따지 못한 운전면허를 당신이 소지하고 있는 것과 비슷한 것이라고 생각해보라. 당신은 그들이 경험할 수 없는 특권과 기회를 가지고 있다. 그러나 누구든 잘못된 행동으로 인해 운전면허를 잃어버릴 수 있듯이, 어떤 지파든 하나님께 신실하지 못함으로 말미암아 특권적인 지위를 잃어버릴 수 있었다. 우리는 베냐민을 열두 지파 가운데 지도자로 보지만 그것도 잠시일 뿐이다. 베냐민 지파의 사랑하는 아들 사울이 자신의 특권을 남용했기 때문이다.

■ **진리 알기**

- 하나님은 우리의 환경과 재능 그리고 가장 중요한 그분의 소명에 따라 우리 각자에 대한 특정 사역을 마음에 두고 계신다.
- 하나님은 그분이 우리에게 주신 소명이 무엇이든 우리가 그 안에서 신실하게 살아가기를 기

대하신다.

• 하나님은 다른 사람이 받은 소명의 표준에 의해서가 아니라, 그분이 우리에게 주신 사역에 우리가 충실한지의 여부에 따라 우리를 심판하신다.

▣ 적용하기

• 성경은 자주 은혜에 대해 설명한다. 에베소서 2장 1절과 5절에서 바울이 은혜에 대해 설명한 내용을 곰곰이 생각해보라. 그는 우리가 허물과 죄로 죽었다고 말한다. 죽은 사람이 무엇을 할 수 있겠는가? 그때 하나님이 우리에게 다가오셔서 우리를 그리스도 안에서 살리신 것이다.
• 잠시 시간을 내어 당신 자신이 하나님의 창조물인 것과 그분이 매순간 당신의 삶을 붙들어 주신 기적에 대해 생각해보라. 하나님이 당신에게 주신 강점 몇 가지를 적어보라.
• 하나님이 당신 안에 심어주신 재능을 어떻게 사용해야 할지 보여주시도록 그분께 간구하라.
• 다른 사람의 재능에 대한 질투심 때문에 당신이 비효과적으로 사역한 측면이 있는지 보여주시도록 하나님께 간구하고, 그 질투심을 털어버릴 수 있게 도와달라고 기도하라.

삶의 적용

새 가족 멤버십

이 성경 본문이 다루는 시대에는 오직 특정 지파의 구성원들만이 특정 기능을 수행할 수 있었다는 사실을 알 수 있다. 예를 들면, 레위 지파에 속한 사람들만이 성막과 성전에서 봉사할 수 있는 자격을 가지고 있었다. 우리가 긴 일련의 족보들과 마주친 것도 누가 그런 특권층의 일원이었는지 분명히 밝히기 위해서였다.

하지만 그것은 과거일 뿐이다. 하나님이 그분의 아들을 보내셨을 때, 모든 것을 뒤집어놓으셨기 때문이다. 우리의 새로운 영적 상태는 우리가 어떤 가문에서 태어났느냐에 따라 주어지는 지위보다는 하나님이 우리를 양자로 삼으셨다는 오직 한 가지 사실에 근거를 두고 있다. 누구도 남보다 우세한 것은 없다. 갈라디아서 3장 26절은 "너희가 다 믿음으로 말미암아 그리스도 예수 안에서 하나님의 아들이 되었으니"라고 말한다. 누구든 믿음으로 그리스도께 나아오는 자는 자동적으로 하나님의 '내부 집단'의 구성원이 되는 것이다.

우리가 지니고 있는 하나님 백성으로서의 멤버십은 하나님이 그리스도 안에서 행하신 일에 근거하고 있다. 출생이나 특권은 그 멤버십과 아무 관련이 없다. 그러나 우리가 그리스도 안에서 우리의 삶을 살아갈 때, 하나님은 우리에게 특별한 소명을 가지고 계신다. 그것이 전임 사역자로서의 역할이든, 아니면 그분을 위해 다양한 사역을 담당하는 교회 구성원으로서의 역할이든 그분은 우리가 그 소명에 부응하기를 원하신다.

기도

하나님 아버지, 당신이 우리를 하나님의 백성으로 부르셨고, 당신 아들의 대속의 죽음으로 우리가 하나님의 양자가 된 사실에 감격하지 않을 수 없습니다. 우리 각자가 제사장이나 희생 제사를 거칠 필요가 없는 당신과의 관계를 맺을 수 있도록 허락해주심에 감사드립니다. 우리에 대한 당신의 사랑을 절대 잊지 않도록 도와주십시오. 그리고 우리의 삶 속에 나타나는 당신의 은혜가 모두에게 드러나도록 도와주십시오. 아멘.

심층 연구

A. '만인제사장설' 이 왜 고라에게는 적용되지 않았을까?(6:22)

역대기 저자가 고라의 이야기를 깊이 파고들지 않고 단순히 그의 이름만 언급하고 있지만, 그 문맥에서 그의 이름이 등장한다는 사실은 중요한 의미를 지니고 있다. 고라는 하나님이 정하신 엄격한 구분을 위반했다. 그는 아론의 혈통이 아님에도 불구하고 제사장의 역할을 빼앗으려고 했던 것이다(민 16장). 그와 그의 추종자들은 결국 향을 피우는 제사장의 역할을 수행하려고 시도하다가 죽임을 당했다. 하나님이 이미 모세를 통해 아론의 후손들만이 제사장이 될 수 있다고 선언하셨기 때문이다.

그러나 이 사건은 몇 가지 의문을 불러일으킨다. 그것이 공정한 것인가? 하나님은 모든 인간과의 개인적인 관계를 원하시지 않는 것일까? 하나님은 왜 그분께 분향하는 사람에 대해 신경을 쓰셔야 했을까? 그 문제와 관련하여 하나님은 신약에서 제사장직을 폐지하신 바 있으신데(히 10:11-12), 왜 과거에 그런 규례를 준수하지 않았다고 해서 사람들을 죽이셨을까?

그것은 해결이 쉽지 않은 의문일 뿐만 아니라, 주의 깊은 독자라면 역대기를 읽는 동안 여러 곳에서 그런 의문을 품게 될 것이다. 그런 의문들이 풀릴 수 있는 유일한 방법은 먼저 하나님이 하나님 되시게 함으로써, 오직 그분만이 그분 자신의 행동을 완벽하게 이해할 수 있다는 사실을 기억하는 것이다. 둘째로, 우리가 성경 전체를 통해 그분의 계획에 대해 알고 있는 바에 의하면, 하나님은 지금까지 인류가 다양한 방법으로 그분과 연결될 수 있도록 허락하셨다. 그리고 매번 우리 스스로의 방법으로는 그분과 관계를 맺을 수 없음을 증명해 보이셨다.

족장들의 간단한 희생 제사를 통해서든, 율법의 복잡한 체계를 통해서든 어느 시나리오에서나 두 가지 요점이 분명해진다. 그것은 우리의 죄성(sinfulness)과, 징계와 은혜

두 가지 모두를 통해 나타나는 하나님의 주권이다. 그러나 만약 하나님이 그런 체제가 엄격하고 일관성 있게 전개되도록 하시지 않는다면, 그런 논증이 특정 상황에서는 이루어질 수 없을 것이다.

그것을 이런 식으로 생각해보라. 하나님이 보시기에 인류는 그 죄성에 대해 심판받아야 할 상태에 있다. 모든 가능한 기회가 주어졌음에도 불구하고 인간은 스스로 의로움(righteousness)을 얻는 데 실패했다. 따라서 어떤 사람도 하나님께 "만약 당신이 우리로 하여금 이러이러한 방법으로 당신과 연결될 수 있도록 도와주시기만 했다면, 그 다음부터는 우리가 스스로 관리해나갈 수 있었을 텐데요"라고 말할 수는 없을 것이다. 만약 우리가 희생 제사를 통하되 제사장직이 없이 하나님과 연결될 수 있었다면 어찌 되었을까? 소용없다. 우리는 모세 이전에 그것을 시도했지만 결국 실패하고 말았다. 만약 우리가 엄격한 전문 제사장직을 통해 하나님과 연결될 수 있었다면 어땠을까? 역시 마찬가지다. 우리는 그것도 시도했지만 실패했다. 그리고 이제 당신은 만약 아론의 제사장직이 시작 초기부터 훼손될 수 있었다면 그 논증을 뒷받침할 만한 근거가 없었을 것이라는 사실을 알 수 있다. 일단 그 논증이 완료되었기 때문에 하나님은 우리가 다른 어떤 체제 아래서도 스스로 할 수 없는 것을 그분의 아들이 우리를 위해 해주시도록 보내신 것이다(히 9:11-12).

게다가 우리는 하나님의 은혜를 인간의 권리로 만들어버리지 않도록 조심해야 한다. 이제는 우리가 그리스도를 믿는 신자로서 제사장 제도 없이 하나님을 개인적으로 알 수 있다는 사실이 누구나 그런 기회를 얻을 자격이 있음을 의미하지는 않는다. 그것은 예외적인 규칙이 적용되는 하나님의 선물일 뿐이지 규칙 그 자체는 아니다.

따라서 우리가 유전에 의해 제한되고 그것을 위반한 사람에게는 가혹한 제재가 가해지는 제사장직 개념을 감정적으로는 좋아하지 않을 수도 있지만, 그것이 우리의 거룩하고 의로우신 하나님의 계획에는 딱 들어맞는다는 사실을 인식할 필요가 있다. 의심, 그것은 궁극적으로 하나님이 그리스도 안에서 보여주신 은혜의 위대성을 감소시키는 것이다.

B. 누가 예루살렘에서 살았는가?(8:28)

역대상 11장 1-9절에 기록되어 있듯이, 다윗은 결국 예루살렘을 정복했다. 문제는 그 사건 이전에도 예루살렘이 여러 차례 등장한다는 사실이다. 여호수아는 예루살렘 왕을 패배시켰다(수 10:26). 유다의 아들들은 한 포로를 잡아 예루살렘으로 끌고 갔고, 곧이어 그 성을 공격했다(삿 1:7-8). 심지어 다윗도 골리앗의 머리를 예루살렘으로 가져갔는데, 그것은 그가 왕이 되어 예루살렘을 정복하기 훨씬 전의 일이었다(삼상 17:54). 성경 본문에서 우리는 예루살렘에 살았던 베냐민 족속에 대해 알게 되는데, 그것은 분명 다윗 시대 이전인 것으로 보인다. 여기에 너무나 뻔한 불일치가 존재하는 것 같다.

하지만 그런 경우가 종종 있듯이, 우리가 모든 데이터를 들여다보는 순간 그런 불일치는 사라지고 만다. 열쇠는 사사기 1장 21절에 있다. 거기에는 베냐민 족속이 예루살렘에 정착하기는 했지만, 여부스 족속을 그들의 성에서 쫓아내지 못했다는 사실이 지적되어 있다. 분명 예루살렘은 여러 개의 마을이나 '주거 지역'으로 구성된 성읍이었을 것이다. 일련의 불규칙한 전투에서 비교적 방어가 허술했던 구역들은 이스라엘에 의해 점령되었으나, 산꼭대기에는 여부스 족속이 그대로 남아 있었던 것으로 보인다. 그 결과로 여부스 족속의 성 예루살렘은 다윗의 왕정 이전까지 정복되지 못했으나, 그 주변의 주거 지역들을 의미하는 예루살렘은 이미 이스라엘의 통제 아래에 있었다.

C. 9장-포로기 이전일까 이후일까?(9:2)

NIV(New International Version) 성경에는 9장에 나와 있는 족보 목록이 포로기 이후 예루살렘으로 귀환한 사람들을 언급한 것이라고 분명히 밝히고 있다. 그러나 그것이 정확한 번역인지의 여부를 놓고 학자들 간에 논란이 있다. 일부 보수적인 복음주의 학자들(Payne, 374)은 9장 1절에 나와 있는 바벨론 유수에 대한 언급이 8장에 대한 결론으로 간주되어야 하며, 9장 2절은 포로기 이전에 예루살렘에 살았던 사람들에 대한 목록으로 새롭게 시작되는 것이라고 믿는다. 그것은 물론 9장의 내용에 대한 이해를 완전히 바꾸어놓는 것이다. 그 견해는 단순히 자유주의 비평이 아니기 때문에(그리고 자유주의 학자들은 어차피 그 족보 목록들이 역사적 가치를 별로 지니고 있지 않다고 생각하기 때문에) 성경을 진지하게 연구하는 사람들은 그것 역시 역사적 진실과 성경의 무오성(inerrancy of Scripture)을 전적으로 지지하는 사람들에 의해 발표되고 있다는 사실에 주의할 필요가 있다.

하지만 NIV 성경이 그 부분을 바르게 이해하고 있고, 9장이 분명히 포로 생활에서 돌아와 예루살렘에 다시 정착한 사람들을 언급하고 있다고 믿을 만한 타당한 이유가 있다. 만약 그 목록이 단순히 포로기 이전 전성기 시대의 예루살렘을 언급하고 있다면, 그것은 어딘가 모르게 불충분한 내용이 될 것이다. 대다수가 제사장 가문이었다는 사실은 그들이 성전 예배를 회복하기 위해 돌아온 포로기 이후의 상황에서나 사리에 맞는다. 그리고 예루살렘이 왕족의 구성원들로 가득 차 있었을 포로기 이전에 왜 우대가 유다의 아들 베레스의 후손이었다는 사실에 관심을 가지겠는가? 이 주석은 학자들 간의 논쟁을 해결하는 데 관심을 가지고 있지는 않지만, 이런 경우를 이용해 우리가 지금 사용하고 있는 성경 번역본이 안심하고 믿을 수 있는 것이라는 사실을 지적할 수 있음은 기분 좋은 일이다.

교안

A. 들어가는 글

1. '귀족의 특권' 이야기로 시작하라.
2. 배경 설명: 중세 시대에 귀족의 지위가 배타적이고 소중한 특권이었듯이, 우리는 성경 본문에서 하나님이 특정 지파들을 세워 특정 임무를 수행하도록 하셨다는 사실을 배우게 된다. 특히 우리는 제사장직이 레위 지파에 제한되었음을 알게 된다.
3. 적용: 유다 이외의 지파들 가운데 어떤 지파들은 특정 임무를 가지고 있었다. 레위 지파의 구성원들은 성전의 일꾼으로 봉사했으며, 그중 한 가문은 제사장직을 구성했다. 베냐민은 첫 번째 왕을 배출함으로써 특별한 기능을 수행했지만, 불행히도 실패로 끝나고 말았다. 다른 지파들은 나라의 군사적 준비 태세에 기여했다.

B. 본문 이해

1. 레위 지파(6:1-81)
2. 북쪽 지파들(7:1-40)

3. 베냐민과 사울(8:1-40)
4. 포로 생활로부터의 귀환(9:1-44)

C. 결론: '운전면허증은 단지 시작일 뿐이다' 를 읽어주라.

토의 질문

1. 특정 그룹의 사람들이 지배하는 것처럼 보이는 교회 사역의 일부 영역은 무엇인가? 당신의 경우 또는 일반적인 경우를 말해보자.

2. 모든 신자가 지위에 상관없이 하나님의 가족 구성원이라는 사실을 사람들에게 보여주는 방식을 우리가 어떻게 하면 개선할 수 있겠는가?

3. 우리가 어떤 방식으로 서로를 격려하여 사역에서 서로 다른 재능을 사용하도록 유도할 수 있겠는가?

역대상 10:1-14

사울에 대한 하나님의 심판

"영혼의 죽음은 하나님이 그 영혼을 버리실 때 일어난다. 영혼이 그 육체를 버릴 때, 육체의 죽음이 일어나듯이 말이다."

- 어거스틴(Augustine)

불순종으로 인해 하나님께 책망받았던 사울 왕은 블레셋 족속과의 전투에서 패배를 당하며 죽게 된다. 우리는 이 비극적인 성경 본문에서 하나님이 우리의 죄를 심판하신다는 피할 수 없는 진리를 보게 되는데, 그것은 우리를 향한 하나님의 은혜의 기적을 밝히 드러내는 진리이기도 하다.

들어가는 글

공포에 질린 법대생

16세기에 종교 개혁을 시작했던 마틴 루터(Martin Luther)는 공포의 순간에 진지한 종교적 삶을 시작했다. 그가 법을 공부하던 대학으로 돌아가기 위해 숲길을 따라 걷고 있을 때, 갑자기 심한 뇌우가 쏟아지기 시작했고 번개에 맞을 뻔했다. 당시 그는 나무 밑에 서 있었는데, 두려움에 사로잡혀 자신이 죽게 될지도 모른다고 생각했다. 두려워 어찌할 바를 몰랐던 그는 하늘을 향해 목소리를 높여 자신이 수도사가 되겠노라고 맹세했다(Bainton, 15-33).

루터에게 있어 번개는 하나님이 원하시면 언제든지 그의 목숨을 취하실 수 있다는 경고이자 그분의 사인이었다. 루터는 하나님의 거룩하심과 자신의 죄성의 실체뿐만 아니라, 그 둘이 절대 양립할 수 없다는 사실을 깨닫게 되었다. 루터에겐 수도사가 되는 길이 하나님의 심판을 피할 수 있는, 아니면 적어도 그것을 완화시킬 수 있는 최상의 방법인 것처럼 보였다.

루터는 또 다른 공포의 순간을 경험해야 했다. 그가 새로 서품을 받은 사제로서 처음 미사를 집전할 때의 일이었다. 그는 인간이 의로우신 하나님 앞에 선다는 것이 얼마나 불가능한 일인지 인식하면서 다시 한 번 압도되었던 것이다. 루터는 수도사로서의 삶을 살아가면서 금식과 채찍질, 무릎으로의 순례 여행, 일부 신비적 경험의 추구 등 그의 근심을 완화시켜줄 많은 고행을 스스로 감수했다. 하지만 그 어떤 것도 그가 찾고 있던 마음의 평화를 가져다주지는 못했다. 죄로 가득 찬 인간에 의해 행해지는 어떠한 노력도 성난 하나님을 진정시킬 수 없다는 사실을 그가 자각하고 있었기 때문이다.

마침내 하나님은 마틴 루터로 하여금 동전의 다른 한 면인 그분의 놀라운 은혜를 보게 하셨다. 그 고뇌하던 수도사는 로마서 연구를 통해 하나님이 비록 거룩하고 의로운 심판자이시지만, 우리를 위해 그분의 아들 예수 그리스도를 이미 십자가에 내어주심으로써 이제는 믿음으로 그분께 나아오는 자에게 그리스도의 의를 덧입혀주신다는 사실을 깨닫게 된 것이다. 그런 인식은 하나님에 대한 공포의 감정으로부터 그를 해방시켜주었고, 결국 그가 복음에 대한 새로운 이해를 온 기독교 세계에 제시하도록 이끌었다.

복음은 심판에서부터 시작된다. 우리는 모두 죄로 말미암아 하나님 앞에 죄인의 상태로 서 있다. 만약 신의 심판이 존재하지 않는다면, 우리가 무엇으로부터 구원받겠는가? 만약 하나님이 죄를 간과할 수 없을 정도로 완전하고 거룩한 하나님이 아니시라면, 무엇이 그분의 은혜를 그렇게 특별하게 만들 수 있겠는가? 만약 하나님과의 적대적인 관계가 우리의 자연스러운 상태가 아니라면, 속죄가 무슨 소용이 있겠는가? 그래서 성경은 하나님의 심판뿐만 아니라 그분의 사랑과 은혜에 대한 이야기를 담고 있는 것이다.

역대기에서도 마찬가지다. 우리는 역대기를 소개하는 서문에서 역대기는 '에스라에 의한 복음'으로 이해할 수 있다고 주장했다. 만약 그렇다면, 역대기 저자는 이상한 곳을 출발점으로 삼았다. 그는 마침내 족보 목록들을 잠시 제쳐두고 이야기 하나를 시작한다. 얼마나 흥미로운 이야기인가! 역대기 저자는 사울 왕의 죽음과 뒤이어 그의 시체가 함부로 다뤄지는 상황을 자세히 설명하며 시작한다. 이야기의 시작이 정말 음산한 방법이 아닐 수 없다.

역대기 저자는 지금 사울의 파괴적인 통치와 뒤이어 일어난 다윗 왕의 성공적인 치세를 서로 대비시키고 있다. 그러나 이 대조가 훨씬 더 깊이 이어져 결국 하나님의 심판을 받는 삶과, 하나님의 은혜로 승리하는 삶 사이의 차이로까지 확대될 수 있다는 사실을 잊지 말자.

본문 이해

사울에 대한 하나님의 심판

Main Idea 사울 왕은 불순종에 대한 심판으로 비극적인 죽음을 맞이했다.

A. 사울의 죽음(10:1-6)

Supporting Idea	사울은 블레셋 족속과의 결정적인 전투에서 패배하고 있을 때 스스로 목숨을 끊었다.

10:1. 이 성경 구절은 사울의 삶에 배어 있는 비애를 압축적으로 표현하고 있다. 그는 이스라엘 지경에서 암몬 족속과 아말렉 족속, 블레셋 족속 같은 숙적들을 몰아내려고 애쓰며 자신의 왕정을 보냈다. 그는 안정된 통일 왕국을 확립하며 목표 달성을 눈앞에 둔 적도 있었다. 사울은 한때 다윗(그들의 분열 이전뿐만 아니라 이후에도)과 그의 아들 요나단의 도움으로 블레셋 족속을 제압하여 그들이 이스라엘 남부에 있는 자신들의 성읍 밖으로 나오지 못하도록 제한할 수 있었다. 그러나 이제 그 모든 것이 허물어지고 있었다. 블레셋 족속이 이미 그들의 군대를 이스라엘 북부 지방의 3분의 1 지점까지 진군시켜 사울의 방어망을 포위하고 있었던 것이다. 참패했고, 사울의 업적이 한순간에 날아가버렸다.

블레셋 사람과 이스라엘이 싸웠다는 사실에 대해서는 새로울 것이 전혀 없다. 블레셋과의 전쟁은 사사 시대 이후로 종종 있어 왔기 때문이다. 새로운 사실은 이스라엘 사람들이 블레셋 사람 앞에서 도망쳤다는 것이다. 우리가 사무엘상 28장 5절에서 볼 수 있듯이, 한때 용맹한 전사였던 사람이 신접한 여인의 조언을 구할 정도로 사울은 이미 그 패배를 예감했다. 결국 블레셋 족속은 길보아 산에 있는 그들의 진지에서 이스라엘 군대를 몰아냈다. 이스라엘 군대는 패배했고, 도주에 실패한 사람들은 모두 죽임을 당했다. 사울이 그동안 쌓아온 모든 것이 사라지는 순간이었다.

10:2. 지휘관들이 전투에 직접 가담하지 않는 좀 더 현대적인 전쟁 방식과는 대조적으로 당시에는 왕과 그의 아들들이 전투에서 적극적인 역할을 담당하는 것이 일반적이었다. 보통은 그들이 최전선에 서지 않겠지만, 때로는 적들과 실제로 교전하는 경우도 있었을 것이다. 그런 식으로 블레셋 족속은 사울과 그의 아들들(요나단과 아비나답과 말기수아)에게 접근할 수 있었다.

여기에 언급된 세 명의 아들 가운데 요나단이 사울의 유능한 전투 지휘관(삼상 14장)인 동시에 다윗의 절친한 친구로 널리 알려져 있다. 요나단은 왕위에 오를 수 있는 자신의 권리를 다윗에게 기꺼이 양보했다. 그는 다윗이 여호와께로부터 기름 부음받았다는 사실을 알고 있었던 것이다(삼상 20:14). 우리는 아비나답(사무엘상 14장 49절에서는 리스위로 불리기도 한다)과 말기수아에 대해서 그들이 사울의 아들이라는 사실 외에는 아무 정보도 가지고 있지 않다. 그들의 죽음은 사울 왕조가 더 이상 존재하지 않게 됨을 의미했다. 사울의 후계자들이 모두 몰살되었기 때문이다. 그들의 죽음으로 인해 사울 혈통의 연속성은 갑자기 끊어지고 만다(불운한 이스보셋에 대해서는 뒤에서 언급할 예정이다).

10:3. 사울 자신도 전투에서 보호받지는 못했다. 블레셋 족속은 그가 있는 곳으로 점점 더 가까이 다가가고 있었다. 결국 사울도 적의 궁수가 쏜 화살에 맞았다. 역대기 저자는 그 상처에 대해 자세히 설명하고 있지 않지만, 그것은 심각한 부상이었을 것이다. 사울 자신이 블레셋 족속에 의해 생포되는 것을 피할 수 없을 것이라고 예상하고 있었기 때문이다.

10:4. 사울은 패배의 불가피성을 받아들였다. 그것이 필연적으로 죽음의 불가피성을 의미하지는 않았지만, 죽음보다 더한 운명이 기다리고 있을 수도 있었다. 그가 보기에는 나중에 일어날 일을 인내하기보다는 자기의 병기 가진 자에게 죽여달라고 요구할 만한 타당한 이유가 있었다. 사울은 저 할례 없는 자가 와서 자신을 욕되게 할까 두려웠던 것이다. 그 두려움에는 할례 없는 자에게 죽임당하는 위험 이상의 의미가 담겨져 있었다. 진짜 재앙은 블레셋 족속에게 당할지도 모를 불명예와 치욕이었던 것이다.

사울의 요구는 충분히 이해할 수 있지만 그렇다고 해서 용서할 수는 없었다. 그것은 그가 애초부터 시작하지 말았어야 했을 상황에서 탈출해보려는 시도였다. 사울은 그의 말년에 계속된 불순종으로 인해 남은 대안이 아무것도 없다고 생각할 수밖에 없는 지경에 이르게 되었다. 결국 그는 자기의 병기 가진 자에게 마지막 일격을 가해달라고 부탁할 수밖에 없었다.

그 젊은이는 그 제안에 무서워 떨었다. 그는 병기를 들고 다니는 자였지 군사가 아니었다. 그는 아마 아무도 죽여본 적이 없었을 것이다. 따라서 자기가 보호하겠다고 맹세한 자신의 왕은 말할 것도 없었다. 사울은 충성스러운 그 병기 가진 자가 자신의 명령을 따르려 하지 않자 자기 칼을 취하고 그 위에 엎드러져 자살했다.

10:5. 병기를 가진 그 종자는 자신의 주인인 왕이 자살하자 자기 목숨도 더 이상 가치가 없다고 생각했다. 어쩌면 그는 사울이 자살하는 것을 막지 못함으로써 자신의 의

무를 다하지 못했다고 느꼈을지도 모른다. 결국 그 역시 자신의 칼에 엎드러져 죽고 말았다.

우리는 그 젊은이의 태도와 사무엘하 1장 1-15절에 나와 있는 아말렉 사람의 태도를 비교해볼 수 있다. 우리는 사무엘서의 저자가 사울의 죽음에 대한 사실을 인지하고 있음을 알 수 있다. 사무엘상 31장에 나와 있는 설명이 우리가 지금 보고 있는 역대기의 설명과 동일하기 때문이다. 그러나 사무엘서는 한 아말렉 사람이 다윗에게 찾아와 병기 든 종자가 거부했던 그 안락사를 실제로는 자신이 저질렀다고 주장했다는 사실을 기록하고 있다. 그 아말렉 사람의 주장은 거짓이었지만, 그는 다윗이 자신을 칭찬하며 자기가 저질렀다고 주장한 행위에 대해 보상해줄 것이라고 생각했다. 그러나 다윗은 그 사람을 즉시 처형했다. 설사 자비의 뜻으로 이루어진 행위라 할지라도 여호와의 기름 부음받은 자를 죽이는 것은 극악무도한 짓이었기 때문이다.

10:6. 역대기 저자는 그 참화(慘禍)를 한마디로 요약하고 있다. 그는 먼저 사울과 그의 아들들이 죽었다는 사실을 명기하고나서 좀 더 포괄적으로 사울의 집안 전체가 그 과정에서 완전히 몰락했음을 언급하고 있다.

이 성경 구절에서 우리는 역대기 저자가 이 이야기를 기록한 의도를 분명히 알아차릴 수 있다. 여기서 우리는 이 성경 본문과 관련하여 역대상의 내용이 사무엘상의 내용과 약간 다른 점을 발견하게 된다. 그 차이는 역대기 저자의 목적을 이해하는 데 매우 중요하다. 사무엘상 31장 6절에는 "사울과 그 세 아들과 병기 든 자와 그의 모든 사람이 다 그 날에 함께 죽었더라"라고 기록되어 있다. 사무엘서의 설명은 그 세 아들과 병기 든 자와 사울의 모든 사람을 일일이 열거하고 있음에 주목하라. 그러나 역대기 저자는 훨씬 더 폭넓게 포괄적으로 기술하고 있다. 그는 그의 온 집이 함께 죽으니라라고 선언하고 있다. 이 문구의 분명한 의미는 사울의 혈족 전체가 장래의 혈통과 함께 완전히 제거되었다는 뜻이다.

우리는 모두가 제거된 것은 아니라는 사실을 알고 있다. 역대기 저자 자신도 불과 몇 구절 앞에서 이스보셋으로도 알려져 있는 에스바알(9:39)과 므비보셋이라고도 불리는 므립바알(9:40)에 대해 언급했다. 이스보셋은 사울의 왕위를 승계하여 다윗에 의해 쫓겨날 때까지 잠시 동안 왕국의 대부분을 다스리게 된다(삼하 2:8-5:3). 사울의 손자 므비보셋은 결국 다윗의 궁전에서 살게 된다(삼하 9:1-12). 게다가 역대기 저자 자신도 이미 므비보셋을 통해 이어지는 사울 혈통의 존속에 대해 기록한 바 있다(대상 9:40-44).

그렇다면 에스라는 무슨 뜻으로 사울의 온 집이 죽었다고 기록했을까? 그것은 간단하다. 하나님은 사울의 집안과 관계를 끝내셨다. 더 이상의 기회나 회복의 가능성은 없었다. 사울의 집안을 위한 시간은 종료되었고, 완료되었으며, 마무리되었고, 완전히 끝나버렸다. 이스보셋이 잠시 동안 왕위를 유지하며 사울의 혈통을 이어가려고 시도했던 사실은 역대기 저자에게 전혀 중요하지 않다. 하나님은 사울뿐만 아니라 그의 후손들과의 관계는 완전히 끝났고, 역대기 저자에게는 그것만이 중요한 진실이었다.

B. 사울의 시체에 대한 처리(10:7-12)

Supporting Idea	블레셋 족속은 사울의 시체를 훼손했지만, 길르앗야베스 사람들은 그에게 경의를 표했다.

10:7. 일단 사울의 군대가 길보아 산에서 쫓겨나자 전반적인 도주가 골짜기로까지 이어졌다. 병사들뿐만 아니라 여자와 어린아이들까지도 추격하는 블레셋 군대를 피해 가능한 한 빨리 도망쳤다. 성공적인 군사 작전에서 적을 물리친 후 이어지는 두 번째 단계는 적의 영토를 차지하는 것이다. 그리고 그것이 바로 블레셋 족속이 둘째 날에 했던 일이다. 그들은 이스라엘의 마을들을 점령했다. 그것은 그곳에 이주해 살려는 것이 아니라, 군사적인 목적을 위해 각 마을에 병사들을 배치해 확보해두려는 의도였다.

10:8. 군사 작전의 세 번째 단계는 '소탕하는' 것이다. 그것은 정복한 지역을 일일이 점검하며 남아 있을지도 모르는 저항 세력을 제거하는 것을 의미한다. 한편으로는 병사들이 시체를 넘어다니며 장신구나 갑옷, 무기, 옷, 단추, 개인 소지품 등 가치 있는 물건들을 모두 벗기는 것을 의미하기도 했다. 그것은 가치 있는 물건들을 얻기 위해 사체에 달라붙어 있는 동물들과 싸우며 썩은 냄새가 나는 시체들을 일일이 살펴보아야 하는 역겨운 일이었다. 하지만 당시에는 그것이 군대가 대가를 지급받는 주요 방법이기도 했다. 대개는 보급선이 형편없거나 아예 존재하지 않았기 때문이다. 보수는 설사 있더라도 믿을 만한 것이 못 되었을 것이다. 모든 병사들은 전쟁터에서 많은 노획물을 얻게 되기를 간절히 바랐다.

블레셋 족속이 그 소름끼치는 작업을 진행하고 있을 동안, 어찌 사울 왕의 시체를 찾지 못했겠는가! 그들은 깜짝 놀랐던 것으로 보인다. 비록 궁사들이 전날 사울 왕에게 상처를 입혔다는 사실을 알고 있었다 하더라도 그가 죽었다는 사실은 미처 알아차리지 못했을 수도 있다. 그것은 약탈에 참여했던 다른 병사들도 마찬가지였을 것이다. 그런데 갑자기 대단한 전리품이 발견되었다. 사울과 그의 아들들의 시체가 그들 앞에 놓여 있었던 것이다.

10:9-10. 사울은 블레셋 족속이 자신을 산 채로 잡으면 학대할 것이라고 두려워했다. 그들은 사울이 이미 죽은 사실을 발견했지만, 그것이 사울의 시체를 절단하여 승리의 상징으로 전시하는 것을 막지는 못했다. 그들은 고대 관습을 따르고 있었던 것이다. 예를 들면, 다윗은 골리앗을 죽인 후 그 거인의 머리를 예루살렘에 전시했고(삼상 17:54), 그의 칼은 결국 놉에 있는 장막에 가 있었다(삼상 21:9).

그럼에도 불구하고 성경 본문은 블레셋 족속이 사울의 시체를 다루었던 방식에서 특별한 잔인함을 전달하고 있다. 무엇보다도 그는 증오하는 이스라엘 족속의 왕이었고, 그들에게 여러 차례 패배를 안겨주었던 장본인이 아닌가. 그들은 사울의 갑옷을 벗긴 후 그의 머리를 절단하여 사울이 죽었다는 소식을 블레셋 땅 사방에 전했다. 우리는 사무엘상에서 사울과 그의 아들들의 시체가 벧산 근처의 성벽에 걸렸다는 사실을 볼 수 있다(삼상 31:10). 역대기 저자는 그 사실을 언급하지 않지만, 대신에 블레셋 족속이 사울의 머리를 그들의 주된 우상인 다곤 신전에 달았다는 사실을 이야기한다. 사울 왕의 머리는 거기서 이스라엘 족속에 대한 다곤의 승리를 의미하는 상징으로 이교도의 신전을 장식했던 것이다.

사울의 죽음을 전하는 전령들은 모든 우상과 뭇 백성에게 그들의 소식을 공포했다. 여기서 우리는 이교도들이 자기 신들에 대해 어떻게 이해하고 있는지를 직접 볼 수 있다. 거짓 신들은 소식을 전하는 사람이 와서 말해주지 않으면 무슨 일이 일어났는지 몰랐다. 이사야는 우상들에 대해 이렇게 선포했다. "그들이 알지도 못하고 깨닫지도 못함은 그 눈이 가리워져서 보지 못하며 그 마음이 어두워져서 깨닫지 못함이라"(사 44:18). 그런데도 그 우상 숭배자들은 그들의 신들이 세상에서 무슨 일이 일어났는지 알게 하는 과정을 거쳐야 한다고 느꼈던 것이다.

10:11-12. 블레셋 족속이 사울의 시체를 어떻게 능멸했는지 알게 된 길르앗야베스의 용사들은 사울의 시체를 그 아들들의 시체와 함께 빼앗아와 정식으로 장례식을 치러주

었다. 그들은 시체들을 불사른 후 유골을 땅에 묻었고(삼상 31:12), 그들의 죽음을 애도하며 7일간 금식했다.

길르앗야베스 거주민들은 사울에게 충성을 다할 만한 이유를 가지고 있었다. 요단강 동편 갓 지파의 영역에 위치해 있는 야베스는 사울의 첫 번째 군사 작전의 수혜지였다(삼상 11장). 당시 암몬 족속이 야베스를 포위하고 잔학 행위와 모욕으로 그 주민들을 위협하고 있는 상황에서 새로 기름 부음받은 왕 사울이 이스라엘을 규합해 그 성읍을 해방시켰던 것이다.

C. 사울의 죽음에 대한 이유(10:13-14)

Supporting Idea	사울은 불순종에 대한 심판으로 그의 왕국을 잃고 죽었다.

10:13-14. 역대기 저자는 지금까지 6절의 "그 온 집"이라는 문구를 제외하고는 그가 지금 전하고 있는 사건들에 대해 논평하지 않았다. 하지만 성령의 감동을 받은 저자는 이제 사울의 운명에 대한 이유를 제시하고 있다. 그는 여호와께 범죄하였고, 여호와의 말씀을 지키지 않았으며, 신접한 자에게 가르치기를 청하였고, 여호와께 묻지 않았다.

사울은 우리가 '사악한' 인간이라고 부를 만한 사람이 아니었다. 그가 번민에 시달렸는가? 분명 그렇다. 무정했는가? 물론이다. 아집에 차 있었는가? 사실이다. 그러나 우리가 전체 그림을 들여다볼 때, 사울은 철저히 타락한 왕으로 보이지 않는다. 우리는 나중에 역대기에서 그 행위와 태도가 우리의 간담을 서늘하게 하며 극도의 불쾌감을 주는 일부 왕들을 만나게 될 것이다. 우상 숭배를 저지르고, 사악한 주술을 일삼으며, 심지어 자신의 어린아이까지도 죽였던 왕들이 등장하게 될 것이다. 사울은 그런 짓을 하지 않았다.

그러나 불순종의 정도는 문제가 되지 않는다. 사울이 스스로를 순종의 범위 밖에 두었다는 사실 그것만이 중요할 뿐이다. 하나님은 사무엘에게 사울을 왕으로 임명하라고 명령하셨을 때, 그 새로운 군주가 그분의 거룩한 뜻을 실행하는 자로 통치하기를 기대하셨다. 왕이 자신의 뜻대로 다스릴 수 있는 여지는 전혀 없었다. 그것은 이스라엘 역사의 지파 중심 지배 체제에서 이스라엘을 하나로 이끌어 하나님의 택한 백성이라는 정체성으로 통합시켜줄 왕정 체제로 전환하는 결정적인 순간을 의미한다.

하나님의 명령에 거리낌 없이 이의를 제기하는 왕으로는 이스라엘이 결코 그런 전환을 이루어낼 수 없었을 것이다. 대신 혼란에 빠져 분열되어 있는 사람들이 혼돈 속에서 하나로 통합되어 있기 때문에 종종 무정부 상태에 가까웠던 사사 시대의 상황보다 더 심해지기만 했을 것이다. 따라서 중요한 것은 사울이 저지른 죄의 정도가 아니라, 그가 왕으로서 자신의 삶을 하나님의 지배하에 두지 않았다는 사실이다.

역대기 저자는 그의 독자들이 사울의 이야기에 대해 어느 정도 알고 있을 것이라고 예상했음을 우리는 짐작할 수 있다. 사무엘 선지자는 사울의 군대가 전투에 나가기에 앞서 자신이 하나님께 제사를 드리러 돌아올 때까지 기다리라고 사울에게 명령했다. 사울은 계속 기다렸지만, 병사들이 참지 못하고 떠나기 시작했다. 그래서 사울은 자신이 직접 제사드리는 일을 수행하고 말았다(삼상 13:7-14). 사울 왕에게는 그런 권한이 주어지지 않았을 뿐만 아니라, 그는 특히 사무엘을 기다리지 않음으로써 불순종했다. 사울은 자신의 판단으로 하나님의 명령을 대신할 수 있다고 생각함으로 말미암아 여호와께 범죄하였다.

하나님은 사무엘을 통해 사울에게 모든 아말렉 족속과 그들의 소유를 남기지 말고 진멸하라고 명령하셨지만, 사울은 여호와께 희생 제물로 드리려고 계획했던 것으로 알려진 가축들뿐만 아니라 그들의 왕 아각도 살려두었다(삼상 15:1-9). 거기서 주된 문제는 무엇인가? 사울은 마음대로 하나님의 뜻을 미리 짐작하고 하나님의 특정 명령에 대해 의문을 제기함으로써 이스라엘의 왕의 권위가 하나님의 권위를 대신할 수도 있다는 선례를 만들었다. 사울은 이런 식으로 여호와의 말씀을 지키지 않았고, 하나님은 그런 사태가 계속되는 것을 용인하지 않으셨다.

사울은 하나님으로부터 멀어질수록 점점 더 반항적이 되어갔다. 마침내 그는 신접한 자에게 가르치기를 청하기까지 이르렀다. 신명기 18장 9-14절은 모든 주술적 행위를 금지하고 있고, 사울 자신도 한때 그 금지령을 단호하게 시행한 바 있다. 그러나 블레셋 족속과의 마지막 전투 직전에 그는 신접한 자를 통해 죽은 사무엘과 접촉했다(삼상 28:7-25). 사울 왕은 그렇게 함으로써 두 가지 심각한 죄를 짓게 되었다. 그는 주술사들과 어울렸고, 하나님의 인도하심을 겸손히 따르기보다는 문제를 스스로 해결하려고 시도했다. 따라서 그는 여호와께 묻지도 않았다. 사울은 자신의 판단력을 하나님의 인도하심보다 앞세웠다.

그리하여 그 왕국은 사라지고 만다. 그 이후 군주는 베냐민 지파가 아니라 유다 지파에서 나오게 되며, 영원한 계보를 잇게 되는 왕은 사울이 아니라 다윗이 된다. 역대기 저자는 이 애처로운 설명으로 사울을 떠나보낸 후, 이제 앞으로 주요 초점이 될 다윗의 이스라엘 통치로 그의 관심을 옮기려 한다. 역대기 저자는 여호와께서… 그 나라를 이새의 아들 다윗에게 돌리셨더라라는 짤막한 말로 하나님의 심판을 표현했다.

역대기 저자는 공개적으로 여호와께서 저를 죽이시고라라고 말함으로써 그에게 불행이 닥쳤던 이유와 관련하여 사람들의 마음속에 의문의 여지를 남겨두지 않는다. 물론 사울이 길보아 산에서 쓰러진 것은 그가 손으로 붙잡고 있던 그 자신의 칼에 의해서였지만, 그 모든 사건을 일으키신 것은 바로 하나님 그분이셨다. 여호와는 만홀히 여김을 받지 않으신다. 그분은 죄를 간과하지 않으실 뿐만 아니라, 그것을 심판하고 징계할 수 있는 권한을 가지고 계신다. 만약 복음이 심판에서부터 시작된다면, 우리는 지금까지 그 기쁜 소식을 이해하는 데 있어 첫 번째 단계를 목격한 것이다.

Main Idea 복습	사울 왕은 불순종에 대한 심판으로 비극적인 죽음을 맞이했다.

결론

때때로 심판은 최종적이다

나는 대학 교수로서 때때로 내가 가르치는 학생이 과정을 이수하는 데 실패하는 상황에 직면하곤 한다. 그것은 내게 결코 유쾌한 경험은 아니지만, 어느 정도의 학문적 기준을 유지하기 위해서는 피할 수 없는 결과다. 어느 해, 한 학생이 봄 학기 동안 이수해야 할 필수 과정을 이수하지 못함으로써 졸업이 불가능해졌다. 그는 매우 난감해했고, 그 상황을 개선하기 위해 그가 할 수 있는 일을 찾기 위해 학장을 찾아갔다. "제가 선택할 수 있는 대안은 무엇인가요?" 그가 물었다.

"전혀 없다네." 학장이 대답했다. "내년에 그 과정을 다시 한 번 들을 수 있겠지. 하지만 올해는 실패했네."

그런 말을 듣거나 말하고 싶은 사람은 아무도 없지만, 때때로 실패는 일어난다.

"제가 선택할 수 있는 대안은 무엇인가요?" 이 말은 오늘날 아주 중요한 슬로건처럼 보인다. 그 밖에 내가 무엇을 할 수 있나요? 내가 지금까지 했던 일들을 어떻게 하면 취소할 수 있나요? 내가 이미 한 것보다는 내가 하려고 했던 것을 달성할 수 있는 방법은 없나요? 거기까지 도달하는 데 필요한 것을 하지 않고도 내가 원하는 것을 얻을 수 있는 방법 좀 알려주세요!

사울의 이야기는 모든 것이 항상 그런 식으로 돌아가지는 않는다는 사실을 상기시키는 심각한 사례다. 하나님이 "이제 그만 됐어"라고 말씀하시는 순간이 마침내 다가왔고, 그분은 사울의 생명뿐만 아니라, 이스라엘의 왕권에 대한 그 가문의 권리까지도 모두 끝내셨다. 사울의 대안이 다했던 것이다.

미국 문화는 종종 신의 심판에 대해 어리석은 생각을 드러낸다. 착한 사람이 죽으면 천사로 변한다는 믿음을 퍼뜨리기도 한다. 성경은 천사와 인간이 별개의 존재라는 사실을 가르치기 때문에(벧전 1:12, 히 1:14, 계 22:8) 그런 믿음에는 성경적 근거가 전혀 없다. 널리 퍼져 있는 그런 믿음의 또 다른 부분은 한 개인이 천국에 가기 위해 필요한 것은 오직 한 번의 선행뿐이라는 주장이다. 하나님의 세계는 그런 식으로 돌아가지 않는다. 하나님의 용서는 가끔 행하는 선행으로는 얻을 수 없다. 심지어 전세계에 흩어져 있는 보이 스카우트에 의해 '매일같이 이루어지는 친절한 행위'로도 불가능하다. 하나님은 우리가 그분의 주권(lordship)으로부터 우리 삶의 어떤 영역도 감추지 않고 그분께 전념하는지 그 여부를 알고 싶어하신다.

마틴 루터는 마침내 수도사가 되는 것과 스스로 의로움을 얻으려고 노력하는 것이 하나님과 바른 관계를 맺는 방법이 아니라는 사실을 깨달았다. 그는 또 다른 방법이 있다는 사실도 깨달았다. 그것은 하나님 편에서 시작되고 오로지 그분의 은혜로만 우리에게 주어지는 방법이다. 그것이 바로 하나님께로부터 값없이 주어지는 구원의 기쁜 소식인 복음의 진짜 핵심이다. 복음이 심판에서부터 시작될지는 모르지만, 거기서 끝나지는 않는다. 신의 심판이라는 암울한 진실은 하나님의 구원이라는 밝은 현실로 가는 길을 연다.

▣ 진리 알기

- 하나님은 거룩하시고 완전하시므로 우리를 심판하실 수 있다.
- 인간은 천성적으로 사악하므로 하나님의 심판을 면할 수 없다.
- 하나님의 심판은 최종적일 수 있다. 따라서 우리는 무한정 '두 번째' 기회를 기대할 수 없다.
- 우리는 과거의 특정 행위를 근거로 심판받는 것이 아니라, 우리의 삶이 하나님께 순종하는지의 여부에 따라 심판받는다.
- 우리의 죄악된 행위는 하나님을 향한 반항적인 마음가짐의 증거다.

▣ 적용하기

- 죄의 심각성에 대한 당신 자신의 관점을 한번 살펴보고, 그것을 죄에 대한 하나님의 관점과 비교해보라(창 6:5-8).
- 예수님과 함께 겟세마네 동산에 올라갔다가(눅 22:39-46) 그분을 따라 골고다 언덕까지 쫓아가보라. 정작 자신은 죄를 짓지 않았던 예수님의 육체와 영혼에 나타나는 죄의 결과를 관찰해보라.
- 우리가 너무나 쉽게 빠지는 자기 합리화에 대한 해독제로 죄의 심각성과 죄 용서의 대가를 항상 당신 앞에 놓아두시도록 하나님께 간구하라.
- 당신에게 변화가 필요한 부분을 하나님이 지적해주시도록 그분의 말씀에 당신의 마음의 문을 열라.

삶의 적용

죽을 뻔한 경험만큼 삶을 가치 있게 만드는 것은 없다

러시아의 위대한 소설가 표도르 도스토옙스키(Fyodor Dostoevsky)는 반정부 음모를 꾸몄다는 혐의로 비밀 경찰에 의해 체포되었다. 그는 시베리아로 이송되었고, 거기서 사형될 예정이었다. 도스토옙스키가 이미 그를 겨누고 있는 총 앞에 서서 발사 명령이 들리기만을 기다리고 있던 마지막 순간 사형 집행 유예 명령이 내려졌다. 그는 총살형 대신에 강제노동 4년을 명령받았다. 그 징역살이 역시 가혹한 시간이었지만, 바로 눈앞에 닥친 죽음에 직면했었던 그는 목숨을 되찾게 되어 기뻤고, 그것을 하나님으로부터 받은 선물로 여겼다.

도스토옙스키는 당시까지 회의론자요, 저항자였지만 이제 하나님과 그분의 은혜 없이는 그의 삶이 완전히 무의미하다는 사실을 깨달았다. 그것은 그의 작품에서도 분명하게 드러나는 태도의 변화였다. 도스토옙스키가 마침내 집으로 돌아갈 수 있도록 허용되었을 무렵, 그의 소설들은 모든 지적 풍조에 맞서 하나님께 대한 단순한 믿음을 지켜나가는 개인을 찬양하고 있었다. 목숨을 되찾은 경험이 있는 그는 그것을 진정으로 소유하고 계신 그의 창조주께 그 공을 돌렸던 것이다.

너무나 많은 신자들이 그들의 구원에서 더 많은 기쁨을 경험하지 못하는 이유 가운데 하나는 우리가 무엇으로부터 구원받았는지를 제대로 깨닫지 못하고 감사하지 않고 있다는 점이다. 오늘날 죄와 심판은 금기시되는 주제다. 신의 심판에 대해 이야기하는 것은 '비판적'으로 보이는 것이고, 그것은 궁극적으로 현대인들에게 불쾌한 감정을 불러일으킬 가능성이 있어 '편협한' 사람이 되는 것이다. 고집불통으로 간주되고 싶은 사람은 아무도 없기 때문에 우리는 복음의 첫 번째 진실을 피하려고 한다. 우리 모두가 죄로 가득 찬 우리의 본성 때문에 하나님께 유죄 선고를 받은 상태에 놓여 있다는 사실을 말이다.

우리가 유죄 선고를 받은 상태에 놓여 있다는 사실을 인식하는 것은 모든 것을 체념하고 하나님의 은혜를 받아들이는 데 있어 매우 중요하다. 그것은 (1) 죄를 있는 그대로 심각하게 보고, (2) 우리 자신의 가치에 대해 꾸밈 없이 하나님께 나아가며, (3) 우리의 구원이 오직 하나님께로부터 오는 것임을 받아들이고, (4) 구원에 대한 확신을 가지고 하나님과 동행하는 것을 의미한다.

기도

하나님 아버지, 우리는 사울의 이야기를 보고 마음을 졸이게 됩니다. 당신의 심판이 얼마나 준엄해 보이는지요! 그럼에도 불구하고 우리는 당신이 거룩하신 하나님이며 당신의 판정이 옳다는 사실을 깨닫게 됩니다. 우리로 당신께 불순종하는 것이 얼마나 심각한 죄인지 깨닫게 하시고, 그 지식을 통해 당신의 은혜가 우리에게 얼마나 과분하고 엄청난지 극명하게 대조해볼 수 있도록 도와주십시오. 아멘.

심층 연구

A. 군사적 상황(10:1)

위싱턴 DC의 백악관 내 깊은 곳에는 '상황실' 이라는 방이 있는데, 대통령과 그의 고문들은 전쟁을 하는 동안 그곳에서 최근의 군사 활동에 대해 지속적으로 보고를 받게 된다. 최고 사령관은 거대한 디스플레이 장치를 통해 작전 전개에 따른 대형과 위치를 보고 필요에 따라 명령을 내릴 수 있다. 이제부터 주전 11세기의 '상황실' 안으로 들어가 사울과 이스라엘 군대에 대해 우리가 무엇을 배울 수 있는지 살펴보자.

우리는 사무엘상 28장 4절에서 이스라엘 군대가 길보아에 진 쳤고, 블레셋 족속은 수넴에 있었다는 사실을 알 수 있다. 이곳은 모두 이스르엘 골짜기 동편에 위치한 지역으로 서로 8킬로미터 정도 떨어져 있다(Walton, 318). 이스르엘 골짜기는 비교적 완만한 평원 지대로 갈릴리와 이스라엘의 나머지 지역을 가르는 많은 산들 사이에 자리잡고 있다. 그것은 이스라엘의 북부 지방에 해당되며, 수넴은 사실상 길보아 북쪽에 위치해 있다.

이것은 매우 의미 있는 관찰이다. 블레셋이 이스라엘의 남쪽에 위치해 있기 때문이다. 다시 말해, 블레셋 족속은 그들의 영토가 실제로는 남쪽에 위치해 있음에도 불구하고, 몰래 사울의 뒤쪽으로 돌아 들어와 북쪽에서부터 공격하고 있었던 것이다. 그들이 거기까지 어떻게 갔을까? 추정컨대, 그들은 이스르엘 평원 서쪽 끝에 있는 갈멜 산 부근의 해안선을 따라 그들의 군대를 진군시킨 다음, 다시 동쪽으로 이동하여 수넴에 진을 치고 사울과 그의 비교적 적은 군대를 위에서 덮치려고 했던 것으로 보인다.

이런 전술적 위치 선정은 부분적이나마 사울이 이 전투와 관련하여 왜 그렇게 겁에 질려 있었는지를 설명해준다(삼상 28:5). 더 큰 규모의 블레셋 군대가 평원을 감시하고 있고, 이스라엘 군대가 산을 등지고 있는 상황에서 사울 왕은 포위되고 고립되어 있었던 것이다. 게다가 블레셋 족속이 갈릴리를 통제할 수 있게 된다면, 그들은 모든 교역로를 차단함으로써 이스라엘을 쉽게 손에 넣을 수 있는 유리한 입장에 놓이게 될 것이었다. 그것은 사울에게 있어 '사느냐 죽느냐'의 문제였고, 그는 후자가 될 가능성이 높다고 확신하고 있었던 것이다.

그러나 여기에 함정이 있다. 블레셋 족속은 이 작전을 감행함으로써 스스로를 취약한 입장에 빠뜨린 것이다. 그들은 본토의 기지와 연결이 끊긴 상태에서 이 북쪽 지역에 거대한 규모의 군대를 주둔시키고 있었다. 그들이 기대할 수 있는 것은 해안지역을 따라 확실한 연락선과 공급선을 확보해 유지해나가는 길뿐이었다. 만약 그들이 뒤에서 공격당한다면, 이스르엘 골짜기에서 그들의 위치를 유지하는 것은 불가능한 것이었다. 그리고 정확히 그런 일이 일어났다. 블레셋 족속이 길보아 산에서의 큰 승리를 만끽하고 있던 바로 그 순간, 다윗은 남쪽에서 그의 군대를 조직하고 있었던 것이다. 블레셋 족속은 자신들이 정복한 지역에 결코 정착할 수 없었다. 다윗은 그후 얼마 지나지 않아 왕위에 오르자마자 블레셋 족속에게 결정적인 패배를 안겨줌으로써 사울에 대한 그들의 승리를 순식간에 무의미하게 만들어버렸다.

하지만 그것은 사울을 정말 비극적인 상황에 빠뜨렸다. 우리는 사울이 길보아 산에서 블레셋 족속을 무찌를 수도 있었다고 말할 수는 없을 것이다. 그러나 이스라엘 민족은 겉으로 보이는 것만큼 그렇게 심한 정도로 블레셋 족속에 의해 정복될 위험에 처해 있지는 않았다. 하나님은 이미 그분의 백성들이 그런 어려운 상황에서 벗어날 수 있는 길을 마련해놓으셨기 때문이다. 사울이 하나님을 철저히 신뢰할 수만 있었더라면 얼마나 좋았겠는가!

B. 블레셋 족속(10:1)

블레셋 족속은 성경에서 그랄 왕 아비멜렉의 모습으로 처음 나타난다(창 20:1-18). 당시 아브라함이 그에게 사라를 자기 누이라고 속였다. 그들은 거기서부터 이따금 등장하지만, 적국으로서는 아니다. 그러나 이스라엘 백성이 약속의 땅을 정복할 때 블레셋 족속을 복종시킬 수 없었고, 그들은 점점 더 위협적인 존재가 되어갔다. 사사기에서 블레셋 족속은 이스라엘의 압제자 가운데 하나로 간주되었고, 삼갈(삿 3:31)이나 삼손(삿 13-16장) 등과 같은 여러 사사들에 의해 가까스로 제어되었으나, 이스라엘에 대한 우세를 계속 이어갔다. 블레셋이 우세한 상태는 사울 시대에도 여전히 유효했고, 다윗의 통치 이전까지 계속 이어졌다.

이스라엘에 대한 블레셋의 지배를 가능하게 만든 것은 부분적으로 그들이 일찍이 감행했던 이집트에 대한 파괴적인 군사 작전이었다. 블레셋 족속은 주전 1179년 육지와 바다를 통해 이집트 북부로 침략해 들어가려고 시도했고, 결국 람세스(Ramses) 3세에 의해 격퇴당했다. 당시 바로(Pharaoh)는 블레셋 족속을 물리쳤음에도 불구하고 그들을 끝까지 추격하도록 그의 군대를 보내지 않고 블레셋 족속이 그들의 본토 해안 지역에 다시 정착할 수 있도록 그냥 내버려둘 정도로 큰 손실을 입었다. 그렇게 해서 블레셋 족속은 이집트에 대한 침략 시도가 좌절되었음에도 불구하고 외부 간섭에 대한 염려 없이 북쪽까지 이스라엘을 쫓아갈 수 있는 입장에 놓였던 것이다. 그리고 그들이 이스라엘의 최대의 적으로 대두되기 시작한 것도 바로 이 무렵이었다.

블레셋 땅은 하나의 왕국이 아니었다. 대신에 그것은 다섯 도시국가(아스글론, 에그론, 가드, 아스돗, 가사)의 지배자들로 구성된 다섯 왕의 연합체였다. 이 다섯 성읍은 지중해 연안 지역의 남서부에 위치해 시므온의 영역 바로 아래에 있었다.

우리는 블레셋 족속의 종교에 대해 아는 것이 별로 없다. 그들과 연관되어 있는 세 신의 이름(다곤, 아스다롯, 바알세붑)만 알고 있을 뿐이다. 다곤은 곡식 추수와 관련되어 있으며, 그들의 주된 신이었을 것이다. 블레셋 족속이 언약궤를 손에 넣었을 때, 그것을 다곤 신전에 놓아두었다가 결국 그들의 우상이 궤 앞에 엎드러져 얼굴이 땅에 닿아 있는 것만 발견했다. 아스다롯은 풍요의 여신으로 많은 중동 문화 속에서 약간씩 변이된 신들과 함께 숭배되었다. 문자적으로 '파리들의 신' 이라는 뜻의 바알세붑은 에그론 성읍의 신으로 전염병을 쫓는 것이 그 역할이었을 것이다.

C. 사울이 여호와께 물었을까?(10:14)

14절에서 우리는 사울의 죄 가운데 하나가 여호와께 묻지 않은 잘못이었다는 사실을 알 수 있다. 그런데도 사무엘상 28장 6절은 "사울이 여호와께 묻자오되 여호와께서 꿈으로도, 우림으로도, 선지자로도 그에게 대답지 아니하시므로"라고 말한다. 그가 다가오는 전투를 위해 하나님의 인도하심을 구했을까, 구하지 않았을까?

이 질문에 대답하기 위해서 우리는 사무엘상의 성경 구절이 의미하고 있는 바를 이해할 필요가 있다. 그것은 하나님의 뜻을 추측하는 세 가지 방법으로 꿈과 우림과 선지자를 언급하고 있다. 사울은 분명 하나님이 그에게 꿈을 주시거나, 선지자들을 통해 말씀하시거나(당시 사무엘은 죽었다), 아니면 그가 우림을 통해 메시지를 얻을 수 있기를 기대했다(우림은 신의 메시지를 가부(可否)로 확인하는 데 사용되었던 것으로 보이는 히브리인들의 기구다). 다시 말해, 우리가 여기서 지금 보고 있는 것은 하나님의 뜻을 알아내려고 시도하는 일련의 기술적인 방법들에 불과하다는 말이다. "그 기술을 실행하라. 그러면 하나님이 지령을 보내주실 것이다."

우리는 지금 하나님의 뜻을 진심으로 구하는 사울의 모습을 보고 있지 않다. 그는 단순히 입출력의 원리에 근거해서 하나님이 무엇을 원하시는지 판단하고자 했지만, 그것은 하나님의 뜻을 찾는 방법이 아니다. 사울은 여호와께서 그에게 기대하시는 것, 바로 하나님께 전적으로 집중하는 마음을 놓치고 있었던 것이다. 사울에게 있어 진정으로 여호와께 묻는 것은 특정 의식의 결과로 얻게 되는 일부 정보를 위해 하나님과 협상하는 것이 아니라, 그의 삶을 180도 완전히 전환하고 삶의 모든 영역에서 하나님께 복종하는 것을 의미했을 것이다. 사울이 여호와께 물었을까? 미래를 예측하려고 시도하는 순전히 기술적인 측면에서는 그렇다고 대답할 수도 있겠지만, 하나님의 뜻을 진심으로 받아들이고자 하는 의미심장한 측면에서는 아니라고 단언할 수 있다.

고안

A. 들어가는 글

1. '공포에 질린 법대생' 이야기로 시작하라.
2. 배경 설명: 지금까지 역대기는 군데군데 산재된 단 몇 줄의 이야기를 제외하고는 온통 족보 목록뿐이었다. 우리는 그 목록이 과거에 살았던 하나님의 백성과의 연속성뿐만 아니라 그분의 약속을 입증하기 때문에 에스라 시대의 유대인들에게 중요했다는 사실을 배웠다. 이제 저자는 족보의 전체적인 계보를 입증하는 단계에서

특정 왕들에 대해 이야기하는 단계로 옮겨간다. 하나님이 그분의 택한 백성들의 역사에서 일관성 있게 역사하셨다는 사실을 보여주기 위해서다. 이제부터 관심의 주요 대상은 다윗 왕이지만, 그 전에 먼저 사울 왕의 죽음에 대해 간단히 다루어보고자 한다.

3. 적용: 사울 왕은 부정적인 목적만을 위해 역대상에 포함되어 있는 것 같다. 그는 우리가 다윗의 성공적인 통치를 잘 감상할 수 있도록 자신의 실패를 통해 눈부신 배경을 제공하고 있다. 그는 또 여호와께 불순종하는 사람들이 받는 하나님의 심판과 관련하여 우리에게 교훈을 주고 있다.

B. 본문 이해

1. 사울의 죽음(10:1-6)
2. 사울의 시체에 대한 처리(10:7-12)
3. 사울의 죽음에 대한 이유(10:13-14)

C. 결론: '때때로 심판은 최종적이다' 를 읽어주라.

토의 질문

1. 사울의 삶의 다양한 측면을 되돌아볼 때, 어떤 부분이 하나님에 대한 믿음을 예증하고, 어떤 부분이 그렇지 못한가? 그런 차이가 발생하는 이유는 무엇인가?

2. 하나님은 왜 인간의 죄를 용서만 하시지 않고 그들을 심판하시는가?

3. 거룩하고 공의로우신 하나님이라는 개념을 받아들이는 것이 왜 어려운가? 우리는 그 성경적인 개념을 받아들이는 방법을 어떻게 배울 수 있는가?

4. 하나님의 심판의 교리를 주창하는 것이 우리 문화에서 가능한가? 만약 그렇다면, 우리는 그 일을 어떻게 시작할 수 있는가?

5. 하나님의 심판에 대한 개념이 하나님의 은혜를 이해하기 위해 필요한 준비 단계가 되는 방법들을 모색해보라.

역대상 11:1-12:40

다윗의 통치: 최초의 카멜롯

"화합이 지배해야 하는 곳에 불화와 혼란과 복수성보다 더 큰 악이 어디 있겠습니까? 또 화합하여 결속하는 것보다 더 큰 선이 어디 있겠습니까?"

- 소크라테스(Socrates)

이야기는 사울의 실패한 통치에서 다윗의 영광스러운 통치로 옮겨간다. 이 장들은 다윗의 새로운 수도 예루살렘과 그의 용사들과 군대 지휘관들, 그리고 그가 온 이스라엘로부터 받은 지지에 대해 말해준다. 우리는 힘과 화합의 인상을 받을 뿐만 아니라, 그 힘이 화합에서 생겨난다는 통찰력을 훨씬 더 많이 얻게 된다. 우리는 이 장면을 살펴보면서 교회가 예수 그리스도 안에서의 화합을 얼마나 많이 필요로 하는지 생각하게 된다.

들어가는 글

아서(Arthur) 왕과 원탁

영어권 세계의 신화 가운데 영원한 부분은 아서 펜드래건(Pendragon: 고대 영국의 왕이나 수령의 칭호 - 역자 주)과 카멜롯의 전설이다. 그것은 마법사 멀린의 도움으로 낭만적인 왕국을 잠시 동안 다스렸던 한 젊은 왕의 이야기다. 아서 왕 전설의 한 가지 특징은 군사들이나 기사들로 구성된 협의체의 회의 장소인 '원탁'이다. 아서는 이상주의적인 젊은 왕으로서 자기 영지에 평화를 정착시키고자 했고, 그렇게 할 수 있는 유일한 방법은 자신의 모든 기사를 평등의 원리에 따라 결합시키고 그들 각자가 왕국에 영향을 미치는 모든 의사 결정에 발언권을 갖도록 하는 것이라고 판단했다. 그리하여 모든 사람이 원탁에 둘러앉아 적절히 자기 목소리를 냄으로써 왕 자신을 포함하여 누구도 국법이나 협의체의 결정 위에 군림하지 못하게 된다.

아서의 전략은 효력을 발휘했지만 잠시뿐이었다. 원탁의 협의체를 구성하는 기사들의 추종은 부분적으로 아서의 매력적인 인품이 동기가 되었다. 그래서 몇 년 동안은 모두가 기쁘게 공헌했고, 그 결과는 카멜롯의 황금시대였다. 그러나 얼마 후 아서는 여러 가지 이유로 인해 자신의 카리스마로 그 모임을 더 이상 유지할 수 없었고, 그 이상적인 왕국은 붕괴되기 시작했다. 그리고 그 왕국은 화합을 잃자마자 힘과 미덕까지도 잃어버리고 말았다. 평화와 번영은 반목과 무법으로 대체될 수밖에 없었다.

우리가 이 부분에서 다윗의 왕국을 살펴볼 때, 우리는 구약의 '카멜롯'을 보고 있는 것이다. 그것 역시 평화와 번영과 미덕의 시대였다. 아서의 카멜롯의 경우와 마찬가지로 그 이점들은 다윗 왕국에 화합이 있었다는 사실에서 비롯되었다. 다윗은 온 이스라엘을 그의 통치 아래 결합시킬 수 있었고, 이스라엘은 번영했다.

다윗 왕국에 다윗의 영웅적 인품보다 더 중요한 것이 있었을까? 만일 그렇다면, 그 이후의 세대들은 그 원리들을 계승 발전시킬 수 있었을까? 우리는 역대기의 나머지 부분에서 그런 질문들이 결국 뒤섞인 결과로 응답되었다는 사실을 알 수 있다. 그러나 다윗 왕국이 이상적인 기준을 설정했고, 그가 이스라엘 백성에게 하나님의 권위 아래 진정으로 오래 지속될 수 있는 '카멜롯'의 기초를 제공했다는 사실에는 의문의 여지가 없다.

본문 이해

다윗의 통치: 최초의 카멜롯

Main Idea	다윗은 왕으로서 온 이스라엘의 지지를 얻었다. 그 화합은 그의 왕국에 강력한 힘을 제공했다.

A. 다윗의 대관식(11:1-3)

Supporting Idea	온 이스라엘의 대표들이 다윗을 왕으로 지지하기 위하여 그에게 찾아왔다.

11:1-3. 이때까지 다윗은 유다의 왕으로 7년 이상을 통치해왔다. 그의 수도는 유다의 한가운데 위치한 헤브론이었다. 헤브론은 장구하고 고귀한 역사를 지닌 도시였다. 족장들이 여기에 묻혔다. 그것은 오래전 갈렙이 그의 신실함에 대한 보상으로 요구한 바 있는 도시이기도 했다. 사울 왕의 불행한 시대가 끝난 후, 유다 지파는 다른 지파 출신의 지도자의 통치에 복종할 생각이 없었기 때문에 다윗을 그들의 왕으로 세웠다. 나머지 다른 지파들은 그 청원을 따를 준비가 되어 있지 않았다. 그러나 이제 그들은 리더십의 필요성을 절감하고 다윗에게로 돌아섰다.

각 지파의 대표들이 말한 첫 번째 언급은 다윗과의 혈족 관계를 입증했다. 우리는 왕의 골육이니이다. 유다가 다윗을 붙들었던 것은 정확히 그가 자기 지파 사람이었기 때문이다. 반면 나머지 다른 지파들은 그를 받아들일 준비가 되어 있지 않았다. 그러나 이제 그들은 다윗을 이스라엘의 일원이라는 확대된 의미의 친족으로 기꺼이 받아들이고 있는 것이다. 그리고 그들은 스스로에게조차 겉치레로 들렸음에 틀림없는 태도로 다윗이 처음부터 그들의 진정한 지도자였음을 인정했다.

다윗은 골리앗을 죽인 직후 이스라엘 군대에서 가장 뛰어난 지휘관이 되었고, "사울의 죽인 자는 천천이요 다윗은 만만이로다"(삼상 18:7)라는 환호까지 불러일으켰다. 게다가 다윗은 블레셋 족속에게 막대한 손실을 안겨주었다. 하지만 그 대표들은 다윗의 군사적 무용의 상당수가 그들로부터 도망치는 데 기울여져왔다는 사실을 여전히 간과하고 있었다. 그들이 처음에는 사울의 군대로, 그 다음에는 이스보셋의 군대로 그를 잡으려고 애썼던 것이다. 그 청원이 실은 항복임을 모두가 알고 있었다.

그 협의체에 참여했던 각 지파의 대표들은 하나님 그분이 다윗을 그들의 왕으로 선택하셨다는 사실을 인정했다. 그들은 다윗이 여호와로부터 말씀을 받았다는 사실에 대해 언급하고나서 그를 이스라엘의 목자로 부름으로써 자신들의 승인을 표현했다. 그 묘사는 이후 영원히 다윗과 연관된다. 사무엘이 처음 다윗을 찾아왔을 때, 그는 가족의 양떼를 지키는 목자였다(삼상 16:13). 그 이후 계속 양들의 목자였던 다윗이 이제 이스라엘의 목자가 되었다는 생각은 적절한 비유적 표현인 것처럼 보인다.

다윗이 헤브론에서 지파들과 세웠던 언약을 상호 만족할 만한 서비스 계약 정도로 생각하지 말라. 마치 그 지파들이 다윗을 그들의 왕으로 고용하고 있었던 것처럼 말이다. 설사 그들이 속으로 다윗이 신실하고 사려 깊게 다스리기를 기대했을지라도 그 협정은 일방적일 수밖에 없었을 것이다. 그것은 기본적으로 그들에 대한 다윗의 지배를 스스로 수용하는 것이었기 때문이다. 사무엘이 한 세대 전 이스라엘 백성들에게 묘사했듯이(삼상 8:10-18), 왕은 전제적일 수밖에 없다. 비록 그 지파들이 결국에 가서는 왕에 의한 권력 남용을 용납하지 않게 되지만(대하 10:16), 이 시점에서는 그들이 모두 자기 지파에 대한 통제권을 스스로 포기했다.

구두 승인의 의례적 행위가 모두 끝난 후, 각 지파의 지도자들은 다윗에게 기름 붓는 예식을 거행했다. 다윗 왕은 이미 여호와에 의해 기름 부음을 받아 즉위했던 '메시야'였다. 많은 경우(삼상 24:6, 26:9), 다윗은 사울이 하나님의 기름 부음을 받은 자라고 말하며, 그에게 해 입히기를 거부했다. 하나님은 이미 다윗에게 기름을 부으셨지만(삼상 16:13), 그것이 다윗의 눈에는 사울이 살아 있는 동안 그가 사울을 대신해도 좋다는 것을 의미하지는 않았다.

B. 다윗의 새로운 수도(11:4-9)

Supporting Idea	다윗은 예루살렘을 새로운 수도로 정함으로써 온 이스라엘을 다스릴 수 있는 중립 지역에 대한 권리를 주장했다. 예루살렘은 군사적인 측면에서도 매우 안전한 장소였다.

여부스라고도 불리는 예루살렘의 요새화된 부분은 이스라엘 백성의 입장에서 볼 때 그들이 그 거룩한 땅에서 사는 동안 고통을 주는 가시였다. 예루살렘은 베냐민에게 할당된 영역의 남쪽 가장자리 바로 밑에 있는 유다 구릉지의 한복판에 위치해 있었다. 예루살렘에 있는 성읍 주변의 정착지는 매우 취약한 상태였고, 사실상 베냐민 지파에 의해 점령되어 있었다(대상 8:28). 예루살렘 왕은 이미 여호수아 정복 시대 초기에 죽임을 당했다(수 10:23-26). 그럼에도 불구하고 예루살렘을 내려다보고 있는 여부스 족속의 요새는 가나안 족속의 힘을 상징하는 최후의 보루로 결코 함락되지 않고 있었던 것이다.

11:4-5. 매우 간단하고 사무적인 설명에서(좀 더 자세한 내용은 삼하 5:6-10 참고) 역대기 저자는 다윗이 어떻게 여부스 족속의 성채를 정복했는지 요약하고 있다. 그 점유자의 조소에도 불구하고 다윗은 그 요새를 빼앗을 수 있었다(아마 수로를 따라 올라감으로써, 삼하 5:8 참고). 역대기 저자가 중요하게 생각했던 핵심은 **다윗이 시온 산성**, 곧 다윗 성을 빼앗았다는 사실이다. 이 성경 구절은 마치 다윗 성이라고 알려져 있는 지역이 원래부터 거기에 있었고, 다윗이 단지 그것을 자기 것이라고 주장하며 차지했던 것처럼 들리게 만든다. 그리고 그것이 바로 역대기 저자가 의도했던 바다. 그는 우리가 그렇게 읽기를 원했던 것이다. 다윗은 이미 자기 소유였던 것을 손에 넣었다.

11:6. 다윗은 예루살렘 공략을 자기 부하들의 리더십을 확인하는 기회로 삼았다. 그의 군대는 강력한 군사나 지휘관이 부족하지 않았다. 그러나 해결되어야 할 문제가 하나 있었다. 누가 그들을 책임 맡을 것인가? 누가 왕에게 직접 보고하는 최고의 장군이 될 것인가? 그래서 다윗은 시합을 제안했다. 누구든 여부스 족속의 요새를 정복하는 자는 다윗 군대의 최고 지휘관이 될 것이었다.

요압은 다윗의 이복누이인 **스루야의 아들**이었다(대상 2:13-17, 삼하 17:25 참고). 스루야는 다윗보다 훨씬 더 연장자였으므로 다윗과 요압은 같은 집안에서 함께 자랐을 가능성이 높다. 요압은 다윗의 감수성과 도덕 관념 중 그 어느 것도 지니고 있지 않았다. 그는 '흑백 논리'의 세계에서 살아왔던 것으로 보인다. 요압에 관해서 말하자면, 실행될 필요가 있는 일은 무엇이든지 간에 더 이상의 숙고 없이 가능한 한 빨리 실행되어야 한다. 그러나 만약 그 무언가가 하나님의 법을 어긴다면, 그것은 어떤 상황에서도 실행되어서는 안 된다.

다윗은 요압의 실용주의적인 기질로 인해 많은 이득을 보았을 것이다. 그가 차마 그것을 승인할 수 없었던 경우에도 말이다. 요압은 이미 이스보셋과의 내전에서 다윗을 충실히 섬겼다. 하지만 최근에 지파들 사이에서 확립된 화합을 고려할 때, 다윗은 분명 최고 지휘관의 자리를 요압에게 그냥 넘겨주지 않기로 결심했을 것이다. 대신 그는 이 테스트를 생각해냈고, 요압은 그 시험을 통과하여 장군으로서 다윗 곁에 계속 머무르게 된다.

11:7-8. 다윗은 그의 거처를 헤브론에서 예루살렘으로 옮겼고, 그곳은 이후 영원히 다윗 성으로 불리게 된다. 그 이주는 여러 가지 이점과 관련되어 있다. 우선 첫째로, 그것은 통일 왕국의 수도로 사용될 새로운 부지를 제공했다. 사울은 베냐민 지파의 영토 내에 위치한 그의 고향 기브아에서 통치해왔다. 지금까지 다윗은 헤브론에서 살아왔고, 그곳은 유다의 땅 한복판에 자리잡고 있었다. 반면 예루살렘은 명목상 베냐민의 영토 내에 위치해 있었지만, 그 시점까지도 완전히 정복되지 않은 상태였고, 베냐민과 유다의 경계선에 걸쳐 있었다. 따라서 다윗에게는 자신이 온 이스라엘의 왕이며 지파의 일원으로서 부담해야 할 개인적 책무에도 전혀 속박되지 않는다는 사실을 선언하면서 옮기기에 적당한 장소였던 것이다.

다윗이 그의 수도를 예루살렘으로 옮기면서 얻게 되는 두 번째 이점은 물리적인 측면으로 예루살렘이 철저히 요새화되어 있어 방어하기에 매우 유리하다는 사실이었다. 무엇보다도 이스라엘이 여부스 족속의 요새를 빼앗는 데는 400년 이상의 세월이 걸렸을 뿐만 아니라, 그것도 쉽지 않았다. 그래서 다윗은 이제 그 이점들을 자기 것으로 만들고 있는 것이다. 그는 그 요새를 재건토록 명령했고(추측컨대, 그 성을 정복할 수 있었던 사람이 그 성을 방어하는 방법도 알고 있을 것이라는 원칙에 따라), 요압을 시켜 그 중수를 감독하도록 했다. 새로운 '카멜롯'을 위한 수도가 완비된 것이다.

11:9. 그러나 무엇이 그 '카멜롯'을 가능하게 했는지 그리고 무엇이 그것을 인간의

야망으로부터 떼어놓았는지 절대 잊지 말자. 역대기 저자는 곧바로 다윗의 권력이 만군의 여호와께서 그와 함께하신다는 사실로부터 나왔음을 우리에게 상기시킨다. 다윗의 권력은 결국 전능하신 분, 바로 여호와께로부터 주어진 것이다.

C. 위대한 용사들과 지휘관들(11:10-47)

Supporting Idea 다윗의 힘은 그를 지지하는 다수의 다양한 군사적 영웅들에 의해 강화되었다.

역대기 저자는 이제 우리에게 다윗의 군대에서 핵심을 이루었던 용사들의 목록을 제시한다. 이 목록은 개별 투사로 위대한 공을 세웠던 일부 사람들을 포함하고 있다. 나머지는 야전 지휘관으로 두각을 나타냈던 사람들이다. 이 목록은 기본적으로 '세' 용사와 뛰어난 '두' 지휘관 그리고 '삼십 인' 이렇게 세 부분으로 구성되어 있다.

11:10-14. 그 '세 용사'와 관련하여 우리 눈에 띄는 첫 번째 특징은 역대기 저자가 우리에게 두 이름(야소브암과 엘르아살)만 주고 있다는 사실이다. 그 세 번째 이름인 삼마는 사무엘하 23장의 병행 구절에 나온다. 야소브암은 한 번에 삼백 명을 죽였다(블레셋 족속이었던 것으로 추정된다). 엘르아살과 삼마는 모두 밭 가운데 서서 큰 승리를 거두었다. 첫 번째는 보리밭이었고, 두 번째는 녹두밭이었다. 이 세 사람은 다윗 왕국의 최고 용사들이었다. 그들은 전설적인 공훈을 세웠고, 다윗의 특수 부대로 활동했다.

11:15-19. 이 특별한 사건은 '세 용사'의 기여도를 예증한다. 그것은 다윗과 그의 군대가 사울을 피해 광야에서 도망자로 살고 있을 때의 일이었다. 그들은 물 공급이 충분히 이루어지지 않는 어려운 상황에 빠져 있었고, 다윗은 근처의 베들레헴에서 나오는 깨끗하고 신선한 물을 좀 마실 수 있었으면 하고 한숨을 쉬었다. 얼마 안 있어 그 자리에 다윗의 세 용사가 만면에 웃음을 띤 채 그들이 목숨을 걸고 베들레헴에 몰래 들어가 채워 온 물 한 가죽부대를 그에게 내밀고 서 있는 것이 아닌가. 그들은 다윗이 자신들에게 고맙다고 말하며 그 물을 벌컥벌컥 마시는 순간의 얼굴 표정을 너무나 보고 싶었던 것이 틀림없다!

그러나 다윗은 그 물을 조금도 마실 수 없었다. 다윗은 그 물이 사람들의 생명을 대가로 치를 수도 있는 상황에서 얻은 것이기 때문에 갈증을 해소하기 위해 함부로 마시기에는 너무나 성스럽다고 선언했다. 그래서 다윗은 그것을 하나님께 드리는 제물로 땅에 부었다.

11:20-25. 다음은 특별한 영예를 위해 뽑힌 두 지휘관으로 요압의 아우 아비새와 여호야다의 아들 브나야가 소개된다. 다윗의 총사령관 요압은 이미 앞에서 언급되었기 때문에 이 목록의 어디에도 포함되지 않았다. 아비새는 다윗의 손위 이복조카 가운데 한 명으로 이스보셋과의 내전에서 다윗을 지지했다. 나중에 우리는 아비새가 암몬 족속에 대한 결정적인 승리에서 일개 사단을 이끌고 지휘하는 모습을 볼 수 있다(대상 19:11).

브나야의 이력은 마치 신화에 나오는 위대한 영웅의 이야기처럼 쓰여 있다. 그는 한꺼번에 두 명의 모압 전사를 죽였고, 눈으로 가득한 함정에 내려가서 거기에 빠져 있던 사자를 혼자서 때려 죽였다. 이번에는 이집트 거인이 있었다. 그는 골리앗만큼 크지는 않았지만(삼상 17:4), 골리앗처럼 모두에게 베틀채를 연상시킬 정도로 큰 창을 들고 다녔다. 브나야는 그 거인의 창을 빼앗아 거꾸로 돌려 그에게 꽂음으로써 혼자서 그 거인을 물리쳤다.

11:26-47. '삼십 인'의 목록과 관련해서는 여러 가지 특징이 눈에 띈다. 여기에는 30명이 아니라 47명의 사람이 언급되어 있다. 사무엘하 23장 24-39절에 나와 있는 병행 구절은 37명의 이름을 제공하고 있고, 차이 나는 부분이 몇 가지 더 있다. 이것은 정확하게 기술되어 있지 않은 점으로 미루어보아 확정된 임명 목록이라기보다는 명예 목록이었던 것이 확실하다. 이 목록의 맨 첫 번째 이름이 그 사실을 반영하고 있다. 요압의 둘째 동생 아사헬은 다윗이 왕이 되기 전에 죽었다. 그는 이스보셋의 군사령관 아브넬에 의해 죽임을 당했다. 다윗이 그의 병력을 공식적인 군대로 임명한 것은 그후 약 6년이 지난 시점이었다. 그럼에도 불구하고 그는 다윗을 위해 애쓴 초기의 노고 덕분에 그 목록의 맨 앞자리를 차지하게 되었다.

당신이 그 목록을 훑어볼 때, 몇몇 이름이 친숙하게 느껴질지도 모른다. 역대기의 줄거리를 잘 알고 있는 독자는 이 책의 뒷부분에 골리앗의 동생을 죽였던 엘하난에 대한 언급이 있을 것이라는 사실을 알고 있을 것이다(대상 20:5). 하지만 그는 야일의 아들 엘하난으로, 여기에 나와 있는 도도의 아들 엘하난이 아니다. 여러 형제들이 있게 마련이다. 또한 요압의 병기 잡은 자가 언급되어 있다. 이론상으로는 그 지위가 일개 천한 종자에 불과하지만, 베롯 사람 나하래는 스스로의 힘으로 무용에 올랐던 것이 틀림없다.

기손 사람 하셈의 아들들은 분명 한 가족으로 알려져 있었던 것으로 보인다. 우리는 그들이 몇 명인지 혹은 개개인의 이름이 무엇인지에 대해서는 아는 바 없다. 하랄 사람 사게의 아들 요나단이 사울의 아들이자 다윗의 절친한 친구 요나단과 혼동되어서는 안 된다. 이 요나단은 우리가 지금 보고 있는 설명에는 그 이름이 빠져 있는 '세 용사'의 세 번째 멤버 삼마의 형제였다(그러나 사무엘하 23장 11절에는 언급되어 있다).

적어도 '삼십 인' 가운데 세 명은 이방인 출신이었다. 암몬 사람 셀렉과 헷 사람 우리아, 모압 사람 이드마 등이 그들이다. 우리는 이 세 사람이 어떻게 다윗의 군대에 합류하게 되었는지 전혀 알지 못한다. 암몬 족속과 모압 족속은 이스라엘 백성에 동화될 수 없음을 구체적으로 명시하는 특별한 저주를 지니고 있었다. "암몬 사람과 모압 사람은 여호와의 총회에 들어오지 못하리니 그들에게 속한 자는 십대뿐 아니라 영원히 여호와의 총회에 들어오지 못하리라"(신 23:3). 그럼에도 불구하고 셀렉과 이드마는 여호와로부터 기름 부음받은 자를 위해 싸우는 데 남다른 능력을 보였음이 틀림없다.

헷 사람 우리아는 다윗과 정사를 벌였던 밧세바의 남편이었다. 다윗은 밧세바가 임신한 것으로 확인되자 자신의 죄를 숨겨보려고 우리아를 전투에서 죽게 만들었다(삼하 11장). 하지만 역대기 저자는 우리에게 그 어두운 이야기를 다시 한 번 삼간다. 그는 여기서 그 사건을 전혀 내비치지 않을 뿐만 아니라, 그 이야기가 나올 만한 곳에서도 그냥 넘어가버린다(역대상 20장 1-2절과 사무엘하 11장 1-2절을 비교해보라). 에스라에게 있어 다윗의 개인적인 약점은 그가 세운 이상적인 왕국만큼 중요하지 않은 것이다.

D. 다윗을 지지하기 위해 찾아온 무장한 무리들(12:1-22)

Supporting Idea	다윗이 왕이 되기 전, 여러 지파 출신의 무리들이 그를 지지하기 위해 모여들었다.

역대기 저자는 연대순을 준수하지 않고 있다. 우리가 지금 다윗의 시대에 고정되어 있지만, 적어도 그 시간의 틀 안에서는 앞뒤로 건너뛰고 있기 때문이다. 12장 첫 부분에서 우리는 다윗이 왕이 되기 전 여전히 사울을 피해 숨어 다니며 게릴라전을 수행하던 시절로 되돌아간다. 이 성경 본문의 강조점은 다윗이 다양한 지파들로부터 지지를 받았다는 것이다. 유다 사람들만이 다윗을 지지했던 것이 아니라는 말이다.

12:1-7. 베냐민 지파 출신의 정예 투사 그룹이 있었다. 그들은 양손으로 활이나 물매를 조작하는 비범한 전투 기술을 연마했다. 여기에 이름이 열거되어 있는 용사들은 자신의 재능을 다윗의 처분에 맡겼던 사람들이다.

12:8-15. 다윗이 엔게디 황무지에 있는 그의 본거지에서 지내던 시절, 날씨가 몹시 사납고 비가 많이 왔던 달에 요단 강 건너편에 위치해 있던 갓 지파에서 무시무시하게 생긴 일단의 전사들이 강을 건너와 그에게 합류했다. 그들은 강을 건너려고 시도하는 것이 분명 자살처럼 여겨졌을 시기에, 그러나 한편으로는 사울의 군대가 강둑을 순찰하지 않았을 것 같은 시기에 요단 강을 건넌 것이다. 이 사람들은 방패와 창으로 잘 무장된 상태에서 강을 건너왔고, 주변 지역에 있는 사람들을 모두 위협해 쫓아버렸다.

12:16-18. 또 다른 때에 베냐민과 유다 출신의 무리가 추가로 나타났다. 다윗은 그들이 자신을 배신하고 사울에게로 데려갈지도 모른다고 의심하면서 그들에게 그 가능성을 들이댔다. 이에 아마새는 성령의 직접적인 인도하심에 따라 대답했다. 다윗은 아마새의 증언을 받아들이고, 그와 그의 추종자들을 자신의 무리에 편입시켰다.

아마새는 '삼십 인' 가운데 한 명으로 언급되어 있지만, 앞장의 목록에는 포함되어 있지 않다. 그것은 이 그룹에 속할 수 있는 자격이 명예의 표시로 다소 융통성 있게 주어지는 지명이었다는 사실을 뒷받침하고 있다. 일부 사람들은(Thompson, 124) 아마새가 다윗의 이복누이 아비갈의 아들 아마사와 동일 인물이었을 것이라고 추측하고 있다. 만일 그렇다면 그는 결국 다윗에 대한 압살롬의 반란을 이끌게 된다(역대기에 빠져 있는 또 하나의 부정적인 일화, 삼하 17:25).

12:19-22. 므낫세의 영토만큼이나 멀리서부터 찾아와 다윗에게 합류한 용사들도 있었다. 당시 그들은 다윗이 블레셋 족속과 함께 사울을 대항해 싸울 것이라고 생각했다. 그러나 결국 판명되었듯이, 블레셋 족속은 다윗이 갑자기 사울에게 전향할지도 모른다는 두려움 때문에 그것을 허락하지 않게 된다. 이 므낫세 사람들은 다윗에게로 찾아와 다윗이 큰 군대를 보유하게 될 때까지 그의 곁에 머물렀다. 역대기 저자는 그것이 하나님의 군대와 같았다고 말한다. 추측컨대, 그는 모세와 여호수아 휘하에서 싸웠던 수십만 명의 군사들을 떠올렸을 것이다(민 1:46).

E. 다윗의 대관식 연회(12:23-40)

Supporting Idea	온 지파의 군사들로 구성된 큰 군대가 찾아와 다윗을 왕으로 인정하며 그의 즉위를 축하했다.

장소와 시간이 한 번 더 역대상 11장 1절에 나오는 출발점으로 되돌아간다. 각 지파의 대표들이 다윗에게 찾아와 온 이스라엘의 왕위를 제안했던 바로 그 시점이다. 이번에는 각 지파에서 온 군사들에 대한 구체적인 열거와 다윗을 위해 열린 연회에 대한 약간의 묘사 등 그 사건에 관해 좀 더 자세한 정보를 얻게 된다.

12:23-37. 왕이 된다는 것은 군대의 최고 사령관이 되는 것과 같은 뜻이기 때문에 다윗의 즉위식은 그가 휘하에 두게 될 군대에 대한 열병도 포함하고 있었다. 우리는 정확한 군사의 수치를 알 수 없다. 일부 지파의 경우, 군사의 수보다는 우두머리의 수가 주어져 있기 때문이다. 하지만 그 군대가 거대한 규모인 것만은 확실하다. 지휘관을 제외하고 단순히 군사들만 계수해도 그 합이 33만 5천9백 명에 이르기 때문이다(비록 민수기 1장 46절에 나오는 정복 시대 이스라엘 군대의 총인원 60만 3천5백5십 명에는 미치지 못하는 수치이지만 말이다).

26-28절에서 우리는 레위 지파가 종교적 임무에만 전념하도록 되어 있음에도 불구하고 다윗의 군사들이 모두 모이는 중요한 자리에 자신들은 빠져도 된다고 생각하지 않았다는 사실을 발견하게 된다. 베냐민 지파는 분명 맨 마지막으로 지지 의사를 표시했을 것이다. 이 지파도 마지막 순간 명목상의 대표단을 파견했지만, 그들의 3천 명은 레위를 제외하고 다른 모든 지파들이 소집한 각각의 인원의 반도 안 되는 수준이었다.

32절의 잇사갈은 많은 사람들이 이 모임을 지지하도록 유도했을 것으로 보이는 실용주의적인 태도를 보여준다. 그들은 이상을 꿈꾸며 다윗을 지지한 사람들이 아니었다. 유다를 제외하고는 말이다. 하지만 그들은 궁극적으로 온 이스라엘에게 상호 이익이 될 연합체에 합류할 때가 되었다는 사실을 알고 있었다. 족보에는 빠져 있는 두 지파 스불론과 단이 최고의 찬사와 함께 33절과 35절에 언급되어 있다. 하나는 두 마음을 품지 아니하였고, 다른 하나는 싸움을 잘하는 자였다.

12:38-40. 모든 지파는 헤브론에 모여 대관식과 관련된 의례적인 절차를 모두 마치고나서 편안한 마음으로 며칠을 더 머물며 성대한 연회를 열었다. 그들이 각자 양식을

가져왔지만, 아마 충분하지는 못했을 것이다. 그러나 이스라엘 온 지역에서 사람들이 지지의 표시로 음식을 보내왔다. 환호 속에서 모두에게 인정받고 하나님으로부터 기름 부음받은 새로운 왕은 분명 이스라엘 가운데 희락이 있을 만한 이유였던 것이다.

이 마지막 부분의 주된 요점은 연회에 어떤 메뉴가 올라왔는지 혹은 그 음식이 어떻게 마련되었는지에 대한 것이 아니라, 38절에 진술되어 있는 내용이다. 또 이스라엘의 남은 자도 다 일심으로 다윗으로 왕을 삼고자 하여. 여기서 일어난 일은 단순히 큰 군대의 모임이 아니었고, 다윗이 자신의 권력을 과시하며 우쭐대는 것은 더더욱 아니었다. 그것은 온 이스라엘이 한마음이 되는 순간이었던 것이다.

Main Idea 복습	다윗은 왕으로서 온 이스라엘의 지지를 얻었다. 그 화합은 그의 왕국에 강력한 힘을 제공했다.

결론

국왕 크리스천(Christian)과 유태인들

영국에서 제2차 세계 대전의 첫 번째 단계는 독일이 유럽의 상당수를 전광석화처럼 정복해버린 전격전이 그 특징이었다. 당시 국왕 크리스천 10세의 통치하에 있던 덴마크도 1940년 독일에 굴복하여 새로운 나치 지배자들과 불편한 공존을 유지해야 했다. 하지만 나치는 모든 점령국에 살고 있는 유태인들을 몰살시키려는 계획을 가지고 있었다. 1943년 덴마크의 유태인들이 강제 수용소로 이송되는 주요 표적이 되고 있음이 분명해졌다.

크리스천 10세와 덴마크 국민들은 독일인들에게 협조하여 유태인들을 순순히 넘겨줌으로써 아무 문제 없이 그냥 넘어갈 수도 있었을 것이다. 다른 나라들이 그렇게 했던 것처럼 말이다. 그러나 덴마크 국왕은 그 계획에 협조하기를 거부했고, 덴마크 국민들도 지하 조직을 구축하여 유태인들을 스웨덴으로 빼돌렸다. 당시 덴마크에 살던 7천 명 이상의 유태인들이 목숨을 건질 수 있었다.

"모두는 하나를 위해, 하나는 모두를 위해(All for one, and one for all)". 이것은 알렉산더 뒤마(Alexander Dumas)의 삼총사가 외치던 슬로건이었다. 그리고 그것은 교회의 슬로건이 되어야 한다. 바울은 우리에게 명령하고 있다. "아무 일에든지 다툼이나 허영으로 하지 말고 오직 겸손한 마음으로 각각 자기보다 남을 낫게 여기고 각각 자기 일을 돌아볼 뿐더러 또한 각각 다른 사람들의 일을 돌아보아"(빌 2:3-4). 진정한 신약 교회는 모든 구성원들이 그리스도의 몸을 이루고 있는 다른 구성원들의 안녕을 자신의 안녕보다 우선하는 것이다.

당신은 사람들이 그런 접근 방식을 취할 경우 교회가 어떤 모습이 될지 상상할 수 있겠는가? 리더들이 구성원들의 주의를 끌어 자신의 프로그램을 지지하도록 만들려고 애쓰기보다는 "내가 당신을 지원하기 위해 할 수 있는 일이 무엇인가요?" 하는 것이 그들의 첫 번째 질문이 될 것이다. 교회 구성원들은 어떤 활동에 대한 참여 여부를 결정할 때 교회가 그들을 위해 해줄 수 있는 것이 무엇인가라는 질문보다는 그들이 다른 구성원들의 필요를 어떻게 발견하고 섬길 수 있는가에 근거를 두게 될 것이다.

이런 종류의 화합은 결국 초자연적인 것이다. 다윗의 왕국은 여호와의 인도하심에 근거하고 있었기 때문에 든든히 설 수 있었다. 우리는 성령이 우리를 좀 더 그리스도의 몸처럼 만드시게 할 필요가 있다(엡 4:3-6).

▣ 진리 알기

- 왕국이든 교회든 한 조직의 힘은 그 구성원들의 화합을 직접적으로 반영하는 것일 수도 있다.
- 한 그룹의 구성원들의 화합은 얼마나 많은 개인이 자신의 필요보다 그룹 내 다른 사람들의 필요에 더 많은 관심을 가지고 있느냐에 달려 있다.
- 하나님의 임재를 이 땅에 나타내는 것이 목적인 그룹은 그 기초를 하나님 안에 유지하는 한 끝까지 인내하게 될 것이다.

▣ 적용하기

- 1부터 10의 척도로 당신의 교회가 현재 경험하고 있는 화합을 평가하라. 1과 10은 각각 극

심한 불화와 화합을 의미한다.

- 만약 당신의 교회가 10 미만이라면, 태도와 행동 면에서 어떤 변화가 교회를 좀 더 높은 척도로 옮겨놓을 수 있겠는가? 그런 변화들은 당신에게 어떻게 적용되는가?
- 당신 교회의 구성원들 가운데 몇 퍼센트가 교회를 그리스도의 몸이라기보다는 그저 또 하나의 인간 조직에 불과하다고 보고 있는가? 당신은 그 가운데 어디에 속하는가?
- 만약 모든 교회 구성원들이 태도와 행동 면에서 당신과 똑같다면, 전체의 화합은 얼마나 강해지겠는가?

삶의 적용

크리스마스 트리 점등하기

에브라임 지파가 다윗 왕국의 일원이 되지 않기로 결정했었다면 어떻게 되었을까? 레위 지파가 끝까지 버티며 자신들이 나라의 영적 안녕을 책임지고 있기 때문에 이스라엘의 진정한 지도자라고 선언했다면 어찌 되었을까? 만약 그런 일들이 일어났다면, 다윗 왕국은 역대기에 묘사되어 있듯이 그렇게 발전하지는 못했을 것이다. 다윗 왕국의 성공 청사진은 모든 지파의 협조를 필요로 했던 것이다.

이 시나리오는 크리스마스 트리에 전구를 달아야 하는 짜증스러운 임무와 같다. 문제는 개별 전구가 약간의 자극에도 작동을 멈추는 경향이 있을 뿐만 아니라, 모든 전구가 전선 하나에 직렬로 연결되어 있어 하나가 작동을 멈출 경우 전체가 그렇게 된다는 사실이다. 각 전구는 다른 모든 전구가 계속 작동하는지의 여부에 달려 있다. 전구의 불이 나가버리면, 50개 이상의 개별 전구들을 하나하나 좋은 것으로 바꿔가며 점검해야 한다. 문제를 일으키고 있는 전구가 교체될 때까지 말이다.

직렬로 연결되어 있는 크리스마스 트리 전구들처럼 온 지파가 다윗의 영도 아래 보여들었고, 그 결과는 영광스러운 통일 왕국이었다. 우리는 그리스도의 몸에 붙어 있는 전구들이다. 바울이 고린도전서 12장 25절에서 선언하고 있듯이, 하나님은 "몸 가운데서 분쟁이 없고 오직 여러 지체가 서로 같이하여 돌아보게" 하기 위하여 교회를 세우셨다. 이 그림이 이 땅에 있는 교회의 진정한 모습이 될 때, 하나님의 계획이 완전히 현실화될 것이다.

기도

하나님 아버지, 우리가 당신이나 당신의 교회로부터 얻기를 기대하고 있는 것들 그리고 우리가 영예를 얻고자 기대하면서 하고 있는 일들에 대해 생각할 때, 우리 자신의 입장만 고려하기가 너무나 쉽습니다. 우리의 사고를 전환할 수 있도록 도와주십시오. 당신의 기름 부음받은 자 다윗에게 기꺼이 복종했던 이스라엘의 온 지파들처럼 우리의 관심과 욕망을 기꺼이 당신께 복종시키고, 당신의 다른 자녀들의 필요를 우리 자신의 필요보다 우선할 수 있는 마음을 주십시오. 당신의 더 큰 영광으로 이어지게 될 화합을 우리에게 주십시오. 아멘.

심층 연구

A. 목자와 양으로서의 다윗(11:2)

이스라엘의 온 지파들이 다윗의 대관식을 위해 모였을 때, 그들은 다윗이 하나님의 백성 이스라엘의 목자가 되리라는 하나님의 약속을 내세웠다. 그 이후 다윗은 목자처럼 그들을 다스리고, 그들을 이끌며, 그들의 필요를 채워주게 된다. 그러나 다윗은 반대의 입장에서 자신을 양으로 보는 데도 익숙해 있었다. 그는 널리 알려져 있는 시편에서 이렇게 선언했다. "여호와는 나의 목자시니" (시 23:1). 다윗은 그의 백성들에게 인간 목자였지만, 정작 자신도 이끌어줄 거룩한 목자가 필요하다는 사실을 이해하고 있었던 것이다. 우리는 그리스도께서 우리 모두의 목자가 되기 위해 오셨다는 사실을 덧붙일 수 있다(요 10:1-18).

B. 예루살렘의 왕(11:4)

고대 예루살렘은 구약뿐만 아니라 다른 문서들에도 등장했다. 성경에서 예루살렘은 '살렘 왕(예루살렘의 고대 명칭)' 이자 '지극히 높으신 하나님의 제사장' 으로 묘사되어 있는 신비스러운 인물 멜기세덱과 함께 처음 언급되어 있다(창 14:18). 그러고나서 나중에 우리는 여호수아의 영도 아래 가나안 정복이 이루어지는 동안 예루살렘 왕 아도니세덱이 전쟁에서 패해 처형되었다는 기사를 읽게 된다(수 10:1-28).

그러나 예루살렘은 아마르나 문서(Amarna Tablets)에도 나온다. 그것은 이스라엘의 가나안 정복과 정착이 진행되던 무렵 가나안 족장들이 이집트의 파라오에게 보냈던 서신이다. 그 서신들 가운데 상당수는 히브리(Hebrew)의 변형이 틀림없는 '하비루(Habiru)' 로 분류되는 일단의 사람들에 의해 이루어진 침략에 대해 언급하고 있다. 우리는 거기서 아브두-헤바(Abdu-Heba)로 알려져 있는 예루살렘의 왕자와 마주치게 된다. 아브두-헤바는 책략가이자 협잡꾼이었다(Pritchard, 268). 그는 '하비루의 지배자' (Pritchard, 269)에 대한 일시적인 승리를 위해 주변의 적들과 제휴하는 일도 서슴지 않았지만, 나중에는 이집트의 파라오에게 하비루에 대항할 수 있도록 도와달라고 간청했다.

아브두-헤바가 아도니세덱과 동일 인물이었는지 혹은 그의 후계자나 주요 장관이었는지 아니면 여러 역할을 함께 맡고 있던 다른 인물이었는지는 정확히 알 수 없다. 하지만 그런 세부 사항이 우리가 목격자의 증언을 가지고 있다는 사실을 가려서는 안 될 것이다. 여호수아와 정복 시대 당시 바로 예루살렘의 왕위에 앉아 이스라엘의 팔레스타인 침공을 직접 목격했던 사람의 증언 말이다.

C. 헤브론에 모였던 군사들의 큰 숫자(12:24-37)

많은 자유주의 학자들은 총 삼십 만 명 이상이 헤브론에 모였던 것으로 기록되어 있는 각 지파의 용사의 수가 과장되어 있다고 믿는다. 예를 들면, 로디 브라운(Roddy Braun)은 그 숫자가 "어느 시대에도 엄청난 규모의 군대이기 때문에 헤브론에 모였던 다윗의 부하들을 의미한다는 해석은 전연 불가능하다"고 설명하고 있다(로디 브라운, 170).

그러나 그것이 왜 그래야 하는가? 우리가 그보다 더 적은 숫자를 제시하는 다른 문헌을 가지고 있단 말인가? 사실상 우리는 그런 자료를 가지고 있지 않다. 다윗의 대관식에 그렇게 많은 사람들이 찾아왔다는 것이 불가능한 일인가, 혹은 진정 받아들이기 어려운 사실인가? 큰 숫자에 대해 거부감을 느끼는 우리의 기본적인 경향 말고는 그 숫자가 믿을 수 없는 것이라고 주장할 만한 타당한 이유가 전혀 없다.

고안

A. 들어가는 글

1. '아서(Arthur) 왕과 원탁' 이야기로 시작하라.
2. 배경 설명: 아서 왕은 카멜롯에 평화와 번영을 가져오기 위해 그의 용사들 사이에 화합을 정착시키려고 애썼다. 마찬가지로 다윗은 이스라엘의 왕이 되었을 때 온 지파의 전폭적인 지지와 함께 화합을 이루어냈다.
3. 적용: 사울이 죽은 후 다윗은 유다의 왕이 되었다. 그리고 몇 년 후에 그를 온 이스라엘의 왕으로 삼기 위해 모든 지파가 찾아왔다.

B. 본문 이해

1. 다윗의 대관식(11:1-3)
2. 다윗의 새로운 수도(11:4-9)
3. 위대한 용사들과 지휘관들(11:10-47)
4. 다윗을 지지하기 위해 찾아온 무장한 무리들(12:1-22)
5. 다윗의 대관식 연회(12:23-40)

C. 결론: '국왕 크리스천(Christian)과 유태인들' 을 읽어주라.

토의 질문

1. 교회는 어떤 영역에서 더 큰 화합을 필요로 하고 있는가?

2. 교회 내에 화합의 추구가 필요치 않는 영역으로 어떤 것들이 있는가? 그것이 기독교의 믿음의 기초를 위태롭게 할 수 있기 때문에 해가 될 수도 있는 영역은 어떤 것들인가?

3. 기독교 교회가 더 큰 화합을 이루게 될 경우 얻을 수 있는 잠재적인 이득은 무엇인가?

4. 사람들이 다른 신자들의 안녕을 촉진하기 위해 자신의 일부 이해 관계를 제쳐놓을 수 있는 특정 영역에는 어떤 것들이 있는가?

역대상 13:1-16:43

언약궤를 예루살렘으로 가져오다

"하나님에 대한 진정한 사랑은 그분의 다른 어떤 속성보다도 그분의 거룩함을 즐거워하는 데서부터 시작되어야 한다."

- 조나단 에드워즈(Jonathan Edwards)

다윗 왕은 언약궤를 예루살렘으로 옮겨야겠다고 결심했지만, 처음에 하나님의 거룩하심이 그 물건에 의해 대표되는 만큼 하나님의 거룩하심을 존중하지 않음으로 말미암아 한 생명을 잃어버리기도 했다. 다윗이 언약궤를 바르게 존중했을 때, 그 특별한 행사는 성대한 축제가 되었고, 하나님은 그에게 지속적인 성공을 허락하셨다. 하나님과의 올바른 관계는 그분의 거룩하심을 인식하는 데서부터 시작되어야 한다.

들어가는 글

어느 운석

더글러스 프레스턴(Douglas Preston)과 링컨 차일드(Lincoln Child)의 모험 소설 「빙하의 남극(Ice Limit)」은 우리를 데리고 남아메리카의 끝으로 원정길을 떠난다. 배경은 케이프 혼(Cape Horn) 부근의 험한 군도다. 과학자들과 기술자들은 거대한 운석을 캐내기 위해 애쓴다. 앞서 그 운석을 발견했던 탐험가는 그것을 찾는 과정에서 이미 목숨을 잃었다. 그 이야기는 그 일행 내에서 빚어지는 개인간의 역학 관계와 원정대를 이탈해 파괴자로 변해버린 중령과의 무력 충돌, 무게가 2만 5천 톤에 달하는 물체를 수송하는 것과 관련된 문제들을 하나하나 해결해가는 식견 등을 포함하고 있다. 그러나 관심의 초점은 그 거대한 암석 자체와 그것의 고유한 성질이다.

그 운석은 기존의 주기표에 포함되어 있는 어떤 원소에도 알려져 있지 않은 특성을 가지고 있다. 물의 75배에 달하는 비중을 보이는 그 운석은 지금까지 알려져 있는 어떤 물체보다도 부피당 더 많은 무게를 압축하고 있다. 하지만 그 암석의 가장 무시무시한 성질은 그것을 만지는 모든 사람이 사실상 번개 같은 방전에 의해 그 자리에서 즉사한다는 사실이다. 결국 원정대가 그 운석에 구멍을 뚫고 그것을 큰 배로 옮겨 미국으로 가져가려고 애쓰는 동안 그들이 동원할 수 있는 모든 자원이 총동원된다.

만약 다윗 왕이 이 소설을 읽었다면, 아마 고개를 끄덕이며 그 모든 것이 자신한테는 새롭지 않은 이야기라고 말했을 것이다. 그는 언약궤를 예루살렘으로 옮기려고 시도했을 때, 실제로 그런 딜레마에 빠져본 경험이 있었기 때문이다. 한편으로는 언약궤가 운반 과정에서 훼손되지 않도록 아주 신중하게 옮겨질 필요가 있었다. 다른 한편으로는 누구든 언약궤가 흔들리지 않도록 붙들기 위해 그것에 손을 대는 사람은 그 자리에서 즉사하게 될 것이라는 사실을 다윗은 알게 되었다. 당신 같으면 옮길 수 없을 정도로 너무 신성해 보이는 물체를 어떻게 옮기겠는가?

역대상 13-16장은 언약궤를 예루살렘으로 옮기기 위한 다윗의 노력을 기술하고 있다. 우리는 그 과정에서 다윗의 사고와 기법이 어떻게 바뀌어야 했는지를 보게 된다. 다윗은 그 과업을 수행하는 과정에서 성공과 축복을 받았다. 그것은 언약궤 자체가 아니라 그 언약궤로 임재가 상징되는 참 하나님 때문이었다. 다윗은 거룩함이 하나님께만 속해 있다는 원리를 깨닫게 되었고, 온 이스라엘은 그 통찰력으로부터 많은 이득을 얻게 된다.

본문 이해

언약궤를 예루살렘으로 가져오다

Main Idea	다윗은 언약궤를 예루살렘으로 옮기려고 할 때, 하나님의 거룩하심을 존중해야 했다. 그리고 실제로 다윗이 그렇게 했을 때, 즐거운 축제가 이어졌다. 이 이야기는 우리가 하나님에 대해 생각할 때 그분의 거룩하심을 중심에 두어야 한다는 사실을 상기시킨다.

하나님은 시내 산에서 모세에게 언약궤를 만드는 방법과 관련하여 구체적인 지침을 주셨다(출 25장). 언약궤는 이스라엘 백성에게 삶과 예배의 중심점이 되어야 했다. 그것은 하나님의 임재와 그분이 이스라엘 백성과 맺은 언약을 상기시켜주는 상징이었다. 언약궤는 세 가지 물건, 즉 십계명이 기록된 두 개의 돌판(출 40:20)과 만나가 담긴 항아리(출 16:33), 그리고 한때 싹이 났던 아론의 지팡이(민 17:10, 히 9:4) 등을 담고 있는 직사각형의 상자였다.

그 언약궤의 가장 중요한 특징 가운데 하나는 궤 양편에 설치된 네 개의 고리였다. 그리고 한 쌍의 채는 궤 양편에 하나씩 그 고리에 끼워진 채로 영원히 두도록 되어 있었다. 따라서 언약궤는 지정된 레위인들이 그 채를 어깨에 멘 상태로 운반될 수 있었다. 그것이 언약궤의 유일하고 합법적인 운송 수단이었다.

사무엘의 삶과 사역의 초기(삼상 4:1-2)에 이스라엘 백성들이 블레셋 족속에게 패배했을 때, 그들은 하나님의 능력이 그들의 승리를 돕도록 만들 수 있을 것이라고 생각하며 언약궤를 다음 전투에 가져가기로 결정했다(삼상 4:3). 그러나 블레셋 족속은 다시 한 번 이스라엘을 무찔렀고, 언약궤까지 빼앗았다(삼상 4:6-11). 결국 언약궤는 아비나답이라는 유대인의 사유지에 옮겨졌고(삼상 6:21-7:1), 다윗이 그 언약궤를 예루살렘으로 가져가겠다고 결정하기 전까지 거기에 그대로 머물러 있었다.

A. 언약궤를 옮기려는 시도가 실패하다(13:1-14)

Supporting Idea	다윗이 언약궤를 예루살렘으로 옮기려고 처음 시도했을 때는 올바른 절차를 준수하지 않음으로 말미암아 하나님의 거룩함을 침해하고 말았다.

13:1. 위에 요약된 사건들은 역대기에 전혀 포함되어 있지 않다. 앞장에서 다윗의 통치가 본격화되던 시기에 언약궤에 대해 간단하게 언급한 내용(대상 6:31) 말고는 이번에 처음으로 그것에 대해 듣게 된다. 우리의 이야기는 다윗이 언약궤를 예루살렘으로 가져오는 문제를 논의하기 위해 회의를 소집하는 순간으로 곧장 뛰어넘어간다. 그는 사단과 대대의 지휘관 격인 천부장과 백부장을 전부 불러모았다. 다윗의 대관식에 참여했던 각 지파의 대표들이 모두 군사였듯이, 이번에도 군사 회의였다.

13:2. 다윗은 그 프로젝트를 수행하기 위해 여호와의 승인뿐만 아니라 사람들의 동의도 구했다. 그는 이스라엘 온 땅의 백성들, 특히 제사장과 레위인들을 포함시키고자 했다. 순전히 인간적인 관점에서 볼 때, 만약 그가 제사장들을 멀리했다면, 왕으로서 성공하는 데 필요한 정치적 영향력을 갖지 못했을 것이다. 한편 덜 실용주의적인 측면에서 보자면, 이스라엘의 영적인 삶을 책임지고 있는 사람들이 언약궤를 옮기는 것처럼 중요한 국사에 포함되는 영예를 얻었다.

13:3-4. 다윗은 언약궤를 예루살렘으로 옮기는 것에 대해 흥미로운 이론적 근거를 제시했다. 적어도 당시에는 그 제안이 언약궤를 중심 위치에 두어 누구나 쉽게 접근할 수 있도록 만들려는 것은 아니었다. 사실 그런 목적이라면 전통적인 위치인 실로가 더 유리했을지도 모른다. 다윗은 자신이 직접 정기적으로 언약궤를 찾아가 그 앞에서 물을 수 있기를 원했던 것이다. 그것은 언약궤가 기럇여아림에 있는 동안 내내 무시되어왔던 관례였다. 하나님은 때때로 언약궤를 사용하여 이스라엘의 지도자들에게 그분의 뜻

을 알리셨던 것이 분명하다(예를 들면, 삿 20:27-28). 그들은 묻고 하나님은 응답하셨을 것이다. 다윗은 이번 기회를 이용해 하나님과 더 가까이 동행하기를 원했던 것이다.

13:5-8. 다윗은 언약궤의 운반에 걸맞는 화려한 행렬을 준비했던 것으로 보인다. 그는 이스라엘의 최남단 경계(애굽의 시홀 시내)에서부터 최북단 한계(하맛 어귀)에 이르기까지 전역에서 대표단을 불러모았다.

기랏여아림은 예루살렘으로부터 약 13-14킬로미터 떨어진 곳에 위치해 있었다. 구릉성 지형임을 감안할 때, 그 많은 군중이 그 작은 성읍에 모이는 것은 결코 쉬운 일이 아니었을 것이다. 상징적으로 말하자면, 하나님은 법궤 위에 발을 얹고 있는 두 그룹 사이의 보좌에 앉아 계셨다. 따라서 그 궤는 그 이름으로, 다시 말해 하나님의 거룩하신 이름으로 일컬어졌다. 그것은 단순히 인간의 기구가 아니었다.

그 이전 준비는 완벽했지만 지금 되돌아보면 풍자적이다. 언약궤는 그것에 대한 경의 표시로 새 수레에 놓여졌고, 그 수레를 모는 책임을 맡았던 두 사람 웃사와 아히오는 그동안 언약궤가 보관되었던 장소의 원래 주인 아비나답(삼하 6:3)의 후손들이었다. 산전수전 다 겪은 그 두 사람은 그 지역에 대해 밝았고, 길도 잘 알았으며, 그 신성한 물건을 운반하는 데 있어 특히 어디서 더 조심해야 하는지 다 파악하고 있었다. 다윗 왕은 그것이 하나님의 궤라는 사실을 분명히 인지하면서 행진이 시작되자 음악을 연주하는 축하 행렬을 앞에서 이끌었다. 모두가 흥분되어 있는 상태였다. 다윗이 잠시라도 시간을 내어 하나님이 주셨던 지침을 읽었더라면 좋았으련만!

13:9-14. 재앙은 그 수레를 끌던 소들이 잠시 스텝을 잃었을 때 들이닥쳤다. 웃사가 손을 뻗어 언약궤가 흔들리지 않도록 붙들려 했다. 그러나 그는 언약궤를 잡는 순간 즉사했다. 마치 8년 전 칠십 명의 벧세메스 사람들이 죽었던 것처럼 말이다(삼상 6:19). 웃사는 언약궤의 신성함을 침해했던 것이다.

역대기 저자는 우리에게 무슨 일이 일어났는지 조심스럽게 설명한다. 그는 여호와께서 웃사에게 진노하셔서 그를 치셨다고 말한다. 웃사의 죽음을 초래한 것은 그 언약궤 자체가 아니었다. 언약궤는 신성하든 신성하지 않든 여전히 물리적 물체에 불과할 뿐이며, 그 자체가 영적 능력을 담고 있지는 않았다. 그러나 인격적인 대리자가 있었다. 그 언약궤를 자신의 것으로 선언하셨던 하나님 바로 그분이 그 명령을 위반한 개인에게 심판을 내리신 것이다. 하나님은 웃사를 처형하실 때 이스라엘 백성들에게 언약궤의 거룩함이 아니라 그분의 거룩하심을 상기시키셨다.

다윗은 분했다. 그는 하나님의 영광을 위해 지금까지 이 환상적인 날을 계획해왔다. 새로 만든 최신 수레를 사용했고, 경험 많은 소몰이꾼을 배치했으며, 행진이 진행되는 내내 음악과 환호가 끊이지 않도록 준비했다. 그런데 하나님이 웃사를 순식간에 죽이심으로써 그 모든 것을 망쳐버리신 것이다. 아마 다윗은 웃사에게도 화가 났지만, 그의 분노의 대부분은 하나님을 향한 것이었을 가능성이 더 높아 보인다. 그러나 하나님은 독단적이거나 변덕스러운 분이 아니셨다. 그분은 이미 언약궤를 다루는 방법에 대해 구체적인 지침을 주셨다. 다윗이 그 지침을 읽지 않았던 것이다.

그렇게 해서 언약궤는 당분간 버려지게 되었다. 그것은 가드 사람 오벧에돔의 사유지에 남겨졌다. 이 사람은 레위인으로 문지기였다(대상 15:18). 역대기 저자는 오벧에돔이 그 신성한 상자를 자기의 소유지에 놓아두게 된 것에 대해 어떤 반응을 보였는지 말해주지 않는다. 하지만 그것은 오벧에돔에게 긍정적인 결과를 초래했다. 언약궤가 오벧에돔의 거처에 보관되어 있던 3개월 동안 여호와께서 그와 그의 가족에게 복을 내리신 것이다.

B. 블레셋의 신들 대 다윗의 하나님(14:1-17)

Supporting Idea 우리는 이 장에서 다윗이 하는 모든 일을 도우시는 살아 계신 하나님과 블레셋 족속의 무익한 목제 우상 사이의 차별성을 보게 된다.

사무엘하의 저자는 언약궤에 대한 이야기를 예루살렘에서의 성공적인 마무리까지 온전하게 제공한다. 반면에 역대기 저자는 언약궤 이야기를 시작했다가 가장 흥미로운 부분에서 중단하고 전쟁 부문에서 날라온 보고서를 중간에 끼워넣는다. 그러고나서야 다시 언약궤 이야기로 되돌아간다.

이 장의 분명한 메시지는 하나님이 계속해서 다윗을 축복하셨다는 사실과, 언약궤와 관련된 일화가 하나님이 그분의 은혜를 거두시는 것을 의미하지는 않았다는 사실이다. 이 장은 또 블레셋 족속이 전투에 우상을 가져왔지만 그것이 그들에게 아무 도움도 주지 못했던 것에 대해 언급하고 있다. 우리는 다윗을 도우셨던 살아 계신 하나님과, 약하고 무능력했던 블레셋의 거짓 신들 사이의 차별성에 주목하게 된다.

14:1-2. 인류 역사의 관점에서 볼 때, 사울에서 솔로몬까지 이어지는 통일 왕국의 기간은 이스라엘에게 있어 유일무이한 순간이었다. 그것은 메소포타미아 세력이나 이집트 어느 누구도 팔레스타인 지역을 지배하지 못했던 흔치 않은 기회의 세기였던 것이다. 이집트인들은 블레셋 족속을 물리쳤지만, 그 과정에서 너무 많은 자원을 소모하였고, 그 결과로 팔레스타인 지역에 자리잡을 수가 없었다. 당시 이집트는 왕위를 둘러싼 권력 투쟁에 골머리를 앓고 있었고, 메소포타미아에서는 바벨론과 앗시리아 두 왕국이 주도권을 놓고 서로 다투고 있었다. 따라서 페니키아와 이스라엘, 블레셋 등과 같이 지중해 연안 지역을 차지하고 있던 나라들은 전례가 없는 방법으로 마음껏 세력을 확장할 수 있었다.

두로 왕 히람은 권모술수에 능한 사람이었다. 우리는 역대기 전체를 통해 여러 곳에서 그가 다윗과 솔로몬 모두에게 다양한 이득을 제공하면서 그들과 협상하고 궁극적으로는 자신의 위상을 강화하는 모습을 발견하게 된다. 우리는 이 시점에서도 그가 왕족끼리의 우애를 내세워 다윗에게 그냥 도움의 손길을 내미는 것을 보게 된다. 그는 다윗이 새로운 왕궁을 지을 수 있도록 많은 자재들을 보냈다. 히람은 일단 이스라엘 왕이 백향목과 숙련된 장인들과 같은 자신들의 수출 품목에 맛을 들이게 되면 조만간 추가적인 교역이 있을 것이라는 계산을 충분히 했을 것이다. 다윗에게는 그 제스처가 여호와께서 그의 왕국을 견고히 세우고 계시다는 보증이었다.

14:3-7. 여호와께서는 또 다윗의 가족을 늘리심으로써 그를 축복하셨다. 여기에 있는 목록은 맨 앞에 언급된 네 아들의 어머니 밧세바에 대해 직접적으로 언급하지 않고 있다는 점을 빼고는 역대상 3장 4-8절에 나와 있는 정보를 반복하고 있다.

14:8-12. 이제 두 차례에 걸쳐 일어난 블레셋 족속과의 결정적인 전투에 대한 설명이 나온다. 여기서의 강조점은 분명 하나님의 지시다. 다윗 자신은 이 그림의 묘사에서 특별히 중요한 부분을 차지하지는 않지만, 우리는 그가 과거처럼 지혜롭고 용감했을 것이라고 짐작할 수 있다. 가장 중요한 것은 다윗이 순종했다는 사실이다. 그는 반드시 여호와의 지시를 받은 다음 그것을 따르려고 노력했다. 다윗의 신실함은 하나님의 명령을 제멋대로 짐작하는 사울 왕의 태도와 얼마나 큰 대조를 보여주고 있는가!

블레셋 족속은 이스르엘 골짜기 부근 길보아 산에서 사울을 결정적으로 패배시켰다. 그후 다윗이 유다민의 왕으로 지내던 7년 동안 블레셋 족속은 이스라엘 북쪽 지역에서 자유재량권을 가지고 있었다. 하지만 그들이 통제하고 있던 영토는 기본적으로 유다 남쪽 지중해 연안에 있는 그들의 본토와 이스라엘 북쪽 지파들이 거주하고 있던 전 지역으로 나뉘어져 있었고, 다윗의 왕국은 그 사이에서 서서히 떠오르며 점점 더 강해지고 있었다. 이제 다윗은 온 이스라엘의 왕으로 즉위했고, 마침내 위력적인 존재로 대두되기 시작했다. 블레셋 족속은 그 골칫거리를 가능한 한 빨리 제거하려고 시도했다. 만약 그들이 다윗을 무찌를 수만 있다면, 팔레스타인 전 지역은 다시 한 번 그들의 수중에 들어오게 될 것이었다.

블레셋 족속은 다윗에 대한 강습을 계획하고 예루살렘 쪽으로 어렵게 이동하고 있었다. 다윗의 정보망은 잘 가동되고 있었다. 다윗은 그들이 어디에 있는지 알아냈고, 블레셋 족속이 예루살렘에서 그리 멀지 않은 르바임 골짜기로 들어서고 있을 때 기습 공격을 감행했다. 그러나 다윗은 무엇이든 하나님께 묻지 않고는 하지 않을 생각이었다. 다윗 왕은 공격해야 할지의 여부를 물었고, 여호와께서는 그에게 공격하라고 지시하셨을 뿐만 아니라, 그가 승리를 얻게 될 것이라고 말씀하셨다. 다윗은 승리에 대한 공을 하나님께 돌리며, 그 승리를 단번에 블레셋 군대를 휩쓸어버리는 홍수에 비유했다.

블레셋 족속은 그들의 신들이 지니고 있는 신성한 능력이 자신들에게 도움을 줄 것이라고 생각하며 그 우상들을 전투에 가져갔다. 그러나 상황은 그들에게 너무나 나쁘게 돌아갔고, 그들은 결국 그 우상들을 쓰러진 전우의 시체 사이에 그냥 버려두고 말았다. 구약 시대의 선지자들이 여러 차례 반복해서 말했듯이(사 44:9, 렘 10:5), 우상은 아무 능력이 없다.

고대 사람들 사이에 있었던 또 다른 관습은 패배한 적의 신들을 전리품으로 수집하는 것이었다. 블레셋 족속도 언약궤를 빼앗았을 때, 그것을 그들이 섬기는 신의 신전에 놓아두었고 그것으로부터 이득을 얻고자 기대했다. 마찬가지로 외래 우상을 보유하는 것은 아무 문제가 되지 않는다는 것이 일반적인 상식이었다. 만약 그것이 무능력하다면 아무런 영향을 주지 못할 것이고, 만약 그것이 어떤 능력을 가지고 있다면 언제나 그것을 사용해 자신이 섬기고 있는 신들의 힘을 보강할 수 있기 때문이다. 그러나 다윗은 그러한 관습을 따르지 않았다. 대신에 블레셋 족속의 우상들을 모두 모아 불살라버렸다. 그는 이렇게 함으로써 창조자이자 섭리자이신 살아 계신 하나님만이 전능하심을 선언했던 것이다.

14:13-17. 블레셋 족속은 그 손실 이후에도 포기하지 않았다. 그들은 다시 군대를 조직해 똑같은 골짜기를 경유하여 한 번 더 공격을 시도했다. 다윗은 이번에도 적의 움직임을 잘 파악하고 있었고, 지난번과 같은 전략인 정면 공격을 생각하고 있었다. 하지만 그는 하나님이 원하시는 바를 자신이 다 알고 있다고 생각하지 않았기 때문에 다시 한 번 하나님께 물었다. 이번에는 여호와께서 그에게 다른 답을 주셨다. 그분은 다윗에게 정공법을 수행하지 말라고 말씀하셨다. 대신 다윗이 남쪽으로 돌아가 하나님으로부터 오는 신호(뽕나무 수풀에서 나는 소리)를 기다린 뒤 블레셋 군대를 뒤에서 기습하기를 원하셨다.

다윗이 그 계획을 그대로 수행했을 때, 여호와께서는 그에게 블레셋 족속에 대한 승리를 허락하셨다. 다윗은 결국 블레셋 족속을 유다로부터 멀리 북쪽으로 몰아내는 데 성공하였다. 그후에 블레셋의 위협이 완전히 사라진 것은 아니지만(대상 18:1, 20:4, 대하 21:16, 26:6, 28:18 참고), 그들은 결코 그 전처럼 다시 무대의 중앙을 차지하지 못하게 된다. 다윗은 이제 위대하고 강력한 왕으로 널리 알려질 것이다.

C. 언약궤를 예루살렘으로 가져오는 데 성공하다(15:1-29)

Supporting Idea	다윗이 언약궤를 예루살렘으로 옮겨오기 위해 올바른 절차를 준수했을 때, 모든 일이 잘되어갔고 언약궤는 큰 기쁨과 함께 다시 안치되었다.

15:1. 다윗은 교훈을 깨달았다. 언약궤를 옮기기 위한 첫 번째 시도 이후 세 달 동안 그는 언약궤 운반과 관련된 지침을 읽으면서 일이 왜 잘못되었는지 이해했다. 문제는 하나님이 명령하신 대로 레위 사람들이 언약궤를 운반하지 않았다는 것이었다(15:2, 13). 다윗은 여호와께 '묻기' 위해 언약궤를 예루살렘에 두려고 한다는 사실은 인정했지만, 정작 언약궤를 거기까지 어떻게 옮길 것인지에 대해서는 먼저 묻지 않았다는 사실을 깨달았다(15:13). 이번에는 그가 그것을 제대로 한다.

다윗은 두 번째 준비 과정에서 인간의 본성을 약간 드러냈던 것으로 보인다. 그가 이번에는 모든 것을 제대로 하려고 온 마음을 다했지만, 그 절차에 더 많은 노래와 더 많은 음악, 더 많은 사람들, 더 많은 흥분 등 더 많은 감각도 첨가했던 것이다. 그러나 다윗이 그것을 더 크게, 더 좋게 할 필요는 없었다. 단지 그것을 제대로만 하면 되는 것이었다.

이번에는 다윗이 언약궤가 산으로 올려지자마자 놓여질 장소를 세우는 데서부터 시작했다. 그래서 그는 장막을 치게 했다. 그 장막은 여러 가지 면에서 당시 기브온에 설치되어 있던 성막에 뒤지지 않았을 것이다. 이론상으로는 예루살렘에 있는 새 장막이 기존의 장막을 대신하지 못했다. 그리고 우리가 뒤에서 볼 수 있듯이, 다윗은 성막도 소홀히 하지 않았다.

15:2-10. 다윗은 언약궤를 옮기려는 첫 번째 시도에서 레위 사람들을 참가자로 끌어들였다. 이번에는 그가 레위 사람들에게 책임을 맡김으로써 처음부터 했어야 했던 일을 실행에 옮겼다. 레위 사람만이 언약궤를 운반할 수 있도록 허용되었을 뿐만 아니라, 언약궤의 운반용 채를 어깨에 멤으로써 규정된 방법대로 해야 했던 것이다. 다윗은 레위 사람들을 회의에 불러모아 올바른 방법에 대한 지침을 하달했다.

15:11-15. 다윗은 앞 절에 언급된 레위의 후손들에 더하여 이제 두 제사장 사독과 아비아달도 자신의 지침에 포함시켰다. 다윗은 전체 그룹에게 그들의 책무가 무엇인지에 대해 한 자도 빼지 않고 분명하게 알려주었고, 제사장들과 레위 사람들은 그대로 따랐다. 그들은 규례대로 성결 의식을 거치고나서(출 29:1) 언약궤의 운반용 채를 어깨에 메어 들어올림으로써 예루살렘으로 행진할 준비를 모두 마쳤다.

15:16-24. 많은 음악이 축하 행사의 일환으로 포함되었다. 앞서 언급한 바 있는 세 사람 헤만과 아삽 그리고 에단이 책임을 맡았고(대상 6:33-47), 오케스트라와 성가대가 그들의 재량에 맡겨졌다. 그나냐는 레위 지파의 족장으로 간주되었고, 전체 연출 가운데 특별히 합창 부분에 대한 책임을 맡았다.

다윗은 언약궤와 관련된 몇몇 다른 임무들도 조직화했다. 장막이 제 기능을 다하게 되자 네 사람이 궤 앞에서 경비 일체를 책임지는 문지기로 임명되었다. 여기에는 지난 3개월 동안 언약궤가 놓여 있던 사유지의 주인 오벧에돔도 포함되어 있었다. 그는 예루살렘으로의 행진에서 수금을 연주하기도 했다. 그 외에도 언약궤 앞에서 나팔을 부는 일곱 명의 선발대가 있었다.

15:25-29. 이번에는 모든 것이 잘되어갔고, 그들은 언약궤를 오벧에돔의 집에서 예루살렘까지 가져올 수 있었다. 그리고 거기서 수송아지 일곱과 숫양 일곱으로 제사를 드

렸다. 다윗은 그 행진이 무사히 진행되자 감격했고, 언약궤가 예루살렘에 접근하자 희열에 넘쳤다. 그는 노래하고 춤추며 황홀경에 빠져 있었다. 그 와중에 다윗이 특별한 날에만 입던 아름다운 예복이 벗겨졌고, 그는 제사장들이 허리에 두르는 간단한 옷만 입은 채 껑충거리며 뛰어다니고 있었다.

당신은 다윗이 부끄러운 줄 모르고 자신의 헌신을 표시했던 그 행위로 인해 하나님께 징계받지 않은 사실에 대해 역설적이라고 생각할지도 모르겠다. 그 행위가 언약궤를 만지는 것보다 훨씬 더 하나님의 거룩하심을 침해하지 않았을까? 분명 아니었다. 그 이유는 다윗이 무엇을 하든 그것은 하나님에 대한 그의 경배를 반영하는 것이지, 하나님 그분 자신을 반영하는 것은 아니었던 반면, 언약궤는 하나님과 그분의 거룩하심을 상징하기 때문이다. 따라서 다윗은 그 당시의 경배 모습을 보여주었고, 하나님을 포함하여 모두가 당연한 것으로 받아들였다.

그런데 모두가 인정했지만 다윗의 아내 미갈만은 예외였다. 한때 다윗의 진정한 사랑이었던 그녀가 이제는 다윗의 진가를 제대로 이해하지 못할 이유들만 축적해온 것이다(삼하 3:15-16 참고). 다윗의 공개적인 경배 표시가 그 마지막이었다. 역대기 저자는 사무엘하 6장 20-23절에 기록된 성난 대화를 우리에게 말해주지 않고, 그저 미갈이 그를 심중에 업신여겼다는 사실만 알려주고 넘어간다. 때때로 최상의 영적 승리의 시기는 가장 깊은 감정적 좌절의 씨앗을 옮기기도 한다.

D. 언약궤의 설치(16:1-43)

Supporting Idea	언약궤가 예루살렘에 놓이자마자 성대한 축전이 벌어졌고, 그 하이라이트는 다윗이 그 행사를 기념하기 위해 미리 써놓았던 한 편의 시가였다.

16:1-3. 언약궤가 새로운 장막 안에 놓여졌고, 제사장들은 즉시 제사를 드렸다. 다윗은 그 예식을 주재하고, 말미에 백성들에게 축복했다(민 6:22-27 참고). 그러고나서 예식에 참석한 일반인들을 대상으로 음식 분배가 이루어졌다. 참석자들은 모두 떡 한 덩이와 고기 한 조각과 건포도병 하나씩을 받았다. 그것은 식량 배급이 아니라 축제를 위한 특별 음식으로 간주되었다.

16:4-7. 다윗은 계속해서 예배의 음악적 측면이 유지되도록 조치했다. 그는 아삽에게 그 책임을 맡겼고, 상설 오케스트라를 모집했다. 언약궤 앞에서 나팔을 부는 책임은 제사장들에게 부여되었다(15:24 참고). 다윗은 아삽에게 감사의 시가 한 편을 넘겨줌으로써 그 행사를 기념했다. 그 작시는 이 부분 전체의 강조점, 즉 홀로 행동하실 수 있는 살아 계신 참 하나님의 위대하심을 다시 한 번 되풀이하고 있다.

16:8-13. 다윗이 그 시편을 지었을 때는 하나로 된 완전한 형태였지만, 오늘날에는 몇 개의 부분으로 나뉘어 다른 시편들에 편입되어 있다. 다윗의 시편은 일곱 개 부분으로 구성되어 있다. 그것은 하나님을 찬양하라는 권고로 시작한 다음, 하나님이 위대하신 이유를 선포하고, 또다시 찬양하라는 권고가 이어지는 등 모두 네 개의 권고와 세 개의 선언으로 이루어져 있다.

첫 번째 권고는 여호와께 감사하라는 명령으로 시작된다. 이스라엘 백성들이 하나님께 찬양해야 한다는 개념은 이후 몇 개 구절에서 계속 되풀이되고 있다. 하지만 그것이 공허한 명령이 아니라는 사실에 주목하라. 이교도들의 많은 찬양과 경배 활동과는 대조적으로 여기에는 실질적인 내용이 들어 있기 때문이다. 하나님에 대한 찬양은 그 행사(what he has done)와 그 행하신 기적(the wonders he has done) 등 실제 사건들을 다시 언급하고 있다. 그것은 단지 최상급 수식어들을 무분별하게 모아놓은 것이 아니라, 하나님의 행위에 근거를 두고 있다. 그중에서도 다윗 왕국의 확립은 적지 않은 부분이었다.

16:14-22. 첫 번째 선언은 그의 언약을 지키신 하나님께 초점을 맞추고 있다. 오래 전에 하나님은 아브라함에게 그의 후손들이 가나안 온 땅을 소유하게 될 것이라고 약속하셨는데, 이제 다윗의 통치 아래에서 그 약속이 이행되었다.

16:23-24. 두 번째 권고는 이스라엘 백성들에게 열방 중에 하나님의 증인이 되라고 말한다. 당시 이스라엘은 이웃 나라들이 주시하는 상황에 놓여 있었고, 그것은 하나님의 백성들이 이방인들에게 하나님의 실체를 보여줄 수 있는 절호의 기회였다.

16:25-27. 두 번째 선언은 우리가 이 부분에서 줄곧 주장한 요점, 즉 모든 영광을 받으시기에 합당하신 살아 계신 참 하나님과 이교도 나라의 무능력한 우상들 사이의 차별성을 강조하고 있다.

16:28-29. 찬양하라는 세 번째 권고에서 이스라엘 백성들은 하나님께 속해 있는 영

광과 경배를 그분께 돌리라고 요구받고 있다.

16:30-33. 세 번째이자 마지막 선언은 만물이 창조된 순서와 자연 자체가 그 나름대로의 방식으로 기꺼이 하나님께 영광을 돌리고 있다는 사실을 언급하고 있다.

16:34-36. 마지막으로 이 시편을 마무리하는 네 번째 권고는 하나님께 감사하라는 개념과 계속해서 구원을 위해 부르짖으라는 개념을 결합시키고 있다. 비록 힘과 안정의 기간이 시작되고 있었지만, 길고 지루했던 일련의 전쟁에서 이제 막 벗어난 이스라엘 백성들은 어떤 평화도 너무나 쉽게 깨질 수 있다는 사실을 잘 알고 있었다. 그들에게 진정한 안전 보장을 위해서는 하나님을 의지해야 한다는 사실을 상기시킨 것이다.

16:37-43. 다윗은 다시 한 번 아삽을 언약궤 앞에서 드리는 예배의 리더로 임명했다. 추측컨대, 아비아달도 제사장직을 수행하면서 예루살렘에 있는 언약궤 곁에 머물렀겠지만, 여기서의 강조점은 그날 행사의 참석자들을 이끌었던 사람들에게 있다. 그동안 언약궤가 놓여 있었던 사유지의 주인으로 문지기에서 수금 연주자로 변신한 오벧에돔은 동료 68명의 도움을 받으며 장막 안에서 이루어지는 사역을 감독했다(대상 15:21).

그러나 레위 사람들의 상당수는 기브온에 있는 성막으로 돌아갔다. 제사장 사독은 두 연주자 헤만과 에단(여기서는 여두둔으로 언급되어 있다)과 함께 기존의 장막에서 활력을 되찾아 새로워진 예배 사역을 계속했을 것이다. 어쨌든 언약궤 없이도 오랜 세월 동안 제 기능을 다해왔던 성막이 아닌가. 그곳은 여전히 속죄일에 중앙에서 지켜지는 의식을 포함하여 주요 제사가 행해지는 장소였을 것이다. 그럼에도 불구하고 이스라엘은 이제 두 곳의 주요 성소를 갖게 되었다. 그런 상황이 영원히 지속될 수 없을 것이라는 사실이 처음부터 분명했다.

Main Idea 복습	다윗은 언약궤를 예루살렘으로 옮기려고 할 때, 하나님의 거룩하심을 존중해야 했다. 그리고 실제로 다윗이 그렇게 했을 때, 즐거운 축제가 이어졌다. 이 이야기는 우리가 하나님에 대해 생각할 때 그분의 거룩하심을 중심에 두어야 한다는 사실을 상기시킨다.

결론

거룩함을 전달하는 초전도체는 없다

태국에 있는 불교 사원의 지붕은 보통 끝이 뾰족하고 가파르며, 그 처마를 따라 복잡한 장식이 많이 달려 있다. 그 내부로 들어가면 정면에 큰 제단이 있는데, 일반적으로 그 위에는 작은 조각상들과 다양한 제물들을 포함하여 많은 물체들이 복잡하게 놓여 있다. 그 제단 뒤에 우뚝 솟아 있는 부처상은 명상 자세로 앉아 있으며, 그의 머리카락은 작은 불꽃처럼 한데 합쳐져 머리 위로 뾰족하게 올라와 있는 것이 보통이다. 이런 모습은 모든 불교 전통에 깃들어 있는 부처의 두 가지 중요한 속성인 영적 능력과 평온함을 전달하려는 의도 때문이다.

그러나 만약 당신이 부처상을 자세히 살펴본다면, 또 다른 이상한 특징을 알아차리게 될지도 모른다. 당신은 부처의 양손에서 가는 줄을 보게 될 것이다. 부처상에 묶여 있는 그 줄은 제단에서 그 홀 내부의 다른 공간으로 연결되어 있거나 두 개 이상의 건물로 이루어진 사원의 경우에는 다른 건물에까지 이어져 있다. 그 줄의 목적은 부처의 영적 축복을 다른 장소로 뿐만 아니라 그 줄들에 자신을 연결시키는 참배자들에게도 전달하는 것이다. 짐작컨대, 신성한 능력이 전선을 따라 흐르는 전류처럼 그 줄들을 따라 흐른다고 생각하기 때문일 것이다.

영적 효험이 물체에 담겨지고 사람들에게 전달될 수 있다는 생각은 새롭지도 독특하지도 않다. 그것은 모든 형태의 우상 숭배가 지니고 있는 하나의 양상이기 때문이다. 태국의 불교 신자들은 빨랫줄을 통해 부처의 영적 효험을 전달할 수 있다고 생각한다. 많은 종교에서도 우상 숭배의 대상이 되는 물체들이 행렬 속에서 여기저기로 옮겨진다.

성경은 그 모든 것이 넌센스라고 가르친다. 거룩함은 물질적인 것들 안에 존재할 수 없다. 물론 그런 것들에 의해 전달될 수도 없다. 물리적 '전선'을 통해 영적 능력을 전도(傳導)하는 것은 없다. 당신은 물리적 전도체로 신성함을 전달할 수 없다. 유형의 물질은 거룩함을 담는 용기가 아니다. 따라서 당신은 마치 거룩한 젖소로부터 신성함을 짜내듯이 그런 것들로부터 거룩함을 인어낼 수 없다.

구약의 언약궤는 그런 점에서 많은 오해의 대상이었다. 한편으로 언약궤는 이스라엘 백성들 사이에서 여호와의 임재를 상징했다. 그것은 여호와께 속해 있기 때문에 거룩했고, 그 신성함이 침해되어서는 안 되었다. 하지만 그것 자체는 하나의 물건으로서 거룩하지 않았다. 거룩함은 하나님께 속해 있었던 것이다. 하나님은 이스라엘 백성들이 그 문제와 관련하여 줄타기를 잘할 수 있기를 기대하셨다. 그들은 언약궤가 상징하는 하나님의 거룩하심을 존중해야지, 그 언약궤를 우상으로 변질시켜서는 안 되었던 것이다.

우리는 기독교의 사랑과 의무를 인식하고 있는 사람들로서 다른 사람이 행한 무언가에 대해 용서할 수 있을 것이다. 무엇보다도 우리 가운데 완벽한 사람은 아무도 없기 때문이다. 그러나 하나님은 완전하시다. 그분은 거룩하시다. 그분이 우리의 죄에 대해 꾸짖으실 때는 우리의 죄로 얼룩진 삶으로부터 완전히 떨어져 계신 분으로서 그렇게 하시는 것이다. 그분은 우리와 너무나 다르기 때문에 우리는 어떤 말로도 그분의 거룩하심에 대해 확실히 이해할 수 없다. 하지만 그분은 우리를 용서하신다. 하나님의 다른 모든 속성이 완전한 의미를 지닐 수 있도록 만드는 것은 바로 그분의 거룩하심이다.

▣ 진리 알기

- 하나님만 거룩하시고, 본질적으로 거룩한 사람이나 물체는 결코 없다.
- 하나님은 때때로 그분의 거룩하심을 사람들에게 나타내는 상징으로 언약궤처럼 특정 물체를 지정하신다.
- 하나님이 그분의 거룩하심을 상징하는 것으로 지정하신 물체는 극도의 존중함으로 다루어야 한다.
- 축복은 특정 물체와의 관련성에 좌우되는 것이 아니라, 살아 계신 하나님과의 관계에 달려 있다.

▣ 적용하기

- 언약궤를 예루살렘으로 다시 옮기려는 노력이 진행되는 동안 하나님이 그분 자신에 대해 계시하셨던 내용과 현대 문화에서 하나님에 대해 이야기하는 방식과 관점을 서로 비교해보라.
- 초대 교회에서 아나니아와 삽비라에게 일어났던 일에 비추어 다윗의 삶에서 일어났던 그 사건을 생각해보라.

• 하나님의 거룩하심에 대해 적절한 감각을 지닐 수 있도록 간구하라.

삶의 적용

거룩하신 하나님을 신뢰하는 것

거룩함과 관련된 구약의 율법은 신약 시대에 사는 우리에게 더 이상 적용되지 않는다. 예를 들면, 우리는 더 이상 음식을 정한 것과 부정한 것으로 나누지 않는다(막 7:18-19, 행 10:15). 하지만 그것이 우리가 더 이상 하나님의 거룩하심을 존중할 필요가 없음을 의미하지는 않는다. 신약에도 다윗 시대의 언약궤 사건을 상기시키는 한 사건이 있다.

우리는 사도행전에서 아나니아와 삽비라의 비극적인 이야기를 볼 수 있다(행 5:1-10). 많은 초대 교회 신자들은 가난한 사람들을 돕기 위해 자기 땅의 일부 구획을 팔아 그 수익금을 교회에 바쳤다. 아나니아와 삽비라도 거기에 참여하기로 결정했다. 그들은 땅의 한 구획을 팔아 일정량의 돈을 자신들의 용도로 떼어놓고 나머지를 베드로에게 가져갔다. 모두가 그들이 교회에 바친 돈이 그 땅을 판 대가로 받은 돈의 전부라고 생각했다. 베드로가 그런 추측을 확인하기 위해 아나니아에게 물었을 때, 아나니아는 그 돈이 전부라고 주장했다. 아나니아는 그 즉시 엎드러져 죽었다. 잠시 후 삽비라도 똑같은 거짓말을 했고, 그녀 역시 바로 그 자리에서 쓰러져 죽었다. 그 부부는 그들의 땅을 팔아 모든 수익금을 교회에 바쳐야 할 의무를 지니고 있지 않았지만, 그것에 대해 하나님께 거짓말하지 말아야 했다(행 5:4).

하나님이 때때로 그분의 거룩하심을 경시하는 사람들을 심하게 징계하신 것처럼 그분의 거룩하심을 강조하기 위해 사용하시는 표현 방법들은 한 가지 중요한 목적을 가시고 있다. 그것은 그분이 정말로 유일하신 참 하나님이심을 우리에게 상기시키기 위한 것이다. 하나님은 사람들이 그분의 언약궤를 살짝 들여다보거나 그분에 대한 헌신에 대해 거짓말하도록 내버려두지 않으신다. 하지만 그분 자신의 모든 능력과 영광을 우리의 재량에 맡기기도 하신다. 우리에게 받을 만한 자격이 없는데도 불구하고 구원을 주시고, 삶을 살아가는 동안 우리에게 필요한 것을 공급해주시는 것이다. 오직 거룩하신 하나님만이 우리가 신뢰할 만한 하나님이시다.

기도

하나님 아버지, 항상 우리와 함께 여기에 계시고, 우리의 발걸음마다 동행하시며, 우리로 하여금 형식에 구애됨이나 겉치레 없이 당신 앞에 나아갈 수 있도록 허용하시는 당신께 우리가 나아갑니다. 그러나 우리는 때때로 그 특권을 당연한 것으로 여기고, 당신이 하나님이시며 거룩하시다는 사실을 잊어버립니다. 우리의 무례함을 용서해주십시오. 그리고 우리로 하여금 모든 영광과 존귀가 당신께 속해 있음을 깨닫게 하시어 당신이 베푸시는 은혜와 자비의 기적이 우리에게 좀 더 분명해지도록 도와주십시오. 아멘.

심층 연구

A. 두로 왕 히람(14:1)

두로는 이스라엘 바로 북쪽 지중해 연안에 있는 페니키아의 도시들 가운데 하나였다. 그 도시는 종종 시돈과 함께 언급되고 있다. 사실 두로는 육지로부터 8백 미터 정도 떨어진 지중해상의 작은 섬에 위치해 있었다. 그리고 거기서부터 대륙에도 거점을 마련했다. 따라서 성경이 두로를 언급할 때, 그것은 섬에 있는 요새화된 도시를 가리킬 수도 있고 해안의 정착지를 의미할 수도 있다.

두로 사람들은 뱃사람과 무역 상인으로 주로 활동했던 종족인 페니키아인들이었다. 그들은 지중해 세계 전역에 전초지를 확보함으로써 이름을 떨쳤다. 독특한 상품을 가지고 있지 않다면, 좋은 상인도 별 소용이 없을 것이다. 페니키아인들이 세상에 내놓는 매물들은 매우 뛰어났다. 그들은 세련되고 정교하게 만들어진 많은 물품들을 취급했는데, 그중에서도 가장 뛰어난 상품은 직물을 독특한 색깔로 물들이는 염료였다. 그 색깔은 나중에 자줏빛('페니키아 색')으로 알려지게 되었고, 그 이후 왕족의 색깔로 지정되기도 했다.

페니키아인들은 이웃에 있는 가나안 족속들로부터 많은 영향을 받았던 것으로 보인다. 그들은 자신들만의 독특한 종교를 가지고 있지 않은 대신, 가나안 족속의 신들을 취사선택하여 여러 신을 함께 숭배했다. 히람 왕은 필요할 경우 이스라엘 백성의 하나님께 찬양을 드렸지만(대하 2:11-12), 그가 진지하게 여호와를 섬겼다고 믿을 만한 증거는 전혀 없다. 아합 왕이 시돈 왕의 딸 이세벨과 결혼했을 때, 페니키아인들은 결국 바알 숭배를 이스라엘에 확산시키는 직접적인 원인이 되고 말았다(왕상 16:31).

히람은 페니키아의 가장 성공적인 왕들 가운데 한 사람이었다. 그는 두로를 영향력 있는 무역 도시로 정착시켰을 뿐만 아니라 외래의 침략에 내비하여 그 도시를 요새화할 수 있었다. 그는 레바논의 백향목 숲에서 나오는 목재와 다른 자연 자원들을 수출하고 그것들을 다룰 줄 아는 장인들을 함께 보냄으로써 그 작은 왕국의 자산을 극대화했다. 히람은 다윗과 솔로몬 모두에게서 잠재 고객의 가능성을 발견했고, 그들과 함께 이스라엘과 두로 모두에게 이득이 되는 동맹을 구축하려고 애썼다.

B. 두 대제사장 이야기(15:11)

다윗의 통치 기간 동안에는 아비아달과 사독 이 두 사람이 대제사장직을 수행했던 것으로 보인다. 아비아달은 다윗의 절친한 친구이자 동지였고, 그들의 관계는 다윗의 광야 시절까지 거슬러 올라간다(삼상 22:20-23). 그의 아버지 아히멜렉이 대제사장이었고, 다윗이 부분적으로나마 아히멜렉의 죽음에 책임이 있었기 때문에(삼상 22:6-19) 다윗은 아비아달이 그의 곁에서 제사장직을 수행하도록 특별히 배려했다. 그후 다윗이 권력을 잡았을 때, 아비아달이 대제사장직에 취임하는 것은 지극히 당연한 일이었다. 하지만 다윗이 실제로 왕이 되기 전에 사독은 이미 성막을 책임지는 대제사장으로 임명되어 있었다.

그렇게 해서 대제사장직에 대해 합법적으로 권리를 주장할 수 있는 사람이 두 명이나 존재하게 되었다. 다윗은 사독으로 하여금 성막에서 계속 직무를 수행하도록 하는 한편, 아비아달에게는 언약궤가 놓여 있는 예루살렘의 새 장막을 맡김으로써 그들 모두를 배려했다.

다윗의 통치 기간 내내 두 사람 사이에 불편한 관계가 지속되었음은 두말할 필요도 없다. 압살롬의 반란이 진행되는 동안에는 사독과 아비아달이 모두 다윗을 지지했다(삼하 15:24). 그러나 누가 다윗을 승계해야 하느냐의 문제가 제기되었을 때, 상황은 갑자기 악화되었다. 사독은 솔로몬을 지지했던 반면, 아비아달은 아도니야에게 자신의 운명을 걸었던 것이다(왕상 1:7-27). 마침내 솔로몬이 왕위를 계승했고, 그는 결국 아비아달을 면직시켜 추방했다(왕상 2:26-27).

교안

A. 들어가는 글

1. '어느 운석' 이야기로 시작하라.
2. 배경 설명: 소설 「빙하의 남극」에서 등장 인물들은 누구든 건드리면 죽게 되는 엄청난 무게의 운석을 옮겨야 한다. 다윗 왕은 예루살렘에서의 지배 체제를 확립하면서 언약궤를 그의 새 수도로 가져오려고 시도했다. 하지만 그 언약궤가 옮기기 어려운 물건이라는 사실이 밝혀졌다.
3. 적용: 언약궤를 예루살렘으로 운반하려던 다윗의 첫 번째 시도는 결국 재앙으로 변해버렸다. 다윗과 그의 동료들이 하나님의 거룩하심을 존중하지 않았기 때문이다. 하나님이 정하신 규칙을 따랐던 두 번째 시도는 성공적이었다.

B. 본문 이해

1. 언약궤를 옮기려는 시도가 실패하다(13:1-14)
2. 블레셋의 신들 대 다윗의 하나님(14:1-17)
3. 언약궤를 예루살렘으로 가져오는 데 성공하다(15:1-29)
4. 언약궤의 설치(16:1-43)

C. 결론: '거룩함을 전달하는 초전도체는 없다' 를 읽어주라.

토의 질문

1. 오늘날 그리스도인들이 거룩하게 생각할 수 있는 물체나 장소, 시간 등이 있는가?

2. 우리가 어떻게 하면 하나님의 거룩하심을 더 많이 존중하는 방법을 배울 수 있는가?

3. 우리가 거룩함의 개념을 물체에 옮기는 함정에 빠지지 않고, 하나님의 거룩하심을 제대로 깨닫기 위해 무엇을 할 수 있는가?

역대상 17:1-20:8

다윗의 불패 시즌

"이 세상은 아직도 하나님이 그분께 온전히 헌신하는 한 남자를 통해 무엇을 하실 수 있는지 보아야 한다."

- 헨리 발리(Henry Varley)가 낙심한 청년 드와이트 L. 무디(Dwight L. Moody)에게

비록 하나님이 예루살렘에 성전을 지으려는 다윗 왕의 계획을 중지시키셨지만, 다윗은 하나님이 그의 후손들을 영원히 왕위에 앉히실 것이라는 약속에 기뻐했다. 그 약속은 예수 그리스도로 말미암아 최종적으로 이행되었다. 하나님은 다윗에게 많은 승리를 주심으로써 그의 영토에 대한 지배권을 확립하셨을 뿐만 아니라, 전적인 신뢰 가운데 그분께 나아오는 자들에게 보상하신다는 사실을 보여주셨다.

들어가는 글

불패 시즌

1973년 1월, 미국 프로 풋볼리그의 마이애미 돌핀스(Miami Dolphins)는 단 한 차례의 패배도 없이 전체 시즌을 마감했다. 그것은 돌핀스가 1972년 정규 시즌의 열네 게임뿐만 아니라, 디비전 및 컨퍼런스 플레이오프 두 게임, 그리고 워싱턴 레드스킨스(Washington Redskins)를 패배시켰던 슈퍼볼(Super Bowl)대회까지 총 열일곱 게임을 승리했다는 사실을 의미했다.

이러한 돌핀스의 완벽한 성과는 대부분의 사람들을 놀라게 했다. 많은 기자들과 아나운서들은 일개 프로 팀이 그런 목표를 달성한 것은 이번이 처음이라고 말함으로써, 우리로 하여금 조만간 또 다른 팀이 돌핀스가 이룬 업적을 필적하게 될 것이라고 생각하게 만들었다. 그러나 아직까지 어떤 팀도 돌핀스의 업적에 필적하지 못했고, 많은 전문가들은 현재의 리그 구조상 그런 일이 일어나는 것은 거의 불가능하다고 말한다.

다윗 왕은 '불패 시즌'을 경험했던 것으로 보인다. 우리는 이 부분에서 그가 어떻게 적을 차례차례 무찌를 수 있었는지 보게 될 것이다. 심지어 전망이 어두워 보이는 상황에서도 말이다. 하나님이 그에게 성공을 허락하셨음은 의문의 여지가 없다. 다윗의 모든 업적은 한 가지 전제를 근거로 하고 있다. 하나님이 다윗에게 약속하셨고, 다윗은 그것을 지켰다. 우리는 그 불패 시즌이 어떻게 전개되었는지 살펴볼 예정이지만, 그것이 다시는 필적하지 못할 이스라엘 역사의 정점으로 판명되었다는 사실도 받아들일 준비를 해야 한다.

본문 이해

다윗의 불패 시즌

Main Idea	다윗과 그의 장군들이 여호와를 신뢰했을 때, 하나님은 그들에게 주변 국가들에 대한 승리를 주셨다.

많은 주석가들은 여기에 나와 있는 자료들이 정확히 연대순으로 되어 있다고 가정하지 않도록 우리에게 충고하면서 역대기 저자가 그 기사들을 정확한 발생 순서가 아니라 주제별로 모아놓았다고 말한다. 종전의 기사가 끝나고 새로운 기사가 시작되는 지점 사이에 어느 정도의 시간 간격이 있음은 분명하다. 한편 다윗은 두로의 진취적인 왕 히람으로부터 기증받은 건축 자재를 잘 활용하였고, 언약궤는 그때까지 상당 기간 동안 예루살렘에 놓여 있었다. 우리는 다윗이 언약궤를 위해 좀더 영구적인 건물을 지으려고 계획을 세울 때 하나님이 그에 대한 응답으로 그를 어떻게 축복하시는지 보게 된다. 그런 다음, 다윗이 어떻게 유다의 적들에게 계속해서 승리를 거두었는지 보여줌으로써 그 거룩한 축복의 기본적인 특징이 상술된다.

A. 성전을 짓고자 하는 다윗의 소망(17:1-27)

Supporting Idea	비록 다윗은 성전을 짓도록 허락받지는 못했지만, 하나님이 그와 그의 후손들에게 하신 약속으로 말미암아 기뻐했다.

17:1-2. 다윗은 두로 왕 히람으로부터 건축 자재를 무료 견본으로 제공받았다. 만약 다윗이 결국 더 많은 자재를 구하기 위해 다시 찾아올 것이라고 히람이 기대했다면, 그의 계획은 성공적이었다. 이스라엘 왕은 자신을 위해 당대의 편의 시설을 모두 갖춘 아름다운 백향목 궁전을 지었고, 이제 성전도 건축하고자 하는 바람을 가지고 있었던 것이다. 언약궤는 지금까지 한동안 예루살렘에 있는 장막에 머물러 있었고, 온갖 통상적인 예배 의무를 주관하는 제사장들도 물론 그곳에 머물렀으며, 그 가운데 일부는 아비아달이 주재하기도 했다. 동시에 언약궤 말고는 필요한 기구를 모두 갖추고 있던 '진

짜' 장막도 여전히 기브온에 세워져 있었고, 그곳에서도 사독과 그의 동료들이 율법의 필수 사항을 수행하고 있었다. 이제 다윗은 예루살렘에 하나의 영구적인 성전을 지음으로써 예배 센터를 통합하려고 결심했다.

나단 선지자는 다윗을 그의 궁전에서 지속적으로 접촉해왔던 것으로 보인다. 그의 일은 여호와의 직접적인 권고를 전달하는 것이지만, 때때로 심판을 선포해야 하는 경우도 있었다(삼하 12장). 이 특별한 이야기는 다윗과 나단의 대화에서부터 시작된다. 다윗은 자신에게는 호화로운 궁전이 있는 반면 언약궤가 장막 안에 놓여 있는 상황에 대해 불만을 표시했다. 다윗이 생각하기에는 이제 언약궤를 위해 진짜 성전을 지어야 할 시점이었던 것이다. 나단은 당연히 기분 좋은 대답이 나올 것이라고 알고 있는 왕의 조언자로서 자신 있게 대답했다. "지당하신 말씀입니다. 그렇게 하십시오. 다윗 왕이시여, 당신은 신실한 분이며, 그것은 분명 옳은 일입니다."

17:3-15. 하지만 그날 밤 나단은 여호와로부터 전혀 다른 메시지를 받았다. 하나님은 다윗이 성전 짓는 것을 원치 않으셨고, 나단은 하나님이 말씀하신 내용을 왕에게 보고해야 하는 의무를 지니고 있었다. 우리는 하나님이 나단에게 주신 계시를 이해하기 쉽도록 세 부분으로 나누어 생각해볼 수 있다.

먼저, 하나님은 다윗에게 누가 성전을 짓겠다는 아이디어를 생각해냈든 그것은 여호와가 아니라는 점을 전달하셨다. 그분은 이동식 장막을 사용하도록 명령하셨고, 더 좋은 시설을 갖고 싶다고 불평하신 적이 결코 없으셨다. 거의 해학적이라고도 할 수 있는 그 응답은 우리가 하나님을 기쁘시게 해드리기 위해 시도하는 어떤 일들에 대한 그분의 반응을 보여준다. 교회 건물과 예배 의식을 더 크고 화려하게 만들고 우리 자신의 노력이 더 많이 드러나게 하고 싶은 것은 자연스러운 인간의 반응일 것이다. 그러나 하나님은 그분의 선지자를 통해 이렇게 말씀하셨다. "네 노래 소리를 내 앞에서 그칠지어다 네 비파 소리도 내가 듣지 아니하리라 오직 공법을 물같이 정의를 하수같이 흘릴지로다"(암 5:23-24). 정의를 실현하려고 노력하는 것이 열정적으로 '예배'를 드리는 것만큼 흥미롭지는 않지만, 만약 첫 번째 것이 본래 있어야 할 자리에 있지 않다면 두 번째 것은 아무 의미가 없다.

둘째로, 하나님은 다윗을 소년 목자에서 위대한 제국의 왕으로 이끄시면서 그를 위해 하셨던 모든 일들을 그에게 상기시키셨다.

셋째로, 하나님은 다윗 왕에게 약속을 선언하셨다. 이미 물리적 의미에서의 집을 가지고 있었던 다윗은 이제 영원한 왕조의 첫 번째 왕이 된다는 의미에서의 영구적인 '집' 을 갖게 될 것이었다. 비록 다윗이 성전을 짓도록 허락받지는 못했지만, 그의 아들(우리는 나중에 그가 솔로몬이라는 사실을 알게 된다)이 성전을 짓게 될 것이다. 게다가 그의 왕위가 영원히 확립되어 이스라엘의 왕위에 언제까지나 다윗과 솔로몬의 후손이 있게 될 것이다.

17:16-27. 하나님의 응답에 대한 다윗의 반응은 뜻밖이었다. 우리의 예상은 다윗이 갑자기 항변을 하며 자신이 성전을 짓도록 허락받아야 할 이유를 주장하는 모습일 것이다. 다윗은 분명 다양한 이슈에 대해 여호와께 불만을 제기하는 것을 꺼려하지 않았다(시 6:1-7 참고). 그러나 이번에는 그러지 않았다. 다윗은 하나님의 사랑과 아량에 압도되었고, 여호와께 대한 그의 감사를 아름다운 기도로 표현했다.

다윗의 고백은 그 약속 가운데서 영구적인 '다윗의 집' 이 존재하게 될 것이라는 부분에 초점이 맞추어져 있었다. 사울의 집이 완전히 파괴되는 것을 다윗이 직접 보았다는 사실을 기억하라. 다윗은 똑같은 운명이 그 자신의 가문에도 닥칠지 모른다고 걱정했을 것이다. 그러나 하나님의 선언으로 그런 근심은 사라졌다. 다윗은 그를 향한 하나님의 사랑이 확고부동함을 믿고 의지할 수 있다는 사실을 알고 있었기 때문이다.

B. 주변 왕국들에 대한 승리(18:1-17)

Supporting Idea	하나님은 다윗에게 이스라엘의 적들에 대한 승리를 허락하심으로써 그를 축복하셨다.

이 장은 이스라엘 주변에 있는 여러 왕국들에 대한 다윗의 승리를 하나하나 열거하고 있다. 여기에 빠져 있는 암몬은 다음 장에서 더 크게 취급될 것이다. 다윗은 그 점령지들을 확보함으로써 유브라데 강 서쪽에서부터 지중해까지 전 지역에 걸친 왕국을 건설하는 데 성공했다. 하나님이 본래 모세를 통해 약속하셨던 그 땅의 최대치를 마침내 획득한 것이다(신 1:7).

18:1-6. 비록 블레셋 족속이 이스라엘 지경 내에서는 결정적으로 패배했지만(대상 14:11-16), 다윗은 아직 블레셋 족속의 본토를 정복하지 못했다. 그가 이제 그 일에 착수

한 것이다. 역대기 저자는 첫 기사로 다윗의 옛 대적 골리앗의 고향인 가드 성읍에 대한 승리를 선택한다. 출애굽 시대 이후 이스라엘에게 있어 또 다른 가시였던 모압(민 25:1-2)에 대한 승리도 내친김에 간단히 언급하고 넘어간다.

하닷에셀은 아람 족속(시리아인)의 소왕국들 가운데 하나인 소바의 왕이었다. 그의 백성들은 다메섹 동쪽에서부터 유브라데 강에 이르는 전 지역에 걸쳐 살았다. 소바는 바벨론과 앗수르가 서로에게 온 관심을 집중하고 있는 동안 자신의 세력을 주장할 수 있었던 작은 나라의 또 다른 사례라고 할 수 있다. 우리가 하닷에셀의 군대 규모, 특히 천 대의 병거에 대해 읽은 바에 의하면, 그는 꽤 강력한 군사력을 가지고 있었다. 하지만 다윗의 전력은 훨씬 더 강력했던 것이 분명하다.

수천 마리에 달하는 말의 오금을 잘랐던 다윗의 행동이 현대의 서구 독자들에게는 신경에 거슬릴지도 모른다. 심지어 수많은 인간들이 살육되는 상황에서도 우리는 다치는 동물들에 대해 슬퍼할 수도 있을 것이다. 그러나 다윗에게 있어서 그것은 순전히 군축 조치였다. 말이 없는 군대는 유효한 적이 될 수 없었다. 다메섹에 수도를 두고 있던 서쪽 아람 사람들이 동쪽의 사촌들을 도우러 왔을 때, 그들 역시 패배했다. '들어가는 글'에서 나왔던 이야기의 비유적 표현을 빌리자면, 다윗은 '불패 시즌' 을 만끽하고 있었던 것이다.

18:7-11. 하닷에셀의 지휘관들이 왜 금 방패를 전투에 가져왔는지는 분명하지 않다. 금은 무르고 무거운 금속이기 때문에 그것으로 어떤 병기를 만들든 전투에서는 비실용적이었을 것이다. 그 방패들은 자신의 능력을 과대평가했던 왕이 최근에 급부상한 자신의 세력을 과시하기 위한 것이었음에 틀림없다. 그것들은 꽤 많은 양의 놋과 마찬가지로 대환영을 받으며 다윗의 전리품에 추가되었다. 게다가 하맛(북쪽에 있는 아람 족속의 소왕국) 왕 도우가 전쟁에서 패배하지 않고도 공물을 보냄으로써 혹시 있을지도 모르는 이스라엘의 침략을 미리 막아보기로 결심했다. 그는 자신의 아들 하도람을 보내 다윗 왕에게 축복하고 귀한 금속으로 만든 많은 기구를 전달했다.

다윗은 그 보물들을 자신의 재산에 포함시키지 않았다. 대신에 그것들을 여호와의 곳간에 넣어두었다. 이스라엘 백성들이 여호수아의 영도 아래 가나안을 정복하는 동안 지시받았던 것처럼 말이다. 모든 것이 진멸되어야 하지만, 금이나 은, 동 등으로 만든 기구들은 여호와께 드려야 했던 것이다(수 6:18-19). 다윗의 통치 이전에 있었던 혼란을 감안할 때, 아마도 다윗 왕은 성막의 곳간을 부흥시켜야 했고, 그가 전쟁에서 얻은 모든 것을 그곳에 넣어두었을 것이다.

18:12-13. 역대기 저자는 아비새의 군사적 공훈에 대해 기록하고 있다. 그는 다윗의 최고 장군 요압의 동생이었으므로 다윗의 이복 조카이기도 했다. 우리는 다음 장에서 그가 이스라엘 군대의 장군으로서 자신의 형과 협력하여 암몬 족속을 무찌르는 모습을 볼 수 있다. 그러나 여기서는 그가 단독으로 작전을 수행하여 사해 부근에서 에돔의 큰 군대를 참패시킨 것을 보게 된다. 아비새는 그 승리를 쟁취한 후에도 다윗이 그 지역에 대한 지배권을 계속해서 행사할 수 있도록 수비대를 설치하는 등 필요한 조치를 취했다. 역대기 저자는 한 번 더 다윗이 '불패 시즌' 중에 있음을 우리에게 상기시킨다.

18:14-17. 우리는 이스라엘 왕국의 수뇌부를 간략하게 살펴봄으로써 마무리한다. 이제는 몇몇 이름이 우리에게 친숙하게 느껴진다. 그 가운데는 이스라엘 군대의 지휘관 요압과 제사장 사독도 포함되어 있다. 비록 아비아달이 오랫동안 활동하게 되지만(왕상 2:26-27), 여기에는 다른 제사장 아비멜렉(아히멜렉의 다른 이름 - 역자 주)이 언급되어 있고, 그는 조부의 이름을 따서 이름 지은(삼상 21:1) 아비아달의 아들이었다. 우리는 위대한 두 지휘관 가운데 두 번째 인물인 브나야도 발견하게 된다. 그는 애굽 거인을 죽이고 특별 부대를 맡았다(대상 11:22-25). 일단 왕국이 세워진 후에는 사관 여호사밧과 서기관 사워사가 장래에 기능하게 될 모든 행정 체계의 토대를 마련했기 때문에 권력을 실질적으로 장악하고 있었을 것이다.

마지막으로 다윗의 아들들은 권한이 정해져 있지 않은 다양한 지도적 위치를 차지하고 있었다. 그 설명은 실제로 판명된 것처럼 건전하게 들리지 않는다. 만약 당신이 권한을 가지고 있으면서도 그에 따른 직무 내용을 가지고 있지 않다면, 그 추정된 모든 권한을 가지고 무엇을 하겠는가? 역대기 저자는 그 문제에 대해 더 이상 파고들지 않지만, 우리는 다른 곳에서 결국 압살롬의 반란으로 절정에 이르렀던 그 미비함의 불행한 결말을 보게 된다(삼하 13-22장).

C. 암몬과의 전쟁(19:1-20:3)

Supporting Idea	암몬과의 전쟁은 하나님이 다윗에게 어떻게 성공을 허락하셨는지를 추가로 보여줄 뿐만 아니라, 하나님에 대한 요압의 믿음도 부각시킨다.

이 장에 기술된 사건들은 아람 족속의 왕들이 여전히 군대를 보유하고 싸울 수 있었던 것으로 보아 아마도 다윗이 앞장에서 벌였던 전쟁들 이전에 발생했을 것이다.

19:1-5. 이것은 한 통치자가 나라를 파멸로 몰고 가는 자기 파괴적인 행동에 빠졌던 처음도 마지막도 아니다(우리는 역대하 10장에서 르호보암이라는 왕을 통해 또다시 그런 사례를 보게 될 것이다). 그러나 하눈의 어리석음은 어쩌면 그 무모함 때문에 더 눈에 띄는지도 모른다. 나하스는 오랜 세월 동안 암몬의 왕이었다. 길르앗야베스 성읍을 공격함으로써 사울이 왕으로서 권위를 세울 수 있도록 처음으로 원인을 제공했던 장본인이 바로 그였다. 그 사건은 사울로 하여금 온 이스라엘을 규합해 그 성읍의 방어에 나서도록 만들었다(삼상 11:1-11). 나하스는 야비하고 잔인한 사람이었지만(삼상 11:2), "내 적의 적은 나의 친구"라는 이론 때문이었는지 다윗이 사울을 피해 도망 다닐 때 그에게 친절을 베풀었다. 나하스가 죽고 그의 아들 하눈이 즉위했을 때, 다윗은 새 왕에게 조의를 전달하기 위해 외교 사절단을 파견했다.

이스라엘 대표단이 암몬의 수도에 도착했을 때, 새 왕의 조언자들은 나하스와 다윗 사이에 있었던 어떤 감정에 대해서는 도외시한 채 사울의 군대에게 당했던 패배만을 기억하고 있었다. 그들은 다윗의 군대가 공격을 준비하기 위해 이스라엘 대표단을 스파이로 보낸 것이라고 의심했고, 암몬 왕은 그들의 의혹을 받아들였다.

이 이야기에서 놀라운 것은 하눈 왕이 그 의혹을 근거로 어떻게 행동했느냐이다. 침략에 앞서 보내진 스파이로 의심되는 사람들을 다루는 방법에는 여러 가지가 있을 수 있다. 예를 들면, 그들이 돌아가 보고하지 못하도록 죽일 수도 있었고, 그들을 반기는 척하면서 거짓 정보를 흘릴 수도 있었으며, 적의 공격을 사전에 차단하기 위해 그들을 인질로 잡아둘 수도 있었을 것이다. 또 그들을 다그쳐 적의 침략 계획과 준비 상황 등을 알아내는 방법도 있었을 것이다. 그러나 하눈 왕은 그 가운데 어느 것도 하지 않았다. 만약 그들이 정말 스파이였다면 파악한 모든 정보를 보고할 수 있도록 그들을 그냥 다윗에게 돌려보냈을 것이다.

그러나 하눈은 먼저 그들의 수염을 깎고 그들의 은밀한 부분이 드러나도록 의복을 자름으로써 그들에게 수치심을 주었다. 그런 다음, 그들을 사막으로 내쫓아 불명예스럽게 집으로 돌아가도록 만들었다. 다윗은 자신의 사절들이 당한 수치에 대해 전해 듣고 분개했다. 그는 자신의 신하들에게 수염이 다시 자랄 때까지 여리고 성읍에 격리되어 있도록 권고했다.

19:6-9. 당신이라면 그 나쁜 상황을 어떻게 더 악화시키겠는가? 하눈 왕은 한 가지 방법을 찾아냈다. 그는 이스라엘 백성들이 자신의 행위에 화가 났다는 사실을 깨닫자마자 대규모의 군대를 끌어모아 이스라엘에 대한 공격을 개시함으로써 혹시 있을지도 모를 보복 행위를 미리 막아보고자 했다. 하눈은 다윗이 보복 외에는 다른 선택을 할 수 없도록 여러 아람 왕국들로부터 연합군을 고용했다. 암몬과 아람의 두 군대는 이스라엘 군대가 한꺼번에 두 개의 전선에서 싸울 수밖에 없도록 병력을 배치했다. 암몬 족속이 그들의 성읍을 뒤로 하고 자리를 잡았다는 사실은 다윗의 군대가 그들을 뒤에서부터 에워쌀 수 없도록 만들고, 반면에 아람 군대는 융통성을 가지고 그들을 지원할 수 있도록 하기 위함이었다.

다시 말해, 암몬 군사들이 '미끼' 역할을 하게 된 것이었다. 이스라엘 군대가 그들을 공격했을 때, 아람 군대는 자신들과 암몬 군대 사이에 있는 이스라엘 군대를 급습하여 압박할 수 있었던 것이다. 다윗은 그런 상황에서 자신이 할 수 있는 유일한 조치를 취했다. 그는 요압을 선두에 세워 그의 군대를 내보냈던 것이다.

19:10-15. 불가능을 가능케 한다는 명성을 지니고 있었던 장군 요압은 반격의 치밀함 따위는 모두 포기했다. 요압은 군대를 둘로 나누어 하나는 자신이 직접 지휘하고, 다른 하나는 그의 동생 아비새에게 맡겼다. 요압의 군대는 좀 더 강한 아람 군대와 맞서고 아비새의 군사들은 암몬 군대를 마주 대하고 있었다. 요압은 아비새와 함께 만약 그들 가운데 한 명이 어려움에 빠지면 나머지 한 명에게 도움을 요청하기로 약속했다.

전투가 시작되기 전, 요압은 여호와께서 선히 여기시는 대로 행하시기를 원하노라 하고 선언했다. 요압의 결정은 분명하고 실용적이었으며, 하나님에 대한 그의 믿음 역시 마찬가지였다. 그는 무작정 하나님이 그들을 도우실 것이라고 추정하지도 않았고, 하나님이 승리를 가져다주실 만한 영리한 방법을 찾아보려고 애쓰지도 않았다. 요압은 기꺼이 그것을 하나님께 맡겨드렸다.

그리고 하나님은 큰 승리를 허락하셨다. 아람 군대가 먼저 겁을 먹고 도망치기 시작했고, 암몬 족속도 그들의 동맹군이 자기들을 싸움터에 버려두고 간 사실을 깨닫자마자 포기하고 도망쳤다. 요압은 불리한 상황을 무릅쓰고 대규모 군대를 상대로 승리를 거두었고, 임무가 완료됨에 따라 예루살렘으로 돌아갔다.

19:16-19. 그러나 암몬 족속에 의해 전쟁에 말려들었던 아람 사람들은 패배를 받아들이려고 하지 않았다. 그들은 다른 동맹국들로부터 새로운 지원군을 받아 또다시 대규모 군대를 끌어모았고, 이스라엘을 향해 진군하기 시작했다. 이번에는 다윗이 직접 나섰다. 그는 친히 군대를 이끌고 나가 아람 군대의 길을 정면으로 막아 섰다. 적들은 한 번 더 심한 타격을 받았고 마침내 도망칠 수밖에 없었다. 결국 그들은 자진해서 다윗과의 평화 조약을 받아들였다. 역대기 저자가 우리에게 이야기해주는 바에 의하면, 아람 사람들 사이에 일어난 반응은 이런 것이었다. "저 암몬 족속 때문에 우리가 당한 이 곤경을 좀 보라구! 다시는 저들을 도우지 않을 거야."

20:1-3. 요압은 군대를 이끌고 나가 암몬의 성읍 랍바를 포위하고 있었다. 그 일 직후, 다윗은 예루살렘에 머물렀고, 불륜과 살인으로 얽힌 밧세바와의 일이 일어난 것도 바로 그 기간 동안이었다(삼하 11:1-26). 에스라가 그 이야기에 대해 모르고 있었을 가능성은 거의 없다. 그가 우리를 속이기 위해 그것을 제외시켰을 것이라고 생각해서도 안 될 것이다. 당시 그는 다윗에 대한 인물 연구를 집필하고 있지 않았다. 역대기 저자는 우리에게 이상적인 왕국의 청사진을 제시하고 있는 것이다. 다윗의 영도 아래 세워졌던 그런 왕국처럼 말이다. 다윗이 몇 가지 심각한 죄를 저질렀다는 사실은 전체적인 구성 면에서 분명 의미가 있다. 그리고 그것이 바로 하나님이 그 일화를 사무엘하에 포함시키신 이유이기도 하다. 그러나 역대기 저자의 입장에서는 다윗의 죄가 그의 집필 목적과 부합하지 않는 것이다.

왕들의 출전할 때가 우리에게는 이상할지도 모르겠다. 그러나 많은 요인들로 인해 특정 계절이 전쟁에 적합한 때로 여겨졌다. 적절한 달이 아니라는 이유만으로 침략을 방어하거나 긴급하게 취해야 할 몇몇 다른 조치를 연기하는 사람은 분명 없었을 것이다. 그러나 전쟁에 착수하는 훌륭한 전략가라면 다음과 같은 원칙을 준수해야 한다.

그는 자신의 군대가 진흙탕에 빠지지 않도록 우기를 피하고 싶을 것이다. 갈증을 해

소할 물도 거의 없이 태양에 그을릴 수도 있는 시기에 자신의 군대를 들판에 두어서는 안 될 것이다. 그러나 무엇보다도 중요한 것은 그의 군대가 양식을 확보할 수 있는 방안을 마련하는 것이다. 그것은 적국의 곡식이 막 익어갈 무렵 전쟁에 착수해야 함을 의미한다. 본국에서 어떤 식량을 가져가든 금방 소모해버리게 될 자신의 군대가 적의 영토에서 전답을 약탈함으로써 식량을 조달할 수 있기 때문이다. 따라서 장군과 그의 군대가 활동하기에 가장 적합한 특정 시기가 있었고, 늦은 봄이 왕들의 출전할 때로 알져져 있었다.

요압은 다시 한 번 이스라엘 군대를 지휘하여 암몬의 수도 랍바를 포위했다. 다윗은 곧바로 승리를 움켜쥐고 전리품을 확보할 수 있는 공격의 마지막 단계에 이르러서야 비로소 그에게 합류했다(삼하 12:27-29). 확보된 보물 가운데는 보석으로 장식한 거대한 금 면류관도 있었는데, 그것은 왕의 권위를 표시하는 상징이었다. 다윗은 암몬 족속에 대한 그의 지배권을 상징적으로 보여주기 위해 그 왕관을 썼고, 랍바의 시민들을 끌어내 강제 노역을 시켰다. 그들은 하눈 왕이 다윗의 외교 사절들을 모욕적으로 대우하는 것을 보고 비웃었던 그때를 너무나 후회했음이 틀림없다! '불패 시즌' 을 끝낸 다윗은 예루살렘으로 돌아갔다.

D. 세 거인에 대한 승리(20:4-8)

Supporting Idea	다윗의 세 부하가 블레셋 거인들을 제압했던 승리는 다윗의 영광을 더해주었다.

20:4-8. 블레셋 족속이 이미 정복되기는 했지만, 가끔 일어나는 폭력적인 저항까지 완전히 근절된 것은 아니었다. 우리는 이 성경 본문에서 그 저항을 이끌었지만 각각의 이스라엘 사람에게 죽임을 당했던 세 명의 블레셋 거인을 만나게 된다. 첫 번째 폭동은 고대 거인 족속의 후손 르바임 사람으로 불리는 십배에 의해 주도되었다(신 3:11). 그는 다윗의 삼십 인(대상 11:29) 가운데 한 명인 후사 사람 십브개의 상대가 되지 못했다. 십브개는 그를 쳐 죽이고 폭동을 진압했다.

거인 라흐미도 자신의 형 골리앗과 마찬가지로 블레셋 족속을 위해 전쟁에 나섰다. 그는 야일의 아들 엘하난에 의해 죽임을 당했다. 마지막으로 가드에서 또다시 소요가 있었고, 이번에는 매 손과 매 발에 가락이 여섯씩인 것으로 알려져 있는 거인에 의해 주도되었다. 그 역시 이스라엘을 공개적으로 조롱함으로써 골리앗을 흉내내려고 시도했지만, 결국 같은 운명에 처하고 말았다. 이번에 그를 쓰러뜨린 사람은 시므아의 아들이자 다윗의 조카였던 요나단이었다(대상 2:13). 이와 같이 그 자신이 거인 킬러였던 다윗은 그를 지지하고 돕는 많은 거인 킬러들에게 둘러싸여 있었다. 다윗 왕국의 힘은 제한이 없는 것처럼 보였다.

Main Idea 복습	다윗과 그의 장군들이 여호와를 신뢰했을 때, 하나님은 그들에게 주변 국가들에 대한 승리를 주셨다.

결론

불패에 가까운 시즌

1950년대 테일러 대학(Taylor University)의 농구와 미식 축구 감독 돈 오들(Don Odle)은 새로운 종류의 복음 전도 사역에 참여하기로 동의했다. 그는 아시아로 원정을 떠나는 대학 농구 팀의 감독이 되었고, 그곳에서 그들은 많은 관중들 앞에서 현지 팀들과 경기를 하고 휴식 시간을 이용해 복음을 나누는 기회로 삼았다. '승리를 위한 모험(Venture for Victory)' 이라고 알려진 이 혁신적인 사역 팀은 복음 전도를 목적으로 하는 많은 스포츠 프로그램의 모델이 되었다.

오들의 첫 번째 팀은 1952년 여름에 필리핀과 타이완을 여행했고, 그다음 해부터는 스포츠를 통한 사역 일정에 일본과 한국을 추가시켰다. 1953년 그들은 총 여든두 게임을 치렀고, 그 가운데 여든한 게임을 승리했다(Rousselow-Winquist and Winquist, 126). 하지만 그 한 번의 패를 패배로 분류하는 것은 잘못이다. 그들이 비록 그 특정 경기에서는 이기지 못했을지라도 그날 밤 그리스도를 증거하고자 하는 그들의 목표는 달성했기 때문이다. '승리를 위한 모험' 이 최종 점수 면에서는 불패 시즌을 갖지 못했을지도 모르지만, 그들의 진짜 목적인 영적인 사역 면에서는 불패 시즌을 경험한 것이다.

다윗 왕은 자신의 제국을 공고히 하는 과정에서 '불패 시즌' 을 경험했다. 암몬 족속(대상 19장)에서부터 시작하여 소바 사람들(대상 18:3)에 이르기까지 다윗은 그의 적들에게 승리를 거두었다. 그의 '불패 시즌' 은 전능하신 하나님이 우리의 삶을 책임져주시며 우리에게 승리를 가져다주실 것이라는 사실을 상기시키는 중요한 사건이다. 설사 우리가 우리 삶 가운데서 블레셋 족속이나 암몬 족속에 해당하는 것과의 싸움에서 일부 진다 할지라도 승리를 위한 모험처럼 주님께 받은 소명에 충실하다면 결코 패배하지 않을 것이다.

▣ 진리 알기

- 하나님과 함께 승리하는 삶은 우리가 원하는 것을 다 얻는 삶이 아니다.
- 하나님이 우리에게 환경에 대한 승리를 주실 때, 우리는 그분이 그 승리를 주관하시는 분이심을 인정해야 한다.
- 우리는 삶 가운데서 환경으로 인한 패배를 경험할 때, 그것이 우리의 영혼까지 패배시키는 것이 아님을 깨닫고 하나님을 신뢰해야 한다.
- 우리가 지금까지 경험한 어떤 실패보다 하나님이 더 중요한 승리를 주셨던 부분에 대해 기억할 필요가 있다.

▣ 적용하기

- 당신이 지금까지 받은 축복의 목록을 만들어보라. 그것들에 대해 하나님께 감사하고, 하나님이 지금까지 행하신 바를 다른 사람들에게 고백하라.
- 당신이 지금까지 경험한 실패의 목록을 만들어보라. 그것들을 하나님의 관점으로 바라볼 수 있도록 간구하라.
- 로마서 8장 28-29절과 37-39절을 깊이 묵상하여 그 진리가 당신의 마음속 깊은 곳에 새겨질 수 있도록 하라.

삶의 적용

스타 트렉: 제너레이션즈(Star Trek: Generations)

만약 요압이 안전을 생각하여 신중을 기하기로 결심했다면 어떻게 되었을까? 그는 상황을 점검하여 암몬과 아람 군대가 지금 당장 무찌르기에는 너무 강력하다고 다윗에게 다시 보고했을 수도 있다. 그들은 분명 약간의 조공을 바칠 수도 있었고, 최악의 경우에는 예루살렘 성 안으로 들어가 포위 공격에 항거할 수도 있었을 것이다. 우리는 나중에 역대기의 몇몇 왕들에게서 그런 태도를 보게 된다. 그러나 요압이나 다윗 모두 그런 나약한 태도의 포로가 되지 않았다.

우리는 때때로 주님께서 무엇을 하실 수 있는지 보여주실 기회를 주님께 드리지 않는다. 몇 년 전 내가 외국에 체류하고 있을 때, 몇몇 젊은 여성들과 이야기할 기회가 있었는데, 그들은 미국으로 건너가 자국에서는 불가능한 학위를 취득하는 문제에 대해 고민하고 있었다. 가장 큰 문제는 역시 재정이었다. 그들은 미국으로 건너가 첫 학기 등록금을 낼 만한 돈은 가지고 있었지만, 나머지 돈을 어디서 조달할 것인지에 대해서는 대책이 없었던 것이다. 우리는 그 상황에 대해 이야기를 나누며 함께 기도했고, 그들이 그렇게 하는 것이 분명 하나님의 인도하심처럼 보였기 때문에 주님께서 계속해서 그들의 필요를 채워주실 것으로 믿고 과감히 뛰어들어야 한다는 데 동의했다.

결국 판명되었듯이 그들은 충분한 지원을 받았고, 몇 년 후 테일러 대학을 졸업했다. 그러나 설사 주님이 얼마 후에 그들이 계속 학업을 진행할 수 없도록 문을 닫으셨다 할지라도 그것을 패배로 간주하고 믿음으로 계속 나아가지 않는 것은 옳지 않은 태도였을 것이다.

영화 〈스타 트렉: 제너레이션즈(Star Trek: Generations)〉에서 커크 선장은 우주선 엔터프라이즈호에서 은퇴한 후 우연히 넥서스(Nexus)라고 불리는 세계로 빨려 들어가게 되는데, 그곳은 모든 사람의 바람이 실현되고 리스크나 위험이 전혀 없는 이상적인 낙원이었다. 얼마 후, 엔터프라이즈호의 새로운 지휘관 피카드(Picard) 선장은 한 행성의 전체 인구가 몰살되는 상황으로 이어질 수도 있는 심각한 곤경에 자신이 저해 있음을 깨닫게 되었다. 피카드 역시 넥서스로 빨려 들어갔을 때, 커크의 도움을 얻어보려고 시도했다. 커크는 처음에 거절했지만, 나중에는 넥서스의 무사태평에 싫증을 느껴 다시 마음을 바꾸었다.

"나는 우리가 성공할 가능성이 없다고 생각하네. 상황도 암울하고 말이야."

피카드가 대답했다. "그렇다고 할 수 있습니다."

"하지만 재미있는 일일 것 같아!"

그렇게 해서 두 사람은 우주는 아니지만 적어도 행성 하나를 구하기 위해 출발했다.

너무나 많은 그리스도인들이 넥서스같이 모든 기대가 충족되고 아무것도 잘못되는 것이 없는 세상에서 살기를 바란다. 그러다가 삶이 바라던 대로 전개되지 않을 때, 그들은 스스로 패배감에 빠지고 만다. 커크 선장의 경우처럼 위험이 있다는 사실이 우리를 자극하여 하나님을 신뢰하고 계속해서 싸워나갈 수 있도록 고무해야 할 것이다.

기도

하나님 아버지, 당신은 우리의 주님이시고 구세주이시기 때문에 지금까지 어떤 환경에서도 우리에게 승리를 주셨습니다. 당신보다 더 신뢰할 만한 분은 아무도 없습니다. 하지만 우리는 아직도 당신 외에 다른 것들에 계속해서 관심을 기울이는 우리 자신을 발견하게 되며, 그 과정에서 패배를 경험하게 됩니다. 우리가 당신을 바라봄으로써 당신만이 우리에게 주실 수 있는 승리에 함께 참여할 수 있도록 도와주십시오. 아멘.

심층 연구

A. 유다의 왕은 지금 어디에 있는가?(17:14)

언제까지나 다윗의 후손이 유다의 왕위에 있을 것이라는 하나님의 약속에는 뭔가 문제가 있는 것처럼 보인다. 무엇보다도 주전 587년 이후에는 단명했던 하스몬 왕국(Hasmonean Kingdom)을 제외하고는 유다의 왕이 존재하지 않았기 때문이다. 그 하스몬 왕국도 약 100년간 지속되었을 뿐이며(대략 주전 145-35년), 그 왕들도 유다가 아닌 레위 지파 출신이었다. '영원히' 가 '대략 400년' 을 의미했던 것일까?

하나님이 우리에게 무언가를 계시하실 때, 무엇을 드러내려고 의도하셨든 그것은 틀림없는 진실이다. 그러나 우리가 하나님이 계시하고자 의도하셨던 것을 언제나 정확히 파악하게 될 것이라는 보장은 없다. 그것이 바로 그런 경우라고 할 수 있다. 하나님이 다윗에게 그의 후손이 왕위에 영원히 있게 될 것이라고 말씀하셨을 때, 다윗은 그 약속을 물리적, 정치적 왕국의 의미로 그의 왕조의 계승을 보장하는 것으로 이해했다. 그러나 이제는 그것이 그런 의미가 아닌 것으로 판명되었기 때문에 하나님이 의미하신 바를 파악하기 위해 또 다른 방향으로 들여다볼 필요가 있다.

우리는 멀리 바라볼 필요가 없다. 사실은 다윗의 혈통을 이어받은 후손이 있다(마 1:1-7, 눅 3:23-38). 그분은 단순히 이집트와 메소포타미아, 헷 족속 등에 의해 둘러싸인 조그만 땅 덩어리의 왕이 아니라, 전 우주의 왕이시다(빌 2:9-11). 다윗으로부터 이어져 내려온 그분의 육체적 혈통은 그 약속의 완전무결함을 뒷받침한다. 그러나 훨씬 더 중요한 것은 그분이 지니고 계신 더 고귀한 지위가 하나님이 다윗에게 주셨던 약속의 풍성함을 증폭시킨다는 사실이다. 영원한 왕국을 다스리시는 그 왕은 바로 우리 주 예수 그리스도시다(계 11:15).

B. 하나님의 주권적 의지(17:22)

하나님은 그분 자신의 이름을 드러내시기 위해 이스라엘을 그분의 백성으로 삼으셨다. 성공의 정점에 서 있던 다윗은 영원한 왕국을 보장하시는 하나님의 약속에 대해 응답할 때 그 사실을 인정했다. 다윗이 사막에서 숨어 다닐 때 보였던 모든 신실함에 대해 하나님이 보상하신다든가, 한 나라로서의 이스라엘이 그동안 하나님의 총애를 받았다는 개념 따위는 존재하지 않는다. 오히려 다윗의 행위는 순전함과는 거리가 멀었고, 이스라엘 역시 그들에게 주어지는 테스트 때마다 실패했다. 그럼에도 불구하고 하나님은 이스라엘을 그분의 백성으로 선택하셨고, 다윗에게 왕위를 주신 것 또한 순전히 그분의 자비 때문이었다.

하나님의 선택적 사랑이라는 이 교리는 우리 인간의 본능과는 맞지 않는 것처럼 보인다. 우리는 하나님이 우리에게 무엇을 주시든지 간에 그것으로 자기의 명예를 드러내고자 하기 때문이다. 그 교리는 하나님이 이스라엘을 선택하신 것뿐만 아니라 우리의 구원에도 적용된다. 하나님은 분명 우리 안에 있는 무언가를 보셨음에 틀림없다. 우리를 구원하고 싶으시도록 만드는 무언가를 말이다. 자존심을 만족시키려는 현대인들의 욕망이 우리로 하여금 자신도 하나님의 존중을 받을 만한 자격이 있다고 생각하게 하는지도 모른다. 그리스도께서 우리에게 그럴 만한 본질적 가치가 있다고 생각하시기 때문에 우리를 구원하신 것이 틀림없다고 말이다. 그러나 사도 바울은 이렇게 말한다. "그런즉 원하는 자로 말미암음도 아니요 달음박질하는 자로 말미암음도 아니요 오직 긍휼히 여기시는 하나님으로 말미암음이니라"(롬 9:16). "우리를 구원하시되 우리의 행한 바 의로운 행위로 말미암지 아니하고 오직 그의 긍휼하심을 좇아"(딛 3:5).

만약 하나님이 구원받을 만한 가치가 있는 사람들만 선택하신다면, 아무도 구원받지 못할 것이다. 하나님의 구원을 사정하는 탁자 앞에서 충분한 의로움을 제시할 수 있는 인간은 아무도 없기 때문이다. 만약 그것이 가능하다면, 우리는 구원받을 필요도 없을 것이다. 하나님이 우리에게 값없이 은혜를 베푸시는 이유는 바로 우리가 무능력하고 가치 없는 존재이기 때문이다.

C. 성경에 나오는 거인들(20:4-8)

성경은 때때로 거인 종족들에 대해 언급한다. 그들이 기본적인 인간 생리와 완전히 모순될 정도로 거대하지는 않았지만, 보통 인간들보다 훨씬 더 컸던 것은 분명하다. 세부적으로 들어가면, 그들의 생물학적 속성 가운데 일부가 우리와 전혀 달랐을 가능성도 배제할 수 없다.

골리앗의 키는 2.7미터였지만(삼상 17:4), 그도 바산 왕 옥보다는 작았을 것이다. 옥의 침대가 길이 4미터에 폭이 1.8미터였기 때문이다(신 3:11). 설사 침대 크기를 어느 정도 여유 있게 만들었을 것이라는 점을 감안하더라도 매일 밤 그곳에서 잠을 자는 대단한 거인이 분명 있었을 것이다.

구약에는 주로 세 거인 집단이 언급되어 있으며, 브나야에 의해 죽임당했던 이집트 거인처럼(대상 11:22-25) 그 출신지가 개별적으로 확인되는 많은 거인들도 등장한다. 가드 출신의 골리앗(가드 사람)은 자신을 블레셋 사람으로 불렀지만(삼상 17:8), 한편으로는 거인 종족 가운데 하나와 연관되어 있었을 것이다.

최초의 거인 종족은 네피림이었다(창 6:4). 그들은 홍수에 의해 멸종되었지만, 그들의 유전적 유산이 노아와 그의 후손들(특히 함)에 의해 열성 형질로 이어졌고, 그것이 결국 특정 가나안 족속들에게서 다시 나타났는지도 모른다.

이스라엘의 정탐꾼들이 약속의 땅을 탐지했을 때, 그들은 네피림의 후손 아낙 족속이 있는 것을 보고 깜짝 놀랐다(민 13:33). 정탐꾼들의 보고에 겁을 먹은 이스라엘 백성들도 그 땅에 들어가기를 거부했다. 하나님이 그들에게 그 거인들에 대한 승리를 주실 것이라고 믿었던 사람은 오직 여호수아와 갈렙뿐이었다(민 14:6-9).

성경에 자주 등장하는 세 번째 거인 집단은 르바임 족속이었다. 옥 왕은 마지막 남은 순수 혈통의 르바임 사람이었지만, 우리의 이야기에 나오는 십배(대상 20:4)나 손가락과 발가락이 양쪽 모두 여섯 개였던 무명의 거인(대상 20:6, 삼하 21:20 참고) 같은 블레셋 사람들의 경우에는 그들의 혈통을 추적해보면 그 고대 거인 종족까지 거슬러 올라갈 수 있었다.

성경 이야기에서 거인들은 한 가지 목적을 위해 등장한다. 비록 그들이 육체적으로는 다른 인간들에 비해 우월해 보이고 위협적인 무기를 들고 다닐지라도 하나님을 신뢰하는 사람들 앞에서는 필연적으로 쓰러질 수밖에 없다는 것이다. 다윗은 골리앗에게 말했다. "너는 칼과 창과 단창으로 내게 오거니와 나는 만군의 여호와의 이름으로 네게 가노라" (삼상 17:45).

고안

A. 들어가는 글

1. '불패 시즌' 이야기로 시작하라.
2. 배경 설명: 마이애미 돌핀스가 불패 시즌을 기록하며 끝내 슈퍼볼대회까지 거머쥐었듯이, 다윗도 '불패 시즌'을 누리며 주변 나라들을 모두 정복하여 그의 왕국을 확립했다.
3. 적용: 하나님은 다윗에게 성전을 지을 수 있는 기회를 인정하지 않으신 후에 그의 후손들이 언제까지나 유다의 왕위에 머무르게 될 것이라고 약속하셨다. 그런 다음, 하나님은 다윗에게 블레셋 족속과 아람 족속, 암몬 족속 등을 포함하여 모든 적들에 대한 승리를 허락하심으로써 그분이 다윗을 얼마나 풍성하게 축복하고 계시는지 증명해 보이셨다.

B. 본문 이해

1. 성전을 짓고자 하는 다윗의 소망(17:1-27)
2. 주변 왕국들에 대한 승리(18:1-17)
3. 암몬과의 전쟁(19:1-20:3)
4. 세 거인에 대한 승리(20:4-8)

C. 결론: '불패에 가까운 시즌'을 읽어주라.

토의 질문

1. 그리스도인의 삶에서는 무엇이 '승리' 로 간주되는가?

2. 그리스도인의 삶에서는 무엇이 정당하게 '패배' 라고 불릴 수 있는가? 우리는 무엇을 단지 외관상의 '패배' 로 간주해야 하는가?

3. 그리스도인들이 스스로 외면적 패배를 뛰어넘어 내면적 승리를 바라보는 데 도움이 되는 일에는 구체적으로 어떤 것들이 있는가?

4. 교회의 구성원들이 외관상의 패배에서 승리를 인식할 수 있도록 돕기 위해 교회가 할 수 있는 일에는 구체적으로 어떤 것들이 있는가?

역대상 21:1-22:19

인구 조사와 엇갈린 결과들

"사랑하는 형제여, 내 요점은 이런 것입니다. 나는 당신에게서 당신이 예상하는 것보다 더 많은 실패를 기대하고 있습니다."

- 브레넌 매닝(Brennan Manning)

권력의 정점에 있었던 다윗은 하나님이 주신 권한을 남용해 자신의 왕국에서 동원 가능한 전사의 수를 파악하기 위해 인구 조사를 실시했다. 그 결과로 온 이스라엘에 전염병이 발생했다. 다윗의 회개는 그 징계를 막을 수 있었고, 장래 성전이 세워질 위치를 발견하는 결과도 가져왔다.

들어가는 글

아뿔싸! 내 증언이 사라져버리네!

우리는 앞장에서 선구적인 복음 전도 스포츠 팀인 '승리를 위한 모험(Venture for Victory)' 팀에 대해 언급했다. 그 농구 팀은 1952년을 시작으로 아시아 전역을 돌아다니며 현지 팀들과 함께 경기를 벌였고, 유명 인사로서의 지위를 이용해 복음을 전파했다. 그래서 많은 사람들이 구원받았다.

하지만 그리스도의 능력이 드러나는 동안에도 개인적 연약함이 노출되는 순간이 있었다. 어느 날 밤, 선수 겸 감독이었던 돈 오들이 스스로는 반칙 행위라고 생각하지 않는 동작에 대해 주심으로부터 두 번이나 지적당했다. 이미 팀원들의 부상과 컨디션 난조로 짜증이 나 있었던 그는 "화를 내며 등 뒤에 있는 주심을 향해 어깨 위로 공을 던져 본의 아니게 주심의 입을 맞혔다. 그 충격은 호각이 주심의 이에 부딪혀 이 하나를 부러뜨릴 정도로 컸다. 관중들은 우우 소리를 내며 오들을 강하게 야유했고, 그는 완전히 낙담한 상태에서 스스로 게임을 포기하고 교체되어 나왔다"(Rousselow-Winquist and Winquist, 85).

누가 그러한 개인적인 실패를 경험했을 때 낙담하지 않겠는가? 그는 매일 밤 수천 명의 관중들 앞에서 전혀 새로운 그리스도 안에서의 삶을 보여주는 위대한 농구 선교사가 아니었던가. 그런 그가 그날 밤 경기가 한창일 때 바람직하지 못한 스포츠맨십을 보여주는 한 번의 부주의한 행동으로 자신이 표방해왔던 모든 것을 무의미하게 만들어버린 것이다.

증언을 위반하는 그런 행위에 누가 좌절하지 않겠는가? 그러나 하나님은 좌절하지 않으신다. 그날 밤 늦게 세 명의 현지 군인들이 찾아와 잠자리에 든 오들을 깨웠다. 그는 순간적으로 그 경기에서의 우발적인 실수로 인해 체포되는 모양이구나 하고 생각했다. 하지만 곧 그들이 예수 그리스도에 대해 듣고 싶어서 찾아왔다는 사실이 확인되었다. 이 얼마나 놀랍고 멋진 일인가!(Rousselow-Winquist and Winquist, 85)

다윗은 이 이야기의 어느 부분에도 놀라지 않았을 것이다. 개인적인 실수 부분이나 하나님이 인간의 실패에도 불구하고 그분의 일을 계속하신다는 사실에 있어서 말이다. 다윗은 죄와 연약함의 순간을 한 번뿐 아니라 여러 차례 경험했다. 다윗의 죄에 대해 그것이 살인과 간음이든, 다른 사람들을 부당하게 대우한 것이든, 자녀들의 잘못된 행실을 간과한 것이든 간에 유죄가 아니라고 생각하는 사람은 아마 없을 것이다. 그럼에도 불구하고 하나님은 다윗에게 약속을 주셨다. 다윗에게 그럴 만한 자격이 있어서가 아니라, 순전히 그분의 은혜로 말이다. 그리고 하나님은 그 약속을 지키신다.

우리는 이 성경 본문에서 '에스라에 의한 복음'의 전체 모습을 제대로 보게 될 것이다. 역대기 저자는 다윗이 저질렀던 죄 가운데 하나에 대해 자세히 설명하지만, 한편으로는 하나님이 다윗을 용서하시고 그의 죄를 이용해 그분의 백성을 위한 계획을 계속 추진하셨다는 사실도 보여준다.

본문 이해

인구 조사와 엇갈린 결과들

Main Idea	다윗은 이스라엘 백성의 인구를 조사함으로써 불순종 행위를 저질렀다. 비록 다윗과 이스라엘 백성들이 그 행위 때문에 징계를 받게 되지만, 하나님은 그 기회를 이용해 향후 솔로몬이 짓게 될 성전의 부지로 다윗을 이끄셨다. 그리고 다윗은 그 프로젝트를 위해 준비하기 시작했다.

A. 불법적인 인구 조사(21:1-7)

Supporting Idea	다윗은 요압에게 온 이스라엘에 대해 인구 조사를 실시하도록 요구하여 하나님의 징계를 자초했다.

21:1. 사단은 성경 전체에서 자주 등장하지 않는다. 특히 구약에서는 아주 드물게 언

급된다. 여기서는 그가 다윗을 부추겨 인구 조사를 실시하게 만듦으로써 이스라엘을 곤경에 빠뜨리는 것을 볼 수 있다. 사무엘하 24장의 병행 구절은 만약 하나님이 허락하시지 않았다면, 사단이 그렇게 할 수 없었음을 분명히 밝히고 있다.

이 인구 조사가 잘못된 것이라는 사실에는 의문의 여지가 없다. 하지만 그것이 왜 잘못인지에 대해서는 어리둥절할 수도 있을 것이다. 무엇보다도 이스라엘에서 인구 조사는 종종 있지 않았던가(민 1:1-46, 26:1-51). 우리는 지금까지 역대상을 공부하면서 12장 23-37절의 내용처럼 여러 지파에 의해 동원된 병력을 계수한 자료들과 여러 차례 마주친 바 있다. 그렇다면 무엇이 이번 것을 잘못되게 만들었을까?

무엇보다도 먼저 이번 인구 조사는 다윗의 교만의 죄 때문에 생겨난 산물이었다. 그는 당시 각 지파가 공급한 그의 군대 내 병력조차도 계수하지 않고 있으면서 이스라엘 전역에서 병역에 동원될 수 있는 모든 남자를 계수하는 작업에 착수했다. 다시 말해, 다윗은 필요할 경우 끌어모을 수 있는 예비 병력이 얼마나 많은지 과시하면서 우쭐대고 있었던 것이다. 그 인구 조사를 실시할 만한 현실적인 이유는 없었다. 단지 다윗이 자신의 군사적 자원이 얼마나 엄청난지 정확히 알고 싶었을 뿐이다.

둘째로, 그 인구 조사는 구약의 여러 금지 명령을 위반했다. 그런 종류의 광범위한 계수는 최근에 약혼하거나 새 집을 짓거나 포도원을 만든 사람들처럼(신 20:5-7) 하나님이 특정의 사람들에게 허락하셨던 군역 의무 면제를 고려하지 않게 된다. 그러나 가장 중요한 것은 인구 조사가 구약의 율법에 따라 깨끗하다고 간주되는 사람들을 대상으로 실시되어야 한다는 사실이었다.

그 규례는 각 사람이 반 세겔짜리 동전 하나를 성전 금고에 기부함으로써 자신이 부정한 상태가 아님을 나타내는 의식이 있어야 하고, 그런 사람에 한해서만 계수되어야 함을 규정하고 있었다(출 30:11-16). 게다가 그 절차를 따르지 않을 경우 받게 될 징계 또한 분명하게 언급되어 있었다. 그것은 이스라엘 백성들이 스스로 온역을 자초하게 되는 것이었다. 다윗의 인구 조사 계획은 이런 조항들 가운데 어느 것도 포함하고 있지 않았던 것이다.

21:2-3. 우리가 이미 보았던 대로, 하나님에 대한 요압의 믿음은 솔직하고 단도직입적이었다. 그는 깊은 신학적 사색에 익숙한 사람은 아니었지만, 그 계획을 보았을 때 하나님의 법을 심각하게 위반하고 있음을 알아차렸다. 그래서 다윗이 요압에게 브엘세바

에서부터 단까지, 즉 남쪽에서부터 북쪽까지 이스라엘 전역에 걸쳐 실시되는 인구 조사의 책임을 맡으라고 지시했을 때, 요압은 처음에 거부했다. 요압은 그때까지 두 차례에 걸친 내전(이스보셋과 압살롬을 상대로)과 주변 강대국들과의 전쟁을 포함하여 다윗과 함께 수많은 어려움 가운데 동고동락해왔다. 그는 다윗에게 왜 그런 비생산적인 조치로 온 이스라엘 땅에 문제를 일으키는 어리석은 짓을 하려고 하는지 물었다. 요압은 그 인구 조사가 장래 병력에 단 한 명의 전사도 더해주지 못할 것이라는 사실을 알고 있었기 때문이다.

21:4-6. 그럼에도 불구하고 다윗이 그의 명령을 끝까지 굽히려 하지 않자 요압은 그 인구 조사를 시행했다. 하지만 그는 두 부류를 조사에서 제외시켰다. 그는 레위 지파를 계수하지 않았다. 그것을 금지하는 특별 규정이 있었기 때문이다(민 1:47-49). 그는 또 베냐민 지파를 포함시키지 않았다. 아마도 베냐민 지파가 한때 거의 멸절 위기에 처한 적이 있었고(삿 20:46) 그후에도 다윗에게 가장 늦게 충성을 서약하는(대상 12:29) 등 기구한 역사를 겪어왔기 때문일 것이다.

계수된 남자들, 다시 말해 칼을 뺄 만한 자들의 전체 숫자는 대략 백십 만 명으로 놀라울 정도였다. 하지만 그것이 기존 군대의 규모가 아니었다는 사실을 다시 한 번 명심하자. 그 조사는 군역을 면제받을 가능성이 있는 많은 사람들까지 계수했다. 따라서 그것은 엄밀히 말하면, 다윗이 하나님의 명령을 고려하지 않고 징집할 수 있는 사람들의 숫자였던 것이다.

21:7. 요압이 두려워했듯이, 그리고 다윗도 알았어야 했듯이, 여호와께서는 그 인구 조사로 인해 이스라엘을 징계하셨다. 분명 출애굽기 30장에 언급되어 있는 온역이 즉시 발생했음이 틀림없다. 그런데 왜 나라 전체가 징계를 받았을까? 그 이유는 인구 조사를 규정하는 율법의 목적에 있다. 이스라엘 백성 개개인이 계수되기 위해서는 반 세겔의 기부를 통해 자신의 깨끗함을 선언하게 되어 있었다(출 30:12-13). 다윗이 그 동전이 없는 상태에서 인구 조사를 통해 그동안 축적한 것은 부정한 사람들로 이루어진 군대였던 것이다. 다윗은 하나님의 지시를 도덕적으로 위반하는 죄를 지었을 뿐만 아니라, 하나님이 보시기에 깨끗하지 않은, 그래서 전염병으로 몰살될 수밖에 없는 수많은 사람들을 양산해낸 것이다.

죄는 결코 사적인 문제가 아니다. 그 인구 조사를 통한 죄는 국가적 재앙이 되어버렸다. 역대기 저자의 목적이 다윗 왕국을 이상적인 왕국으로 기술하는 데 있음을 감안할 때, 그가 나라의 기반에까지 영향을 미쳤던 특정 범죄에 대해 관심을 기울이는 것은 당연하다고 할 수 있다.

B. 다윗의 회개(21:8-17)

Supporting Idea	다윗은 자기 죄의 심각성에 직면해야 했지만 곧 회개했다.

21:8. 다윗은 무슨 생각을 하고 있었을까? 우리는 결코 알 수 없지만 한 가지만은 분명하다. 다윗은 자신이 잘못한 것을 깨닫고 즉시 하나님께 용서를 구했다. 하지만 그것이 그렇게 쉽지는 않았을 것이다. 그 이야기의 결과를 이미 알고 있는 우리는 하나님이 곧바로 다윗을 용서하셨지만, 그것을 계기로 그에게 교훈을 주셨다는 사실을 깨닫게 된다.

21:9-10. 다윗에게 하나님의 뜻을 선포하는 중요한 역할을 했던 두 '선견자' 또는 선지자가 있었다. 두 사람 모두 결국에는 심각한 죄로 인해 다윗 왕과 맞서야 했다. 나단은 밧세바와의 간음 사건과 관련해서였고(삼하 11장), 여기에 나오는 갓은 인구 조사의 결과 때문이었다. 그러나 갓은 다윗에게 유죄를 선고할 필요가 없었다. 그는 단순히 하나님의 심판을 전해야 했고, 여호와께서는 다윗이 세 가지 징계 가운데 하나를 선택하도록 허락하셨다.

21:11-14. 다윗이 얼마나 끔찍한 대안들 가운데서 선택해야 했던가! 온역과 전쟁에서의 패배 그리고 기근, 과연 어느 것이 사는 길이었을까? 분명 그 세 가지 가운데 좋은 선택은 없었지만, 다윗은 온역을 선택했다. 기근과는 달리 사흘간의 온역은 훨씬 더 빨리 끝나게 될 것이었다. 그리고 그 해 밀은 이미 수확되었기 때문에(20절) 기근은 그다음 해에도 시작되지 않을 것이었다. 게다가 다윗이 적에게 승리를 안겨주는 것은 도저히 받아들일 수 없는 것이었다. 다윗은 온역을 받아들이기로 결심했다. 그것은 월권적인 인구 조사에 대해 출애굽기 30장에 이미 경고되어 있는 징계이기도 했다. 그는 하나님의 직접적인 징계는 기꺼이 받아들이지만, 사람의 손을 거쳐 오는 징계는 결코 받아들일 수 없었다.

온역은 여호와의 사자가 휘두르는 여호와의 칼이 빚어낸 결과로 묘사되었다(민 20:16, 왕하 19:35). 그런 묘사가 세균이나 바이러스 같은 '자연적인' 요인들이 그렇게 나타났을 가능성을 배제하지는 않지만, 여호와께서 그 질병을 보내시지 않았다면 그 장소 그 시점에서 일어나지 않았을 것이라는 사실을 보여준다. 결국 그 전염병으로 7만 명이 죽었다.

21:15-17. 그러나 여호와의 사자가 그때까지는 피해를 당하지 않았던 것으로 보이는 예루살렘에 도착했을 때, 하나님은 그 온역을 거두셨다. 여호와의 사자는 다윗 궁전 북쪽에 있는 모리아 산 위에서 그 천사도 성읍 전체를 내려다볼 수 있고, 다윗도 그 천사를 바라볼 수 있는 위치에 서 있었다. 당시에 그 장소는 오르난(아라우나라고도 불린다)이라는 여부스 사람의 소유였고, 그는 그곳을 타작마당으로 사용하고 있었다.

다윗은 그 천사를 보았을 때 몹시 당황했다. 우리는 그 천사가 어떻게 생겼는지 알지 못하지만, 분명 초인적인 모습이었을 것이다. 그는 공중에 떠 있었고, 예루살렘을 향해(정확히 다윗을 겨냥해) 뻗은 칼을 휘두르고 있었다. 하나님이 방금 전 그 천사를 소환하셨다는 사실을 알 수 없었던 다윗 왕은 모든 장로들을 불러모아 회개와 애도를 공개적으로 표현하는 의식을 거행했다.

다윗은 심금을 울리는 기도에서 여호와께 온역을 거두어주시도록 간청했다. 그는 자신의 책임을 인정했고, 그가 '양' 이라고 부르는 백성들이 자신이 저지른 일로 인해 더 이상 고통당하지 않기를 원했다.

C. 타작마당에 설치된 제단(21:18-22:1)

Supporting Idea	다윗은 자신이 천사를 보았던 타작마당을 구입해 앞으로 지어질 성전의 부지로 지정했다.

21:18-19. 그 천사는 더 이상 칼을 사용하고 있지 않았지만, 그 자리를 떠나지도 않았다. 아직도 해야 할 일이 남아 있었던 것이다. 그는 여전히 칼을 뺀 상태로 자세를 유지한 채 선견자 갓이 다윗에게 전할 또 다른 메시지를 전달했다. 하나님은 다윗이 천사가 서 있던 바로 그 장소에 제단을 쌓기를 원하셨다. 당시 다윗은 무엇이든지 기꺼이 했을 것이다. 그는 그것에 동의했다.

21:20-21. 오르난은 그날 천사의 등장도, 왕족의 방문도 전혀 예상치 못했다. 그는 천사가 나타났을 때 타작에 열중하고 있었다. 그의 아들들은 즉시 도망쳤지만, 오르난은 어떤 이유로 해서 그 자리에 남아 있었다. 어쩌면 그의 호기심이 두려움을 압도했을 수도 있고, 혹은 그의 몸이 공포로 마비되었을 가능성도 있다. 그러나 다윗이 나타났을 때, 오르난은 타작마당에서 나와 다윗 왕 앞에 엎드렸다.

21:22-25. 이 사건들로 어리둥절한 상태였던 오르난은 또다시 다윗으로부터 놀라운 거래를 제안받았다. 다윗 왕은 그의 땅을 충분한 시가로 구입하기를 원했던 것이다. 오르난은 여부스 족속으로 이스라엘 사람이 아니었기 때문에 다윗이 쉽게 '토지 수용권'을 발동해 최소한의 보상으로 그 땅을 취할 수 있었을 것이다. 그러나 다윗은 그 땅의 진정한 가치를 지불하기를 원했고, 온역을 막기 위해 그곳에 제단을 쌓고자 한다는 사실을 설명했다.

오르난은 만약 다윗이 그곳에 제단을 쌓고자 한다면, 부지와 고기, 나무, 곡식 등 제사에 필요한 것은 무엇이든지 다 주겠으며, 그 모든 것이 아무 대가 없이 왕의 소유가 될 수 있다고 말했다. 그러나 다윗은 그 제안을 받아들이려 하지 않았다. 다윗이 다른 사람들의 재산을 빼앗으려 하지 않는 것이나 평소 이방인들에게 강제 노역을 시키지 않는 것은 대수로운 일이 아니었다(대상 20:2-3). 하지만 이번에는 상황이 달랐다. 이번에는 그가 자신의 죄에 대한 속죄의 의미로 여호와께 제사를 드릴 예정이었다. 그래서 그는 아무 대가도 치르지 않는 것은 원하지 않았다. 만약 그가 아무것도 자기 것을 희생시키지 않는다면, 개인적 제사의 의미가 무엇이겠는가?

그래서 다윗은 오르난에게 모두 합해 금 육백 세겔을 지불하고, 그곳에 제단을 쌓았다. 분명 그 값은 은 오십 세겔에 팔렸던 타작마당과 소들(삼하 24:24)에만 적용된 것이 아니라, 오르난의 사유지 전체에 대한 대가였을 것이다.

21:26-27. 다윗은 제단을 쌓고 제사를 드렸다. 분명 다윗이 그곳을 처음 방문했던 시점과 제사를 위한 준비가 모두 완료된 시점 사이에는 어느 정도의 시간이 흘렀음에 틀림없다. 아마도 그때쯤에는 제사장들처럼 다른 사람들도 함께 있었을 것이다. 그리고 위협적인 천사도 여전히 그 장소에 거대한 모습을 드러내고 있었다.

다윗이 번제와 화목제를 드렸을 때, 두 가지 일이 일어났다. 하나님이 제단 위에 불을 내리심으로써 다윗의 제사를 받으셨음을 계시하셨다. 그리고 천사가 그의 칼을 칼집에

꾯았다. 위협이 사라진 것이다.

21:28-22:1. 다윗이 그곳에서 제사를 드렸을 때 하나님이 수용 의사를 보여주셨기 때문에 그곳을 왕실 제사의 공식적인 장소로 지정했다. 하지만 아직도 그곳을 온 이스라엘의 중심 예배 장소로 만들 수는 없었다. 그 타이틀은 여전히 성막에 속해 있었고, 그것은 다윗의 통치 기간 내내 그래 왔듯이 계속해서 기브온에 위치해 있었다. 언약궤는 당시 예루살렘에 놓여 있었고, 다윗은 이미 자신이 제사를 드릴 영구적인 장소를 결정했지만, 성막을 그냥 쓸모없는 것으로 만들어버릴 수는 없었다. 그래서 다윗은 자신의 종교적 활동을 예루살렘으로만 한정했고, 장래 성전이 건축될 때 오르난의 타작마당이었던 부지에 세워져야 한다고 선언했다.

D. 성전을 위한 준비(22:2-19)

Supporting Idea	다윗은 그의 아들이자 후계자인 솔로몬이 반드시 성전을 짓도록 하기 위해 모든 준비를 시작했다. 그는 건축 자재를 축적했고, 솔로몬과 이스라엘의 원로들에게 지침을 주었다.

22:2-5. 다윗은 실제로 성전을 건축하는 것을 제외하고는 조립만 하면 될 정도로 모든 준비를 거의 마쳤다. 그는 많은 이방인들을 석수로 징발해 건축에 사용할 큰 돌들을 만들었다. 그는 성전 건축에 사용될 많은 양의 금속도 저장해두었는데, 그 중에는 귀한 물건인 철 못도 포함되어 있었다.

다윗은 또 기회주의적인 페니키아인들로부터 많은 양의 백향목을 확보해두었다. 그들은 먼저 다윗에게 그의 궁전에 사용할 백향목을 무료로 제공함으로써 백향목의 유용성을 보여준 바 있었다. 다윗 왕은 무수히 많은 통나무를 쌓아 비축해두었다. 마지막으로 다윗은 당시 아직 십대였을(Payne, 385) 자기 아들 솔로몬의 경험 부족을 인식하고, 하나님과 왕의 마음에 들 정도로 충분히 화려하고 웅장하게 성전을 건축하도록 하기 위해 일련의 설계도까지 준비했다.

22:6-16. 다윗은 솔로몬에게 성전을 건축하도록 공식적으로 명령을 내렸다. 우리는 여기서 다윗이 성전 짓는 것을 하나님이 원치 않으셨던 이유를 발견하게 된다. 그것은 다윗이 피를 심히 많이 흘렸고 크게 전쟁하였기 때문이다. 하나님의 처소를 상징하는

성전은 위대한 전사의 생애를 기리는 마지막 기념비가 아니라, 세상 모든 나라를 화합시킬 수 있는 평화의 집이었던 것이다. '솔로몬(Solomon)' 이라는 단어는 '평화' 를 의미하는 히브리어 '샬롬(shalom)' 과 비슷하다. 사실 '솔로몬' 은 '평화의 사람(man of peace)' 이라는 의미를 가지고 있다. 그 평화의 구체적 표현이 될 그의 통치 기간 동안 성전이 건축될 것이다.

다윗은 솔로몬에게 그 명령을 전달할 때, 하나님이 일찍이 솔로몬의 왕위가 영원히 견고할 것이라고 약속하셨다는 사실에 대해서도 말해주었다(대상 17:12). 하지만 그는 솔로몬에게 반드시 하나님의 법을 따르라고 훈계하는 것도 잊지 않았다. 그리고 다윗은 솔로몬에게 그가 성전을 위해 미리부터 준비해온 모든 것을 기록한 긴 목록을 주었다.

22:17-19. 다윗이 유다의 원로들에게 내린 명령은 짧고 적절했다. 다윗은 평화와 번영이 이스라엘 땅에 찾아왔을 때 그들이 누렸던 모든 축복을 상기시켰다. 그리고 그 모든 것이 여호와께로부터 왔으며, 그들이 하나님께 충실해야 한다는 사실을 마음에 새기도록 권고했다. 그것은 솔로몬이 즉위할 때 그들이 성전 건축 프로젝트에 착수해야 함을 의미했다.

Main Idea 복습	다윗은 이스라엘 백성의 인구를 조사함으로써 불순종 행위를 저질렀다. 비록 다윗과 이스라엘 백성들이 그 행위 때문에 징계를 받게 되지만, 하나님은 그 기회를 이용해 향후 솔로몬이 짓게 될 성전의 부지로 다윗을 이끄셨다. 그리고 다윗은 그 프로젝트를 위해 준비하기 시작했다.

결론

담대하게 죄를 범하라

종교 개혁에서 유래된 이야기 가운데 비교적 논쟁의 여지가 많았던 것은 마틴 루터가 그의 어린 동료 필립 멜랑히톤(Philip Melanchton)에게 말해준 "담대하게 죄를 범하라"는 조언이었다. 루터의 이야기는 문맥을 고려하지 않으면 멜랑히톤에게 원하는 대로 마음껏 죄를 범하라고 권고하는 것 같았다. 그것은 사도 바울의 탓으로 잘못 알려져 온 우리가 "은혜를 더하게 하려고 여전히 죄 가운데 머물러 있을" 수 있다는 태도와도 일맥상통하는 것처럼 보인다(롬 6:1, 표준새번역). 그러나 바울도, 루터도 사람들이 고의적으로 죄를 짓게 하려고 의도했던 것은 아니다(Bainton, 175).

루터가 조언했던 담대한 태도는 우리가 이미 죄를 범했다는 사실을 어떻게 다룰 것인가의 문제를 해결해준다. 우리 모두는 죄를 범한다. 우리가 구원받기 전에는 죄를 지을 수밖에 없는 타락한 본성을 가지고 살아가기 때문에 죄를 범하게 된다. 그리고 구원받은 후에도 여전히 구원받기 전과 똑같은 타락한 본성의 지배를 받는 것처럼 살아가고 있는 우리 자신을 발견하게 된다. 우리가 범할 수밖에 없는 죄에 대해 어떻게 할 것인가? 많은 그리스도인들이 안고 있는 문제는 그들이 자신의 죄를 받아들이는 데 어려움을 겪고 있다는 사실이다. 그들은 자기를 합리화할 수도 있고, 변명을 늘어놓을 수도 있을 것이다. 혹은 이 특별한 경우의 멜랑히톤처럼 과거의 죄에 사로잡혀 흐느껴 울며 자신의 삶을 마비시켜버릴지도 모른다.

만약 당신이 늘 자책과 후회의 혼란에 휩싸여 있다면, 하나님의 은혜와 용서에 대한 강력한 증거를 유지하는 것이 어렵다. 루터는 바로 그런 태도를 지적하는 것이다. "담대하게 죄를 범하라." 다시 말해, "당신의 죄를 깨끗이 인정하고 십자가로 나아와 하나님뿐만 아니라 사람들과의 관계를 회복한 다음 당신의 삶을 계속 살아가라. 과거에 저지른 잘못이 무엇이든 거기에 파묻혀 지내지 말라!"

사탄이 다윗을 속여 인구 조사를 실시하게 한 것처럼 우리도 속여 우리가 가지고 있는 증거보다는 죄에 집중하게 만들려고 시도한다. 일부 그리스도인들은 자신이 무가치하다고 확신한 나머지 그리스도에 대해 증언하기를 두려워한다. 자신이 먼저 죄 없음을 보여야 한다고 생각하기 때문이다. 또 다른 경우에는 자신이 과거에 저지른 몇몇 죄에 사로잡혀 그것을 전시하면서 평생을 보내기도 한다. 그들의 삶의 초점은 그리스도께서 그들의 삶 속에서 하고 계신 일보다는 그들 자신의 행위가 된다.

나는 역대기 저자가 다윗의 삶에 있었던 여러 심각한 문제들 가운데 오직 한 가지만을 제기한 것에 대해 감사하게 생각한다. 우리가 역대기를 계속 읽어나가면서 실패한 삶에 대해 많이 읽게 되겠지만 말이다. 그러나 훨씬 더 감사하게 생각하는 것은 역대기 저자가 이 이야기의 필수 부분인 구속에 대해 강조하고 있다는 사실이다. 우리는 사울이 결국 유죄 선고를 받았던 이야기를 통해 잠시 경험한 것을 결코 잊어서는 안 된다. 다윗도 심판을 받아야 했을 뿐만 아니라, 그 심판이 결국 밝혀진 것보다 훨씬 더 심각할 수도 있었음이 분명하다.

우리는 역대기를 통해 이 일화를 읽으면서 다윗이 제단을 쌓기도 전에 하나님이 천사에게 예루살렘에 온역을 내리지 말도록 지시하셨다는 사실을 보게 된다. 그리고 다윗이 비록 처음에는 이해가 안 될 정도로 어리석어 인구 조사를 실시했지만, 결국에는 정신을 차려 자신의 죄를 깨끗이 인정하고 하나님의 자비에 전적으로 의지했다. 그러자 하나님은 다윗을 용서하셨고, 그가 솔로몬을 통해 성전을 건축하려는 목표에 한 발짝 더 다가서도록 허락하셨다.

천사는 그의 칼을 거두고 사라졌다. 혹시 심판의 천사가 항상 우리 앞에 서 있는 이미지를 마음속에 유지하고 싶은 생각이 드는가? 하나님이 우리를 그런 식으로 보고 계시지 않는데 우리가 왜 그래야 하는가?

▣ 진리 알기

- 우리가 죄를 범한다는 사실은 우리 존재의 부정할 수 없는 부분이다.
- 만약 우리가 우리의 죄성(sinfulness)을 부인한다면, 우리를 성인이 아니라 죄인으로서 구원하신 하나님의 은혜를 손상시키는 것이다.
- 우리는 죄를 범할 때 하나님뿐만 아니라 다른 사람들과의 관계에서 화해를 경험하고 우리의 삶을 계속 살아나가야 한다.
- 우리는 죄가 우리로 하여금 하나님의 은혜를 증언하지 못하도록 막는 것을 내버려두어서는 안 된다.

▣ 적용하기

- 하나님과의 사이에서는 셈을 빨리하라. 죄를 깨닫게 되면, 즉시 하나님께 고백하고 그것을 그만두라.
- 하나님이 용서에 대해 말씀하신 내용을 신뢰하라(요일 1:8-10).

• 누가복음 15장 20-24절에서 탕자에게 보인 아버지의 행동에 대해 묵상하라.

삶의 적용

삐쩍 말라 보이는 양

존 헤르쿠스(John Hercus)는 다윗에 대한 통찰력 있는 연구에서 다윗이 아직 어린 목동이던 시절 자신이 그를 찾아가는 모습을 상상한다. 저자가 그 소년에게 말을 걸자 근처에 있던 양 한 마리가 풀을 뜯다가 고개를 들더니 절뚝거리는 어색한 모습으로 총총걸음을 쳐 곧장 그에게로 다가온다. 다윗은 삐쩍 말라 보이는 그 동물을 쓰다듬고 안아주며 "제가 제일 좋아하는 녀석이에요"라고 꾸밈없이 말한다(Hercus, 「Out of the Miry Clay」, 129).

이 상상 속의 장면은 양 떼의 목자였다가 그의 백성의 목자가 됨과 동시에, 그 자신의 목자이신 여호와의 양이기를 절대 그만두지 않았던 다윗의 삶을 요약해준다. 다윗은 옳든 그르든 어떤 결정을 하든지 간에 자기 자신을 오로지 하나님에 의해 분에 넘치게 사랑받고 있는 삐쩍 말라 보이는 미숙한 양으로만 보았다.

나는 다윗과, 인구 조사를 실시하려던 그의 결정을 이해할 수 없다. 하나님을 그렇게 많이 경험했음에도 불구하고 하나님의 법을 위반하는 것이 너무나 분명한 그런 공세적 행동을 어떻게 취할 수 있었을까? 나는 그 이유를 알지도 못하고 이해할 수도 없다. 그러나 내가 분명히 알 수 있는 것은 나도 그 이야기에 나오는 다윗과 같이 영적으로 멍청이가 될 수 있다는 사실이다. 사실 똑같은 교훈을 여러 차례 깨달았다고 해서 그와 똑같은 실수를 다시 범하지 않는 것은 아니다. 문제는 내가 실수한 후에도 기꺼이 다시 일어나 전과 같은 열정으로 주님을 섬기고자 하느냐 하는 것이다. 다윗은 자기 왕국에서 7만 명의 사람들을 죽음으로 몰아넣는 잘못을 저지르고도 왜 불명예스럽게 양위하지 않았을까? 그는 자신이 왕위에서 물러나는 것을 하나님이 원치 않으신다는 사실과 하나님이 이미 그를 용서해주셨을 뿐만 아니라, 그를 향해 계속해서 위대한 계획을 품고 계시다는 사실을 알고 있었기 때문이다. 그 재앙의 결말은 성전 건축 프로젝트의 첫 단계였다. 하나님을 거역함으로 말미암아 또다시 실패한 다윗은 과거 어느 때보다도 더 큰 열정으로 하나님을 섬기기 시작했다.

우리는 자기 자신을 죄인으로 보는 것을 결코 두려워해서는 안 된다. 아무리 많은 자기 합리화도 우리로 하여금 그 현실을 그냥 지나치게 할 수는 없다. 우리가 하나님의 은혜와 구속을 경험할 수 있는 것은 바로 우리가 죄인이기 때문이다. '들어가는 글' 로 다시 돌아가보자. 만약 돈 오들이 자기 자신의 완벽함으로 복음을 전파했다면, 그의 증언은 그가 주심의 이를 부러뜨리는 순간 돌이킬 수 없을 정도로 손상을 입었을 것이다. 그러나 그가 은혜의 복음을 전했기 때문에 그의 연약함이 드러났음에도 불구하고 그 메시지는 중단되지 않았다. 그래서 복음은 너무나도 기쁜 소식인 것이다. 하나님은 용서하신다.

기도

하나님 아버지, 저는 죄인입니다. 더욱 부끄러운 것은 죄와 구원에 대해 다 알고 있어야 할 그리스도인임에도 불구하고 여전히 저의 죄성을 저 자신과 다른 사람들, 심지어 당신에게조차 숨기려고 시도하는 저 자신을 발견하게 됩니다. 당신께 자유로이 나아가 제가 얼마나 연약한 존재인지 고백하게 해주시니 감사합니다. 저는 당신이 저를 있는 그대로 받아들이신다는 사실을 알고 있습니다. 저의 죄가 당신이 돌아가신 십자가상에서 이미 속죄되었고, 제가 용서받은 죄인이라는 사실에 감사를 드립니다. 아멘.

심층 연구

A. 누가 다윗을 부추겨 인구 조사를 실시하게 만들었을까?(21:1)

역대상의 설명은 다윗이 인구 조사를 실시하도록 선동한 장본인이 바로 사단이었음을 말해주고 있다. 그러나 사무엘하 24장 1절의 병행 구절은 이렇게 기록하고 있다. "여호와께서 다시 이스라엘을 향하여 진노하사 저희를 치시려고 다윗을 감동시키사." 그렇다면 누가 다윗을 부추긴 것일까? 여호와이실까 아니면 사단일까?

우리는 구약의 많은 성경 구절이 사단을 언급하고 있는 것으로 이해하고 있지만, 그런 생각은 종종 특정 신약 성경 구절을 소급해 적용한 결과다. 예를 들면, 대부분의 그리스도인들은 창세기 3장의 뱀이 사단이라는 데 동의하지만, 그런 사실은 창세기 어느 구절에도 언급되어 있지 않다. 만약 우리가 구약 자체만을 놓고 본다면, 오직 세 곳에서만 사단이라는 이름이 언급된 것을 발견하게 된다(욥 1:6-2:7, 슥 3:1-2, 대상 21:1). 그 성경 구절 모두에서 사단은 하나님의 적이라기보다는 인간의 적으로 등장한다. 욥기와 스가랴서에서는 그가 욥과 여호수아라는 이름의 대제사장을 부당하게 비난했다. 한편 역대기에서는 그가 다윗을 부추겨 인구 조사를 실시하도록 만듦으로써 다윗과 하나님 사이에 문제를 일으켰다.

사단은 천사 가운데 하나로 다른 천사들과 함께 하나님 앞에 나타날 수 있는 특권을 가지고 있다. 하지만 그 지위를 이용해 인간과 하나님의 관계에 문제를 일으킨다. 마치 사단의 주요 적은 인류인 것처럼 보인다. 사단이 하나님 그분 자신의 적이라는 사실을 우리가 깨닫게 되는 것은 나중에 신약에서 얻은 이해를 통해서다.

구약의 두 핵심 성경 구절(사 14:3-15, 겔 28:11-19)은 우리에게 하나님께 대한 사단의 반역과 그에 따른 심판에 대해 가르쳐준다. 그 성경 구절의 직접적인 내용은 각각 바벨론과 두로의 왕에 대한 심판이지만, 그것이 사단에 대해 이야기하고 있다고 감히 말할 수 있을 것이다.

신약은 그 성경 구절들을 이용해 사단의 본성을 분명히 밝혀주고 있으며, 우리는 그 사실을 통해 그것이 그 성경 구절의 진짜 의도임을 알게 된다. 요한계시록 8장 10절과 12장 7-9절, 20장 10절 등은 이사야와 에스겔의 성경 구절을 암시하며 그들을 사단에 연관시키고 있다. 그 두 구약의 성경 구절에서 우리가 보는 것은 자신이 하나님보다 더 위대하다고 생각했다가 하늘에서 쫓겨나고 징계를 받았던 위대하고 영광스러운 통치자다. 우리가 요한계시록의 성경 구절들을 읽고나서 다시 반항적인 왕들에 관해 쓰여 있는 것들을 모두 살펴보면, 그 왕들이 사단의 표상('전형')이었고, 결국에는 사단만이 하나님에 대해 그런 고도의 적의를 전형적으로 보여줄 수 있었다는 사실을 깨닫게 된다.

그 두 구약의 성경 구절은 우리에게 사단이 하나님과 동등하지 않다는 사실을 깨우쳐 준다. 그는 천사이므로(비록 타락한 천사이기는 하지만) 제한된 능력을 지닌 피조물에 불과하다. 사단은 하나님이 그분의 전체적인 계획의 일환으로 그에게 허락하시지 않는 한 아무것도 할 수 없다.

따라서 이 경우에 우리는 하나님과 사단이 모두 다윗을 선동했다는 식으로 생각해서는 안 될 것이다. 우리가 그 표현으로 하나님과 사단이 서로 독립하여 각각 무언가를 했음을 의미한다면 말이다. 그러나 사단이 좀 더 직접적으로 부추긴 장본인이었고, 하나님이 그에게 그렇게 하도록 허락하셨다고 말할 수는 있을 것이다. 하나님은 그 기회를 이용해 다윗과 이스라엘 백성들에게 교훈을 주시려고 계획하셨기 때문이다.

B. 적은 비용으로 드리는 제사(21:24)

다윗이 제사드릴 장소와 제물을 무료로 제공하겠다는 오르난의 제의를 거절하면서 언급한 내용은 감동적이기도 하지만 한편으론 오해를 불러일으킬 수도 있다. "내가 여호와께 드리려고 네 물건을 취하지 아니하겠고 값 없이는 번제를 드리지도 아니하리라." 우리가 이미 지적했듯이, 만약 다윗이 다른 사람이 그의 처분에 맡긴 것을 사용했다면, 그 자신의 죄를 속죄받기 위해 하나님께 제사를 드린 것이 무의미했을 것이다.

다윗의 태도는 우리가 자기 자신에게 너무 쉬운 것들만 행하고 마지못해 주님을 섬길 때마다 우리에게 유죄 선고를 내릴지도 모른다. 나는 장거리 전화 요금 35센트가 아까워서 도움이 필요한 누군가에게 전화하지 않으려고 하는 신도들과, 교회에 새로 양탄자를 깔기 위해 구제 프로그램의 예산을 삭감하는 제직들을 알고 있다. 우리가 자기 만족의 범위 내에서만 봉사하려는 욕망을 가지고 있다면, 기독교는 위로와 안심의 종교로 전락할 수도 있다. 다윗의 언급은 그런 태도에 도전한다. 하지만 하나님이 우리에게 주신 구원과 축복에 대해 우리가 보상할 수 있다고 생각하는 덫에 걸려서는 절대 안 될 것이다.

고안

A. 들어가는 글

1. '아뿔싸! 내 증언이 사라져버리네!' 이야기로 시작하라.
2. 배경 설명: 우리는 지난 장에서 다윗이 행한 모든 것이 성공적인 것처럼 보였던 그의 '불패 시즌'을 보았다. 이제는 반대로 영광의 절정에 이르렀던 다윗이 결국 하나님의 법을 넘어서는 모습을 보게 된다. 다윗과 이스라엘 백성들은 그의 불순종으로 인해 고통받아야 했다.
3. 적용: 농구를 통한 복음 전도자로 한창 빛을 발하던 돈 오들은 순간적으로 저지른 부주의한 행동으로 자신의 사역에 부정적인 영향을 미쳤다. 그러나 하나님은 오들의 연약함에 의해 방해받지 않으시고 계속해서 그를 종전처럼 사용하셨다. 마찬가지로 다윗도 권력의 정점에 있을 때 불법적인 인구 조사를 실시함으로써 하나님에 대한 신뢰를 저버렸다. 그러나 하나님이 용서하심으로 말미암아 다윗은 계속 왕위를 유지할 수 있었고, 심지어 성전 건축을 준비하는 데 있어서도 진일보할 수 있었다.

B. 본문 이해

1. 불법적인 인구 조사(21:1-7)
2. 다윗의 회개(21:8-17)

3. 타작마당에 설치된 제단(21:18-22:1)
4. 성전을 위한 준비(22:2-19)

C. 결론: '담대하게 죄를 범하라' 를 읽어주라.

토의 질문

1. 어떤 요인들이 우리로 하여금 벗어날 수 없는 자기 파괴적인 죄를 짓게 만드는가?

2. 우리가 죄를 범했다는 사실을 인정하는 것이 왜 그렇게 어려운가?

3. 당신의 교회는 구성원들이 죄를 범한 후에 하나님뿐만 아니라 사람들과의 관계에서 화해를 경험할 수 있도록 충분히 돕고 있는가?

역대상 23:1–29:30

왕궁 내의 질서

"가족 내에도 질서가 있어야 한다. 만약 모든 상속자가 영주의 지위를 얻으려고 애쓴다면, 무법 상태가 그 가족을 지배하게 될 것이다."

- 마틴 루터

지루할 정도로 긴 이 부분은 다윗의 통치 기간 동안 직책을 맡았던 사람들의 이름과 임무를 서술하고 있다. 초점은 성전과 제사장들 그리고 그 보조자들에게 맞추어져 있지만, 군대 지도자들도 간단하게 언급되어 있다. 이 부분은 다윗이 성전을 건축하라는 마지막 권고를 공포하면서 마무리된다.

들어가는 글

계획에 의한 리더십과 자동적으로 주어지는 리더십

약 20년 전, 나는 황무지에서 살겠다고 자원했던 일단의 사람들을 관찰하는 다큐멘터리 시리즈 몇 회분을 본 적이 있다. 그들은 현대적인 편의 시설을 전혀 갖추지 않은 채 강에서 물을 마시고, 그들이 사냥하고 심을 수 있는 것만 먹으며, 자신이 직접 지어야 하는 오두막에서 기거하는 등 개척자 스타일의 삶을 살도록 되어 있었다. 그 의도는 촬영 카메라가 그들의 일거수일투족을 주시하고, 연구자들은 그 결과를 인간이 스트레스에 어떻게 반응하는지에 대해 더 잘 이해하기 위한 기초 자료로 활용할 수 있다는 생각이었다.

'리얼리티' 텔레비전 쇼에서도 그렇듯이, 시간이 좀 지나자 사람들은 카메라를 의식하지 않고 그저 자기가 맡은 일을 계속하며 상호작용도 자연스러워졌다. 그러면서 두 가지 행동 양식이 나타났다.

우선, 여러 사람이 리더 역할을 맡겠다고 나서기 시작했다. 그 그룹이 현지로 떠나기 전에, 연구자들은 리더십에 대한 특별한 근거 없이 임의로 리더들을 지정했지만, 그 사람들은 곧 개인적인 기질 때문에 그룹 내에서 지배적인 역할을 자임하는 사람들에 의해 교체되었다.

둘째로, 그룹이 반으로 나뉘었고, 새로 떠오른 리더들은 자기 지지자들의 대변자 역할을 했다. 그 분열이 금방 시작된 것은 기혼자와 미혼자 간의 적개심 때문이었다. 심각한 불화로 이어진 것은 불과 몇 주만의 일이었고, 각 그룹은 상대측이 전체의 안녕에 기여하지 못하고 있다고 비난했다. 결과적으로 내부의 반목으로 인해 사람들이 임무를 제대로 수행하지 못하고 있었다.

일단의 사람들이 있으면 그룹 내 화합을 유지하기 위해 언제나 능력 있는 리더십이 필요하다. 강한 개성을 지닌 사람들에게 책임을 맡기는 것은 비생산적일 수도 있다. 다윗 왕은 그 사실을 잘 알고 있었다. 그는 솔로몬이 질서와 협력이라는 규범 속에서 왕국을 물려받을 수 있도록 하기 위해 노력했고, 그 목표를 위해 제사장들과 성전 일꾼들 그리고 군사 요원들을 세분화했다.

에스라(역대기 저자)는 이 성경 본문에서 성전과 예배에 초점을 맞추고 있다. 다윗 시대에 이스라엘 나라가 바로 그 핵심을 중심으로 통일되어 있었기 때문이다. 에스라는 자기 시대에 이스라엘을 다시 한 번 규합하고자 시도했기 때문에 다윗이 확립했던 시스템을 모든 사람이 반드시 알게 하고 싶었던 것이다.

본문 이해

왕궁 내의 질서

Main Idea	다윗은 솔로몬이 왕국을 물려받을 수 있도록 준비하면서 성전에서 일하는 사람들과 그의 관료들 사이에 여러 부문을 신설했다. 그의 목표는 솔로몬이 왕이 되었을 때 이스라엘 왕국이 질서 있고, 평화스러우며, 그 어떤 것도 솔로몬의 성전 건축을 방해하지 못하게 하는 것이었다.

A. 레위 사람들(23:1-32)

Supporting Idea	다윗은 레위 족속을 여러 대집단으로 나누어 그들에게 특정 임무를 부여했다.

23:1. 우리는 역대상의 나머지 부분에 나오는 내용을 모두 다윗이 솔로몬의 통치를 위해 준비하는 과정이라는 정황 속에서 이해해야 한다. 다윗은 성전도, 성막도 자기 뜻대로 할 수 없었다. 성전은 아직 지어지지 않은 상태였고, 성막은 여전히 기브온에 세워져 있었던 것이다. 따라서 다윗이 법으로 공포한 것의 상당수가 당대에 실행된다 할지라도 솔로몬이 왕이 되고 성전이 건축되기 전까지는 의미가 없는 것이었다.

역대기 저자는 한 번 더 결국에는 솔로몬의 대관식과 관련되어 있을 많은 역사적 사건들을 뛰어넘는다. 우리는 나중에 정황을 좀 더 분명하게 이해하기 위해 그 사건들 가운데 일부에 대해 약술할 것이다(왕상 1-2장). 지금은 솔로몬의 왕위 계승을 기정사실로 받아들이고 찬성했던 사람이 다윗과 솔로몬, 밧세바, 나단 그리고 어쩌면 사독까지 다섯 명뿐일지도 모른다는 사실만 말해두고 넘어가려고 한다. 그러나 여호와께서 솔로몬을 선택하셨고, 마침내 여호와의 그 선택하심이 승리했지만, 심각한 불화와 유혈이 없지는 않았다. 역대기 저자는 단지 우리에게 다윗이 아들 솔로몬으로 이스라엘 왕을 삼았다고만 말한다.

그럼에도 불구하고 당시 왕권은 아버지에게서 아들로 단순히 넘겨지는 것이었음을 명심하라. 사울이 초기에 제비뽑기로 지명되고 다윗이 각 지파의 대표들에 의해 만장일치로 추대된 것과는 대조적으로 솔로몬은 다윗으로부터의 세습으로 왕이 되었다. 하나님이 다윗에게 왕위가 영원히 그의 가문에 있을 것이라고 하셨던 약속이 마침내 이행되기 시작한 것이다.

23:2. 물론 후계자 지명이 은밀하게 이루어질 수는 없었을 것이다. 그것은 지도자들로 구성된 대규모 회중 앞에서 이루어졌음이 분명하다. 레위 사람들이 선발된 것은 아마도 그들이 종교 지도자 집단으로서 지니고 있었을 힘 때문이었겠지만, 역대기 저자가 그들에게 초점을 맞춰 그들이 사역하는 부문과 임무들에 대해 서술하고 싶었기 때문일 가능성이 더 높다.

23:3. 다윗이 당시 레위 족속으로서의 역할을 자원했던 사람들을 계수하고 있었기 때문에 우리가 21장에서 다룬 금지된 인구 조사일 가능성은 전혀 없다. 성전 봉사의 자격이 주어지는 전통적인 나이인 30세 이상의 레위 지파 구성원이 모두 3만 8천 명이었다는 결과가 나와 있다. 그렇게 시작된 성전 봉사는 50세에 끝나게 되어 있었다(민 4:23). 성소가 오직 하나뿐이고, 언약궤를 여기저기 옮길 필요도 더 이상 없으며, 백성들이 모두 성읍과 마을에 정착해 있는 상태에서 어떻게 하면 3만 8천 명의 레위 사람들에게 한꺼번에 일을 시킬 수 있겠는가? 그들 모두에게 임무를 찾아줄 뿐만 아니라, 레위 족속이 이스라엘에 긍정적인 힘으로 작용할 수 있도록 체제를 갖추기 위해서는 다윗의 행정적인 천재성이 필요했다.

23:4-6. 다윗은 성전 일꾼들로 구성된 그 거대한 집단에 질서를 부여하려고 시도하는

과정에서 기본적인 직무 내용과 혈통이라는 두 가지 기준에 따라 그들을 나누었다. 성전 일꾼과 관료, 문지기, 연주자 등 네 가지 기본 임무가 레위 사람들에게 배정되었다.

전체 인력 가운데 가장 큰 부분이 성전 사무와 제사를 드리는 것과 관련된 임무를 수행하는 데 할당되었다. 2만 4천 명의 레위 사람들이 그 자격을 인가받았다. 이 그룹에는 제사장들뿐만 아니라, 소제에 쓸 밀가루를 섞거나 칼을 갈거나 성소를 청소하는 등 다른 많은 잡일을 수행하는 사람들도 포함되어 있었다. 우리는 나중에 다윗이 그 대규모 집단을 좀 더 세분화하여 소규모 단위로 나누는 것을 볼 수 있다.

6천 명의 레위 사람들이 유사와 재판관으로 봉사하도록 지명되었다. 그들은 제사에 쓰일 제물을 검사하고, 그것을 드릴 사람이 이방인이 아님을 확인하며, 모든 것이 율법의 정확한 조문에 따라 이루어지도록 관리하는 등의 책임을 맡았다. 그 관료들의 직무 내용은 성전에 국한되지 않고 나라 전체로 확대되어 각처의 성읍과 마을에 사는 사람들이 율법을 충실히 지키고 있는지 확인하는 역할도 포함하고 있었다.

4천 명의 사람이 경비 임무(문지기)에 배정되었고, 또 다른 4천 명이 성전의 음악 사역에 임명되었다. 일부 트럼펫 팡파르를 제외하고는 성막과 관련된 음악에 대한 지침은 전혀 없다. 하지만 그 자신이 연주자로서 한평생 사운드 트랙과 함께해왔던 것으로 보이는 다윗은 예배 음악의 중요성을 이해하고 있었기 때문에 그것이 영구적인 부분이 되도록 지시했다.

족보상으로는 다윗이 레위 족속을 게르손과 그핫, 므라리 등 주요 세 혈통으로 다시 나누었다. 역대기 저자는 여기서 그가 이미 6장에서 우리에게 제공했던 일부 정보를 몇 가지 추가 사항과 함께 반복한다.

23:7-23. 우리는 다시 한 번 레위 지파의 족보 전개에 대한 서론적 개관을 얻게 된다. 여기에 열거된 목록들은 역대상 6장 1-30절의 정보 가운데 일부를 반복하지만, 새로운 이름과 관계도 일부 소개한다. 비록 이 자료가 우리에게는 흥미롭지 않지만, 에스라의 원래 독자들에게는 매우 중요한 부분이었을지도 모른다. 그것이 레위 지파로 구성된 다양한 부문에 누가 속해 있었는지, 정확히 어떤 의무와 특권이 그들의 지위와 관련되어 있었는지에 대해서도 상술하고 있었기 때문이다.

게르손의 아들 가운데 하나인 라단은 립니로 불리기도 한다(대상 6:17). 역대기 저자는 게르손 족속의 주요 분파를 취해 그들을 여러 가문으로 세분화하여 특정 분파에 속하는 개인들을 분류하는 기준으로 삼았다. 목록을 보면 두 시므이가 존재한다. 하나는 9절에, 다른 하나는 7절과 10절에 언급되어 있다. 9절의 시므이는 그 구절 끝에서 라단의 혈통에 속해 있는 사람으로 확인되기 때문에 서로 다른 두 개인이 존재하는 것이 분명하다(시므이가 자기 형제의 후손들 가운데 속할 수는 없었을 것이다). 라단의 형제 시므이의 후손들 가운데 두 사람 여우스와 브리아는 자손이 거의 없어 한 가문으로 간주되었다.

이야기가 그핫의 후손들로 옮겨가자 아론 가문과 비(非)아론 가문 사이의 구분이 중요해진다. 아론의 자손들만이 제사를 집전하도록 허용되었기 때문이다. 그에 반해서 모세의 후손들은 아무 특권도 얻지 못했다. 비록 모세가 구약에서 어느 누구보다도 더 많이 여호와와 직접 의사소통을 했을 것으로 짐작되는 하나님의 사람이지만 말이다. 제사장직은 세습될 수 있었지만, 하나님과의 관계는 그럴 수 없었던 것이다. 따라서 비아론계 그핫 자손들, 특히 모세의 혈통을 이어받은 레위 족속도 다른 레위 사람들과 똑같이 봉사했다.

므라리의 후손들은 레위 족속의 세 번째 분파를 구성한다. 역대기 저자는 므라리의 아들 엘르아살의 가문에 수렴(收斂) 현상이 있었음을 기록하고 있다. 엘르아살이 남자 후손 없이 죽었을 때, 그의 형제 기스의 아들들이 사촌 관계에 있는 그의 딸들과 결혼하지 않았다면 그의 가문은 사라지고 말았을 것이다.

23:24-32. 레위 족속의 임무는 이제 율법이 처음 주어졌던 출애굽 시대와는 달랐다. 성전에서 하나님께 드리는 좀 더 복잡한 예배와 관련하여 새로운 임무가 많이 생겨났기 때문이다. 다윗은 언약궤와 성막의 기구들을 옮기는 것과 관련하여 레위 족속에게 추가로 부여되었던 모든 임무를 폐지했다. 성소는 지난 수백 년 동안 거의 옮겨지지 않았다. 그리고 실제로 그런 일이 일어났을 때, 레위 족속이 그 과정에서 맡기로 되어 있던 역할에 대해 모두가 잊고 있었다(대상 15:13). 어느 누구도 언약궤를 더 이상 가동물(可動物)로 생각하지 않았기 때문일 것이다. 그럼에도 불구하고 다윗은, 그런 직무는 더 이상 존재할 필요가 없다는 사실을 분명히 했다. 하지만 실행되어야 할 다른 많은 일들이 있었다.

이 시점에서는 레위 족속의 공식적인 목록이 30세에서 더 낮아져 20세 이상의 사람들까지 포함하고 있었다. 일부 주석가들은 그 변화에 대해 이리동절헤하지만, 그것은 자연스러운 조치인 것처럼 보인다. 원래의 명부는 성전에서 봉사할 수 있을 만큼 나이 먹은 사람들을 기반으로 하고 있었다. 그러나 이 시점에서는 아직 지어지지 않은 성전에서 행해질 새로운 임무를 위해 레위 족속을 이론적으로 나누는 장면을 볼 수 있다. 훈련 중인 레위 사람들이 소속 부문과 책무의 배정에 포함되었을 것으로 보는 것이 타당하다.

레위 사람들의 임무는 실제로 제사를 집전하는 일 외에 모든 것을 포함하고 있었다. 그들의 역할은 모든 재료와 도구를 준비하고 만사가 올바른지 확인하는 것이었다. 그것은 제사장들이 예배를 제대로 수행하는 데 집중하는 것을 가능하게 해주었다. 레위 족속은 빵을 굽고, 성전을 청소하며, 부정한 것이 성전에서 쓰이지 않게 하는 책임을 맡았다. 그들은 또 주요 제사가 드려지는 매일 아침과 저녁 그리고 특별한 절기를 기념하는 예배가 열릴 때마다 공중 예배에 참석하도록 되어 있었다.

B. 24반열로의 구분(24:1-31)

Supporting Idea	다윗은 제사장들이 교대로 봉사하도록 24반열 제도를 확립했다. 나머지 레위 족속도 선례를 따라 제사장의 24반열에 맞추어 조직되었다.

24:1-2. 역대기 저자는 우리에게 아론의 아들들의 역사를 상기시킨다. 아론의 장자와 차자 나답과 아비후는 성소를 모독했기 때문에 죽임을 당했다(레 10:1-2). 그 결과 그의 어린 두 아들 엘르아살과 이다말이 제사장직을 수행했다. 따라서 아론의 혈통을 이어받은 가문은 둘밖에 없었다. 하나는 엘르아살을 통해서였고, 다른 하나는 이다말을 통해서였다.

24:3-5. 다윗은 두 분파를 각각 대표하는 뛰어난 인물에게 도움을 구했다. 다윗의 시대에는 '사실상' 두 사람이 대제사장직을 수행하고 있었다. 엘르아살 가문 출신의 사독과 이다말 가문에 속해 있는 아비아달이 바로 그들이었다. 아히멜렉은 아비아달의 아들로서 대제사장이었던 그의 조부 아히멜렉의 이름을 따서 이름 지어졌음이 틀림없다. 사독과 아히멜렉은 제사장 자격이 있는 가문을 모두 선별하여 임무를 합리적으로 할당하기 위해 협의했다.

엘르아살의 후손들 가운데 확인이 가능한 가문이 약 두 배나 많다는 사실이 밝혀졌다. 결국 최종적인 타협은 엘르아살 가문에서 열여섯 반열, 이다말 가문에서 여덟 반열이 나오게 하는 분류 방법을 결정했다. 그런 다음, 실제적인 임무 순서 배정은 편애에 대한 비난이 없도록 제비뽑기를 통해 공평하게 이루어졌다.

24:6-19. 24반열에 포함될 가문이 모두 결정된 후에 그 결과가 공식적으로 기록되었다. 편애의 소지를 없애기 위해 모든 것이 철저하게 이루어졌다. 최종 결과는 스물네 개로 나누어진 집단과 그들이 성전에서 교대로 제사를 집전하는 순서를 기록한 목록이었다.

이 24반열이 반드시 영구적인 것은 아니었다. 이 반열들 가운데 일부는 맥이 끊기거나 전쟁 중에 소멸되었기 때문이다(스 2:36-39, 느 12:1-7). 그러나 24반열 가운데 상당수가 그리스도의 시대까지도 지속되었다. 누가복음 1장 5절은 세례 요한의 아버지 사가랴가 이 장 10절에 언급되어 있는 아비야 반열에 속해 있었다는 사실을 말해준다.

24:20-31. 제사장들이 그들의 반열을 확정했을 때, 나머지 레위 사람들도 그 선례를 따랐다. 그들 역시 아론의 후손들에게 부여된 교대 순서에 따라 그들의 24반열을 정했다. 이 성경 본문에서 정확히 스물네 개의 집단을 찾아내는 것은 쉽지 않다. 하지만 역대기 저자는 우리에게 장자의 종가와 그 아우의 종가가 다름이 없다고 말한다. 우리는 거기서 두 세대가 별도의 분파로 간주된 단서를 찾을 수 있다.

C. 레위 사람들에 대한 직무 배정(25:1-26:32)

Supporting Idea	다윗은 레위 족속 중에서 성전 연주자와 문지기, 재정 관리자, 일반 관료들에 대한 반열과 책무를 지정했다.

25:1-31. 음악은 다윗의 삶에서 매우 중요했다. 그는 어린 목동이었을 때, "호기와 무용이 뛰어난 사람"(삼상 16:18)으로도 알려졌지만, 하프를 연주할 수 있는 능력 때문에 사울 왕의 궁전에 처음 발을 들여놓기도 했다. 비록 다윗이 왕으로서의 바쁜 일정 가운데 시간을 내어 하프를 연주하며 휴식을 취했다는 기록은 없지만, 그는 정말 수많은 시편을 기록했다. 따라서 다윗이 그 전에는 존재하지도 않았던 음악적인 측면을 예배에 결합시켰다는 사실은 놀랄 일이 아니다.

연주자들의 일이 '예언'으로 묘사되고, 헤만은 '선견자'로 불리고 있다. 분명한 것은 음악이 '예배' 분위기를 조성하거나 단순히 하나님에 대한 감정을 표현하기 위해 포함된 것이 아니었다는 것이다. 그것은 하나님의 명령을 전달하는 하나의 수단으로 사용되었던 것이다. 우리가 시편을 통해 알고 있듯이, 이스라엘의 많은 고대 찬송가들은 역사적·신학적 언급들을 담고 있다. 시편 81편에서 아삽은 이스라엘이 광야에서 지내던 시절의 이야기를 하나님께 충실하라는 권고와 함께 엮어놓았다. 우리는 또 구약에서 때때로 음악이 선지자를 자극해 하나님의 메시지를 말하도록 하는 데 사용되었다는 사실을 알고 있다(왕하 3:15).

아삽과 헤만과 여두둔(에단으로 불리기도 한다)은 성전 음악을 책임 맡았다. 그들의 아들의 총수가 스물넷이었는데, 특히 열네 명의 아들을 둔 헤만 덕분이었다. 각각의 아들이 하나의 반열을 구성했고, 그들의 결합된 씨족 내에 음악적으로 재능을 갖춘 친척이 288명이나 있었기 때문에 그들은 9-31절에 열거되어 있는 것처럼 각각 열두 명의 연주자로 24반열을 구성할 수 있었다. 그들은 모두 리더로서 자신의 재능을 성전 봉사에 사용할 수 있었던 4천 명의 레위 사람들을 이끌었다(대상 23:5). 24반열은 각각 지정된 사람의 지휘 아래에 있었지만, 동시에 각 아들은 자기 아버지(아삽과 헤만과 여두둔)의 지시를 받았다. 그것은 다윗이 통제를 포기하지 않으려 했던 성전 봉사의 한 측면이었다. 음악을 관장하는 세 주요 성직자 역시 그의 감독 아래에 있었음은 두말할 필요도 없다.

26:1-19. 이 성경 본문은 장래 성전에 투입될 공식적인 문지기의 목록을 담고 있다. 문지기는 보안 요원이었다. 그들의 임무는 지역적인 소요에 대비해 필요한 안전 조치를 취하는 것이었다.

그 목록은 고라 족속을 언급하면서 시작된다. 그들은 제사장직에 대한 권리를 주장했다가 엄히 징계를 받았던 레위인 고라의 후손들이었다(민 16장). 고라의 죄에도 불구하고 그의 혈통은 명예롭게 이어졌고(대상 6:22), 이제 므셀레먀의 아들들이 경비 부문의 지휘관으로 기술되어 있다. 고라 족속은 그핫의 분파에서 유래되었으므로 여기에 언급된 아삽은 앞장의 주인공으로 음악을 관장했던 게르손 가문의 성직자와는 다른 인물이다.

분명 문지기의 수를 24반열에 맞추려는 시도는 없었다. 문지기는 제사장이나 그들을 보조하는 레위인과 똑같은 근무 시간에 일할 수 없었을 것이다. 그들은 오히려 성전 주위의 위치에 따라 배정되었다. 특정 지휘관에게는 특정 문에 대한 책임이 주어졌다(대상 26:13).

문지기 그룹에서 우리에게 친숙한 이름이 하나 있는데, 그것은 바로 오벧에돔이다. 그는 언약궤를 예루살렘으로 옮기려는 두 번의 시도가 이루어지는 사이에 그것을 보관했던 사유지의 소유주였다(대상 13:13-14). 비록 그의 직업은 문지기였지만, 그는 언약궤를 예루살렘으로 옮기려는 두 번째 시도에서 수금 연주자로 참여했다(대상 15:21). 하나님은 오벧에돔에게 상당한 규모의 씨족을 이루게 하심으로써 그를 축복하셨고, 그들 모두가 성전에서 봉사했다.

우리는 10절에서 호사에 대한 언급을 발견하게 된다. 그는 므라리 씨족의 일원으로 자신의 아들 시므리를 장자로 지명했다. 우리는 여기에 언급된 다른 아들 가운데 하나가 사실상의 장자였는지, 혹은 그 장자가 어떤 이유로 해서 가문에서 완전히 제외된 또 다른 아들이었는지에 대해서는 알 수 없다.

기본적인 방향에 의해 확인되는 네 개의 문 외에 창고와 서쪽에서 들어오는 큰 길과 살래겟 문에도 경비가 배치되었다. 마지막에 언급한 것은 바로 '똥' 문이다. 성전은 엄청난 양의 쓰레기를 발생시켰을 것이다. 따라서 그것들을 버릴 장소가 있어야 했고, 누군가 버려진 동물의 사체나 내장 등을 성전 안으로 다시 가지고 들어올 경우 발생할 수 있는 다양한 해악의 가능성을 감안할 때, 그곳에도 경비가 배치되어야 했던 것이다. 비록 성전은 아직 지어지지 않았지만, 경비는 이미 활동하고 있었다(대상 9:17-27). 언약궤를 위해 특별히 지정되고 많은 건축 재료를 보관하고 있는 장소임을 고려할 때, 경비부대가 해야 할 일이 무척 많았을 것이다.

26:20-28. 다윗의 통치 초기에는 국고 보호도 문지기의 임무에 포함되어 있었다(대상 9:26). 그러나 이제 그는 장래에 지어질 성전을 준비하면서 그 임무를 위해 별도의 조직을 만들었다. 앞부분의 문지기들이 그핫(고라 자손)과 므라리 씨족 출신인데 반해 이번에는 게르손 씨족이 그 영예를 차지했다. 이 레위 사람들은 특히 립니라고도 불리는 라단의 자손이었다. 하지만 그핫 씨족은 국고 요원들 가운데도 나타난다. 이번에는 그동안 국고 관리에 상당히 기여해온 모세의 아들 게르솜과 엘리에셀의 후손들을 통해서였다.

슬로못이라고 불리는 사람은 전쟁에서 획득되어 여호와께 드려진 모든 약탈품을 관리하는 임무를 맡았다. 이 기금의 기증자 목록에는 다윗이 맨 앞을 장식하고 있지만, 사무엘과 사울, 두 장군 아브넬과 요압은 물론이고 다윗 시대의 군사 지도자들이 기증한 물건들도 있었다. 슬로못은 성전이 지어지기도 전에 향후 발생하게 될 성전 보수를 위한 기증 제도를 마련함으로써 사업 수완을 발휘했다. 역대하의 여러 경우에서 성전을 중수하는 것은 왕과 백성에게 부흥의 징조였다.

26:29-32. 레위 족속에게 배정된 마지막 임무는 '일반인을 상대로 활동하는 레위인'으로 봉사하는 것이었다. 이 사람들은 유사와 재판관으로 불렸다. 그들의 임무는 이스라엘 땅 전역에서 하나님의 법이 준수되도록 하는 것이었다. 그들은 상속과 관련된 분쟁을 재판하고, 우상 숭배를 금지하며, 시장에서 거래되는 모든 음식이 음식물 관련 율법 기준에 맞는지 확인하는 등의 일을 했다.

그런 역할을 하는 첫 번째 관료 그나냐는 지역적 제한을 전혀 받지 않았지만, 하사뱌와 그의 가문에는 특별히 이스라엘의 서쪽 반이 지정되었다. 다윗은 마침내 여리야가 동쪽 지파들을 책임지도록 결정하기 전까지 약간의 연구를 하지 않을 수 없었다. 다윗의 40년 재위 마지막 해에 가서야 마침내 그 체제가 갖추어진 것이다.

D. 행정 질서(27:1-34)

Supporting Idea	다윗은 레위 사람들의 임무를 체계화했듯이, 군사와 행정 분야에서도 통치 지원 시스템을 구축했다.

27:1-15. 다윗은 평상시 2만 4천 명씩 열두 반열로 나뉘어 1년에 한 달씩 복무하는 상비군을 유지했다. 더 큰 군대를 준비 태세로 유지시키려고 하는 것은 비현실적이었을 것이다. 누가 일 년 내내 2십 만 명이 넘는 군사들을 먹일 수 있겠는가? 다윗의 계획하에서는 군사들이 1년에 11개월 동안 고향으로 돌아가 가업에 종사할 수 있었다. 다윗은 심혈을 기울여 그 군대를 백 명 단위의 대대 수준까지 조직했다. 그것은 군사를 일으키는 것이 사람들을 밭과 집에서 불러내는 것을 의미했던 사울 왕정의 초기와는 상당히 대조적인 모습이었다(삼상 11:7-8). 다윗의 통치 기간인 이 시점에는 전문적인 군대가 항상 복무하고 있었다.

각각 위대한 영웅의 이름에 의해 구분되는 열두 반열이 있었다. 각 반열의 지휘관들은 11장의 용사들 사이에도 포함되어 있었다. 여호야다의 아들 브나야는 위대한 두 지휘관 가운데 한 명이었다(대상 11:22-25). 아사헬은 다윗이 이스라엘의 왕이 되는 것을 볼 때까지 살지 못했으므로(삼하 2:23) 분명 그 체제하에서 어떤 자격으로도 복무하지 않았다. 하지만 그는 용사로 간주되었고(대상 11:26), 그의 아들 휘하에 있던 반열이 그를 기념하여 명명되었다.

27:16-24. 전쟁의 경우에는 그 전문적인 군대가 2십8만 8천 명의 군사를 모두 동원하더라도 충분치 않았을 것이다. 만약 비상사태가 발생한다면, 이스라엘의 모든 남자가 다 소집되어야 했을 것이다. 그래서 다윗은 각 지파에 왕의 지시를 직접 받게 될 지휘관을 세웠다. 게다가 레위 지파가 군역에서 면제되었음에도 불구하고 목록에 포함된 것으로 보아 그 지휘관들은 비(非)군사적인 사안에 대해서도 각 지파의 대표 역할을 했던 것으로 보인다.

그 목록은 모든 지파를 언급하고 있지 않다. 갓과 아셀이 빠져 있지만, 에브라임과 두 므낫세 반 지파가 각각 목록에 이름을 올리고 있기 때문에 우리는 여전히 열두 지파의 목록을 가지고 있다. 레위 지파를 표시한 부분에서 우리는 대제사장 사독이 아론 자손을 대표하고 있는 것을 발견하게 된다. 그러나 '아론' 역시 별도의 지파는 아니었다.

엘리후는 다윗의 형제 가운데 한 명으로 유다 지파의 공식적인 대표였다. 그는 역대상 2장 13-15절에 열거되어 있는 다윗의 여섯 형제들 가운데 있지 않다. 그 사실 때문에 몇몇 주석가들은 엘리후가 다윗의 만형 엘리압과 동일 인물일 것이라고 생각했다. 아니면, 사무엘상 16장 10절에서 다윗에게 일곱 형제가 있었음을 말해주고 있기 때문에 엘리후가 역대기의 초기 목록에는 그 이름이 빠져 있는 다윗의 일곱 번째 형이었을 수도 있다. 그는 다윗보다는 나이가 많았겠지만, 엘리압만큼은 아니었을 것이다.

이스라엘의 군사력에 대한 보고를 마친 역대기 저자는 그의 독자들에게 다윗이 실시하였던 초기의 불법적인 인구 조사를 상기시킨다. 현재 군대에 복무하고 있는 사람들의 수를 세는 것은 아무 문제가 없을 것이다. 그 인구 조사가 잘못되었던 것은 이론적으로 동원 가능한 모든 남자를 계수했고, 특히 의식에 필요한 동전을 지불하지 않았다는 점이다(출 30:11-16).

그 인구 조사에서 나온 수치는 다윗 왕의 역대 지략에 기록되지 않았다. 이 언급이 의외로 들릴지도 모르겠다. 역대상 21장 5절에 기록되어 있듯이, 그와 관련된 보고가 이미 우리에게 전해졌기 때문이다. 하지만 역대기는 '역대 지략'과 동일한 것이 아니다. 역대 지략은 다윗 왕궁의 공식적인 기록이었다. 당시에는 그 문서들이 이용 가능한 상태가 아니었고, 지금까지도 고고학자들에 의해 발견되지 않고 있다.

27:25-34. 이 성경 본문은 다윗의 여러 행정가들을 열거하고 있다. 이 사람들은 모두 위대한 다윗 제국의 일원이 됨으로써 역사에 이름을 남겼다. 설사 그 임무가 왕의 낙타나 나귀를 돌보는 것처럼 사소한 일이었을지라도 말이다. 분명 그들의 재직 기간이 다윗의 통치 기간 40년과 딱 맞아떨어지지는 않았을 것이다.

우리는 그 목록의 끝부분으로 가면서 다윗의 통치에 좀 더 직접적으로 관여했던 사람들에 대해 보게 된다. 지금까지는 어디에서도 언급되지 않았지만 다윗의 삼촌 요나단을 포함하여 그의 친구와 조언자들로 구성된 측근 그룹이 있었다. 아히도벨은 현명한 사람으로 널리 알려져 있었고, 한때 그의 명성은 사실상 하나님의 음성으로 말하는 것과 같았을 정도였다(삼하 16:23). 하지만 아히도벨은 압살롬의 반역에 가담했다가 압살롬이 그의 조언을 따르지 않자 결국에는 스스로 목매어 죽었다(삼하 17:23). 반면 아렉 사람 후새는 다윗과의 우정을 결코 저버리지 않았다. 그는 밀정으로 압살롬에게 넘어가 다윗에게 정보를 제공했을 뿐만 아니라, 아히도벨의 모략을 좌절시켰다(삼하 17:14).

역대기 저자는 아히도벨의 자살에 대해서는 말하지 않지만, 두 사람이 그의 후임자가 되었다는 사실을 언급하고 있다. 그 후임자 가운데 한 명은 브나야의 아들 여호야다이지만(27장 5절에 마지막으로 언급되어 있는 살아 있는 전설 여호야다의 아들 브나야와 혼동하지 말라), 우리는 그의 신원을 더 이상 확인할 수 없다. 나중에 모사가 된 나머지 한 사람은 사독과 함께 대제사장직을 수행한 아비아달이었다(대상 15:11).

다윗의 조언자들의 목록은 위대한 장군 요압과 학모니의 아들 여히엘이라는 피고용인으로 마무리되어 있는데, 여히엘의 임무는 왕의 아들들을 돌보는 것이었다. 그들은 모두 다윗의 통치를 보좌했던 일급 조언자들이었다. 다윗 왕은 당대 최고의 인물들을 항상 가까이했다. 우리는 다윗의 왕국을 이상적인 모델로 생각했기 때문에 그 이후의 왕들이 다윗의 모범을 따르지 않았다는 사실을 발견한다. 때때로 그들은 일부러 주변에 있는 최악의 조언자들에게 귀를 기울이려고 애썼던 것처럼 보인다.

E. 다윗의 마지막 연설과 솔로몬의 서임식(28:1-29:30)

Supporting Idea 다윗은 자신이 준비한 모든 것을 솔로몬에게 넘겨주고, 이스라엘의 지도자들에게 새로운 왕을 도와 성전을 건축하도록 권고함으로써 그의 통치를 마무리했다.

28:1-8. 다윗은 모든 방백들을 불러 회의를 소집했다. 거기에는 앞장에 언급된 사람들과 함께 그들의 부하도 포함되어 있었다. 그들은 적대적인 나라의 영토를 통해 건축 자재를 운반하는 계획을 수립하든, 작업에 참여하는 일꾼들을 먹이든, 거장급 장인들에게 임금을 지급하든 간에 실제로 성전을 건축하는 책임을 맡은 사람들이었을 것이다. 그래서 다윗은 연설을 통해 그들이 자신의 입장을 지지하도록 만들려고 노력했다.

다윗의 연설은 우리가 이미 역대상 22장 6-19절에서 읽은 내용과 비슷했다. 그는 자신이 성전을 건축하기를 원했지만 피를 흘렸기 때문에 하나님이 허락하지 않으셨다는 사실을 다시 언급했다. 하지만 솔로몬이 여호와로부터 성전을 건축할 자로 그리고 다윗의 영원한 왕국을 이을 계승자로 지명받게 되었다. 다윗은 이스라엘 백성들에게 그 약속이 여호와의 명령에 충실해야 하는 의무를 수반한다는 사실을 상기시켰다. 그들이 기업으로 얻은 땅을 잃지 않기 위해서는 말이다.

28:9-21. 다윗은 솔로몬 쪽을 향해 돌아서서 연설을 하면서 그가 준비해온 모든 것을 그의 아들이자 계승자에게 넘겨주었다. 설계 도면뿐만 아니라, 언약궤 뚜껑의 새로운 장식에 대한 계획, 예식에 쓸 갈고리를 포함하여 모든 기구를 만들 금이나 은의 중량에 이르기까지 다윗은 그 모든 것을 이미 마무리해놓았고, 이제 솔로몬에게 그것을 시행하도록 명했다.

다윗은 솔로몬을 향한 지시에서 여호와와 그분의 명령에 헌신하도록 권고했다. 성전도 하나님에 대한 헌신을 표현하는 하나의 방법이 되겠지만, 성전을 건축하는 것이 만사에 하나님께 순종하는 것을 결코 대신할 수는 없었던 것이다. 다윗은 그 계획들을 여호와로부터 받았다. 그것들은 단순히 다윗 자신의 창의적인 아이디어가 아니라, 하나님의 성령에 의해 주어진 것이다. 따라서 다윗의 역할은 시내 산에서 하나님으로부터 성막의 식양을 처음 받았던 모세의 역할과 매우 유사하다(출 25장). 다윗은 또한 솔로몬에게 비록 그 프로젝트가 엄청난 것이기는 하시만 그가 그것을 끝까지 해내는 데 필요한 모든 것을 하나님이 공급해주실 것이라는 사실을 그가 의지할 수 있음을 확신시켰다.

29:1-9. 다윗은 온 회중을 향해 다시 돌아서서 그들에게 추가로 호소했다. 그는 이미 동원 가능한 왕실 예산의 상당 부분을 성전에 쓰일 귀한 금속을 위해 할당했을 뿐만 아니라, 자신의 사재까지 털어 막대한 양의 금과 은을 그 목적을 위해 추가로 기증하고 있는 것이다. 그러고나서 다윗은 누가 그를 따라 여호와께 헌신하겠느냐는 질문을 던졌다. 모두가 크게 기뻐하면서 자신의 개인 재산을 기증했고, 그 가운데는 귀한 금속과 보석도 포함되어 있었다. 게르손 씨족 출신의 레위 사람 여히엘이 그 모든 기증품을 받아 관리했다.

29:10-20. 그 기증 예식 말미에 다윗은 공중 기도를 하면서 하나님이 그동안 공급하신 모든 것에 대해 감사드렸다. 다윗은 여호와의 위대하심을 찬양하고 솔로몬과 이스라엘 백성들을 위해 신실함을 구했을 뿐만 아니라, 엄밀히 말하자면 그들이 여호와께 기증한 것이 결코 아니라는 사실을 인정했다. 무엇보다도 하나님은 모든 것을 소유하고 계신 분이었다. 인간이 할 수 있는 일이란 자신이 가지고 있는 것을 하나님께 드려 헌신을 표현하는 것이 전부이지만, 궁극적으로는 그들이 이미 하나님께 속한 것을 그분께 드리는 것뿐이다. 온 회중은 다윗의 기도에 아멘으로 화답했다.

29:21-25. 그 성대한 행사는 솔로몬의 두 번째 대관식에서 절정을 이루었다(첫 번째는 역대상 23장 1절에서 언급되었다). 엄청난 규모의 제사와 성대한 연회 가운데 치러진 이 의식은 역사에 길이 남을 만한 특별한 행사였다. 역대기 저자는 다시 한 번 그 행사와 연관된 불쾌한 사건들을 생략하고 넘어간다(왕상 1:1-2:10). 그 사건들은 다윗의 왕국이 솔로몬에게 그대로 넘어갔고, 성전이 그 서임의 징표 역할을 했다는 사실을 보여주고자 하는 역대기 저자의 목적과 관련이 없기 때문이다. 누구든 다음 왕이 될 사람은 성전을 건축하는 자가 될 것이었다. 대제사장 사독이 그 모든 예식을 집전했다. 솔로몬의 즉위는 사독의 제사장으로서의 최고 주권과 그의 경쟁자 아비아달의 제거를 의미하기도 했다(왕상 2:35). 이 부분은 솔로몬의 영화에 대한 일반적인 묘사로 마무리된다.

29:26-30. 블레셋 족속의 손에 사지가 절단될 정도로 처참했던 사울의 최후와 예루살렘에서 평화롭게 생을 마감하는 다윗의 죽음이 얼마나 극명한 대조를 이루는가! 다윗의 통치는 다른 모든 왕들을 평가하는 기준이 되었다. 사무엘의 글은 우리가 지금 보고 있는 사무엘하를 언급하는 것일지도 모른다. 그러나 우리는 갓이나 나단이 쓴 책은 가

지고 있지 않다.

여기서 1막이 종료된다. 원래 역대기가 두 권으로 분리되어 있지는 않았지만, 그래도 여기서 잠시 중단이 이루어진 것이 분명하다. 서두의 족보에 나와 있듯이 인류의 시초에서부터 시작했던 우리는 마침내 다윗이 여호와의 인도하심에 따라 건설했던 왕국의 이상적인 모델에까지 도달했다. 앞으로 그 영광스러운 왕국에 어떤 일이 일어날 것인가?

Main Idea 복습	다윗은 솔로몬이 왕국을 물려받을 수 있도록 준비하면서 성전에서 일하는 사람들과 그의 관료들 사이에 여러 부문을 신설했다. 그의 목표는 솔로몬이 왕이 되었을 때 이스라엘 왕국이 질서 있고, 평화스러우며, 그 어떤 것도 솔로몬의 성전 건축을 방해하지 못하게 하는 것이었다.

결론

크레타(Crete)로의 선교 여행

사도 바울은 점차 노쇠해질 무렵 마지막 선교 여행을 떠났다. 그리고 그가 과거에 세웠던 많은 교회들뿐만 아니라 한 번도 방문한 적이 없었던 일부 교회들까지도 돌아보았다. 후자의 그룹 가운데는 크레타 섬에 있는 교회들도 포함되어 있었다. 바울은 그곳에 머무는 동안 하고자 했던 것을 끝마치기 전에 그곳을 떠나야 했기 때문에 디도를 남겨두어 자신의 계획을 완수하도록 책임을 맡겼다. 그 사명은 바로 장로들을 세우는 것이었다(딛 1:5).

바울이 깨달았던 것을 다윗도 이미 천 년 전에 알고 있었던 것 같다. 하나님의 백성들에게는 확고한 체계가 필수적이라는 사실을 말이다. 다윗의 경우에는 그것이 제국을 적으로부터 보호하고 질서정연한 성전 예배를 확립하는 것이었다. 바울의 경우에는 거짓 가르침으로부터 교회를 보호하기 위해 가르치는 사역을 감당할 만한 자격이 있는 사람들에게 맡기는 것이었다(딛 1:9). 이 두 상황의 결과물은 한가지다. 바로 주님을 섬기는 데 있어 질서정연한 체계를 활용하는 것이다.

하나님은 그분 자신이 설교하거나 노래하는 능력과 같은 개인의 재능과 은사를 사용하시는 것처럼 우리도 다양한 자원을 최대한 활용하기를 바라신다. 교회나 선교 단체, 기독교 학교 등은 그들이 어떻게 개개인의 직원을 활용하고 있는지에 대한 것뿐만 아니라, 하나의 집단으로서 그 사업을 수행하는 방식을 통해 하나님께 영광돌리고 있는지의 여부에 대해서도 그분 앞에서 책임을 져야 한다. 우리는 고린도전서 14장 33절에서 "하나님은 어지러움의 하나님이 아니시요 오직 화평의 하나님이시니라"라는 사실을 알 수 있다.

다윗은 가나안 땅을 정복하는 방법뿐만 아니라 자신의 왕국을 다스리는 방식에 있어서도 하나님께 순종했다. 두 번째 부분은 덜 흥미롭겠지만, 첫 번째만큼이나 중요하다. 그렇지 않았다면, 이스라엘은 혼란 속에 빠지고 결코 성전을 짓지 못했을 것이다. 마찬가지로 우리도 그리스도의 몸을 구성하는 우리의 작은 부분이 건전한 성경적 체계를 갖추도록 해야 한다.

▣ 진리 알기

- 하나님은 우리가 그분의 일을 촉진하기 위해 체계를 활용하는 방식에서 합리적이기를 바라신다.
- 하나님은 때때로 개인의 직위 때문에 그들을 사용하신다.

▣ 적용하기

- 당신의 교회를 들여다보라. 체계가 없어 그리스도를 전파하는 데 어려움을 겪는 부분은 없는가?
- 교회 내의 체계가 너무 지나쳐 오히려 교회의 사명을 방해하는 경우를 본 적이 있는가?
- 만약 당신이 자신의 임무 가운데 일부를 다른 사람에게 위임한다면, 당신의 교회가 더 강해질 수 있겠는가?
- 당신의 교회는 혹시 영적 효율성에 방해가 되는 것을 계획하고 있지는 않은가?

삶의 적용

"너는 게을렀다"

언젠가 아버지가 내게 설교하실 때 성령께 더 많이 의지하기로 결심했던 한 설교자에 대해 말씀해주신 적이 있다. 그 설교자는 주중에 하던 설교 준비를 포기하고 성령이 그에게 영감을 주어 말하라고 지시하는 것을 들을 수 있는 열린 마음과 열린 귀를 가지고 강단에 올라서기로 마음먹었다. 다음 주일날 설교 시간이 돌아왔을 때, 그는 강단에 들어섰고 하나님으로부터 분명한 메시지를 받을 수 있었다. "너는 게을렀다."

하나님을 의지하는 것이 곧 준비를 부족하게 하는 것을 의미하지는 않는다. 하나님의 인도를 받지 않고는 그 어떤 것도 좋은 결과로 이어질 수 없다는 사실을 다윗만큼 잘 아는 사람도 없었다. 다윗만큼 하나님의 관점에서 자신의 무가치성을 철저하게 인식하고 여호와를 전적으로 의지했던 성경의 인물은 없다. 그럼에도 불구하고 다윗은 그런 인식 때문에 자신의 왕국을 모든 차원에서 체계화하고 장래에 건축할 성전을 위해 철저히 준비하는 것을 그만두지 않았다.

예수님은 우리에게 말씀하셨다. "내일 일을 위하여 염려하지 말라 내일 일은 내일 염려할 것이요"(마 6:34). 그러나 염려하지 않는 것이 우리가 미래에 무모한 기대를 걸거나 다른 사람을 위해 이행해야 할 우리의 책임을 거부하는 것을 의미하지는 않는다. 바울은 일하기를 그만둔 일부 데살로니가 성도들에 대해 이렇게 말했다. "이런 사람들에게 우리는 주 예수 그리스도 안에서 명하며, 또 권면합니다. 조용히 일해서, 자기가 먹을 것을 자기가 벌어서 먹으십시오"(살후 3:12, 표준새번역). 그는 또 디모데를 통해 에베소 교회에 이렇게 지시했다. "누구든지 자기 친족 특히 자기 가족을 돌아보지 아니하면 믿음을 배반한 자요 불신자보다 더 악한 자니라"(딤전 5:8). 다윗 왕은 우리에게 사람이 어떻게 하면 하나님을 의지하면서도 자신에게 맡겨진 사람들을 위해 책임 있게 준비할 수 있는지 그 전형을 제시해주었다.

기도

하나님 아버지, 우리가 다윗의 모범을 통해 배우게 하심으로 창의성을 무질서로, 자연스러움을 성급함으로, 확신을 계획 부족으로 바꾸지 않게 해주십시오. 아멘.

심층 연구

성경에 나오는 악기들(25:1)

우리는 아삽과 헤만과 여두둔의 음악 사역을 통해 과거 예배에 사용되었던 수금(harps)과 비파(lyres), 제금(cymbals) 등 일부 악기들에 대해 배우게 되었다. 우리는 또 앞서 언약궤가 예루살렘으로 옮겨지는 장면에서 나팔(trumpets)과 소고(tambourines)를 발견하기도 했다(대상 13:8). 퉁소(flute)를 언급하는 구약의 성경 구절도 있다(예를 들면, 시 150:4). 분명한 것은 이 악기들이 오늘날 우리가 예배에서 사용하는 것들과는 달랐고, 히브리어를 번역한 내용이 어느 정도의 추정을 포함하고 있다는 사실이다. 이집트와 메소포타미아에서 진행되고 있는 현대 고고학이 그 표현들 가운데 일부를 규명하는 데 도움을 주기는 했지만, 아직도 많은 미스터리가 존재한다. 예를 들면, "여덟째 음에 맞추어" 수금을 연주한다는 것이 무엇을 의미하는지 우리는 알 수 없다(대상 15:21).

수금과 비파는 같은 현악기 종류에 속하지만 별도로 언급되어 있다. 고대 수금은 비파보다 크기가 더 커 때로는 현대의 하프처럼 아래에 있는 공명 상자를 바닥에 대고 자세를 잡아야 할 정도로 컸던 것으로 보인다(Millar, 2009). 반면 가지고 다닐 수 있을 정도로 작은 수금도 있었다. 비파는 더 작아 휴대하기가 더 좋은 악기였고, 아마 어깨에 올려놓은 상태에서 연주되었을 것이다.

소고와 제금은 오늘날과 마찬가지로 타악기였다. 소고는 박자를 유지하는 데 사용되었고, 제금은 아마 리듬을 늘리는 역할을 했을 것이다. 제금은 크기와 금속 구성에 따라 매우 다양한 음향을 낼 수 있었다. 예를 들면, 언약궤를 예루살렘으로 옮기는 행렬에서 사용되었던 제금은 놋으로 만들어진 것이었다.

성경에는 여러 가지 관악기도 언급되어 있다. 두 악기가 우리말 번역에서 '나팔'로 불려지고 있다(Queen-Sutherland, 996). 하나는 '쇼파(shofar)'라 불리는 양각나팔로 찬양에서 뿐만 아니라 전쟁에서의 신호나 신년 예식의 클라이맥스를 알리는 표시로도 울려졌다(레 23:24). 또 다른 유형의 나팔은 금속으로 만들어져 "높고 날카로운 음색을 가지고 있었던 것으로 추정된다"(Queen-Sutherland, 996). 또한 퉁소로 묘사될 수 있는 여러 악기들이 있었는데, 가장 흔한 것은 통이 두 개 달린 리드 악기였다(Queen-Sutherland, 996).

우리가 구약 시대에 살았던 하나님의 백성들의 삶 속에서 사용된 음악과 악기에 대해 조사해볼 때 한 가지 분명한 점이 있다. 그것은 변화와 응용의 여지가 있었다는 사실이다. 성경 속의 음악이 내용 면에서는 단조로운 점이 없지 않았지만, 그 음악이 연주되는 형식은 융통성이 있었을 뿐만 아니라 이스라엘 문화 안팎에서 새로운 악기가 발명될 때마다 추가되었다. 성경에서 맨 처음 언급된 두 악기는 유발에 의해 만들어진 수금과 퉁소였다(창 4:21). 우리가 다윗의 시대에 이를 무렵에는 여러 가지 다양한 악기가 존재했다.

하나님은 선지자 아모스를 통해 의롭지 못한 자들에게 이렇게 말씀하셨다. "네 노래 소리를 내 앞에서 그칠지어다 네 비파 소리도 내가 듣지 아니하리라"(암 5:23). 하지만 그분을 사랑하는 사람들에게는 이렇게 선포하셨다. "춤추며 그의 이름을 찬양하며 소고와 수금으로 그를 찬양할지어다"(시 149:3).

교안

A. 들어가는 글

1. '계획에 의한 리더십과 자동적으로 주어지는 리더십' 이야기로 시작하라.
2. 배경 설명: 훌륭한 리더십은 어떤 집단에든 필수적이다. 다윗은 자신이 왕국을 확립할 수 있었던 것처럼 그의 아들이자 후계자인 솔로몬이 성전을 건축하게 될 날을 학수고대했다. 그러나 리더십의 굳건한 기초가 필요했다.

3. 적용: 다윗은 새로운 성전을 위해 엄청난 양의 건축 자재를 비축했다. 그는 또 관련된 인력의 조직화가 필요했기 때문에 종교적·비종교적 지도자들을 모두 교대로 일하게 될 특정 그룹으로 나누는 일에 착수했다.

B. 본문 이해

1. 레위 사람들(23:1-32)
2. 24반열로의 구분(24:1-31)
3. 레위 사람들에 대한 직무 배정(25:1-26:32)
4. 행정 질서(27:1-34)
5. 다윗의 마지막 연설과 솔로몬의 서임식(28:1-29:30)

C. 결론: '크레타(Crete)로의 선교 여행' 을 읽어주라.

토의 질문

1. 어떤 체계가 교회나 기독교 사역 단체에 필수적인가?

2. 교회가 너무 많거나 너무 적은 체계를 갖출 수도 있는가?

3. 우리가 어떻게 하면 지속적으로 주님을 의지하면서 사역을 위해 준비할 수 있겠는가?

역대하 1:1-17

솔로몬이 왕위에 오르다

"분별은 행복을 얻을 수 있는 수단을 생각하지만, 지혜는 행복의 목적 그 자체를 고려한다."

- 토마스 아퀴나스(St. Thomas Aquinas)

솔로몬 왕은 왕위에 올랐을 때, 다윗이 쟁취했던 위대한 제국을 유지하고 하나님을 위해 성전을 건축해야 하는 쉽지 않은 과업에 직면해야 했다. 여호와께서 솔로몬에게 어떤 것이든 그가 요구하는 것 한 가지를 들어주실 것이라고 말씀하셨을 때, 새 왕은 지혜를 선택했고, 하나님은 그것과 함께 부와 장수의 복도 허락하셨다.

들어가는 글

"당신들이 지켜낼 수만 있다면 말입니다"

미합중국 헌법 제정자들이 새 헌법에 대한 검토 작업을 끝마쳤을 때, 한 여인이 당돌하게 벤저민 프랭클린(Benjamin Franklin)에게 다가가 그들이 어떤 종류의 정부를 갖게 될 것인지 물었다. 그는 분명하게 대답했다. "공화국입니다, 부인. 당신들이 지켜낼 수만 있다면 말입니다."

당신은 정부의 형태를 어떻게 유지할 것인가? 그것은 끊임없는 관심과 미세 조정이 필요하다. 이상적인 형태에서 벗어나려는 압력이 항상 존재하기 때문이다. 인간의 죄성은 단기적으로는 좀 더 편안해 보일지 모르지만, 장기적으로는 파괴적인 결과를 초래하는 타협안을 제시함으로써 반드시 드러나게 되어 있다.

당신은 한 나라를 어떻게 유지할 것인가? 솔로몬은 다윗의 제국을 물려받으면서 나라의 결속을 유지하고 번영시켜야 할 권한도 함께 위임받았다. 당신이 왕이라면 어떻게 하겠는가? 제국을 건설하는 것은 별개의 문제다. 그것은 적들을 정복함으로써 가능하다. 그러나 당신이 일단 제국을 확립한 다음에는 그것을 어떻게 유지할 것인가? 제국이 확립되는 과정인 전쟁 동안에는 사람들이 대의를 지지하기 위해 기꺼이 희생하려고 한다. 그러나 평화의 시대가 도래하면 누구나 먹고 마시며 즐기기를 기대한다.

통치자들이 안정된 국가를 유지하기 위해 지금까지 시도해온 한 가지 방법은 국민들이 계속해서 대의를 위해 헌신하도록 쥐어짜는 것이다. 20세기 동안 우리는 세계 각처에서 일어난 많은 혁명을 보았다. 그 나라들 가운데서 우리가 알 수 있는 사실은 새로운 지도자들의 관점에서는 그 혁명이 결코 끝나지 않았다는 것이다. 혁명이 사실상 끝나고 수세기가 지난 시점까지도 독재자는 여전히 자기 국민들이 '계속되는 혁명'을 위해 열정을 불태우게 하려고 시도해왔고, 그 과정에 '참여'하지 않는 것은 곧 반역으로 간주되었다. 솔로몬의 아들 르호보암이 바로 그런 함정에 빠지고 말았다.

하지만 솔로몬의 제국이 단결되도록 유지시켜준 것은 많은 건설 사업들이었다. 전쟁에서 결속할 수 있는 큰 원동력을 찾지 못했던 이스라엘은 성전을 건설하고 솔로몬이 고안해낸 다양한 프로젝트들을 수행하면서 단결할 수 있었다. 모두가 솔로몬의 창의적인 관리 스타일에서 비롯된 번영에 함께 참여할 수 있었고, 그것이 무역과 농업의 번창을 가능하게 했던 것이다.

본문 이해

솔로몬이 왕위에 오르다

Main Idea	솔로몬은 이스라엘의 통치를 시작하면서 하나님께 지혜를 구했고, 여호와께서는 그의 간구에 응답하셨을 뿐만 아니라 그를 축복하셨다.

A. 솔로몬의 즉위(1:1-6)

Supporting Idea	솔로몬은 이스라엘의 확고부동한 통치자가 되었을 때, 기브온 성막에서 성대한 예배 의식을 거행했다.

1:1. 역대기 저자는 우리에게 다윗 왕국에 대한 솔로몬의 왕위가 견고해갔다고 말한다. 다윗은 솔로몬을 자신의 후계자로 선언했다. 심지어 자신이 죽기도 전에 그에게 왕관을 씌웠다고 해도 좋을 정도였다. 그러나 여전히 많은 사람들이 솔로몬을 왕으로 지지하지 않았다. 그들은 솔로몬의 손위 형제 아도니야를 지원했던 것이다.

솔로몬은 출생 순서 면에서 왕위를 주장할 수 있는 가장 유력한 자격을 갖추지 못했다. 그는 다윗이 밧세바에게서 두 번째로 낳은 아들이었다(삼하 12:24). 그것이 솔로몬을 서열상 아래에 놓이게 만들었다(대상 3:1-9). 상위의 경쟁자들이 오랫동안 경쟁에 참여할 수 있는 기회를 얻지 못했다는 사실을 감안하더라도 말이다. 다윗의 장자 암논은 셋째 압살롬에 의해 살해당했고, 압살롬 역시 반란에 실패하면서 그 와중에 목숨을 잃었다. 다니엘 혹은 길르압(삼하 3:3)으로 알려져 있는 둘째 아들은 전혀 등장하지 않는다. 그렇게 해서 아도니야가 왕위를 주장할 수 있는 다음 후보자로 남게 되었다. 그는 다윗이 헤브론에 거주하며 유다를 통치하던 시절에 태어났기 때문에(대상 3:2) 당시에 30대 후반쯤 되었음에 틀림없고, 아마 자신이 왕이 될 차례를 기다리는 데 지쳐 있었을 것이다.

아도니야는 다윗이 죽기도 전에 미리 솔로몬을 압도하려고 시도했다. 그는 장군 요압과, 경쟁 관계에 있는 두 제사장 가운데 한 명인 아비아달을 포함하여 자신의 지지자들을 끌어모아 대규모 제사 의식을 거행한 후에 성대한 연회를 베풀었다. 솔로몬 역시 다윗과 밧세바는 물론이고 전설적인 영웅 여호야다의 아들 브나야와 선지자 나단, 경쟁 관계에 있는 또 다른 제사장 사독 등 고위층 내에 지지 세력을 보유하고 있었다. 그들은 아도니야가 무슨 일을 꾸미고 있는지에 대한 소식을 전해 듣자마자 아도니야와 그의 지지자들이 여전히 연회를 베풀고 있는 동안에 자구책으로 자신들끼리 솔로몬의 즉위 예식을 거행했다. 솔로몬은 다윗의 완강한 뜻에 떠밀려 기름 부음을 받았고, 왕의 노새를 타고 백성들에게 즉위 사실을 알렸으며, 성으로 돌아와 왕좌에 앉았다. 그 일련의 조치로 모든 문제가 해결되었고, 아도니야는 솔로몬이 목숨을 살려주자 새 왕 앞에서 무릎을 꿇을 수밖에 없었다.

하지만 상황이 그런 식으로 계속 유지되지는 않았다. 다윗이 죽은 직후 아도니야는 다윗의 첩이었던 아비삭을 요구했고, 그 행동은 왕위를 찬탈하려는 시도로 해석되었을 것이다. 여러 해 전 압살롬의 경우에 그랬듯이 말이다(삼하 16:21). 그러자 솔로몬은 브나야에게 아도니야를 죽이도록 명령했다. 그는 또 요압의 처형을 지시했고, 아비아달도 제사장직에서 면직시켰다. 최종 결과는 솔로몬이 확고부동한 왕으로 정권을 완전히 장악하게 되었다는 사실이다. 하지만 그가 과연 왕으로서 올바르게 처신하게 될 것인가?

1:2-6. 솔로몬은 올바른 의사 결정을 함으로써 그의 통치를 시작했다. 그는 첫 회의를 소집하여 온 회중과 함께 기브온에 있는 성막으로 갔다. 비록 언약궤는 그때까지 수십 년 동안 예루살렘에 놓여 있었지만(따라서 1세기 동안 성막과 함께 있지 않았지만), 성막은 여전히 최고의 예배 장소로 간주되고 있었던 것이다. 그곳에는 여전히 모세 시대에 만들어진 놋 제단이 놓여 있었다.

솔로몬이 그곳에 모습을 드러낸 것은 예배와 헌신의 행위였을 뿐만 아니라, 그가 앞으로 엄청난 건축 사업을 벌임으로써 빛을 잃을 수밖에 없는 장소에 대한 마지막 경의 표시이기도 했다. 일천 번제를 제대로 수행하기 위해서는 꽤 많은 공간과 시간이 필요했을 것이다.

B. 솔로몬의 요청과 하나님의 응답(1:7-13)

Supporting Idea 하나님이 솔로몬에게 요구 사항 하나를 선택할 수 있는 기회를 주셨을 때, 솔로몬은 물질적 혜택보다도 지혜를 간구했다.

1:7-10. 솔로몬은 그날 밤을 기브온에서 보냈고, 하나님은 꿈속에서 그에게 나타나셨다(왕상 3:15). 꿈속에서 여호와께서는 솔로몬에게 한 가지 특별한 혜택을 베풀겠다고 제의하셨다. 스무 살짜리 왕이 무엇을 간구하고 있는가? 그는 얼마든지 많은 것들을 요구할 수 있었을 것이다. 우리가 나중의 사건들을 통해 알고 있듯이, 솔로몬은 인생이 제공할 수 있는 모든 즐거움을 음미할 줄 아는 사람이었다. 하지만 지금은 자신이 짊어져야 할 모든 책임에 짓눌려 있는 그를 보게 된다. 다윗의 뛰어난 조언자들로 구성된 고문단(대상 27:32-34)은 이미 해체되었고, 그들 가운데 일부는 솔로몬 자신에 의해 이탈하기도 했다. 이스라엘 백성들은 과연 젊은 왕이 그 과업을 수행할 수 있을지에 대해 회의적이었을지도 모른다. 솔로몬 이전에는 겨우 두 왕만이 있었을 뿐이다. 게다가 그들 가운데 한 명인 사울은 모든 것을 엉망으로 만들어놓지 않았던가.

분명 하나님의 약속이 있었지만, 과연 솔로몬이 올바르게 처신할 수 있을 것인가? 솔로몬은 다른 어떤 것보다도 지혜가 필요했다. 그것은 그로 유능한 왕이 되게 해줄 것이다. 따라서 그는 지혜를 구했다.

1:11-13. 하나님은 솔로몬의 요청에 흐뭇해하셨다. 솔로몬 왕은 부나, 재물이나, 존영이나, 원수가 죽는 것이나, 장수를 요구할 수도 있었을 것이다. 그러나 솔로몬은 다른 어떤 것보다도 지혜를 원했다. 그래야 자신이 직면하고 있는 중대한 책무에 부응할 수 있기 때문이다. 하나님은 그 젊은 왕의 간구를 들어주실 뿐만 아니라 그가 구하지 않은 것들까지 주시겠다고 말씀하셨다. 그렇게 해서 솔로몬은 위대한 지혜뿐만 아니라 엄청난 부로 유명해졌다. 그는 장수하였고, 그의 통치는 장기간 지속된 평화로 특징지어졌다.

C. 솔로몬의 부(1:14-17)

Supporting Idea 하나님은 솔로몬에게 엄청난 부를 주심으로써 그를 승인하셨음을 드러내 보이셨다.

1:14-17. 이 구절은 하나님이 솔로몬에게 약속하셨던 물질적 부를 실제로 부어주셨음을 보여주는 실례로 솔로몬의 소유 중 일부를 열거하는 두 목록 가운데 첫 번째 것을 담고 있다. 또 다른 목록은 역대하 9장 13-28절에서 발견된다. 솔로몬 시대의 경제 붐으로 인해 예루살렘에서는 금과 은, 백향목 등이 흔한 물건이 되었다. 솔로몬 통치의 말기 무렵에는 그가 추구하는 부의 축적이 유다 밖에 사는 사람들에게 부담을 주기 시작했지만(대하 10:3), 초기에는 모든 사람이 그의 정책으로부터 이득을 얻었던 것으로 보인다. 평화의 사람이었던 솔로몬의 부는 대부분 군사적 위업으로 표현되었다. 이 구절에 언급되어 있는 말들은 경작이나 승마용 말이 아니라 전쟁용으로 특별히 지정된 것들이었다.

솔로몬은 꽤 많은 병거를 보유하고 있었고, 1천4백 대는 앞서 언급된 대부분의 다른 병거 부대들보다(예를 들면, 출애굽기 14장 7절에 나와 있는 바로의 6백 대나 사사기 4장 3절에 언급되어 있는 하솔 시스라의 9백 대보다) 더 큰 규모다. 하지만 아시리아의 기록에 의하면, 아합 왕이 나중에 2천 대의 병거를 전쟁에 내보내기도 했다(Walton, 421). 한때 블레셋 족속이 3천 대의 병거를 집결시킨 적도 있었지만(삼상 13:5), 위협 요인이 일단 사라진 후에는 그 전략도 그들에게 아무런 전술적 이득을 제공하지 못했던 것으로 보인다(삼상 14:20). 산악 지형에서는 병거가 이점이 아니라 장애물이었던 것이다.

솔로몬은 결코 쓸 일이 없는 많은 병거를 소유하는 데 그치지 않고, 병거를 사고파는 해외 시장까지 통제할 수 있었다. 그는 애굽과 구에(소아시아의 한 도시로 짐작된다)에서 말과 병거를 고가로 사들여(Walton, 421), 다윗이 1세기 전에 무장 해제시킨 바 있는 헷 족속과 아람 족속에게 가혹할 정도로 비싸게 되팔았다.

솔로몬의 권력은 강화되었고, 경제는 번창했으며, 이스라엘 온 땅에 평화가 찾아왔다. 이제 성전을 건축해야 할 시점이 된 것이다.

Main Idea 복 습	솔로몬은 이스라엘의 통치를 시작하면서 하나님께 지혜를 구했고, 여호와께서는 그의 간구에 응답하셨을 뿐만 아니라 그를 축복하셨다.

결론

2위자 크로이소스(Croesus)

그리스 신화가 다소 가미된 역사는 우리에게 엄청난 부로 유명했던 또 다른 위대한 통치자에 대해 말해준다. 크로이소스(Croesus)는 이스라엘의 바벨론 유수와 비슷한 시기인 주전 6세기경 사르디스(Sardis)라는 도시에 수도를 두고 있었던 리디아(Lydia)의 왕이었다. 전설에 의하면, 크로이소스는 사실상 무한한 부를 소유하고 있었고, 그 부를 과시하기를 좋아했으며, 당대의 현자들과 가까이하기를 즐겼다. 하지만 그는 지혜의 가장 근본적인 기초, 즉 물질적 부는 결코 행복을 위한 지속적인 토대를 제공해주지 못할 것이라는 통찰력이 부족했다. 어느 날 크로이소스는 당대 최고의 현인 가운데 한 명인 솔론(Solon)과 대화를 나누는 가운데 자신의 부를 과시하며 세상에서 가장 행복한 사람이 자신임을 넌지시 비추었다. 그러나 솔론은 세상에서 가장 행복한 사람은 아테네에 사는 어느 무명의 평민이라고 대답하며, 크로이소스에게 한 개인의 삶이 결국 어떤 결말을 맺게 될지 알기 전까지는 그의 행복에 대해 섣부르게 판단하지 말도록 충고했다.

아니나 다를까, 크로이소스 자신의 삶도 결국 좋게 끝나지는 못했다. 그 무렵 페르시아의 키루스(Cyrus, 고레스) 왕이 소아시아 정복 길에 나섰고, 크로이소스는 자신이 페르시아 군대의 진군을 저지해야 한다고 생각했다. 그러나 키루스와 싸우러 떠나기 전, 크로이소스는 델포이(Delphi)의 사제를 통해 신의 뜻을 물었고, 그 사제는 크로이소스에게 그가 페르시아에 맞서 군대를 보낸다면 위대한 제국이 무너지게 될 것이라고 말했다. 결국 크로이소스는 페르시아를 저지하기 위해 군대를 보냈고, 전쟁이 끝나기도 전에 그 자신의 대제국이 무너지고 말았다. 그는 키루스에 맞서 승리할 수 없었고, 신탁에 의해 강화되었던 그의 결정은 예상과는 정반대의 결과를 초래했다.

크로이소스와는 달리 솔로몬은 성공적인 통치와 만족스러운 삶을 위해서는 그가 축적할 수 있는 모든 물질적 혜택보다 더 든든한 기초가 필요하다는 사실을 알고 있었다. 그는 무엇보다도 하나님이 주시는 지혜가 필요하며, 그 지혜가 다른 모든 업적을 평가하는 영원한 잣대가 될 수 있을 것이라는 사실을 깨달았던 것이다.

솔로몬 통치의 시작은 우리에게 바로 솔로몬 자신이 관심을 집중했던 곳에 초점을 맞추도록 요구한다. 그저 '물질' 을 축적하며 평생을 보내지 말고, 우리가 행하는 모든 일에서 주님을 기쁘시게 해드릴 수 있도록 하나님으로부터 오는 지혜를 구하는 데 초점을 맞추라고 말이다. 야고보는 우리에게 "너희 중에 누구든지 지혜가 부족하거든 모든 사람에게 후히 주시고 꾸짖지 아니하시는 하나님께 구하라 그리하면 주시리라" (약 1:5)라는 사실을 상기시킨다.

■ **진리 알기**

- 지혜는 부나 물질적 자산보다 더 중요하다.
- 지혜를 소유하는 것은 하나님이 계시하신 원리에 따라 삶을 살아가는 것을 의미한다.
- 지혜를 소유하는 것은 당신이 어려운 결정을 내려야 할 때 당신 자신이나 다른 사람을 의지하는 것이 아니라 하나님을 신뢰하는 것을 의미한다.

■ **적용하기**

- 만약 하나님이 솔로몬에게 하셨던 것처럼 당신에게 찾아오셔서 가장 원하는 것이 무엇이냐고 물으신다면, 당신은 어떻게 대답하겠는가?
- 당신이 아는 사람 가운데 지혜를 보인 사람이 누구인가? 무엇을 보고 그에게 지혜가 있음을 알 수 있었는가?
- 오늘 당신의 임무와 책무 가운데 지혜가 필요한 부분을 하나님께 고하라.
- 기꺼이 우리에게 지혜를 주시겠다는 하나님의 말씀을 묵상하라(약 1:5-7).

삶의 적용

한 번에 한(州) 주씩

지난해 여름, 나와 아내는 미시간 주에 들려 장모님과 함께 플로리다 주에 사는 친척들을 방문하기 위해 자동차 여행을 한 적이 있다. 우리가 거기에 도달하는 데 선택할 수 있는 경로는 많이 있었지만, 일단 한 가지 경로를 정한 이후에는 우리의 목적지에 도달하기 위해 그 길을 따라가야 했다. 우리가 정한 경로는 오하이오와 켄터키, 테네시, 조지아 등지를 거쳐 플로리다로 이어지는 코스였다. 그 경로를 벗어나 일리노이나 미주리로 들어서는 것은 우리의 여행을 지연시키는 것이다.

이 여정과 관련하여 몇 가지 자명한 진리가 존재한다. 첫째로, 그 주들 가운데 몇 군데를 그냥 건너뛸 수 없는 것이다. 우리가 플로리다에 도달하기 위해서는 반드시 조지아 주를 거쳐야 했고, 조지아에 도달하기 위해서는 먼저 테네시 주로 가야 했던 것처럼 말이다. 우리가 최종 목적지에 이를 수 있는 유일한 방법은 먼저 중간 지점 몇 군데에 도달하는 것이었다. 그러나 단순히 조지아 주까지 차를 운전해가는 것만으로는 플로리다에 도달하지 못했을 것이다. 우리가 플로리다에 도달하기 위해서는 먼저 조지아 주로 가야 한다고 판단하고 차로 조지아 주까지 가 거기서 멈춰버린다면, 우리는 결코 플로리다에 도달하지 못했을 것이다. 많은 사람들은 그들의 최종 목표를 성취하기를 바라면서도 중간 단계를 거치려 하지 않거나 일부 예비 단계에서 멈춰 서 자신이 왜 최종 목표를 달성하지 못했는지 의아해한다.

솔로몬은 설사 왕국이 보장되어 있다 하더라도 자신이 올바르고 현명하게 다스리지 않는다면 실패할 수도 있다는 사실을 인식하고 있었다. 마찬가지로 우리도 원대하고 야심 찬 계획을 겁내지 말아야 하지만, 동시에 거기에 도달하기 위해 힘든 길을 여행할 각오도 해야 한다. 솔로몬은 쉽게 차선에 만족할 수도 있었을 것이다. 솔로몬 왕은 위대한 통치자가 되는 데 있어 외면적인 것들만으로는 부족하다는 사실을 알고 있었다. 당신은 앞으로 자신의 삶 가운데 무엇을 할 예정인가? 당신의 목표는 무엇인가? 당신은 지금 차선에 만족하고 있지는 않은가? 솔로몬은 차선에 만족할 수도 있었지만, 그렇게 하지 않았다. 우리의 삶에 대한 점검에 있어 솔로몬의 본을 따라 주님 앞에 무릎을 꿇는 것보다 더 좋은 방법은 없다.

기도

하나님 아버지, 솔로몬이 오래전에 그랬던 것처럼 우리도 당신께 지혜를 구합니다. 당신의 지혜와 인도하심 없이는 우리가 결코 우리의 삶을 이해할 수 없습니다. 우리가 너무 많은 지혜를 얻게 될까봐 약간 경계하고 있음을 솔직히 고백합니다. 그것은 우리가 지금 하고 있는 것들 가운데 몇 가지를 바꾸어야 할지도 모른다는 두려움을 가지고 있기 때문입니다. 그러니 주님, 우리에게 지혜뿐만 아니라 당신의 지혜를 실천에 옮길 수 있는 힘도 주십시오. 아멘.

심층 연구

솔로몬의 지혜(1:10)

솔로몬은 하나님이 그에게 간청할 수 있는 기회를 주셨을 때 지혜와 지식의 조합을 구했고, 나중에는 스바 여왕을 깜짝 놀라게 할 정도로 부와 지혜를 모두 가진 왕으로 유명해졌다(대하 9:5-6).

솔로몬의 지혜 가운데 일부는 구약의 잠언과 전도서, 아가서 등을 통해 글의 형태로 우리에게 남겨졌다. 그 책들은 욥기와 함께 구약의 '지혜 문학'을 이루며, 인간의 존재 의미와 삶에 대한 철학을 표현하고 있다.

우리는 솔로몬의 지혜서들을 쭉 읽어나가면서 그가 지혜를 구했을 때, 그 지혜의 개념이 무엇이었는지를 분명히 파악하게 된다. 그 지혜를 고찰하는 한 가지 방법은 다음 세 가지 관점을 가지고 들여다보는 것이다.

1. 성경적 지혜는 삶의 문제를 숙고한다. 당신은 현명하지 않더라도 단순히 어떤 문제를 고민하여 해결할 수 있다. 굳이 현명하지 않더라도 그저 많은 정보를 축적함으로써 지식을 보유할 수 있다. 심지어 현명하지 않더라도 습관적으로나 복종심으로 올바른 결정을 내림으로써 고결한 삶을 살 수도 있을 것이다. 그러나 현명한 사람은 자신의 행위와 그 결과에 대해 생각한다. 그는 자신에게 일어나는 사건의 의미에 대해 궁금해하며, 자신의 삶과 다른 사람들과의 관계 그리고 하나님께 대한 믿음과의 연관성을 찾으려고 노력한다.

지혜의 이러한 측면은 우리에게 삶을 당연한 것으로 여기지 않도록 도전한다. 매일은 성공과 실패 그리고 어쩌면 새 출발의 새로운 기회를 의미한다. 우리는 지금까지 항상 해왔던 것이나 다른 사람들이 우리에게 기대하는 것을 반드시 해야 할 필요는 없다. 만약 우리가 현명하다면, 우리의 선택에 대해 심사숙고할 것이다.

2. **성경적 지혜는 실제적이다.** 그것은 성경의 지혜 문학이 고대의 다른 많은 지혜 문헌들과 공유하고 있는 특징이다. 그런 지혜 문헌들은 통명스러운 이웃과 잘 지내는 방법 같이 인생에서 어떻게 하면 성공할 수 있는지에 대한 지침을 제공한다. 그러나 성경의 지혜 문학에 담겨 있는 실제적인 조언들은 어떻게 하면 삶에서 특정 목적을 달성할 수 있는지에 대한 일련의 비법 이상을 담고 있다. 단순한 실용적 편법보다는 죄와 의로움의 영역이 지혜서 저자들이 전달하고자 하는 조언에 절박성을 더해준다.

지혜의 이런 측면에서 우리는 우리 자신의 믿음을 우리의 삶에 반영해야 할 필요성을 느낀다. 야고보는 우리에게 이렇게 상기시킨다. "말씀을 듣고도 행하지 않는 사람은, 있는 그대로의 자기 얼굴을 거울 속으로 들여다보기만 하는 사람과 같습니다. 이런 사람은 자기의 모습을 보고 떠나가서, 그것이 어떠했는지를 곧 잊어버리는 사람입니다" (약 1:23-24, 표준새번역).

3. **성경적 지혜는 하나님이 중심이다.** 솔로몬은 자신에게 인간의 지혜뿐만 아니라 여호와만이 주실 수 있는 지혜도 필요하다는 사실을 알고 있었다. 그는 후에 "여호와를 경외하는 것이 지혜의 근본이요 거룩하신 자를 아는 것이 명철이니라" (잠 9:10)라고 기록했다. 지혜의 이 세 번째 측면은 우리에게 세상을 창조하신 분이 그것을 가장 잘 아신다는 사실을 상기시킨다. 따라서 진정한 지혜는 항상 하나님을 고려한다.

고안

A. 들어가는 글

1. '당신들이 지켜낼 수만 있다면 말입니다' 이야기로 시작하라.
2. 배경 설명: 다윗이 죽은 후 솔로몬은 왕국을 물려받았지만, 그것과 함께 제국을 그대로 보존하고 훌륭한 왕이 되어야 하는 도전도 찾아왔다. 벤저민 프랭클린이 미국 국민들에게 그들의 나라를 공화국으로 유지하도록 권고하는 유명한 말을 남겼듯이, 솔로몬도 이스라엘이 하나님의 약속에 충실한 나라가 되도록 통치하기를 희

망했다.

3. 적용: 솔로몬은 새로운 왕이 된 자신을 발견하고 자신의 즉위와 권력 상화에 스스로가 기여한 바 없음을 깨달았다. 그는 이제 어디로 가야 하는가? 솔로몬은 다른 무엇보다도 하나님 그분의 승인이 필요했다.

B. 본문 이해

1. 솔로몬의 즉위(1:1-6)
2. 솔로몬의 요청과 하나님의 응답(1:7-13)
3. 솔로몬의 부(1:14-17)

C. 결론: '2위자 크로이소스(Croesus)' 를 읽어주라.

토의 질문

1. 오늘날 우리 사회에서 지혜의 역할은 무엇인가? 일반적으로 우리는 그것을 가치 있게 여기는가? 우리의 지도자들은 그것을 중요하게 생각하는가?

2. 지혜는 교회가 가르칠 수 있는 것인가? 우리는 사람들이 지혜로워지도록 돕기 위해 새로운 프로그램을 만들거나 기존 프로그램을 재고해야 할 필요성이 있는가?

3. 성경에서 참된 지혜를 드러냈던 남성과 여성의 목록을 만들어보라.

역대하 2:1-5:1

성전 건축

"하나님은 거룩하시고, 이스라엘도 거룩한 나라가 되도록 요구하신다. 성전과 제사장직은 그들에게 거룩함에 대한 소명을 상기시킨다."

- 스티븐 F. 놀(Stephen F. Noll)

솔로몬은 성전을 거대하고 화려한 구조물로 만들었고, 그 프로젝트를 완수하기 위해 두로로부터 들여온 원자재와 페니키아 장인들의 재능, 거류 외국인들의 강제 노역 등을 활용했다.

들어가는 글

신성한 백합에 금박을 입히는 행위

미국의 복음주의 기독교인들은 성지를 방문할 때 종종 예수님의 생애와 관련된 대부분의 장소들이 화려하게 꾸며져 있는 것에 대해 불쾌감을 느낀다. 하나같이 너무나 잘 알려진 장소이고, 중요한 유적이기 때문에 그 위에 교회를 세울 필요가 없었다. 게다가 그 교회들을 보라! 화려하게 장식되어 있는데다가 벽마다 십자가상이 걸려 있고 향을 잔뜩 피워놓아 모든 것이 '나는 거룩하니, 만지지 말라'는 말을 내뱉고 있는 것처럼 보이지 않는가. 겟세마네 동산이든, 베들레헴 마구간이든, 가버나움의 옛 자취든, 그 정도가 가장 심한 골고다 언덕의 빈 무덤이든 간에 모두가 고대 가톨릭이나 동방정교회 건축 양식의 장식으로 뒤덮여 있다.

복음주의자들은 디자인의 순수성이 교회 건축의 적절한 접근 방식이라고 생각하는 경향이 있다. 그들은 주로 기능성을 고려하며, 비록 성소가 멋져 보이게 만들어지는 것은 괜찮다 하더라도 건축이나 장식의 화려함에 대해서는 의문을 제기한다. 지난 수년 동안 일부 교회는 젊은 사람들이 그들의 예배 구역에 화려한 현수막을 거는 것을 허용해왔지만, 그런 것들이 종종 어색하게 덧붙여져 그 장소에 어울리지 않는다는 느낌을 줄 때가 많다. 그것은 도덕적, 신학적 측면보다는 예술적 측면에서 우리 느낌에 맞느냐의 문제라고 할 수 있다.

다른 문화들은 다른 접근 방식을 취한다. 그들에게 있어 신성한 장소를 그대로 내버려두는 것은 사랑하는 누군가를 치장해주지 않는 것만큼이나 생각할 수 없는 일이다. 자녀를 자랑스럽게 여기는 부모들은 그들에게 멋진 옷을 사주며, 그들이 사람들 앞에 나갈 때 단정하게 보이도록 꾸며주기 위해 애쓴다. 우리는 일가친척이 모이는 자리에 자녀들이 찢어진 옷을 입거나 지저분한 얼굴을 하고 나타나게 둠으로써 그들을 돋보이게 하고 싶지는 않을 것이다. 일부 기독교 전통도 똑같은 시각을 가지고 있다. 어떤 장소가 신성한 곳으로 간주된다면, 그곳을 최대한 아름답게 꾸미는 것은 당연한 일이다.

솔로몬이 성전 건축을 시작했을 때에도 그것이 그의 사치 뒤에 숨어 있는 주요 동기였을지도 모른다. 누가 최고의 성전을 보유하느냐를 두고 주변 국가들을 의식한 경쟁 심리도 있었을 것이고, 우리는 의심할 여지없이 일부 개인적 자부심도 엿볼 수 있다. 그럼에도 불구하고 그 근본적인 동기는 우주의 왕이신 하나님이 마땅히 규모와 아름다움 면에서 인간의 어떤 건축물도 필적할 수 없는 궁전에 거하실 만하다는 생각이었던 것으로 보인다.

본문 이해

성전 건축

Main Idea	솔로몬은 성전이 결코 하나님을 수용할 수 없다는 사실을 잘 알고 있었지만, 아름답고 인상적인 건축물을 만들어내는 데 비용을 아끼지 않았다.

A. 마지막 준비(2:1-18)

Supporting Idea	솔로몬은 새로운 성전을 짓기 위해 자재와 장인과 인부 등을 확보했다.

2:1-2. 솔로몬은 재위 4년째 되는 해 초 건축 사업에 착수하기 시작했다. 그의 아버지 다윗은 원래 자신은 아름다운 집에 사는데 하나님은 그렇지 못하다는 사실 때문에 성전을 짓고자 했었다(대상 17:1). 그러나 솔로몬의 건설 계획은 성전뿐만 아니라 자신을 위한 새 궁전도 포함하고 있었다.

건설을 시작하기 전에 솔로몬은 견디기 힘든 그 모든 육체 노동을 감당할 수 있는 노동력을 확보할 필요가 있었다. 그는 자기 백성에게 도움을 청하지 않고, 다윗이 일찍이 시행했던 대로 당시 이스라엘에 거주하는 거류 외국인들이 얼마나 많은지 파악하기 위해 인구 조사를 실시하는 방법을 동원했다(대하 2:17-18). 솔로몬은 그들을 강제로 동원하여 돌을 깎고 돌과 통나무를 성전 부지로 옮기는 등의 힘든 일을 시켰다.

조사된 15만 3천6백 명 가운데 7만 명은 운송 부문에 배정되었고, 8만 7천 명에게는 돌을 다듬는 임무가 주어졌으며, 나머지는 감독하는 책임을 맡았다. 성전이 성공적으로 건축되었음을 감안할 때, 그 시스템은 분명 효과적이었던 것으로 보인다. 솔로몬은 그의 재위 기간 내내 외국인을 강제 노역에 동원하는 정책을 유지했다(대하 8:7-9). 이스라엘 백성도 제한적으로 활용했지만 말이다(왕상 5:13-14). 솔로몬의 통치 말기 무렵, 건축 사업이 계속 이어졌을 때는 이스라엘 백성들도 본격적으로 강제 노역에 동원되었던 것으로 보인다(대하 10:4).

2:3-10. 우리는 다윗의 성전 건축을 위한 준비에서 그가 성전 건축을 위해 아주 많은 건축 자재를 이미 확보했다고 생각했음을 알 수 있다. 하지만 솔로몬의 생각은 달랐다. 그의 야심 찬 프로젝트를 위해서는 모든 것이 더 많이 필요했던 것이다. 우리는 다윗이 필요한 자재의 양을 과소평가했거나 아니면 솔로몬의 계획이 다윗이 꿈꾸었던 것보다 훨씬 더 크고 과시적이었음을 짐작해볼 수 있는데, 후자일 가능성이 더 높다.

솔로몬은 그의 아버지 다윗이 그랬던 것처럼 이스라엘 왕들에게 건축 자재를 오랜 세월 변함 없이 공급해온 두로 왕 후람에게 도움을 청했다. 솔로몬은 후람에게 보내는 짧은 편지에서 자신의 의도가 무엇인지 그리고 그가 후람의 원조를 어떻게 활용할 수 있는지에 대해 정확히 설명했다.

지금 역대기를 통해 보고 있듯이, 그 편지는 고대 왕족들이 서로 주고받은 대부분의 서신들보다 더 사적이었다. 솔로몬은 곧바로 본론으로 들어갔다. "내게 백향목을 보내소서." 그는 다윗이 과거 건축용 목재를 구입했던 사실에 대해서도 언급한 다음, 계속해서 그 통나무들을 어떻게 사용할 것인지 장황하게 설명했다.

솔로몬은 후람에게 자신이 성전을 건축하고자 한다는 사실을 말했다. 그 자체로 이상할 것은 전혀 없었을 것이다. 모두가 신전을 가지고 있었고, 사람들은 그곳에 자신들의 신상을 놓아두었으며, 후람은 신전 건축 사업에서 재미를 보고 있었기 때문이다. 하지만 솔로몬은 후람에게 자신이 짓고자 하는 성전은 어떤 신의 보이는 형상을 놓기 위한 것이 아니기 때문에 그런 것들과는 다르다는 사실을 이해시키고자 했다.

이교도라면 분명 이런 질문을 던졌을 것이다. 당신이 섬기는 신의 형상을 놓아둘 것이 아니라면, 왜 그를 위해 성전을 짓는단 말인가? 무엇보다도 신전을 짓는 핵심적인 이유는 신의 형상을 놓아둘 장소를 마련하여 그것을 숭배하기 위함이었다. 형상이 없다면, 당연히 신전도 필요없는 것이다.

솔로몬은 그런 오해를 미리 방지하기 위해 바알 숭배자인 후람에게 성전 안에서 어떤 일을 행할 것인지에 대해 정확히 설명했다. 그는 제사장들이 향기로운 향을 사를 것이라고 말했다(출 30:7-8). 성별된 떡도 매주 진설될 것이다(레 24:5-9). 마지막으로 매일 드리는 제사뿐만 아니라 특별한 절기를 기념하는 제사도 있을 것이다. 분향과 제물, 제사 등은 후람이 이해할 수 있는 것들이었다.

솔로몬의 다음 언급은 아마 우리가 생각하는 것만큼 후람에게 거만하고 무례하게 들리지는 않았을 것이다. 이스라엘 왕은 자신의 하나님이 다른 모든 신들보다 뛰어나다고 주장했다. 그것은 과거 사람들이 자신의 신에 대해 일반적으로 말하던 방식이었다. 고대 근동 지역에서는 각 나라마다 고유의 신을 섬기고 있었다. 사람들 사이의 충돌은 곧 신들 간의 충돌이었을 것이다. 누구든 싸움에서 이기는 측이 더 강한 신을 가지고 있었음에 틀림없다. 따라서 사람들은 보통 누구에게나 자신의 신이 다른 어떤 신보다 더 강하다고 말하곤 했으며, 공격적이라고 할 수 있는 그런 신학적 주장은 사실상 전쟁을 통해서나 매듭지어질 수 있었다.

솔로몬은 후람에게 하나님이 집 안에 거주하시지 않는다는 결정적인 사실을 알렸다. 하나님이 한 건물에 제한된다는 것은 도저히 생각할 수 없는 일이다. 하나님은 하늘에서도 제한될 수 없는 분이시기 때문이다. 따라서 성전은 하나님이 실제로 거주하시는 장소가 아니라, 경배와 제사를 위한 장소가 되는 것이었다.

마지막으로 솔로몬은 후람에게 성전 건축의 모든 예술적 측면을 감독할 수 있는 전문 장인 한 명을 보내달라고 요청했다. 과거 모세의 지휘 아래 성막을 만드는 동안에도 한 개인이 창의적인 감독자 역할을 했다는 사실을 솔로몬도 알고 있었을 것이다(출 31:1). 건축 설계는 히브리 문화의 일부가 아니었다. 하지만 페니키아인들은 정말로 뛰어난 성전을 짓는 데 들어가는 서로 다른 요소들을 결합시키는 노하우를 보유하고 있었다. 그 장인은 여러 가지 금속과 다양한 실과 직물(특히 페니키아의 트레이드마크라 할 수 있는 자색 직물)을 다루는 데 능숙할 뿐만 아니라, 다윗에 의해 이미 징발된 조판공(彫版工)들을 감독할 수 있는 능력도 갖추어야 했을 것이다.

게다가 솔로몬은 대량의 재목을 한 번 더 보내달라고 주문했다. 백향목과 레바논 잣나무, 아마 로뎀 나무를 지칭한 것으로 보이는 백단목 등을 '재목'이라고 할 수 있다면 말이다. 솔로몬은 자신의 일꾼들이 벌목하고 운송하는 과정에 함께 참여하여 협력할 것이라고 자청하면서 후람이 노역에 동원하게 될 페니키아인들에 대한 보상으로 여러 해 분량의 곡식과 포도주, 기름 등 상당한 대가를 제의했다.

2:11-16. 역대기 저자는 여기서 편지를 중단하고 곧바로 후람 왕의 회신으로 건너뛴다. 외교에 능한 사람이었던 후람은 솔로몬이 자신에게 가리킨 방향을 정확히 감지하고, 하나님과 솔로몬에 대한 찬사로 편지를 시작했다. 그는 심지어 다윗도 그 찬가에 포함시켰다. 바알 숭배자였던 후람은 여호와에 대한 인식을 이스라엘의 하나님으로 표현했고, 심지어 솔로몬의 말을 되풀이하여 하나님을 천지를 지으신 분으로 언급했다. 하지만 후람의 하나님에 대한 찬사는 대부분 하나님이 이스라엘에게 명철과 총명을 너무나 후하게 부여받은 왕을 주심으로써 그가 후람의 그해 총수입에 크게 기여하게 될 것이라는 사실 때문이었다.

후람은 솔로몬이 필요로 하는 일에 딱 맞는 사람을 보유하고 있었는데, 그가 바로 후람아비(Huram-Abi)였다. 그 후람은 솔로몬의 직무 기술서가 요구하는 자격 조건을 모두 갖추고 있었다. 그는 금속에 대해 잘 알고 있었고, 직물을 다뤄본 경험이 있었으며, 모든 조판공들을 감독할 수 있는 능력을 갖춘 적임자였던 것이다. 그러나 후람은 추가적인 자랑거리를 가지고 있었다. 그의 어머니가 단 지파 출신으로 두로 남자와 결혼했던 이스라엘 사람이었던 것이다. 따라서 후람은 히브리인 일꾼들과 의사소통이 가능했고, 무엇보다 중요한 것은 그가 히브리 종교를 이해하고 있었다는 점이다.

후람은 페니키아인들의 노역에 대한 대가로 밀과 보리와 기름과 포도주를 제공하겠다는 솔로몬의 제의를 기쁘게 받아들였다. 사실 그는 거대한 경상비를 부담하지 않고 처음부터 솔로몬의 비용으로 자기 일꾼들을 먹일 수 있도록 미리 그것을 요구했다.

후람은 운송 과정을 보다 효율적으로 만들기 위해 한 가지 아이디어를 추가로 제안했다. 어찌 되었든 커다란 물체를 산꼭대기에 위치해 있는 예루살렘으로 옮기는 것은 쉽지 않은 일이겠지만, 후람은 노동력을 절감할 수 있는 수단을 생각해낸 것이다. 그는 목재를 뗏목 형태로 묶어 지중해 연안을 따라 욥바까지 띄워 보냄으로써 통나무를 육로로 운송할 경우 소요되는 거리를 3분의 2 정도 단축할 수 있었다. 후람이 통나무를 해안에서 예루살렘으로 운송하는 부분을 솔로몬의 책임으로 돌렸다는 사실에 주목하라.

2:17-18. 역대기 저자는 역대하 2장 2절의 정보를 반복하면서 우리가 앞서 언급했던 내용을 더 상세히 기술하고 있다.

B. 성전의 구조(3:1-17)

Supporting Idea	솔로몬은 최고급 자재와 수많은 장식물을 사용하여 성막보다 더 큰 규모로 성전을 건축했다.

3:1-2. 솔로몬은 그 프로젝트를 재위 4년째 되는 해 둘째 달 초이틀에 공식적으로 시작했다. 성전 부지는 하나님이 일찍이 그의 아버지 다윗에게 지시하셨던 곳으로 모리아 산에 위치한 오르난의 타작마당이었다. 아브라함이 자신의 아들 이삭을 제물로 바칠 뻔했던 바로 그 장소이기도 했다(창 22:2).

3:3-7. 앞으로 두 개 장에 걸쳐 언급될 성전에 대한 묘사는 두 가지 동기를 함께 지니고 있다. 한편으로는 성전의 주요 특징에 대해 상세히 묘사하고 있고, 다른 한편으로는 그 프로젝트의 화려함과 막대한 비용을 강조하고 있다. 우리는 건축 도면과 보물 목록 사이를 오락가락하게 될 것이다.

성전이라는 단어가 실제로는 두 가지 역할을 소화하고 있다는 사실을 잊는다면, 성전에 대한 묘사를 따라가면서 혼란스러울 수도 있다. 그것은 주변 뜰을 다 포함하는 전체 단지를 의미할 수도 있고, 성소와 지성소로 이루어진 실제 건물을 언급하는 것일 수도 있기 때문이다. 때때로 그 두 가지를 구별하는 것이 중요할 때, 우리는 안쪽에 있는 성전을 '협의의 성전' 이라고 부를 것이다. 역대하 3장에는 '협의의 성전' 이 묘사되어 있고, 우리는 네 가지 기본적인 구조에 대한 정보를 얻게 된다.

- 현관 또는 낭실(3:4)
- 대전으로 언급되어 있는 성소(3:5-7)
- 지성소 또는 내소(3:8-14)
- 현관 바로 바깥에 놓여 있는 두 기둥 야긴과 보아스(3:15-17)

또한 세 가지 주요 장식에 대한 묘사도 기술되어 있다.

- 지성소의 뒷벽 쪽에 세워져 있는 **두 그룹**(3:10-13)
- 대전과 지성소를 나누고 있는 **휘장**(3:14)
- 두 기둥 꼭대기에 둘러져 있는 **석류** 모양의 장식(3:16)

역대기 저자가 우리에게 제시하고 있는 치수(에스라 시대에는 더 이상 실생활에 쓰이지 않았던 '옛' 규빗)에 따르면, 성전은 길이 60규빗에 너비 20규빗의 프리즘 모양으로, 그 자체로는 그렇게 큰 건물이 아니었다(길이 32미터×너비 10.6미터 규모의 건물로 추정됨, Payne, 393). 열왕기상 6장 2절은 그 건물의 높이가 너비보다 약간 더 큰 30규빗이었다고 말하고 있다. 낭실은 성전 건물 전면에 붙어 출입구나 현관 역할을 하는 추가적인 구조물로 그 너비가 본 건물의 폭과 동일했다. 성전 건물의 내부는 금으로 입혀져 있었고, 벽에는 그룹들이 새겨져 있었다.

3:8-14. 성전의 길이는 3등분되어 3분의 2는 성소로, 나머지 3분의 1은 지성소로 지정되었다. 따라서 지성소는 길이 20규빗, 너비 20규빗의 정사각형을 이루고 있었다. 그 방의 뒤쪽에는 두 개의 그룹이 조각되어 있었는데, 각각 5규빗 길이의 날개를 양쪽으로 펼치고 있어 그 네 개의 날개가 뒷벽 전체를 덮고 있었다. 지성소와 대전은 항상 열려 있는 두 개의 문짝으로 구분되어 있었고(대하 4:22), 그 사이에는 휘장이 걸려 있었다. 페니키아의 직물 예술가들은 거기다 그들의 특별한 색깔과 기법을 다 동원하여 자신들의 솜씨를 뽐낼 수 있었다. 그 휘장은 바빌로니아인들이 성전을 완전히 파괴할 때 함께 훼손되었다. 후에 예수님이 십자가상에서 돌아가실 때 찢어졌던 휘장은 나중에 다시 복원된 대체물이었다(마 27:51).

3:15-17. 협의의 성전의 디자인이 지금까지는 옛 성막의 기본적인 설계를 그대로 따랐지만, 솔로몬은 이제 전혀 새로운 시도로 성전 문 바로 바깥에 세워지는 두 개의 기둥을 추가하였다. 두 기둥의 꼭대기에 있는 기둥머리는 네 줄의 사슬로 장식되어 있었고, 각 사슬마다 백 개씩 총 4백 개의 모조 석류가 달려 있었다(대하 4:13). 석류는 디저트나 과실주를 만드는 데 애용되었던 중동 지방의 과일로 아론이 입었던 대제사장복에 장식으로 수놓아지기도 했다(출 28:33). 솔로몬은 두 기둥에 이름을 붙여 하나는 '저(여호와)가 세우리라'는 의미의 야긴으로, 다른 하나는 '저(여호와)에게 능력이 있다'는 의

미의 보아스로 불렀다.

C. 성전 기구들(4:1-5:1)

Supporting Idea	솔로몬은 필수적인 기구들뿐만 아니라 일부 혁신적인 기구들도 마련했고, 모든 것을 귀한 금속과 정교한 기술을 이용해 만들었다.

4:1. 매일 행해지는 활동의 대부분은 성전 안에서 이루어지지 않았고, 성전에는 분향하기 위해 하루에 두 번만 들어갔다. 모든 희생 제사와 제물들은 건물 밖에 있는 안뜰에서 드려졌다. 모든 이스라엘 남자는 이 안뜰에 출입할 수 있었다. 여기서 그들은 제사에 쓰일 짐승을 제사장에게 건넸고, 제사장들은 그 제물을 검사하고 도축하며 태우는 등 필요한 의식을 행했을 것이다. 제단의 토대는 가로 세로 20규빗의 정사각형으로 건물의 폭과 동일했고, 높이는 10규빗이었다.

4:2-6. 바다는 거대한 세숫대야였다. 그 대야의 직경은 건물 폭의 반만 했고, 높이는 5규빗이었다(대략 2.2미터 정도). 게다가 그것은 밖을 향해 서 있는 12개의 소 조각상 위에 놓여 있었으므로 틀림없이 제사장들이 접근할 수 있도록 계단이 있었을 것이다. 물을 담아두는 그 거대한 용기는 제사장들의 세면장 역할을 했다. 짐승을 제물로 바치는 일은 더럽고 불결한 작업이었을 것이다. 제사장들은 끊임없이 자기 몸을 문질러 씻을 필요가 있었다. 그리고 안뜰의 양 측면에는 제사 도구를 세척하기 위한 물두멍이 일렬로 놓여 있었다.

4:7-11 상. 물두멍과 마찬가지로 등대도 열 개를 만들었다. 그것들은 하나님이 성막을 위해 명령하셨던 등잔대의 식양과 동일한 일곱 갈래 등대였다(출 25:31-40). 솔로몬은 거기다 열 개의 상(출 25:23-30)과 일백 개의 금 대접을 추가했다. 짐승을 제물로 바치는 의식에는 보통 짐승의 피를 제단 사면에 뿌리는 행위가 포함되었는데(예를 들면, 레 1:5, 3:8), 그것이 바로 대접의 기능이었다. 제사장의 뜰은 제사장들이 자신의 직무를 위해 준비하는 비공개 구역인 반면, 큰 뜰은 일상적인 활동이 일어나는 구역이었다.

희생 제물을 바치는 것과 관련된 모든 일을 행하는 데는 많은 도구가 필요했다. 재를 제거하거나(출 27:3) 제사장들이 제사 후에 먹을 수 있는 고기 몫을 담아두는 데(레 6:28) 사용되었던 솥과, 제사장들이 제단 위에 있는 재를 치우기 위해 필요했던 부삽, 그리고 더 많은 대접 등이 있었다. 우리는 나중에 고기 갈고리(대하 4:16)와 불집게(대하 4:22), 향로(대하 4:22) 등에 대한 언급도 보게 된다.

4:11 하-18. 역대기 저자는 이제 그 모든 물건의 배후에 있는 거장을 상기시킨다. 그 목적을 위해 후람 왕이 파견한 후람아비 말이다. 그러나 후람이 그 작업의 모든 측면에서 솔로몬의 세심한 감독하에 일했음은 의문의 여지가 없다. 그들이 조각품과 기구들을 만들었던 재료는 구리와 주석의 합금인 놋이었다. 후람은 예루살렘 외곽의 요단 계곡에 작업 공간을 마련했다.

4:19-22. 솔로몬은 지성소를 제외하고 성전의 나머지 부분에서 쓰일 놋 기구를 만드는 작업은 모두 후람에게 일임했지만, 지성소 안에서 쓰일 금 기구를 만드는 작업은 자신이 직접 관여했다. 거기에는 제사장들이 매일, 매주 그리고 연례적으로 제사 의식을 수행하는 데 사용하도록 지정된 물건들이 있었다.

금단은 지성소로 들어가는 출입구 바로 앞에 세워져 있었다(19절, 출 30:1-10 참고). 우리는 그 제단을 건물 밖의 뜰에 세워져 있는 제단과 혼동하지 말아야 한다. 그 제단 위에서는 희생 제사가 행해지지 않았다. 그것은 하루 두 번 분향하는 데만 사용되었다. 그 원칙이 적용되지 않는 한 가지 예외는 연례적으로 지키는 속죄일에 대제사장이 수송아지와 염소의 피를 그 제단에 뿌리는 것이었다(출 30:1-10, 레 16:18).

성소 내부의 **상**들은 **진설병**을 차려놓기 위한 용도였고, 그 거룩한 빵은 신선함을 유지하기 위해 정기적으로 교체되었다(출 25:25-30). 성소의 **등불**은 밤새 켜져 있었다. 밤마다 등불을 켜고 매일 아침 분향하면서 그 등불을 정리하는 것이 제사장의 임무였다(출 27:21, 30:7). 그것은 제사장들이 하루에 한 번 기름을 보충하고 심지를 잘라내야 함을 의미했다.

우리는 금으로 만든 성전 기구들의 목록을 들여다보면서 두 짝의 **금문**에 대해 알게 된다. 하나는 성소에서 바깥뜰로 통하는 문이고, 다른 하나는 성소와 지성소를 연결하는 문이었다. 후자는 항상 열려 있었던 것으로 보아 장식적인 목적이었음에 틀림없다(대하 3:14).

5:1. 마지막으로 성전과 성전 기구들이 모두 완성되자 솔로몬은 **그 부친 다윗이 여호와께 드린 은과 금과 모든 기구**를 성전 안으로 옮겼다. 그 물건들은 성전 곳간에 놓여졌다. 이제 언약궤를 지성소 안에 들여놓고 성전 건물을 여호와께 헌낭할 준비가 모두 완

료된 것이다.

Main Idea 복습	솔로몬은 성전이 결코 하나님을 수용할 수 없다는 사실을 잘 알고 있었지만, 아름답고 인상적인 건축물을 만들어내는 데 비용을 아끼지 않았다.

결론

크리스마스 룸

내가 독일에서 어린 시절을 보낼 때, 우리는 크리스마스 전날 밤에 선물을 받았다. 그 날은 거실이 온종일 어린이 출입 금지 구역이었다. 나의 부모님은 비밀리에 거실을 크리스마스 룸으로 바꾸고 계셨던 것이다. 선물을 펼쳐놓는 것 이외에 부모님이 했던 가장 중요한 일은 크리스마스트리를 세워 꾸미는 것이었다.

그러고나서 저녁에 날이 어두워지면(우리가 약간 더 컸을 때는 교회에서 성탄 전야 기념 예배를 드린 후에), 우리들은 가장 좋은 옷을 차려입고 몇 분 더 자기 방에서 기다려야 했다. 나무 의자에 앉아 흥분을 억제하려고 애쓰는 세 소년을 상상해보라. 우리는 기다리고 기다리던 소리(크리스마스트리에 달려 있는 작은 종의 딸랑거리는 부드러운 종소리)를 듣자마자 곧바로 의자를 박차고 일어나 경쾌한 발걸음으로 복도를 가로질러 거실로 뛰어 들어갔다.

나는 가만히 멈춰 서 크리스마스트리를 바라보며 그 아름다움에 압도되었던 기억을 떠올린다. 모든 촛불이 켜져 있었고, 흔들리는 불꽃이 크리스마스트리 여기저기에 달려 있는 반짝이는 구체에 반사되고 있었으며, 초콜릿과 젤리로 만든 화환 옆에는 은빛 새들이 앉아 있었다. 새 장난감은 물론이고 소나무 향기와 타는 촛불, 달콤한 과자 등이 내 오감뿐만 아니라 기분까지 흠뻑 적셨다. 검은색 양복을 차려입은 아버지와 멋진 드레스로 단장한 어머니는 미소를 지으며 그 옆에 서 계셨다. 크리스마스 캐럴을 몇 곡 부르고, 성경의 크리스마스 이야기를 함께 읽으며, 세 소년이 한 명씩 시를 암송하고, 기도가 이어진 후에야 비로소 선물을 나눠주는 시간이 되었다. 누군가 전등불을 켜는 순간, 그 거실은 과거의 모습과는 전혀 다른 장소가 되어 있었다. 더 이상 거실이 아니라 크리스마스 룸이었던 것이다.

그후 일주일 정도가 지나면 그 방은 서서히 원래의 상태로 복원되어 우리가 함께 식사하고 예배드리며 라디오를 들었던 우리 아파트의 일부로 되돌아갔다. 앞으로 1년 동안은 그 방이 마술처럼 변하는 일이 없을 것이다. 부모님이 다시 한 번 그곳을 전혀 다른 장소로 바꾸시기 전까지는 말이다.

오늘날 우리가 살고 있는 산업화된 사회에는 '신성한' 공간을 위한 방이 많지 않다. 어떤 장소도 본질적으로 다르게 간주되지 않으며, 앞서 기술한 것과 같은 변화는 일시적인 것일 뿐이다. 사람들은 교회 건물을 지어 주님께 헌당하지만, 교회는 결국 이사 갈 수도 있고, 누군가가 그 건물을 상점이나 집으로 바꿔버릴 수도 있다. 심지어 교회 내에서도 우리는 종종 성소가 하나님께 예배하기 위해 따로 마련된 장소라 할지라도 그 자체는 거룩한 것이 아니라고 생각한다.

그런 태도는 솔로몬이 성전을 특별한 장소로 만들기 위해 감내했던 고통의 진가를 우리가 인정하지 않도록 방해하고 있는지도 모른다. 솔로몬은 성전이 하나님이 거주하시는 장소가 아니라는 사실을 이해하고 있었다(대하 2:6). 그럼에도 불구하고 그가 세웠던 장소는 신성했다. 하나님께 대한 예배에 바쳐졌기 때문이다. 따라서 그 안에 있는 모든 것도 하나님께 속한 것이었고, 그 거룩함을 훼손하는 것은 하나님 그분 자신을 모독하는 것이나 마찬가지로 심각한 죄였다.

오늘날 우리는 성전을 가지고 있지 않으며(요 4:21, 히 9:11), 우리 교회의 예배당을 성전화하려는 시도는 잘못된 것이다. 문제는 무엇이 그것을 대신하게 되었느냐는 것이다. 만약 물리적으로 신성한 공간이 더 이상 존재하지 않는다면, 신성한 다른 어떤 것이 있는가? 신약은 그리스도를 믿는 신자인 우리 자신이 성전이라고 지적한다. 우리는 개별적으로 성령의 전이며(고전 6:19), 교회는 집단적으로 하나님의 성전인 것이다(고전 3:16). 얼마나 놀라운 통찰력인가! 솔로몬이 성전을 지을 때 적용되었던 개념이 이제 우리에게도 똑같이 적용된다. 신자인 우리는 특별한 의미에서 하나님께 속해 있기 때문에 거룩하다는 것이다.

■ 진리 알기

- 하나님이 거룩하시기 때문에 그분께 속한 것들도 거룩하다.
- 구약 시대에 특정 공간들이 거룩한 곳으로 지정되었던 것은 그 공간들이 하나님께 속해 있었기 때문이다.
- 예루살렘 성전은 사람들이 하루하루 살아가는 보통의 공간과 하나님께만 바쳐진 특별한 공간 사이의 구별을 강조했다.

■ 적용하기

- 비록 모든 시간과 공간이 다 하나님의 것이지만, 우리는 그분께 특별한 시간과 공간을 드림으로써 그 진리를 점점 더 깊이 인식하게 된다.
- 당신은 헌신과 예배를 위해 특별한 시간과 공간을 떼어놓으면서 당신의 모든 삶이 하나님의 것이라는 사실을 인식할 수 있도록 도와달라고 그분께 간구하라. 오늘 그것이 무엇을 의미하는지 보여달라고 기도하라.
- 당신이 하나님과 가장 친밀했던 때를 회상하라. 그 배경은 무엇이었는가? 그런 친밀함의 시간들이 당신 삶에 어떤 차이를 만들어냈는가?

삶의 적용

성전에서 골방으로

나는 일부 특별한 행사가 있을 때 종종 공중 기도를 해달라는 부탁을 받는다. 그렇게 해서 기도를 마치고나면 누군가 꼭 나서서 내게 칭찬의 말을 건네곤 한다. "정말 멋진 기도였습니다." "감사합니다." 하지만 나는 속으로 도대체 어떤 것이 '멋진 기도'가 될 수 있는 거지' 하면서 어리둥절해한다.

고대 이스라엘 족속에게 있어서 예배의 주된 행위는 성전 안에서 희생 제물을 드리는 것이었는데, 그것은 다른 이스라엘 백성들도 지켜볼 수 있도록 행해지는 공중 예식이었다. 예수님 시대에는 일부 바리새인들이 개인 기도까지도 일반 대중에게 드러내야 하는 행위로 만들어놓았다. 그들은 기도가 올바른 것으로 간주되기 위해서는 특정 자세를 취하여 자신의 신앙심을 모든 사람에게 드러내야 한다고 믿었다. 바리새인들은 기도하는 사람의 외면적 행동을 보고, 그 기도가 얼마나 경건한 것인지 평가할 수 있다고 생각했던 것이다.

예수님은 그 개념을 완전히 바꾸어놓으셨다. 그분은 자신의 신앙심을 대중에게 드러내기 위해 하는 기도를 금하시면서(마 6:5-6), 기도가 일부 바리새인들이 하듯이 큰 거리 어귀에서 드려져서는 안 되며, 골방에 들어가 문을 닫고 기도해야 한다고 가르치셨다. 우리가 하나님과 관계를 맺는 주된 방법은 공중 행위를 통해서가 아니라, 하나님과의 직접적이고 개인적인 관계 안에 거하는 것이기 때문이다.

기도

하나님 아버지, 어떤 면에서는 옛날 이스라엘 백성들이 부럽습니다. 성전에 가서 정해진 대로 희생 제사를 드리고 집에 돌아와 주어진 의무를 이행하는 식으로 우리의 종교를 형식화하는 것이 훨씬 더 쉬울 것이기 때문입니다. 그러나 주님, 우리가 훨씬 더 낫다는 사실을 깨닫게 됩니다. 우리는 당신이 십자가상에서 하신 일을 다 알고 있으므로 고대 이스라엘 백성들이 실마리를 찾지 못했던 구원의 확신을 가지고 있기 때문입니다. 그것을 가능하게 만들어주신 당신의 은혜에 감사드립니다. 아멘.

심층 연구

A. 성전과 성막(3:1)

출애굽 후에 이스라엘 백성들이 성막을 지을 때, 그들은 하나님이 모세를 통해 명령하신 것에 따라 행동하고 있었다(출 25:8-9). 사실 하나님은 모세에게 성막을 지어야 한다고 말씀하셨을 뿐만 아니라, 치수와 재료, 장식 등에 대해 구체적인 지침도 주셨다. 솔로몬 역시 하나님의 규례 가운데 어떤 것도 범하지 않았다. 성전 건축과 관련된 모든 계획이 다윗(대상 28:12)과 그(왕상 6:11)에게 계시된 것이기 때문이다. 따라서 성막과 성전 사이의 유사점과 차이점을 들여다보는 것이 유익하리라 생각된다.

우선 성막은 천막이었다. 그것은 이스라엘 백성들이 사막을 거쳐 약속의 땅으로 진군하면서 정기적으로 분해와 조립을 반복할 수 있도록 설계되었다. 나중에 그들이 가나안 족속을 정복하고 그 땅에 정착한 이후에는 성막이 자주 옮겨지지 않았지만, 사무엘의 소년 시절 동안에는 실로에(삼상 1:3), 다윗이 사울을 피해 도망 다니던 시절에는 놉에(삼상 21:1), 다윗의 재위 기간 동안에는 기브온에(대상 16:39) 놓여 있었던 것처럼 시대마다 서로 다른 장소에서 등장한다. 그 모든 기간 내내 심지어 언약궤가 더 이상 성막의 일부가 아니었던 시기에도 성막은 가장 중요한 예배 장소였고, 거기서 주요 희생 제사가 거행되었다. 하지만 성막만이 합법적인 제사 장소로 간주되지는 않았다. 예를 들면, 사무엘은 사사로 있는 동안 매년 이스라엘 전역을 순회하며 희생 제사를 집전하는 일을 계속했다(삼상 7:15-17).

반면에 성전은 영구적인 구조물이었다. 이스라엘 백성들이 가나안에 정착하기 직전에 모세는 결국 예배를 위한 영구적인 성전이 존재하게 될 것이라고 선언했다. 그리고 그 예언이 이루어질 때, 그곳은 희생 제사를 드릴 수 있는 유일한 장소가 되며(신 12:11-14), 성전 밖에 드려지는 어떤 희생 제사도 율법에 대한 위반이 되는 것이었다.

구조적으로는 성전도 성막과 똑같은 기본 설계를 따라 성소와 지성소를 나누고 성소 바로 앞 안뜰에 제단을 설치했다. 규모와 숫자만 다를 뿐이었다. 성전은 대략 성막보다 두 배 정도 큰 규모였다. 솔로몬은 제단의 크기도 확대했다. 성막의 제단은 높이가 겨우 3규빗이었던 반면, 성전의 제단은 10규빗이었다. 솔로몬은 성전 기구의 숫자도 열 배로 늘려놓아 성소 안에 열 개의 등대와 열 개의 상이 있었다.

솔로몬은 모든 이스라엘 백성들을 위한 바깥쪽의 큰 뜰과 제사장들을 위한 내부의 작은 뜰을 조성함으로써 성막의 원래 디자인도 확대시켜놓았다. 마지막으로 솔로몬은 성전 출입구 바깥쪽에 두 기둥 야긴과 보아스를 세워놓음으로써 성전 구조에 자신의 족적을 남겼다.

B. 희생 제사의 종류(4:6)

서로 다른 제물과 서로 다른 의식 절차를 수반하는 다양한 종류의 희생 제사가 있었다. 여기서는 레위기에 언급된 내용을 토대로 희생 제사의 종류에 대해 간략히 살펴보고자 한다.

- 번제(Burnt offering, 레 1:1-17). 이 희생 제사는 여호와에 대한 철저한 헌신을 상징했으며, 희생 제물 전체를 모두 태워 드리는 방식으로 이루어졌다. 번제는 하나님과 그분의 백성 사이의 관계를 압축적으로 보여주는 이스라엘의 가장 중요한 제사였다.
- 소제(Grain offering, 레 2:1-16). 이 제사에서는 곡물을 고운 가루나 빵으로 드렸고, 굽거나 볶는 방법이 모두 사용될 수 있었다. 한 가지 조건은 그 빵이 누룩을 전혀 함유하고 있지 않아야 했다. 각 개인은 소제를 드림으로써 전체 수확의 십분의 일이 하나님께 속한 것임을 인정했다.
- 화목제(Fellowship offering, 레 3:1-17). 이 희생 제사에서는 희생 제물 전체가 아니라 기름과 내장만이 태워졌고, 짐승의 나머지 부분은 공동체가 참여하는 연회의 주요 요리가 되었다. 화목제는 하나님과의 평화를 상징했다.
- 속죄제(Sin offering, 레 4:1-5:13). 이 희생 제사는 특별히 하나님의 율법(특히 의식적인 청결함과 관련된 율법) 가운데 하나라도 무심코 범했을 수도 있는 사람들을

위해 제정되었다. 허물이 있는 개인은 자신의 죄를 자복해야 했다. 이번에는 희생 제물의 부정한 부위가 모두 불살라지고, 깨끗한 부위만 제사장들의 저녁 식사가 되었다. 하지만 죄를 지은 장본인이 제사장일 경우에는 그것들마저 진 바깥에 버려져야 했다.

- 속건제(Guilt offering, 레 5:14-6:7). 속건제의 목적은 도덕적·법률적 규례의 위반과 예식과 관련된 율법의 의도적 불이행을 속죄하기 위한 것이었다. 짐승을 희생 제물로 드리는 다른 제사들이 사용될 수 있는 짐승에 대해 어느 정도의 여지를 주었던 반면, 속건제를 위해서는 숫양만이 유일한 대안이었다. 게다가 만약 속건제를 드리는 이유가 사기나 도둑질 같은 범죄라면, 그 희생 제사를 드리는 개인은 피해자에게 모자람 없이 변상하고도 그 손해에 대한 보상으로 20퍼센트를 추가로 지불해야 했다.

고안

A. 들어가는 글

1. '신성한 백합에 금박을 입히는 행위' 이야기로 시작하라.
2. 배경 설명: 현대의 복음주의 기독교인들은 솔로몬이 지었던 성전의 화려하고 인상적인 모습에 불쾌감을 느낄지도 모른다. 그러나 솔로몬과 그의 동시대인들에게 있어서는 그것이, 하나님이 그들에게 얼마나 특별한지를 널리 알리는 한 방법이었다는 사실을 인식할 필요가 있다.
3. 적용: 솔로몬은 자신의 왕권이 견고해졌을 때, 성전 건축 과정을 시작했다. 그는 정말로 특별하고 인상적인 건축물을 짓는 작업에 착수했다.

B. 본문 이해

1. 마지막 준비(2:1-18)

2. 성전의 구조(3:1-17)
3. 성전 기구들(4:1-5:1)

C. 결론: '크리스마스 룸' 을 읽어주라.

토의 질문

1. 오늘날 우리 문화에서는 어떤 장소를 거룩한 곳으로 간주하는가? 사람들은 그런 곳을 어떻게 대하는가?

2. 우리는 사람들이 방이나 건물을 거룩한 곳으로 간주하는 서로 다른 방식에 대해 어떻게 반응해야 하는가?

3. 그리스도인들은 자신이 하나님의 성전이라는 진리에 따라 구체적으로 어떤 방식으로 살아갈 수 있는가?

역대하 5:2-7:22

성전: 하나님의 의사소통 허브

"죄 있는 자들아, 이리로 오라. 주 예수 앞에 오라!"

- 윌 L. 톰슨(Will L. Thompson)

성전이 모두 완료되었을 때, 솔로몬은 성대한 봉헌 예식을 거행했다. 언약궤가 지성소에 안치되었고, 솔로몬은 장문의 공중 기도를 드렸다. 하나님은 그 기도에 대해 호의적으로 응답하셨다. 솔로몬의 기도와 하나님의 응답은, 하나님은 우리가 항상 접근할 수 있는 분이라는 사실을 가르쳐준다.

들어가는 글

돌아가는 길 찾기

얼마 전에 나는 캘리포니아 남부에서 열리는 한 회의에 참석할 기회가 있었다. 나는 그 아름답고 화창한 날씨를 즐기지 않는 것은 청지기 직분을 소홀히 하는 것이라고 느끼며, 밴을 타기보다는 걸어서 호텔로 돌아가기 위해 약간 일찍 회의장을 빠져나왔다. 나는 호텔이 1.6킬로미터 정도 거리에 있다는 사실을 알고 있었고, 거기에 도달하기 위해 어떤 길로 가야 할지 내가 정확히 알고 있다고 생각했다. 꾸준히 걷는다면, 40분 안에 호텔에 도착할 수 있었다.

40분 후 나는 호텔에 도착하지 못했을 뿐만 아니라 전혀 낯선 어딘가에 서 있었다. 빠른 걸음으로 20분을 더 걸었지만 아무 소용이 없었다. 다시 10분을 더 걷고 나서야 비로소 내가 분명 호텔 방향으로 걷고 있지 않다는 사실을 깨달았다.

다행히도 나는 당시 휴대폰을 지니고 있었기 때문에 자존심을 버리고 호텔로 전화를 걸었다. 호텔에 근무하는 젊은 아가씨가 내 전화를 받았고, 내가 어디에 있는지 파악한 후 호텔 밴을 보내주겠다고 약속했다. 곧 밴이 나타나 나를 곧장 호텔로 데려다주었다. 휴대 전화와 호텔 밴이라는 자원을 가까이 두고 활용할 수 있다는 것은 축복이었다.

당신은 늘 하나님을 가까이했으면 하고 바라는가? 글쎄, 당신은 지금도 그렇게 하고 있다. 주님은 항상 우리 곁에 계시며, 언제든지 당신의 요구 사항을 들을 준비가 되어 있으시다. 빌립보서 4장 5절은 우리에게 "주께서 가까우시니라!"라고 말한다. 솔로몬과 그의 백성들에게는 그 진리가 새로운 성전이라는 존재를 통해 표현되었다. 성전은 하나님께 접근할 수 있는 초점을 제공하였고, 이스라엘 백성들에게 그들이 필요할 때마다 하나님께 도움을 구하면 그분이 응답하시어 용서하시고, 고치시고, 회복시키실 것이라는 사실을 상기시켰다.

이 부분에서 우리는 '에스라에 의한 복음'의 하이라이트 가운데 하나를 보게 된다. 하나님은 은혜로 이스라엘 백성들에게 성전을 주셨고, 그 성전은 이스라엘 백성들이 언제든지 그들의 필요를 가지고 그분께 나아올 수 있음을 가시적으로 상기시키는 것이었다. 사도 바울은 수세기 후 이렇게 기록했다. "아무것도 염려하지 말고 오직 모든 일에 기도와 간구로 너희 구할 것을 감사함으로 하나님께 아뢰라"(빌 4:6). 성전의 존재는 구약 시대 이스라엘 백성들에게 그것이 바로 그들이 누릴 수 있는 특권임을 선언한 것이다.

본문 이해

성전: 하나님의 의사소통 허브

Main Idea	새로운 성전에 나타난 하나님의 특별한 임재는 온 이스라엘에게 그들이 필요할 때마다 언제든지 그분께 나아갈 수 있음을 보여주었다.

A. 언약궤의 안치(5:2-14)

Supporting Idea	성대한 의식이 이루어진 후에 언약궤가 지성소에 안치되었고, 하나님은 구름을 통해 그분의 임재를 나타내셨다.

5:2-3. 성전이 건축되는 데 7년이 걸렸다(왕상 6:38). 마침내 성전 건축이 모두 끝났을 때, 역사적인 봉헌 예식 일정이 정해졌다. 지도적 위치에 있는 모든 이스라엘 백성들에게 예루살렘으로 올라와 언약궤가 성전으로 옮겨지는 예식에 참여하라는 소집 명령이 전달되었다. 그 축전을 위해 선택된 날짜는 칠월 절기였고, 그때는 모든 이스라엘 남자들이 어쨌든 성전을 찾도록 되어 있었다.

사실 칠월에는 로쉬 하샤나(Rosh Hashanah)로 불리는 1일의 나팔절(the feast of trumpets)과, 욤 키푸르(Yom Kippur)라고 불리는 10일의 속죄일(the Day of Atonement), 수커스(Sukkoth)라고 불리는 15일의 장막절(the feast of tabernacles) 등 세 절기가 지켜졌다. 우리는 나중에 그 축제가 칠월 이십삼일에 끝났다는 사실을 알 수 있다(대하 7:10). 따라서 봉헌 예식이 거행된 시기가 장막절과 관련되었을 가능성이 매우 높다. 성전이 정기적인 예배를 위한 준비를 갖추고 개방된 시점은 그해 팔월이었다(왕상 6:38).

시온 산과 모리아 산 사이의 거리는 걸어서 10분 이상 걸리지 않을 정도로 짧았다. 따라서 언약궤를 옮기는 일이 처음에 예루살렘으로 옮길 때만큼은 힘들지 않았겠지만, 과거 다윗이 언약궤를 옮길 때만큼 많은 주의를 필요로 했다.

5:4-13 상. 언약궤를 운반하는 역할은 레위 사람들이 맡았다. 그들은 마지막으로 회막도 운반했다. 역대기 저자는 우리에게 성막이 언제 기브온에서 시온으로 옮겨졌는지에 대해 구체적인 정보를 전혀 제공하지 않고 있다. 그러나 분명한 것은 그렇게 할 수 있는 기회가 많았다는 사실이다. 성전 건축이라는 위대한 과업을 완수함에 따라 흥분을 감출 수 없었던 솔로몬이 벌써부터 성막을 옮길 준비를 갖추고 있었던 것으로 추정할 수 있다. 성막이 일단 성전으로 옮겨지자 그 기능을 상실했다. 추정컨대, 레위 사람들은 성막을 구성하는 부속품들을 성전 곳간에 보관했을 것이다.

솔로몬은 언약궤를 옮기는 과정에서 무수히 많은 희생 제사로 그 행렬을 이끌었다. 그것은 성전 밖에서 합법적으로 행해질 수 있는 마지막 희생 제사였다. 그 시점 이후에는 이스라엘에서 희생 제사를 합법적으로 드릴 수 있는 유일한 장소가 성전 경내의 제단뿐이었던 것이다(신 12:11-14).

레위 사람들은 계속해서 율법을 철저히 준수하면서 언약궤를 지성소로 운반했다. 그들은 채를 분리시키지 않고(출 25:15), 궤의 고리에 끼운 채로 그대로 두었다. 그 채는 지성소에 할당된 6미터보다 약간 더 길었기 때문에 성소와 지성소를 구분하는 휘장을 불룩하게 만들며 튀어나와 있었다. 언약궤의 존재를 끊임없이 상기시키는 그 표시는 성전 안에서 날마다 의식을 행하는 모든 제사장들의 눈에 띄었을 것이다. 비록 그들이 내전에 들어갈 수 없었다 해도 말이다. 에스라의 시대에는 첫 번째 성전이 이미 완전히 파괴되고 언약궤도 사라진 상태였기 때문에 그 궤가 오늘까지 그곳에 있으며라는 문구는 에스라가 그 사건들을 설명하기 위해 참고한 기록으로부터 그대로 옮긴 것임에 틀림없다.

언약궤가 블레셋 족속에 의해 함부로 다뤄지는 기간 동안(삼상 5-6장), 그 내용물의 일부가 사라져버렸다. 그것은 원래 십계명 돌판과 만나를 담은 항아리, 아론의 싹 난 지팡이 등 세 가지 물건을 담고 있었으나(히 9:4), 이제는 하나님과 이스라엘 사이의 언약을 상징하는 무엇보다도 중요한 두 돌판만 남아 있었다.

언약궤가 일단 성전에 안치되자 이제는 연주자들이 바통을 넘겨받았다. 아삽과 헤만, 여두둔 등 세 주요 연주자의 지휘 아래 모든 연주자들이 각자의 악기를 연주하며 찬송했다. 총 120명의 제사장들이 나팔을 불어 오케스트라에 힘을 보탰다. 그들은 다함께 친숙한 후렴구를 노래했다. 그는 선하시며, 그 인자하심이 영원함이로다. 그것은 언약궤가 처음 예루살렘으로 옮겨질 때 다윗과 연주자들이 노래했던 것과 똑같은 후렴구로(대하 16:34, 41), 시편에 여러 차례 등장한다(예를 들면, 시 106:1).

5:13 하-14. 환희가 최고조에 달하자 성전에 구름이 가득했다. 그 구름이 너무 짙은 나머지 제사장들은 더 이상 자기가 하고 있는 일을 볼 수 없어 활동을 멈추어야 했다. 그 구름은 하나님의 영광의 현현(顯現)이었다. 하나님이 그분 자신을 그런 식으로 드러내신 것이 그때가 처음은 아니었다. 하나님은 모세에게 십계명을 주실 때(출 19:9)뿐만 아니라, 성막의 지성소에서 그분의 임재를 나타내실 때(레 26:2)도 그렇게 하신 것이다. 그 메시지는 분명했다. 하나님이 이미 그 새 성소를 점유하고 계셨음을 의미한 것이다.

B. 솔로몬의 연설과 기도(6:1-42)

Supporting Idea	솔로몬은 성전을 마련하는 과정에서 하나님이 역사하셨음을 인정했고, 하나님께 드리는 모든 기도에 응답해주실 것을 그분께 간청했다.

6:1-3. 솔로몬이 그 순간에 나서서 말하기 시작했다. 그는 하나님이 구름 가운데 계신다는 사실을 인정했다. 과거에도 그러셨듯이 말이다(출 19:9). 그런 다음, 솔로몬 왕은 자신의 의도를 한마디로 요약했다. 그는 하나님이 영원히 거하실 처소를 건축한 것이다. 그것은 하나님이 영원히 갇혀 있을 곳이 아니라, 사람들이 그분께 나아갈 수 있는 장소였다. 그러고나서 솔로몬은 이스라엘 온 회중에게 축복하면서 연설을 시작했다.

6:4-11. 솔로몬이 행한 연설의 상당 부분은 그의 청중들에게 잘 알려진 내용이었다. 오늘날의 역대기 독자들에게도 그렇듯이 말이다. 솔로몬은 다윗이 성전을 짓고자 했으나 하나님에 의해 만류되었고, 대신 하나님의 허락하에 자신이 왕위에 오르고 성전을

짓게 되었다는 설명을 되풀이했다.

하지만 그 친숙한 사건들을 자세히 설명하는 솔로몬의 연설에는 몇 가지 의미 있는 내용도 포함되어 있었다. 무엇보다도 먼저, 얼마나 많은 일들이 사람들의 손에 의해 이루어져 왔는지를 감안할 때, 하나님이 그분의 손으로 그런 결말을 초래했다는 언급은 인상적이다. 솔로몬은 그 사건들을 주관하신 하나님을 따로 떼어놓고는 인간의 기여가 아무 의미가 없다는 사실을 인식하고 있었던 것이다.

둘째로, 솔로몬은 성전 건축 자체가 의미 있는 일일 뿐만 아니라, 그것으로 인해 예루살렘이 성전이 세워지는 특별한 도시가 되었다(신 12:11)는 사실을 강조했다. 그것은 오래전부터 기다려온 것이 성취된 것이다. 셋째로, 솔로몬의 연설은 하나님의 주도권이라는 개념을 중심에 두고 있었다. 그분은 성전을 약속하셨고, 예루살렘을 특별한 도시로, 솔로몬을 통치자로 선택하셨으며, 솔로몬이 성전을 지을 수 있을 때 그 약속을 이행하신 분이었다.

6:12-13. 이제 솔로몬은 드라마틱한 행동을 보였다. 그는 이미 만들어놓은 3규빗(약 1.4미터) 높이의 작은 무대에 올라가 구약의 기도 모습(출 17:11)처럼 무릎을 꿇고 하늘을 향해 양손을 펴는 자세를 취했다. 솔로몬은 자신이 하나님 앞에 겸손히 엎드려 기도하고 있으며, 하나님의 보좌 앞에서 나라 전체를 대표하고 있음을 표현한 것이다.

6:14-17. 그 기도의 첫 번째 부분에서 솔로몬은 하나님께 그분의 신실하심을 상기시켜드렸다. 하나님은 사랑의 언약 가운데 하신 약속들을 모두 이행하신 것이다. 그 약속들은 인간이 하나님으로부터 억지로 얻어낸 것이 아니라, 애초부터 그분의 사랑의 표현이었다. 하나님은 지금까지 그 맹세를 그대로 실천해오셨다.

6:18-21. 솔로몬은 성전이 결코 하나님의 임재를 제한하지 못한다는 진리를 언급했다. 솔로몬 왕은 처음부터 그 진리를 이해하고 있었다. 그는 일찍이 성전 건축을 개시할 때도 후람 왕에게 똑같은 요지의 말을 한 적이 있었다(대하 2:6). 그 말을 듣는 사람들이 모두 하나님이 제한받지 않는다는 사실을 받아들이지는 않았을 것이다. 우상 숭배는 그리 멀리 있지 않았다. 사실 그 모임에 참석했던 사람들 가운데도 나중에 산당에 들어가 우상을 숭배한 사람들이 일부 있었다는 사실은 충분히 있을 법한 일이다(왕상 12:28-33).

그러나 솔로몬은 하나님이 제한받지 않으신다는 사실에 대해 확신을 가지고 있었다.

그는 하나님이 거하시는 장소가 하늘이며 물리적 세상을 뛰어넘어 어디나 계시다는 사실을 알고 있었다. 하지만 솔로몬은 사람들이 성전이라는 시설을 통해 하나님께 나아가도록 그분이 정해놓으셨다는 사실도 인식하고 있었다. 그래서 솔로몬은 성전을 향해 간구하는 모든 사람의 기도를 들어달라고 하나님께 간청했다. 솔로몬은 또 그 개념을 갑자기 확대하여 하나님이 그런 기도에 용서로 응답해주시도록 간구했다.

6:22-39. 그 기도의 중심 부분에서 솔로몬은 사람들이 성전을 통해 하나님께 나아가게 될 특정 상황들을 언급하면서 하나님이 그런 기도에 호의적으로 응답해주시도록 간구했다.

- 범죄 혐의가 있는 어떤 사람이 자신의 무죄를 주장하며 맹세하는 서약을 보증해주시도록(6:22-23).
- 만약 이스라엘 백성이 죄를 범하여 적국에게 패했을 경우 구원해주시도록(6:24-25).
- 가뭄이 발생할 경우 구제해주시도록(6:26-27).
- 온역이나 기근 혹은 다른 국가적 재앙이 발생할 경우 그 땅을 회복시켜주시도록(6:28-31).
- 하나님에 대해 알기 위해 이스라엘을 찾게 될 이방인들에게 그분의 위대함을 보여주시도록(6:32-33).
- 하나님의 뜻에 따라 이스라엘을 전쟁에 내보내실 때 그들을 도와주시도록(6:34-35).
- 만약 이스라엘 백성이 하나님께 불순종함으로 적국의 포로로 끌려간 후에 주께 돌아와 회개하면 구원해주시도록(6:36-39).

이 모든 경우에서 두 가지 전제를 인식하는 것은 매우 중요하다. 하나는 솔로몬이 성전에 부여했던 기도의 중심점으로서의 역할이다. 다른 하나는 그 기도들이 단순히 공허한 의식이 아니었다는 사실이다. 그 시점부터 하나님께 충실하겠다는 회개와 결단이 동반되어야 했던 것이다.

6:40-42. 마지막으로 솔로몬은 성전에서 드리는 기도에 응답해달라는 간청을 되풀이했다. 그는 오늘날 시편에 포함되어 있는 애절한 기도문(시 132:8-10)을 낭송함으로써 기도를 마무리했다. 그 시편을 다윗이 지었는지의 여부는 확실하지 않지만, 그 전체

내용은 성소를 위한 영원한 처소를 찾고자 하는 다윗의 열렬한 소망과 다윗의 아들이 그 소망을 이루게 될 것이라는 하나님의 약속을 묘사하고 있다. 솔로몬은 그 시를 낭송하면서 다시 한 번 하나님의 신실하심과 더불어 그가 하나님께 은혜를 입었음을 인정했다.

C. 이스라엘 백성과 솔로몬에게 주신 하나님의 응답(7:1-22)

Supporting Idea 하나님은 한 번 더 그분의 임재와 영광을 모든 이스라엘 백성들에게 드러내신 다음 솔로몬에게 또다시 확신을 주셨다.

7:1-3. 솔로몬이 기도를 마치자 이스라엘 백성들은 다시 한 번 아주 강력한 하나님의 임재 징후를 경험했다. 이번에는 하나님의 영광의 구름 정도가 아니라, 불이 하늘에서 떨어져 제단 위의 희생 제물을 모두 태워버린 것이다. 아주 오래전 시내 산에서 하나님의 영광을 나타냈던 징후 가운데도 구름과 더불어 불이 있었다(신 4:11, 5:22). 그 이후 모세와 아론이 성막을 봉헌할 때도 똑같은 일이 발생했다. 하나님의 영광이 나타나며 불이 떨어져 제단 위의 희생 제물을 불살랐던 것이다(레 9:24). 그 신성한 불은 다윗이 오르난의 타작마당에 제단을 쌓았을 때도 나타났다(대상 21:26). 하나님은 그 불을 통해 그분이 이스라엘 백성들 가운데 임재하고 계심을 재차 선언하신 것이다.

제사장들은 이번에도 그 임재 징후가 계속되는 동안 그들의 직무를 수행할 수 없었다. 거기 모인 온 회중은 그런 상황에 적합한 한 가지 반응을 보일 수밖에 없었다. 그들은 땅에 엎드려 여호와께 경배했다.

7:4-10. 이제 여호와께서 성전을 승인하시고 모든 준비가 완료되었음이 분명해졌으므로 첫 희생 제사가 거행되었다. 실로 엄청난 희생 제사가 아닐 수 없었다! 솔로몬은 모두 합해 2만 2천 마리의 소와 12만 마리의 양을 제물로 바쳤다. 그 모든 희생 제사를 순차적으로 거행하는 것은 물리적으로 불가능했을 것이므로 추정컨대, 일부 대량 도축이 이루어졌을 것이다. 심지어 일부 희생 제사는 짐승들이 모두 바쳐진 후로 미루어졌을지도 모른다. 연주자들은 계속해서 자신들의 솜씨를 발휘했고, 제사장들도 맞은편에 서서 나팔을 불었다.

남으로는 애굽 하수에서부터 북으로는 지금의 레바논에 위치해 있는 하맛이라는 도시에 이르기까지 이스라엘 전역에서 사람들이 모여들었다. 그러나 축제를 종료해야 할 시점이 찾아오자 솔로몬은 마침내 백성들을 집으로 돌려보냈다. 그들은 하나님이 지금까지 베풀어주신 은혜에 감사하며 기쁨으로 산회했다.

7:11-16. 솔로몬이 여호와의 두 번째 방문을 받은 것은 자신의 왕궁을 건축하는 일까지 모두 마친 후(왕상 7:1) 얼마 지난 시점이었다(첫 번째 방문에 대해서는 역대하 1장 7절을 참고하라). 이때 하나님은 솔로몬과 이스라엘 백성에게 다시 한 번 긍정적인 확신을 주셨지만, 만일 그들이 하나님을 버릴 경우에 대비해 심각한 경고도 선포하셨다.

하나님은 솔로몬이 그의 기도에서 제기했던 상황들, 다시 말해 이스라엘 백성들이 고통 중에 하나님께 나아와 도움과 용서를 구하게 될 경우에 대해 정확히 응답하셨다. 그런 재앙의 날에 이스라엘 백성이 하나님께 도움을 구하면, 그분은 그들의 기도를 들으시고 사랑과 은혜로 응답해주실 것이다. 하나님은 특별히 그분의 이름으로 일컫는 그분의 백성, 곧 이스라엘 백성을 위해 그 약속을 선포하셨다. 하지만 우리는 하나님의 은혜가 이스라엘에게만 한정되지 않는다는 사실을 알고 있다. 예를 들면, 우리는 요나서에서 니느웨 백성이 회개했을 때 하나님이 그들에 대한 징계도 거두셨다는 사실을 알 수 있다(욘 3:10).

하나님은 이스라엘 백성들이 그 악한 길에서 떠나 스스로 겸비하고 기도하여 그분의 얼굴을 구하기를 바라셨다. 하나님이 이스라엘 백성의 회개를 수용하시는 것과 관련하여 기계적인 공식이란 있을 수 없었다. 마음의 변화가 없다면, 성전에서의 기도와 희생 제사는 무의미한 것이다. 이 주제는 선지자들에 의해 지속적으로 선포되었다. 여호와께서는 이사야를 통해 이렇게 선언하셨다. "너희가 손을 펼 때에 내가 눈을 가리우고 너희가 많이 기도할지라도 내가 듣지 아니하리니"(사 1:15 상). 하나님은 진심 어린 회개는 받으시지만, 거짓 기도는 듣지 않으실 것이다.

하지만 이스라엘 백성이 하나님께 돌아올 때마다 그분은 그들이 필요한 것을 공급해주실 것이다. 하나님은 용서를 허락하실 뿐만 아니라 그들이 지은 죄의 물리적 결과까지 제거해주실 것이다. 그분은 온역을 거두시고 가뭄을 끝내심으로써 혹은 그들의 고통이 무엇이든 간에 그들의 땅을 고쳐주실 것이다.

7:17-18. 하나님은 또 솔로몬에게 개인적으로 보장의 말씀을 주셨다. 그분은 다윗에게 주셨던 약속을 솔로몬에게도 되풀이하셨다. 그것은 다윗과 그의 후손들이 언제까지

나 이스라엘의 왕위에 있을 것이라는 약속이다. 그러나 하나님은 전보다 더 강한 어조로 그 왕위의 축복이 하나님이 정하신 규례의 준수 여하에 달려 있다는 경고를 덧붙이셨다.

7:19-22. 이 시점에서 하나님은 배교 행위가 비참한 결말을 낳을 것이라고 경고하셨다. 만약 왕이나 이스라엘 백성이 하나님의 율법을 저버리거나 그분을 버리고 우상을 좇는다면, 그런 행위는 간과되지 않을 것이다. 이스라엘 백성은 그 땅을 잃고 포로로 끌려가게 될 것이며, 당시 그렇게 화려하게 지어진 성전도 파괴되어 조롱거리가 될 것이다. 모든 민족이 그것을 보고 비웃을 것이며, 이스라엘 백성은 망각하고 있던 교훈을 깨닫게 될 것이다. 이스라엘 백성이 하나님을 저버렸기 때문에 영광과 존귀의 상징이었던 성전까지 잃게 되었다는 교훈 말이다. 안타깝게도 솔로몬에게 주신 그 경고는 결국 일어날 일에 대한 정확한 예언이었다.

Main Idea 복습	새로운 성전에 나타난 하나님의 특별한 임재는 온 이스라엘에게 그들이 필요할 때마다 언제든지 그분께 나아갈 수 있음을 보여주었다.

결론

예수님과 함께 교통 체증에 걸리다

1960년대에 한때 '나이트클럽 신부'로 유명했던 성공회 신부 말콤 보이드(Malcolm Boyd)는 그의 기괴한 행동 때문에 일부 사람들로부터 외면당했고, 복음주의 기독교인들은 당연히 그의 종교 활동을 대부분 인정하지 않았다. 하지만 보이드는 예수님이 삶의 모든 부분에서 그와 함께하신다는 세상이 경청할 만한 메시지를 가지고 있었다.

말콤 보이드는 「예수님, 지금 나와 함께 달리고 계신가요?(Are You Running with Me, Jesus?)」라는 유명한 기도 모음집을 저술했다. 이 책에 실린 기도들은 격식을 차린 예배용 기도문이 아니라, 그 자신이 상상 속에서 날마다 일어나는 일상적인 삶에 대해 예수님과 나눈 담소였다. 예를 들면, 그는 교통 체증에 걸려 재수 없는 하루를 보내고 있을 때뿐만 아니라, 유난히 좋았던 하루를 되돌아보거나 도움이 절실히 필요한 한 개인을 생각하면서도 예수님과 대화를 나누고 있었다. 상황과 환경을 불문하고, 그는 무례하지 않게 그러나 그와 함께 거기에 계시고, 그의 기쁨과 슬픔을 다 아시며, 그의 좌절과 의구심을 모두 이해하시는 예수님께 말을 걸고 있었던 것이다. 보이드는 기도가 하나님과의 대화이며, 하나님은 우리가 아무 제한 없이 접근할 수 있는 분이시라는 사실을 우리가 깨닫도록 도와주었다.

솔로몬은 하나님께 드리는 그의 기도에서 분향과 제사라는 의식 너머를 내다볼 수 있었다. 솔로몬 왕은 하나님께 단순히 희생 제사와 예배 의식에만 주의를 기울이시도록 요청하지 않았다. 그는 성전을 향해 드려지는 모든 기도를 들어주시도록 그분께 간청했다. 이스라엘 백성들은 포로로 끌려갔던 머나먼 땅에서도 성전 뜰의 제단 앞에서처럼 그런 기도를 드렸다. 결국 하나님과의 의사소통을 가능하게 만들었던 것은 성전 내에서 행해지는 의식이 아니었다. 성전은 이스라엘 백성들이 하나님과 의사소통할 수 있다는 사실을 상징하는 것뿐이다.

▣ 진리 알기

- 하나님은 이스라엘 백성이 그분과의 관계를 표현할 수 있도록 성전을 마련해주셨다.
- 하나님은 이스라엘 백성 가운데 자신이 계심을 나타내셨다.
- 하나님은 이스라엘 백성이 기도와 회개로 그분께 도움을 구함으로 그분께 접근할 수 있다는 사실을 계시하셨다.
- 하나님은 우리가 필요할 때마다 그분께 나아오도록 우리를 초대하셨다.

▣ 적용하기

- 당신의 삶 가운데서 하나님의 영광을 확실히 느꼈던 경험이 있다면 그 경험에 대해 이야기해보라.
- 하나님이 이스라엘 내에 거하시는 처소로 예루살렘과 성전을 선택하셨듯이, 오늘날 그분이 내주(來住)하시는 장소로 당신과 다른 신자들을 선택하셨다는 사실에 대해 묵상해보라.

그 진리가 당신의 마음속에 확고하게 자리잡고 있을 때 당신의 삶의 방식이 어떻게 달라지는가?

- 날마다 하나님과 대화하고 그분께 간구한 내용을 기록하는 기도 일지를 만들라. 주님이 어떻게 응답하셨는지를 기록하라.
- 매일 행하는 일상적인 활동 목록을 만들라. 그런 다음, 예수님이 매순간 당신과 함께하신다는 사실을 인식하는 것이 당신의 태도와 행동에 어떤 영향을 미치는지에 대해 생각해보라.

삶의 적용

접속 거부

'접속 거부(Access Denied)!' 는 모든 컴퓨터 사용자가 두려워하는 메시지다. 그것은 '잘못된 명령이나 파일 이름' 같은 옛날 방식에서부터 '당신은 접속 권한이 없습니다!' 처럼 최근 방식에 이르기까지 다양한 형식으로 떠오를 수 있지만, 그 요지는 동일하다. 당신은 특정 파일을 가지고 작업할 수 있을 것으로 생각했지만, 차단당하고 만 것이다. 어쩌면 당신의 실수일 수도 있고, 프로그램의 오류일 수도 있으며, 다른 무언가 때문일 수도 있다. 그 순간에는 무엇이 그런 현상을 초래했는지가 당신이 수행해야 할 임무와 자신 사이에 쳐져 있는 장벽을 바라보고 있다는 사실만큼 중요하지 않다. 우리 가운데 상당수가 컴퓨터에 그렇게 익숙해져 있는 이유는 우리가 정보나 프로그램에 즉시 접속하기를 원하기 때문이며, 그것을 얻지 못할 경우 좌절감을 경험하게 된다.

'접속 거부' 는 하나님이 결코 보여주시지 않는 메시지다. 사실 우리는 하나님과의 접속이 우리가 아닌 그분의 입장에서 이루어진다는 사실을 인식할 필요가 있다. 하나님은 우리가 곤경에 처할 때마다 우리를 불렀다가 우리 문제를 다 해결해주시고 나면 다시 놀려보낼 수 있는 '미스터 해결사' 가 아니시다. 여호와께서는 솔로몬이 그 점을 분명히 이해하도록 하셨고, 우리도 그 사실을 인식할 필요가 있다. 우리가 하나님의 인내심을 가지고 장난할 수 있다고 생각하지 않도록 말이다. 하지만 하나님은 결코 우리로부터 멀리 계시지 않는다. 그분이 솔로몬에게 약속하셨던 것은 우리에게도 적용된다. 하나님이 우리 기도를 듣지 않으실 만큼 심각한 상황이란 있을 수 없다. 설사 그것이 우리의 죄로 인한 것이라 할지라도 말이다.

'접속 승인(Access Authorized)' 은 솔로몬 시대에 성전이 나타냈던 표시며, 그것이 바로 '에스라에 의한 복음' 의 핵심이다. 오늘날 우리는 하나님과의 접속이 예수 그리스도의 사역을 통해 가능하게 되었음을 깨닫게 된다. "그러므로 우리가 긍휼하심을 받고 때를 따라 돕는 은혜를 얻기 위하여 은혜의 보좌 앞에 담대히 나아갈 것이니라"(히 4:16).

기도

하나님 아버지, 당신이 이 땅에 계실 때 제자들이 간청했듯이 우리에게도 기도를 가르쳐주십시오. 우리의 기도가 사람들에게 신앙심을 드러내거나 공허한 말을 반복하는 것이 되지 않도록 가르쳐주십시오. 우리가 쉬지 않고 기도할 수 있도록 가르쳐주십시오. 우리가 마치 상태가 좋지 않은 전화선을 통해 장거리 전화를 하는 것처럼 기도하지 않고, 당신이 여기에 우리와 함께 계시며 우리의 필요에 관심을 기울이실 뿐만 아니라, 우리가 어떤 말을 하더라도 당신이 결코 놀라시지 않을 것이라는 사실을 분명히 인식하며 기도할 수 있도록 가르쳐주십시오. 아멘.

심층 연구

회복에 대한 요구(7:14)

그리스도인들은 오래 전부터 하나님께 회복시켜달라고 기도할 때 이 성경 구절을 자주 인용해왔다. 이 구절은 우리에게 주님의 자비와 은혜를 상기시키면서 회개하는 마음으로 겸손히 하나님께 나아가도록 권고하고 있다. 우리가 이 성경 구절을 적용하는 데 있어 지나친 면이 없지 않지만, 그런 문제들로 인해 이 구절이 말하는 바의 진정한 가치를 깨닫고 적용하는 데 방해받아서는 안 될 것이다.

이 성경 구절을 잘못 적용하는 몇 가지 사례를 여기에 소개하고자 한다. 먼저 이 구절은 구원을 받는 수단으로 제시되어서는 안 된다. 하나님은 우리의 노력과 상관없이 우리에게 구원을 주신다. 우리가 스스로 겸비하고 악한 길에서 떠나는 것을 조건으로 하지 않는다는 말이다. 그런 변화는 구원의 결과이지 구원을 얻는 방법이 아니다. 둘째로, 이 구절이 그리스도인의 성장 수단으로 간주되어서는 안 된다. 여기에 묘사된 내용이 우리가 그리스도의 형상을 닮아가는 전체 그림의 일부일 수는 있지만, 그것 자체가 성숙에 이르는 방법을 나타내는 공식은 아니라는 말이다. 셋째로, 우리는 오늘날 이 구절을 국가라는 주체에 적용해서는 안 된다. 우리가 장래에 있을 이스라엘의 회복을 고대할 때를 제외하고는 말이다(롬 11:26). 이 성경 구절은 하나님의 이름으로 일컫는 그분의 백성에게 초점을 맞추고 있으며, 솔로몬 시대의 이스라엘이 그랬던 것처럼 그 타이틀에 대한 권리를 주장할 수 있는 국가는 오늘날 어디에도 없다.

하지만 오늘날의 교회에는 그 구절을 적용할 수 있을 것이다. 우리는 이 시대에 택함받고 구원받은 하나님의 백성이기 때문에 이 구절을 하나님이 그리스도의 몸에 대해 축복하시는 것으로 주장할 수 있을 것이다. 만약 우리가 교회 내의 영적 침체로부터 벗어나고, 현대인들을 향해 좀 더 역동적인 사역을 수행하고자 한다면, 이 성경 구절에 명시된 일부 약속을 깊이 묵상하는 것이 좋을 것이다.

1. 하나님은 겸손한 사람들을 통해 역사하신다. 특히 오늘날 우리 사회를 괴롭히고 있는 도덕적 상대주의 때문에 우리는 스스로를 타인보다 더 우월하게 생각하는 승리주의에 빠지기 쉽다. 하나님은 우리가 그 진리를 훼손하는 것을 원치 않으신다. 그 진리가 우리의 공적이 아니라 선물이라는 사실을 우리가 놓치지 않기를 바라시는 것처럼 말이다.
2. 하나님은 기도하는 사람들을 통해 역사하신다. 기도는 하나님으로 하여금 그분의 뜻에 반해 무언가를 억지로 하게 하는 기계적 장치가 아니라, 우리가 그분과의 접촉을 유지하는 방법이며 그분과 지속적으로 의사소통하는 것이다. 사람들은 하나님과 친밀한 사람들 속에서 그들의 주님을 보게 될 것이다.
3. 하나님은 그분의 얼굴을 구하는 사람들을 통해 역사하신다. 우리가 그리스도인으로서 참여하는 활동 가운데 너무 많은 부분이 일시적이고 변하기 쉬운 목표들을 달성하는 데 투입하다보니, 정작 주님께 관심을 기울이는 데는 충분한 시간을 사용하지 않고 있다. 예수님의 방문 때문에 분주했던 마르다처럼(눅 10:38-41) 어쩌면 우리도 하나님을 위한 일들에 너무 열중한 나머지 이제는 더 이상 그분과 시간을 보내지 않고 있는지도 모른다. 우리는 그리스도와의 관계가 봉사로 이어지는 것이지, 그 반대가 아니라는 사실을 놓치지 말아야 한다. 관계가 우선이다.
4. 하나님은 악한 길에서 떠나는 사람들을 통해 역사하신다. 많은 교회들이 특히 지도적 위치에 있는 교인들의 공공연한 죄를 다루지 않고 있다. 나는 교회 구성원들이 간음을 저지르고 있는데도 모두가 외면하는 여러 사례를 들은 적이 있다. 교회가 죄인들의 모임이고, 모두가 하나님의 은혜로 구원받는 것은 사실이다. 하지만 그것이 우리가 죄를 용납해야 함을 의미하지는 않는다. 하나님은 교회가 그분의 거룩함을 드러내는 증인이 되기를 바라시며, 그것은 우리가 모든 '악한 길'을 버리는 것을 의미한다.

교안

A. 들어가는 글

1. '돌아가는 길 찾기' 이야기로 시작하라.
2. 배경 설명: 곤란한 상황에서 휴대폰을 지니고 있다는 것은 매우 다행스러운 일이지만, 우리가 항상 하나님과 접촉할 수 있다는 사실을 아는 것은 훨씬 더 유익한 일이 아닐 수 없다. 솔로몬과 그의 동시대인들에게 있어 성전은 하나님이 그들 가운데 임재하시며, 그들의 기도를 들으신다는 것을 상징했다.
3. 적용: 솔로몬이 성전 건축을 끝마치자 이제 공식적으로 헌당해야 할 시간이 찾아왔다. 그런데 두 가지 큰 문제가 있었다. 과연 하나님이 새 성소를 승인하실 것인가? 하나님이 새 성전을 통해 그분께 나아가는 사람들에게 응답하실 것인가?

B. 본문 이해

1. 언약궤의 안치(5:2-14)
2. 솔로몬의 연설과 기도(6:1-42)
3. 이스라엘 백성과 솔로몬에게 주신 하나님의 응답(7:1-22)

C. 결론: '예수님과 함께 교통 체증에 걸리다' 를 읽어주라.

토의 질문

1. 만약 하나님의 영광의 구름이 당신의 거실을 가득 메우고 있는 것을 보게 된다면, 그것이 당신의 삶을 어떻게 바꾸어놓겠는가?

2. 그리스도인들은 우리가 하나님과 항상 접촉할 수 있다는 사실을 서로에게 어떻게 상기시킬 수 있는가?

3. 많은 기독교 단체들이 기도 제목을 정리한 공식적인 목록을 갖고 있다. 그러나 불행히도 그런 목록이 종종 병원 입원 환자 수를 기록하는 정도 이상의 기여를 하지 못하고 있는 실정이다. 그룹 토의를 통해 그리스도인들이 단순히 응급 환자를 위해 기도하는 데 그치지 않고 서로의 많은 필요를 위해 끊임없이 기도해줄 수 있는 방법을 생각하고 나누어보라.

역대하 8:1-9:31

솔로몬의 부귀영화

"솔로몬이 성취한 업적은 여호와의 직접적인 역사로 이루어진 것이다."

- 폴 R. 하우스(Paul R. House)

성전이 완성된 이후 솔로몬은 장수하며 이스라엘을 성공적으로 통치했다. 그는 엄청난 부를 축적했고, 모험을 무릅쓴 해상 교역에서 성공을 거두었으며, 멀리서 찾아온 스바 여왕을 그의 부와 지혜로 깜짝 놀라게 했다. 솔로몬은 분명 여호와의 은총을 누렸다. 말년에는 하나님에 대한 그의 신앙심이 피상적이 되었음에도 불구하고 여호와께서는 계속해서 그를 축복하셨다.

들어가는 글

미다스(Midas)의 마법

유명한 그리스 신화는 소아시아의 고대 왕국 프리기아(Phrygia)의 왕 미다스에 대해 말해준다. 미다스는 부와 권력에 대한 큰 야망을 가지고 있었고, 둘 중 하나를 획득하면 나머지 하나도 손에 넣을 수 있다고 생각했다. 그는 술의 신 디오니소스(Dionysius)의 환심을 살 수 있었다. 디오니소스가 매우 좋아하는 사티로스(satyr: 반은 사람이고, 반은 짐승인 피조물 - 역자 주)인 실레노스(Silenus)를 구해주었던 것이다. 기회주의적인 미다스는 그 상황을 이용하기로 결심했다. 디오니소스가 무엇이든 한 가지 소원을 들어주겠다고 제의했을 때, 미다스는 자기가 만지는 모든 것이 황금으로 변하는 능력을 선택했다.

미다스는 자신이 어떤 물체를 만지면서 명령을 내리면 그것이 황금으로 변하는 것을 상상했지만, 결국 드러난 방법은 그것이 아니었다. 디오니소스가 기원하면서 명령 부분을 빼먹는 바람에 미다스가 접촉하는 모든 것이 즉시 가장 귀한 금속으로 변해버렸던 것이다. 잠시 동안은 그것이 미다스에게 즐거움이었다. 그는 많은 물건을 황금으로 변화시키며 즐거워했다. 하지만 그 즐거움은 오래 가지 않았다.

황금이 만들어지는 과정은 결코 멈추지 않았다. 그가 의자에 앉아 쿠션을 붙들자 의자와 쿠션이 모두 금으로 변해버렸다. 그가 다시 목을 축이기 위해 포도주 잔을 붙들었을 때, 술잔과 포도주 역시 황금으로 변해버렸다. 이번에는 포도를 먹기 위해 손을 뻗자 포도송이도 황금 덩어리로 변했다. 점점 짜증스러운 상황이 되어가고 있었다.

미다스는 하인을 시켜 자신에게 음식을 먹이도록 하면 되지 않겠나 하고 아이디어를 생각해냈다. 그는 하인들을 방으로 불러들여 음식과 마실 것을 가져와 자신의 입 속에 직접 넣어달라고 명령했다. 미다스는 입을 크게 벌렸고, 하인들은 맛있는 음식을 그의 입 속에 넣기 시작했다. 하지만 그 방법도 소용이 없었다. 그 음식이 미다스의 혀에 닿는 순간 황금으로 변해버렸기 때문이다. 그제서야 미다스는 자신이 끔찍한 실수를 저질렀다는 사실을 깨닫고, 디오니소스에게 자신의 소원을 철회해달라고 부탁했다.

좋은 일이 너무 많다보면 그런 일도 있을 수 있다. 좋은 일에 익숙해지고 그것을 당연한 것으로 여기다보면 그런 일도 있을 수 있다. 미다스 왕은 분명 첫 번째 상황을 보여주는 사례다. 그렇다면 솔로몬 왕은 두 번째 상황을 보여주는 사례라고 할 수 있을 것이다.

우리는 이 두 장을 통해 솔로몬의 말년을 살펴보면서 성전 건축을 완성한 후 그가 30여 년에 걸쳐 이룬 업적에 대해 배우게 된다. 거기엔 끊임없이 이루어지는 재산 축적 외에는 별다른 기사가 없다. 솔로몬은 미다스의 마법 없이 그것을 해냈고, 미다스의 파멸도 경험하지 않았지만, 그가 손을 댄 모든 것은 문자적으로든 비유적으로든 황금으로 변했다.

그러나 솔로몬도 공허한 사람으로 변하고 말았다. 역대기 저자가 그리고 있는 솔로몬의 초상은 바로 공허한 인생 그것이다. 솔로몬은 하나님으로부터 축복을 받아 부유하고 현명했지만, 여호와에 대한 그의 열정은 성전 봉헌과 함께 절정을 이루었던 것으로 보인다. 그러나 여기에 솔로몬을 위해서도 '에스라에 의한 복음' 이 존재한다. 솔로몬의 실수에도 불구하고 하나님은 계속해서 그에게 성공을 허락하셨던 것이다. 그가 성전을 건축했을 뿐만 아니라, 하나님이 다윗에게 주셨던 약속의 상속자였기 때문이다.

본문 이해

공허한 부귀영화

Main Idea	하나님은 솔로몬에게 엄청난 부와 지혜로 축복하셨고, 솔로몬 왕은 계속해서 성전에 대한 의무를 게을리하지 않았지만, 그것은 외면적인 준수에 그쳤다.

이 부분을 열왕기상의 내용과 연관시켜 이해하지 않는 것이 중요하다. 우리는 거기서 솔로몬이 저질렀던 몇 가지 심각한 죄에 대해 알게 된다. 심지어 그는 직접 우상 숭

배를 범하기까지 했다(왕상 11:1-8). 하지만 역대기 저자는 자신의 기사에 그 사실을 포함시키지 않고 있다. 역대기 저자인 에스라는 나중에 아히야가 솔로몬에 관해 예언했던 심판에 대해 언급하기는 하지만, 그 언급은 르보호암과 관련하여 등장하므로 8-9장과 연관시켜서는 안 될 것이다. 만약 역대기 저자가 솔로몬의 우상 숭배를 이용해 자신의 이야기를 전개하고자 했다면 틀림없이 그렇게 했을 것이다.

A. 솔로몬의 성공(8:1-18)

Supporting Idea	솔로몬은 많은 시도에서 성공을 누리며 엄청난 부를 축적했고, 성전에 대한 자신의 의무도 계속해서 수행했다.

8:1-6. 솔로몬은 평생 동안 야심 찬 건설 프로젝트를 진행했다. 성전을 건축하는 데 7년이 소요되었고, 여러 건물로 이루어진 자신의 왕궁을 짓는 데 13년이 더 걸렸다(왕상 6:38-7:1). 그런 다음에도 수많은 건설 사업에 착수했는데, 그 가운데 일부는 아마 두 주요 프로젝트와 중복되기도 했을 것이다.

그가 신경 썼던 프로젝트 가운데 하나는 갈릴리 지역의 일부 성읍들을 재건하는 사업이었다. 그런 '성읍들'이 몇 개의 집들로 이루어진 작은 집합체에 불과했을 것이라는 사실을 기억하라. 그 재건 사업의 대상도 20개의 그런 성읍들이었다. 그 성읍들은 솔로몬이 두로 왕 후람에게 양도했던 것으로 그가 성전 건축 프로젝트를 위해 공급했던 백향목과 귀한 금속들에 대한 일부 대가였다(왕상 9:10-14). 그러나 자신의 영토에 새로 편입된 그 성읍들을 둘러본 후람은 그것들이 눈에 들지 않음을 발견하고 황량한 땅이라고 부르며 솔로몬에게 되돌려주었다. 그러자 솔로몬이 그 성읍들을 재건한 것이다.

솔로몬은 그의 엄청난 군대에도 불구하고(어쩌면 그것 때문에) 생애 대부분을 군사적 활동에 관여하지 않으면서 보낼 수 있었다. 여기서 우리는 몇 가지 예외에 대해 읽게 된다. 그 가운데 하나가 하맛소바에 대한 점령이었다. 우리는 그 이름을 '소바에 인접한 하맛'으로 해석해야 할 것이다. 과거 다윗이 주변 국가들을 상대로 계속해서 승리를 이어갔을 때, 하맛 왕 도우는 다윗에게 굴복하여 전쟁 없이 조공을 바치기로 약속했었다(대상 18:9-10). 추측컨대, 당시 하맛이 이스라엘의 지배에 항거하고 있었기 때문에 솔로몬이 강제로 그 성읍을 점령했을 것이다.

다드몰은 어느 왕이나 매우 소중하게 여겼을 것이다. 후세의 역사에서 팔미라(Palmyra)로 알려지는 다드몰은 시리아 사막의 오아시스로 다마스쿠스와 메소포타미아를 연결하는 주요 교통로의 중간쯤에 위치해 있었다. 누구든 다드몰을 손에 넣는 사람은 그 루트를 통해 이루어지는 대상들의 교역을 통제할 수 있었던 것이다. 솔로몬은 그 전략적 요충지를 점령해 요새화했다. 그는 또 하맛에 이미 건설해놓았던 특정 창고 시설들을 보강했다. 그리하여 솔로몬은 북쪽과 동쪽으로의 교역을 지배할 수 있었다.

예루살렘은 산꼭대기에 위치해 있기 때문에 그곳에 이르는 도로를 통제하는 것이 20세기까지도 방어의 중요한 측면이 되었다. 1947년에는 영국군이 그 산으로 올라가는 유대인 차량들을 통제함으로써 예루살렘 주민들을 고립시키려고 한 적도 있었다. 솔로몬은 예루살렘뿐만 아니라 그 도시로 이어지는 길까지도 요새화하는 것의 중요성을 인식하고 있었기 때문에 그 도상에 있는 두 성읍 윗 벧호론과 아래 벧호론을 건설했던 것이다.

요새화 목록에는 바알랏도 들어 있지만, 그 위치는 확실치 않다. 게다가 솔로몬은 자신이 다스리는 모든 성읍과 보급 창고에 강력한 방어 시설을 구축했다. 그가 계획한 모든 것(표준새번역, whatever he desired)이라는 표현은 솔로몬이 그 모든 일에 자금을 대는 것을 가능케 했던 그의 엄청난 자원과 평화로운 상황을 우리에게 전달하고 있다.

8:7-10. 성전 건축 프로젝트가 진행되는 동안(대하 2:2, 17-18), 솔로몬은 이방인이나 유다에 거주하는 외국인들을 징발하여 건설 프로젝트의 강제 노역에 동원하는 정책을 펴기 시작했고, 그 정책을 계속 이어갔다. 이스라엘 백성들은 그들과 똑같이 강제 노역에 동원되지는 않았지만, 감독이나 군사, 지휘관 등이 되었다. 솔로몬이 통치했던 대부분의 기간 동안에는 틀림없이 그 방침이 유지되었을 것이다. 하지만 말년에는 그 방침이 지켜지지 않았고, 그로 인해 이스라엘 백성들이 솔로몬의 후계자 르호보암에게 반역하는 사태가 야기되었다(대하 10:4). 솔로몬은 자기 동포들을 노예로 만들지는 않았지만, 임종 무렵에는 그들에게 무거운 노역을 강제적으로 부과했던 것이다.

8:11. 역대기 저자는 솔로몬의 많은 혼인(열왕기상 11장 3절에 따르면, 후비가 7백 명이었다)이나 그 여인들이 솔로몬의 마음을 여호와로부터 돌이킴으로써 그에게 초래했던 고통들에 대해 일일이 열거하지 않는다. 그 여인들 가운데 상당수는 외국 태생이었고, 그것은 이방인들과 혼인하지 말라는 하나님의 명령을 위반한 것이었다(신 7:3). 그

들이 자기 남편의 배교를 초래할 것이기 때문이었고, 그것이 바로 솔로몬에게 일어났던 일이다(왕상 11:6).

역대기 저자는 언약궤의 거룩함을 침해하지 않으려고 했던 솔로몬의 열심을 부각시키고 있다. 솔로몬 왕은 바로의 딸인 자기 아내를 위해 예루살렘의 다윗 성 권역 밖에 별도의 궁을 지어주었다. 우상 숭배자인 그녀가 언약궤와 접촉했던 장소들을 더럽히지나 않을까 두려워했기 때문이다. 솔로몬이 율법의 의무 사항들을 습관적으로 이행했을지는 모르지만, 그의 마음은 더 이상 여호와에 대해 열정적이지 못했다.

8:12-15. 솔로몬은 그가 드리기로 되어 있는 희생 제사를 결코 빼먹는 법이 없었고, 달마다 해마다 돌아오는 모든 절기를 준수했다. 우리가 솔로몬에 대해 알고 있는 내용에 비추어볼 때는 그것이 놀라운 일은 아니지만, 향후 수백 년에 걸쳐 일어나게 될 상황과 대조를 이루기 때문에 중요하다. 때로는 한 세대 동안 아무 절기도 지켜지지 않고 있다가 여호와에 대한 새로운 헌신이 특정 절기와 함께 일어나곤 했다. 그것이 바로 히스기야 왕이 주도했던 부흥 운동의 일환으로 유월절을 기념하는 동안 발생했던 일이다(대하 30:5). 솔로몬은 제사장과 레위 사람들을 여러 반차로 나누어 교대로 봉사시키고자 했던 다윗의 계획을 따르는 데도 열심을 냈다.

8:16. 이 구절은 역대기 저자가 지금 이야기하고 있는 요점을 이해하는 데 중요하다. 변함없이 그 바탕에 깔려 있는 한 가지 사실이 존재한다. 그것은 바로 솔로몬이 성전 건축자였다는 사실이다. 솔로몬 왕이 무엇을 했든 그것은 궁극적으로 그가 성전을 건축했다는 사실에 묶일 수 있다. 비록 솔로몬의 삶이 깊이가 없고 율법 준수 역시 형식적이었을지라도 하나님은 계속해서 그를 축복하셨다. 그가 성전 건축자이며, 하나님의 언약의 약속을 지닌 자였기 때문이다.

8:17-18. 엘롯과 에시온게벨이라는 도시는 홍해 맨 끝에 있는 아카바 만에 위치해 있었다. 그 지정학적 위치는 항상 팔레스타인 지역에서 세계 무역으로 나아가는 중요한 통로 역할을 해왔다. 1869년 수에즈 운하가 개통됨으로 말미암아 그 중요성이 다소 감소하기는 했지만, 오늘날까지도 그런 특성은 유지되어왔다. 수에즈 운하가 지중해와 홍해를 직접 연결하는 수로를 제공하기 전까지는 그 두 바다가 지리적으로 근접해 있음에도 불구하고 배들이 서로 왕래할 수 있는 직항로가 없었던 것이다.

따라서 배가 지중해를 출발해 남부 아시아까지 도달할 수 있는 유일한 방법은 아프리카 최남단의 희망봉으로 돌아 항해하는 길뿐이었고, 당시 배들이 실제로 그렇게 할 수 있었는지의 여부는 순전히 추측의 문제다. 따라서 홍해에 항구를 유지하는 것이 더 효율적이었다. 배들은 거기서부터 아라비아 반도 남부 지역으로 항해하여 무역 루트를 통해 인도에서 들어온 물건들을 실어올 수도 있었고, 홍해를 벗어나 인도양으로 모험 항해를 떠날 각오가 되어 있는 경우에는 인도로 직접 항해할 수도 있었다.

페니키아 역시 지중해에 위치해 있었기 때문에 홍해에 접근할 수 있는 방법이 없었다. 하지만 그 사실도 아라비아와의 해상 무역을 활발하게 유지하려는 후람 왕을 방해하지는 못했다. 후람은 자신의 전공 분야인 협정을 통해 솔로몬과 함께 홍해 시장에 뛰어드는 데 성공했다. 후람은 배와 고급 선원들을 공급하고, 솔로몬은 항해 경비와 짐꾼들 그리고 에시온게벨에 있는 항구를 이용할 수 있는 권리를 제공했을 것이다. 솔로몬은 배들이 홍해로 정기 운항을 시작하자 아라비아 반도 남부의 오빌 왕국으로부터 450 달란트(약 17톤)의 금을 들여왔다.

B. 스바 여왕(9:1-12)

Supporting Idea	스바 여왕의 방문은 솔로몬의 모든 지혜와 부귀영화를 부각시킨다.

9:1-4. 솔로몬은 통치 기간 동안 많은 국가 원수들의 방문을 받았지만, 신비에 싸인 스바 여왕처럼 전설적인 분위기를 남긴 사람은 아무도 없었다. '스바(sheba)'는 틀림없이 아라비아 반도 남부 지역에 있던 사바(Saba) 왕국을 언급하는 것으로 보이며, 사바는 지금의 예멘이 자리잡고 있는 지역에 위치해 있었다. 그곳은 동쪽에 있는 아프리카의 '뿔(에티오피아)'에서 서쪽의 남부 아시아(인도)로 이어지는 교역의 중계 거점이었다. 게다가 사바는 매우 좋은 품질의 향과 몰약(동방 박사들이 예수님께 가져왔던 바로 그 물건, 마 2:11)을 생산하는 자체 산업을 가지고 있었다. 사바 왕국은 상당한 이익을 창출할 수 있었기 때문에 부유했을 뿐만 아니라 큰 영향력을 지니고 있었다. 고고학자들은 현재 솔로몬 시대에 존재했을 것으로 추정되는 사바의 화려한 구조물들을 발굴하고 있다.

학자들은 대부분 스바 여왕이 어떤 교역 협정을 맺고자 해서 솔로몬을 찾아왔을 것으로 추정하고 있다. 솔로몬과 후람 사이의 해상 제휴가 그녀의 수익에 부정적인 영향을 미쳤을 것이기 때문이다. 하지만 그 방문에는 틀림없이 경제적인 이해관계 이상의 무언가가 있었을 것이라는 데 대부분의 학자들이 동의하고 있다. 성경 본문은 상업적 이해관계를 전혀 언급하지 않고, 그녀가 어려운 문제로 솔로몬 왕을 시험코자 하여 찾아왔다고 명기하고 있다. 그것은 예수님이 스바 여왕이 "솔로몬의 지혜로운 말을 들으려고" 찾아온 것이라고 말씀하시면서 확증하셨던 판단이기도 하다(마 12:42, 눅 11:31).

물론 그녀는 빈손으로 오지 않고 향품과 많은 금과 보석을 약대에 실어왔다. 만약 스바 여왕이 그 엄청난 선물로 솔로몬 왕을 놀라게 하려는 의도가 조금이라도 있었다면 오히려 그녀가 놀라지 않을 수 없었을 것이다. 그 효과가 거꾸로 나타났기 때문이다. 그녀는 솔로몬의 부를 보고 정신이 현황하였다.

스바 여왕은 솔로몬이 행하는 인상적인 성전 의식을 지켜보았다. 그러나 무엇보다 중요한 것은 그녀가 솔로몬에게서 찾고자 했던 모든 지혜와 지식을 발견했다는 사실이다. 우리는 그녀의 질문이 무엇이었는지 알 수 없다. 하지만 분명한 것은 그녀가 단순히 기발한 수수께끼 몇 개로 솔로몬 왕을 난처하게 만들려고 그 먼 길을 오지는 않았을 것이라는 사실이다. 그녀는 틀림없이 삶과 신앙의 중요한 문제들에 대해 솔로몬과 의논하고자 했을 것이다. 그녀의 질문에 대한 솔로몬의 대답 가운데 일부가 잠언과 전도서에 반영되어 있다고 가정해도 아마 틀리지는 않을 것이다.

9:5-8. 스바 여왕은 솔로몬의 모든 부귀영화가 사실임을 직접 확인했을 때, 그를 과장되게 칭송하는 말을 했다. 그녀는 솔로몬의 위대함에 대한 평판이 자신의 왕국에까지 전해졌으며, 그 소문이 오히려 진실에 미치지 못한다고 말했다. 그녀는 다른 무엇보다도 솔로몬의 지혜에 감동했다. 솔로몬이 구함으로 하나님이 허락하신 그 지혜는 그가 물려받은 대제국을 다스리는 데 필요한 지혜였다는 사실을 기억하라(대하 1:10). 따라서 스바 여왕은 솔로몬과 나눈 대화뿐만 아니라 그가 국사를 수행하는 방식에서 드러나는 그의 지혜를 보았던 것이다. 결과적으로 솔로몬의 지혜는 그의 백성들의 행복으로 이어졌고, 그것은 솔로몬이 공과 의를 기준으로 다스렸기 때문이다.

스바 여왕은 솔로몬이 이룬 성공의 공(功)이 그를 왕으로 세우신 하나님께 돌아가야 한다는 사실도 깨달았다. 솔로몬을 왕위에 앉히신 분은 바로 하나님이셨다. 그분은 솔로몬을 기뻐하시고, 이스라엘을 매우 사랑하셨기 때문에 그렇게 하신 것이다. 스바 여왕은 심지어 그것이 그분(하나님)의 보좌라는 사실까지도 깨달았다. 그녀는 솔로몬과 이스라엘 백성들의 삶 속에 나타나 있는 하나님의 실체를 목격했던 것이다. 솔로몬은 하나님의 진리를 그녀에게 선포하는 일을 훌륭히 해냈던 것으로 보인다.

9:9-12. 솔로몬 왕과 스바 여왕은 호화스러운 선물을 주고받았다. 그녀는 솔로몬에게 금과 보석뿐만 아니라 아시아산 향품을 선물했다. 오늘날에는 향신료가 슈퍼마켓 진열대를 채우고 있고, 화장품도 채소만큼이나 쉽게 살 수 있는 품목이다. 때문에 고대에 조그만 봉지에 담긴 계피 향료나 몰약이 든 작은 단지 하나가 얼마나 귀중했는지를 우리가 깨닫는 것은 쉽지 않을 것이다. 솔로몬은 자신이 받은 품목 외에도 스바 여왕이 요구하는 대로 다 주었고, 그녀는 올 때보다 훨씬 더 많은 짐을 약대에 싣고 떠났다.

역대기 저자는 이야기를 잠시 중단하고 후람과 솔로몬의 교역 제휴가 잘 진행되고 있었는지에 대한 경과 보고를 간략하게 삽입한다. 그리고 그것은 희소식이었다. 솔로몬의 국고는 귀중한 목재와 보석뿐만 아니라 오빌로부터 금이 유입됨으로 말미암아 점점 더 불어났다. 그 목재는 성전과 왕궁의 계단을 만드는 데 사용되었다. 솔로몬 왕은 또 최고 품질의 악기를 제작하는 데도 그 목재가 사용되도록 조치했다.

C. 솔로몬의 부(9:13-28)

Supporting Idea	여호와께서는 솔로몬을 엄청난 부로 축복하셨지만, 솔로몬 왕은 이스라엘의 통치자에 대한 하나님의 기준과는 어긋나는 활동들에 관여했다.

9:13-14. 솔로몬이 자신의 연간 수입으로 간주했던 금 666달란트는 약 25톤에 해당된다. 그러나 실제로는 무역과 조공으로 훨씬 더 많은 금을 거두어들였다.

9:15-16. 솔로몬은 그의 금을 접근하기 쉽고 전시하기 좋도록 보관하는 교묘한 방법을 생각해냈다. 그는 자신의 장인들을 시켜 그 금으로 두 가지 크기의 방패(2백 개의 큰 방패와 3백 개의 작은 방패)를 만들었고, 그것들을 '레바논나무 궁' 이라고 불리는 건물에 걸어두었다(왕상 7:2). 그 집은 솔로몬의 화려한 왕궁을 구성하는 여러 건축물 가운데 하나였다.

9:17-19. 솔로몬 왕은 새로운 보좌를 디자인하는 데도 창의성을 발휘했다. 그 보좌

는 올라가 앉는 데만도 여섯 개의 계단이 필요할 정도로 높았다. 물론 왕이 그렇게 높은 의자에 앉아 발을 허공에 늘어뜨린 채로 있게 하고 싶은 사람은 아무도 없었을 것이므로 그가 사용하는 족대가 있었다. 장식의 주요 테마는 사자였다. 12개의 사자 상이 계단 좌우편에 서 있었고, 한 쌍의 사자 상이 보좌의 양편 팔걸이 곁에 놓여 있었다. 그리고 상아로 아로새겨진 부분을 제외하고는 전체가 금으로 입혀져 있었다.

9:20. 사실 술잔과 그릇들을 포함하여 궁 안에 있는 모든 것이 금으로 만들어져 있었다. 솔로몬은 은으로 만든 것을 전혀 가지고 있지 않았다. 당시 은은 금처럼 귀중한 것으로 간주되지 않았기 때문이다.

9:21. 앞서 언급했듯이(대하 8:17-18, 9:10-11), 솔로몬과 후람은 해상 교역에서 서로 파트너였다. 솔로몬은 그 해상 교역에 사용되는 배들의 소유권을 가지고 있었다. 그 배들은 3년 단위로 항해를 나갔고, 돌아올 때마다 금과 은과 상아뿐만 아니라 왕과 내빈들의 여흥을 위해 원숭이나 비비(baboons: '공작새' 로 번역해놓은 경우도 있음) 같은 이국적인 동물들도 가져왔다.

9:22-24. 솔로몬은 세계적으로 명성을 얻었다. 누구나 그의 부와 지혜에 대한 소문을 들어 알고 있었고, 많은 국가 원수들이 그에게 배우기 위해 이스라엘 왕국을 방문했다. 그리고 솔로몬의 보물을 구경하기 위해 찾아오는 사람마다 고가의 선물을 가져와 국고에 기여했다.

9:25. 솔로몬의 부는 계속해서 그가 보유하고 있던 말과 병거의 숫자로 표현되었다. 게다가 그것들은 예루살렘은 물론이고 이스라엘 전역의 전략적 요충지에 배치되었다.

9:26. 다윗의 통치하에서도 그랬듯이, 솔로몬 시대의 영토 확장도 과거 하나님이 모세를 통해 이스라엘에게 약속하셨던 유브라데 강에서부터 애굽 지경까지의 경계를 확실히 굳혔다(신 11:24).

9:27. 역대기 저자는 이 성경 구절에서 솔로몬 시대에 은이 얼마나 흔했는지를 말해주는 역대하 9장 20절의 언급을 반복하고 있다. 은은 돌처럼 많았고, 백향목은 뽕나무같이 흔하게 사용되었다.

9:28. 솔로몬의 부에 대한 마무리 언급은 그의 말들이 애굽에서 수입되었음을 말해주고 있다. 이 짧고 아무 문제가 없어 보이는 구절은 강력한 주석을 담고 있다. 만약 지금까지 역대기의 고대 독자들의 관심을 끄는 별다른 내용이 없었다면, 이 언급은 그들의

마음에 각인되었을 것이다. 율법을 잘 아는 사람이라면 누구나 약 4백 년 전 장래 이스라엘의 왕이 될 사람들에게 주어진 다음 명령을 기억하고 있을 것이기 때문이다. "왕된 자는 말을 많이 두지 말 것이요 말을 많이 얻으려고 그 백성을 애굽으로 돌아가게 말 것이니"(신 17:16). 솔로몬이 애굽에서 말을 수입하였던 관행은 여호와의 명령을 위반한 것이었다.

게다가 신명기의 다음 성경 구절은 솔로몬의 나머지 행위들에 대해서도 심판을 선언하고 있다. "아내를 많이 두어서 그 마음이 미혹되게 말 것이며 은금을 자기를 위하여 많이 쌓지 말 것이니라"(신 17:17).

결국 솔로몬은 성전, 희생 제사 그리고 모든 예배 의무에 대한 철저한 준수 등의 대명사로 불린 사람이지만, 금과 은을 사재기하고, 유례가 없는 기마 부대와 병거 부대를 끌어모으며, 많은 이방 여인들과 혼인함으로써 하나님께 불순종하며 일생을 보낸 것이다. 솔로몬 왕은 하나님에 대한 불순종이 고질화된 상태에 빠지고 말았다.

하나님은 솔로몬을 그대로 내버려두셨다. 그분은 솔로몬의 왕위를 유지시키겠다고 약속하셨고, 계속해서 그를 축복하셨다. 다윗과 하신 약속을 허물지 않으려고 하신 것이다. 그러나 솔로몬이라는 단서가 제거되는 데는 그리 오랜 시간이 걸리지 않을 것이다.

D. 솔로몬의 사망 기사(9:29-31)

Supporting Idea 역대기에 나와 있는 솔로몬의 부고는 찬사를 전혀 담고 있지 않다.

9:29-31. 우리는 솔로몬의 죽음에 대해 요약한 기사를 다윗의 것과 비교하면서(대상 29:26-30) 40년의 통치 기간이나 추가적인 참고 문헌 등 비슷한 점을 많이 발견하게 된다. 그러나 솔로몬의 경우에는 다윗과 앞으로 보게 될 아사(대하 16:14)나 여호사밧(대하 20:32), 히스기야(대하 32:33) 등의 경우와 같은 칭송의 말이 전혀 없었다. 르호보암(대하 12:14)이나 여호람(대하 21:20), 아하스(대하 28:27) 같은 많은 왕들이 그들의 사망 기사에서 노골적으로 비방을 받았지만, 솔로몬은 그런 불명예 역시 면할 수 있었다. 결국 그의 삶을 요약한 기사는 통렬할 정도로 너무나 명백하게 중립적이었던 것이다.

Main Idea 복습

하나님은 솔로몬에게 엄청난 부와 지혜로 축복하셨고, 솔로몬 왕은 계속해서 성전에 대한 의무를 게을리하지 않았지만, 그것은 외면적인 준수에 그쳤다.

결론

포템킨 마을

예카테리나 2세(Catherine the Great)가 러시아의 여제로 있을 때, 그녀의 육군 원수 그리고리 포템킨(Grigory Potemkin)이 당시 터키 제국의 영토였던 크림 반도를 점령하는 군사 작전을 이끌었다. 1787년 여제는 자신의 영토에 새로 편입된 크림 반도를 돌아보기로 결심했다. 그 무렵 포템킨은 그 지역의 총독직을 넘겨받아 수행하고 있었기 때문에 여제의 여정을 계획하고 그녀의 편의를 위해 준비하는 책임을 맡았다. 그 지역은 사실 가난에 찌들어 있었다. 하지만 여제가 그 지역에 대해 아주 좋은 인상을 갖게 되는 것은 포템킨에게 매우 중요한 문제였다. 그래서 포템킨은 그녀가 대부분 다 쓰러져가는 낡은 오두막들로 구성된 마을들을 보지 않는 편이 낫다고 생각했다.

포템킨은 모든 마을을 다시 지을 시간이 없었기 때문에 인부들을 고용해 여제의 여행 루트를 따라 예쁘고 깨끗한 가짜 오두막들을 짓게 했다. 여제는 왕실 유람선을 타고 강을 따라 내려가면서 이제는 자기 왕국의 일부가 된 시골을 찬찬히 살펴보았고, 길 주변에 늘어서 있는 아름답고 풍요로워 보이는 모든 마을들에 탄복했다. 그녀는 자신이 그저 큰 나무 판자들을 바라보고 있을 뿐이며, 그 뒤에는 가난에 찌든 세상이 놓여 있다는 사실을 꿈에도 생각지 못했던 것이다. 그 이후로 '포템킨 마을(Potemkin villages)'이라는 말은 어떤 당혹스러움이나 무능을 감추기 위한 교묘한 속임수를 의미하게 되었다.

솔로몬이 보여주었던 헌신은 포템킨 마을처럼 외면적인 것이었다. 세상에서 가장 현명한 사람이라는 명성을 얻었지만, 정작 그의 삶은 잘못된 방향으로 나아가고 있었던 것이다. 그는 어마어마한 보물을 축적했고, 세상에서 가장 규모가 큰 병거 부대를 조직했으며, 아내와 첩의 숫자로 기록을 세웠다. 마침내는 이방 여인들의 유혹에 넘어가 산당을 짓고 우상에게 제사함으로써 궁극적으로는 하나님을 배신하는 행위까지 저지르고 말았다. 그럼에도 불구하고 솔로몬이 우상을 숭배하는 날에는 하나님께 드리는 희생 제사를 건너뛰었다고 믿을 만한 타당한 이유가 없다.

솔로몬은 자신의 신앙심이 얼마나 깊은지에 대해 사람들을 의도적으로 속이려 한 위선자는 아니었다. 그는 자신의 의무에 충실했다. 그가 두 편의 시편뿐만 아니라 성경의 여러 책을 집필했다는 사실이 그것을 증명하고 있다. 그러나 솔로몬은 성전 밖에서의 삶까지도 하나님께 충실한 수준으로 끌어올릴 수는 없었다.

우리의 삶도 솔로몬처럼 '포템킨 마을' 로 변질되었을지도 모른다. 우리는 지금까지 기독교적인 생활 방식 속에서 나름대로 위안을 얻었을 수도 있다. 현재도 어느 정도의 번영을 경험하고 있을지도 모른다. 그러면서 우리가 다른 사람들의 표준이 되는 알찬 삶을 살고 있음을 바깥 세상에 전달하고 있을 수도 있다. 그럼에도 불구하고 속으로는 하나님이 주관하시도록 맡겨드리고 싶지 않은 삶의 영역을 따로 떼어둔 채 머뭇거리고 있는지도 모른다. 어쩌면 솔로몬의 삶이 우리의 부족한 부분이 어디인지 직시하도록 도와줄 수 있을 것이다.

그러나 하나님은 솔로몬을 버리지 않으셨다. '에스라에 의한 복음' 이 그렇게 중요한 이유가 바로 여기에 있다. 에스라에게 있어 그것은 하나님의 기준에 미치지 못하는 연약한 인간이지만, 항상 하나님의 축복을 경험한 사람의 삶을 보여주는 이야기인 것이다. 그 기쁜 소식은 우리에게도 적용된다. 하나님은 유사 이래 지금까지 결함이 있는 도구들을 통해 일하셨다.

▣ 진리 알기

- 하나님은 그분의 백성들에게 축복을 베푸시겠다는 그분의 약속을 이행하신다.
- 하나님은 그분의 은혜와 구원의 역사에 대한 증거로 우리의 말과 행동을 사용하신다.
- 우리는 완벽한 증거를 가지고 있음에도 불구하고 여전히 우리 삶의 일부 영역을 하나님의

뜻에 맡겨드리지 못하고 있는지도 모른다.

- 하나님은 우리가 그분께 헌신하는 데 있어 아무것도 숨기지 않기를 바라신다.
- 하나님은 우리가 그분에 의해 변화되고 있는 동안에도 우리를 그분의 역사에 사용하실 것이다.

▣ 적용하기

- 당신의 지인들 가운데 하나님이 물질적으로 축복하신 사람들에 대해 생각해보라. 그들이 하나님의 물질적 축복에 보인 다양한 반응은 무엇인가?
- 축복과 보상 사이에는 어떤 차이가 있는가?
- 하나님의 지혜가 당신을 통해 다른 사람들에게 드러날 수 있도록 간구하라.

삶의 적용

휘발유 냄새로만 달리는 자동차

당신은 68리터밖에 들어가지 않는다고 생각했던 가솔린 탱크에 69리터를 넣어본 적이 있는가? 당신은 '휘발유 냄새로만 달리고 있다' 고 할 정도로 기름이 다 떨어진 사실은 알았지만, 그 탱크가 실제로 얼마나 비어 있었는지는 몰랐던 것이다. 당신은 그 상태로 주유소까지 갈 수 있었던 기적에 대해 하나님께 감사했을 것이다.

당신도 지금 휘발유 냄새로만 달리고 있지는 않은가? 당신의 영적 탱크가 비어 있다고 생각하는가? 축하한다. 당신은 지금 고대 역사에서 가장 부유하고 가장 현명했던 사람과 함께 있는 자신을 발견한 것이다! 그 남자는 모든 것을 다 갖고 있는 것처럼 보였다. 그러나 자세히 들여다보면, 그의 성공이 오로지 하나님의 은혜 때문이라는 사실을 알 수 있을 정도로 그의 삶이 너무나 변질되었음을 발견하게 된다.

그것은 솔로몬과 관련된 '에스라에 의한 복음' 이었고, 부분적으로는 우리에게도 희

소식이다. 성령은 하나님의 자녀의 삶을 변화시키는 일을 하신다. 그분이 당신을 순종으로 이끄시는 동안 당신을 심하게 다루실지도 모른다. 하나님과 게임을 할 수 있는 여지는 전혀 없기 때문이다.

그러나 하나님은 우리를 그분의 자녀로 대하신다. 그분이 우리를 성장이 요구되는 상황에 두시는 이유는 바로 그분이 주도적으로 우리와 맺으셨던 관계 때문이다. 사단이 당신을 속여 하나님이 당신을 포기하셨다고 생각하게 만들도록 절대 놔두지 말라! "우리는 미쁨이 없을지라도 주는 일향 미쁘시니 자기를 부인하실 수 없으시리라"(딤후 2:13).

기도

하나님 아버지, 우리는 마음이 두 방향으로 나뉘어 혼란스러운 상태로 당신께 나아갑니다. 우리는 솔로몬의 지혜와 부를 보면서 그것들이 당신의 축복이라고 생각하지만, 우리는 결코 그와 같은 것들을 소유할 수 없을 것이라는 사실을 압니다. 우리는 또 당신에 대한 솔로몬의 헌신의 깊이가 얼마나 얕을 수 있었는지를 보면서 우리 자신을 거울에 비추어봅니다. 주님, 설사 우리의 믿음이 흔들리고 있을지라도 당신이 솔로몬을 버리지 않으셨던 것같이 우리도 포기하지 않으실 것이라는 당신의 보증을 우리에게 상기시켜주십시오. 아멘.

티칭 가이드

심층 연구

A. 스바 여왕(9:1)

스바 여왕과 관련해서는 수많은 이야기가 있다. 구약이 상상력의 불에 기름을 붓는 정도의 정보만을 제공하고 있다보니, 지금까지 많은 사람들이 스스로에게 솔로몬이나 고대 이스라엘 왕국과의 연관성을 부여하거나 단순히 낭만적인 이야기로 사람들의 관심을 끌기 위해 그 신비스러운 여인에 대해 언급해왔다.

아마도 스바 여왕에 대한 가장 유명한 도용 사례는 고대에 아비시니아(Abyssinia)로 불렸던 에티오피아에서 이루어졌다고 보아야 할 것이다. 그 전승에 의하면, 그 여왕의 이름은 마케다(Makeda)였고, 아비시니아가 그녀의 조국이었다. 그녀는 예루살렘에 머무는 동안 솔로몬 왕과 불륜의 관계를 맺었고, 나중에 자신이 그녀의 유일한 자식으로 판명되는 메넬리크(Menelik)를 임신한 사실을 알게 되었다. 메넬리크는 성인이 되어서 솔로몬을 찾아갔고, 귀국길에 오를 때는 언약궤를 아비시니아로 가져가려고 시도했던 일단의 유대인들과 함께 떠나왔다.

그 전설에 의하면, 언약궤와 십계명 돌판은 그 이후 지금까지 에티오피아의 고대 도시 악숨(Axum)에 숨겨져 있다. 다윗과 솔로몬의 왕국은 그 당시 공식적으로 새 시온(Zion)인 아비시니아로 옮겨졌고, 다윗의 왕위는 사실상 솔로몬의 진정한 후계자인 메넬리크 왕실의 혈통을 통해 계속 전수되었다. 그 왕위 계승 과정은 225번째 황제인 하일레 셀라시에(Haile Selassie)가 1975년 사망하면서 비로소 끝이 났다.

비록 그 이야기는 오랜 세월 에티오피아에서 국가적인 전설로 여겨져왔지만, 몇 가지 문제점을 내포하고 있다. 그 중에서도 특히 솔로몬의 통치 이후 300년이 지난 요시야 왕의 시대에도 언약궤가 여전히 예루살렘에 있었다는 사실(대하 35:3)은 적지 않은 문제라고 할 수 있다. 스바 왕국이 짐바브웨나 나이지리아에 위치해 있었다는 등의 다른 전래의 주장들 역시 자기 나라를 고대 전설의 중심점으로 생각하고자 하는 사람들의 자연적 본능이 빚어낸 산물로 이해될 수 있을 것이다.

가장 믿을 만한 이론은 대략 지금의 예멘이 자리잡고 있는 지역인 아라비아 반도 남부에 사바(Saba)라는 고대 왕국이 있었다는 주장이다. 사실 이 이론은 전설뿐만 아니라 고고학으로부터 어느 정도 지지를 받고 있다. 회교 경전인 코란에도 아라비아 반도 남부에 살았던 스바 여왕과 솔로몬이 벌였던 협상들에 대해 언급하는 이야기가 남아 있다. 그 협상들이 결국 그녀의 방문으로까지 이어진 것이다. 1980년대 이후 이루어진 고고학적 발견은 고대 사바 왕국의 존재를 증명하고 있다.

아라비아의 전승에 의하면, 그 여왕은 빌키스(Bilqis) 또는 발키스(Balqis)로 불렀다. 그녀는 강력한 왕국을 통치했다. 사바가 무역과 향료 산업에서 이룬 경제적 성공은 수준 높은 문화와 함께 다층 주택으로 유명한 요새화된 도시들을 만들어냈지만, 그 모든 것은 오래 전부터 사막의 모래밭 속으로 사라져버렸다. 고고학자들은 현재 그곳에서 어느 화려한 수도의 유적을 발굴하고 있으며, 지금까지 사람들의 관심을 가장 많이 끌었던 아름다운 신전과 인상적인 알현실은 전설상의 스바 여왕과 같은 명성을 지닌 누군가에게 어울리는 건축물들이 아닐 수 없다. 그리고 한때 화려했던 그 건물들이 지어진 연대는 언제일까? 물론 주전 10세기로 정확히 솔로몬의 시대와 일치한다.

B. 고대 무역로와 이스라엘(8:4)

다윗과 솔로몬은 제국의 외곽에 있는 영토들을 장악함으로써 하나님이 약속하셨던 땅 전체에 대해 소유권을 주장할 수 있었다. 그들은 또 무역과 군사의 주요 교통로를 통제함으로써 주변 국가들에게 큰 영향력을 행사할 수 있었다.

고대 중동의 문명을 지칭하는 전통적인 이름은 '비옥한 초승달 지대(fertile crescent)' 로 팔레스타인 지역을 중심으로 메소포타미아와 이집트를 연결함으로써 형성되는 모양에서 비롯된 명칭이다. 우리는 이제 그 용어가 처음 만들어질 때 상황이 훨씬 더 복잡했다는 사실과 소아시아와 아라비아 반도 남부에도 찬란한 문화가 있었음을 알고 있다. 따라서 그 '초승달' 은 이제 X자 모양이 되었고, 그 중심에 지중해 연안 지역과 그곳에 존재했던 문화가 있었음을 깨닫게 된다.

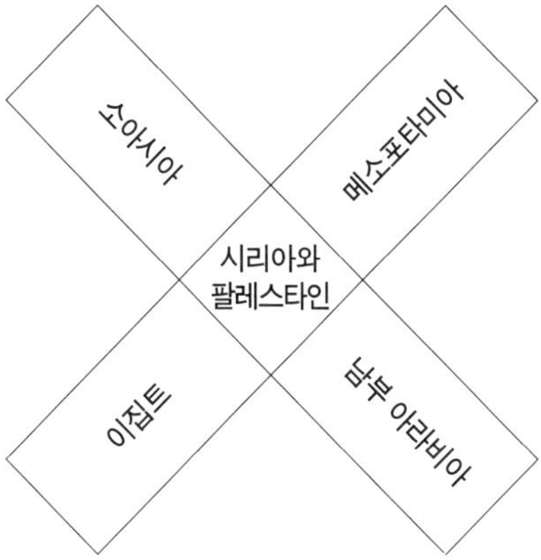

과거 왕들은 그들의 군대가 다닐 수 있는 길이 필요했다. 그러나 훨씬 더 중요한 것은 무역상들이 그들의 물건을 나를 수 있는 길이 필요했을 것이라는 사실이다. 심지어 전쟁 중인 왕도 병기를 만들기 위해 특히 금속 같은 상품을 필요로 했기 때문에 무역로를 유지하는 것은 모두에게 이로운 일이었다.

솔로몬의 제국을 통과하는 두 개의 남북 교통로가 있었다. 첫 번째 것은 지중해 연안을 따라 형성되어 있었다. 로마의 지배하에 있을 때는 그 대로가 '해변의 길(way of the sea)' 이라는 뜻의 비아 마리스(via maris)로 널리 알려져 있었다. 두 번째 도로는 요단 강 동안에 위치해 있었다. '왕의 대로(king' s highway)' 로 불렸던 이 교통로는 이스라엘 백성들이 요단 강을 건너 가나안으로 들어가기 위해 광야를 출발하여 여리고 맞은편까지 진군할 때의 이동 경로이기도 했다(민 20:17).

예루살렘은 욥바로 이어지는 길을 통해 나머지 세상과의 연결을 유지했다. 그것은 페니키아산 목재가 뗏목 형태로 그 항구에 도착한 뒤 예루살렘으로 옮겨지는 데 사용된 길이었고, 솔로몬은 그 길을 지키기 위해 전력을 다했다. 그 길은 비아 마리스와도 연결되어 있었다.

솔로몬 시대에 가장 중요한 교역로 가운데 하나가 다마스쿠스에서 메소포타미아로 이어지는 길이었다. 이 대로는 나중에 '향료길(incense road)' 로 알려지게 되었다. 당시 향료 무역이 남부 아라비아에서 메소포타미아로, 거기서부터 다시 지중해 연안 지역으로 옮겨다니며 이루어졌기 때문이다. 그럼에도 불구하고 이 교통로는 아시리아나 바벨론, 페르시아 등 당시 누가 메소포타미아의 지배 세력으로 떠오르든 간에 그 나라와 시리아 - 팔레스타인 지역 사이에 이루어지는 모든 형태의 교역에 이용되었다. 솔루몬은 그 루트상에 있는 중요한 거점인 다드몰에 대한 통제력을 행사했고, 그 결과로 국제 교역에서 자신의 거래 조건을 관철시킬 수 있었다(대하 1:17).

이스라엘 제국이 붕괴되기 시작하자 그 무역로들에 대한 통제력이 가장 먼저 날아가버리고 말았다. 왕의 대로와 향료길은 다시 다른 나라들의 통제 아래에 들어갔고, 다드몰은 결국 이스라엘의 지배를 벗어나 팔미라로 알려진 강력한 세력이 되었다. 그리고 불행하게도 비아 마리스는 이스라엘의 적들이 그들의 땅으로 침입해 들어가는 고속도로가 되고 말았다.

고안

A. 들어가는 글

1. '미다스(Midas)의 마법' 이야기로 시작하라.
2. 배경 설명: 솔로몬 왕은 성전과 왕궁을 지은 이후에도 계속해서 자신의 부와 영향력을 확대했다. 하나님은 솔로몬을 축복하고 계셨지만, 하나님에 대한 솔로몬의 헌신은 진심어린 것이라기보다는 외면적이었다.
3. 적용: 전설적인 미다스 왕이 그가 만지는 모든 것을 황금으로 변화시켰듯이, 솔로몬 왕도 그가 추진하는 모든 프로젝트에서 성공을 거둘 수 있었다. 그의 부와 지혜에 대한 가장 큰 확증은 스바 여왕이 그를 방문했을 때 이루어졌다.

B. 본문 이해

1. 솔로몬의 성공(8:1-18)
2. 스바 여왕(9:1-12)
3. 솔로몬의 부(9:13-28)
4. 솔로몬의 사망 기사(9:29-31)

C. 결론: '포템킨 마을' 을 읽어주라.

토의 질문

1. 그리스도인들은 세상에서 경험하는 성공을 어느 정도까지 하나님의 축복으로 이해해야 하는가? 그리고 그것을 어느 정도까지 주님에 대한 헌신의 보상으로 해석해야 하는가?

2. 그리스도인들은 주님께 형식적으로 헌신하고 있는 어떤 사람이 그 또는 그녀의 삶 속에서 죄를 이기려고 시도하고 있음을 볼 때 어떻게 반응해야 하는가? 마태복음 18장 15-17절이 어떤 식으로 적용될 수 있는가?

3. 스바 여왕은 솔로몬의 왕궁을 둘러보고 그의 희생 제사를 지켜보면서 몇 가지 중요한 교훈을 깨달았다. 사람들이 우리의 삶을 들여다보고 주님에 대해 깨닫는 데 도움을 얻을 수 있는 것들은 무엇인가?

역대하 10:1-12:16

획 하고 제국이 사라진다!

"만물은 무에서 만들어졌기 때문에 만물의 창조주께서 권위의 손으로 붙들지 않으시면 그들의 존재는 다시 무로 돌아가게 된다."

- 그레고리 대제(Gregory the Great)

솔로몬의 후계자인 그의 아들 르호보암은 처음부터 서투른 의사 결정으로 왕국의 대부분을 잃어버렸고, 다음에는 그의 불신앙으로 인해 솔로몬이 물려준 보물의 대부분을 잃어버렸다. 이 이야기는 인간이 얼마나 대단한지, 얼마나 많이 소유하는지는 모두 하나님의 뜻에 달려 있다는 사실을 보여준다.

들어가는 글

게임 종료!

내가 어렸을 때, 모노폴리(Monopoly)라는 보드 게임이 독일에서도 미국에서만큼이나 인기가 있었다. 거리 이름이 서로 다르고 게임에 사용되는 통화도 달러가 아니라 마르크였지만 말이다. 독일 게임도 미국의 경우와 마찬가지로 참가자들이 먼저 부동산을 확보하고 상대편이 자기 소유지에 들어오면 그들에게 임대료를 부과함으로써 부를 축적하려고 시도하는 식으로 이루어져 있었다. 서로 다른 거리는 서로 다른 가치를 지니고 있었고, 자신의 소유지에 주택이나 호텔을 지으면 상대편으로부터 징수할 수 있는 임대료 수입도 올라가게 되어 있었다. 형과 나는 그 게임을 격렬하게 즐겼다.

지금도 기억나는 게임이 하나 있다. 당시 우리는 이미 모든 부동산을 사버렸고, 각자 자신의 소유지에 건물을 추가하고 있었다. 형은 용케 가장 비싼 두 거리(미국 게임의 파크 플레이스와 브로드웨이에 해당하는 암청색 칸들을)를 확보하여 두 곳 모두에 호텔을 지어놓고 있었다. 그 둘 중 어느 하나에라도 걸리면 파산할 수밖에 없는 상황이었지만, 나는 운 좋게 여러 차례 그 거리들을 피해 지나갔다.

그 게임이 천천히 진행되는 동안 우리는 모두 '출발점(go)'을 지날 때마다 봉급을 타고 적은 액수의 임대료를 서로 주고받으며 여러 차례 보드를 돌았지만, 어느 누구도 결정적인 재정적 토대를 확보하지는 못했다. 그러나 결국 불가피한 상황이 벌어지고 말았다. 내가 암청색 거리에 걸리고 만 것이다. 한 번의 주사위 굴리기로 나는 모든 자원을 잃어버렸고, 형은 그 게임에서 승리했다.

그것은 르호보암이 수습해야 했던 현실이기도 했다. 그는 당대에 가장 화려했던 왕국 가운데 하나를 물려받았다. 국경은 견고했고, 사람들은 통합되어 있었으며, 국고는 넘쳐났고, 군대는 잘 훈련되어 있었다. 그러나 르호보암이 그 모든 것을 잃어버리는 데는 오랜 시간이 걸리지 않았다. 그는 심지어 자신의 대관식조차 아무 탈 없이 끝내지 못했다. 르호보암은 공식적으로 왕이 되기도 전에 이미 자기 왕국의 대부분을 잃어버리고 말았다. 그리고나서 르호보암이 다시 하나님의 명령에 따라 사는 데 실패함으로 말미암아 하나님은 애굽 왕 시삭을 강력한 군대와 함께 보내셔서 유다 땅을 유린하고 솔로몬의 보물을 빼앗아가게 하신 후 예루살렘과 성전을 파괴하기 직전에 멈추게 하셨다. 휙 하고 제국이 사라져버린 것이다!

본문 이해

휙 하고 제국이 사라진다!

Main Idea 다윗과 솔로몬의 왕국은 르호보암의 통치 아래에서 대내외적으로 모든 면에서 붕괴되었다. 하나님의 떠받치는 손 없이는 통일 왕국도 무너질 수밖에 없었던 것이다.

이 장들에서 우리는 역대기의 새로운 단원에 들어간다. 우리는 대부분 족보로 구성되어 있는 다윗까지의 역사를 개관한 후 다윗과 솔로몬의 통치 기간을 비교적 상세하게 다루고 있는 두 부분을 살펴보았다. 이제 우리는 유다 왕들의 역사인 네 번째 부분을 시작한다. 어떤 왕도 다윗과 솔로몬만큼 길게 언급되지는 않으며, 일부 예외가 있기는 하지만 대부분 이야기 형식으로 꾸며져 있다. 앞으로 긴 목록은 거의 없을 것이다.

역대하는 특별히 남왕국(Southern Kingdom)인 유다의 왕들에게 초점을 맞추고 있기 때문에 열왕기상·하와 상당히 다르다. 열왕기상·하는 두 왕국을 번갈아가며 언급하고 있는 반면, 역대하에서는 북이스라엘의 왕들이 남쪽의 어느 왕과 직접적으로 관련되어 있을 때만 등장하며, 구체적인 설명 없이 북왕국(Northern Kingdom)을 언급하는 경우가 많다. 추측컨대, 역대기 저자는 자신의 독자들이 그 상황들에 대해 이미 알고 있다고 가정했기 때문에 자신의 설명에서 그것들을 제외시킨 것으로 보인다.

역대기 저자의 목적이 포로 생활에서 돌아와 예루살렘에 살고 있던 사람들과 과거 하나님의 백성들 사이의 연속성을 증명하는 것이었다는 사실을 기억하라. 북쪽 지파들의 역사는 그 목적에 도움이 될 수 없었다. 그들은 이미 오래 전부터 예루살렘과 성전으로부터 단절되어 있었기 때문이다. 그러나 남쪽 왕들이 하나님과의 관계에서 어떤 노력을 기울였고, 성전과의 관계를 어떻게 유지했는지를 살펴보는 것은 에스라 시대의 사람들이 하나님의 계획에 다시 연결되기 위해 필요로 했던 연관성을 충분히 제공할 것이다.

A. 르호보암이 왕국을 탕진하다(10:1-19)

Supporting Idea	르호보암은 북쪽 지파들이 자신의 왕국에서 떨어져나가게 되는 잘못된 의사 결정을 했다.

10:1-5. 르호보암은 41세에 그의 아버지 솔로몬의 후계자로 지명되었고(대하 12:13), 이론적으로 볼 때 그 결정은 이미 정해진 결론이었다. 그것을 공식화하기 위해서는 모든 지파의 대표들이 모여 만장일치로 추대하는 예식만이 필요했다. 르호보암은 그 사소한 일을 처리하기 위해 에브라임에 있는 세겜으로 갔다.

하지만 왜 에브라임에서 그 예식을 치렀을까? 부족 대표들이 헤브론으로 다윗을 찾아갔다는 사실을 기억하라(대상 11:1). 솔로몬도 분명 왕이 되기 위해 예루살렘 밖으로 하룻길을 여행하지 않았다(왕상 2:11). 그 예식을 위해 제안된 위치가 뭔가 잘못되었음을 암시하고 있다. 이스라엘 백성들이 르호보암의 통치를 당연한 것으로 받아들이지 않을 예정이었던 것이다.

임박한 예식에 대한 소식이 한때 솔로몬의 행정 관리로 일했던 그의 정적 여로보암에게 전해지자 그는 즉시 이스라엘 백성들을 위해 행동을 개시했다. 몇 년 전 선지자 아히야가 여로보암에게 그가 북쪽 열 지파의 왕이 될 것이라고 말한 적이 있었다. 그후 여로보암은 애굽 왕 시삭에게로 피신하여 망명생활을 하며 솔로몬의 남은 통치 기간을 보냈다. 분명 그는 널리 인정받는 인물이었던 것으로 보인다. 심지어 그가 망명생활을 하고 있는 동안에도 말이다(왕상 11:26-40 참고). 그렇지 않았다면 르호보암이 퇴짜를 당하자마자 왕좌를 제의받는 것은 고사하고, 북쪽 지파들을 대변하도록 부탁받지도 않았을 것이다.

여로보암은 솔로몬에 의해 노역에 동원되었던 이스라엘 백성들을 위한 요구 사항을 가지고 르호보암에게 나왔다. 비록 이스라엘 백성을 노예처럼 부리는 것이 솔로몬의 정책에는 어긋나는 일이었지만(대하 8:9), 솔로몬은 통치 기간 말기 동포들을 강제 노역에 동원하는 일까지 서슴지 않았다. 그래서 여로보암은 악의가 없어 보이는 청원을 제기했던 것이다. "노역을 제발 가볍게 해주십시오. 솔로몬 왕께서는 지나치게 요구하셨습니다. 저희는 기꺼이 당신을 위해 계속 일할 것입니다. 하지만 기대치를 좀 낮춰주시기 바랍니다."

분명 그 간단한 요구 사항이 그 이상의 의미를 지니고 있다는 사실을 르호보암을 제외한 모든 사람이 이해하고 있었을 것이다. 그것은 최후통첩이었다. 여로보암은 새 왕에게 복종하는 데 필요한 조건을 제시했다. 그는 르호보암에게 부담을 줄여줄 것을 요구했고, "그리하시면 우리가 왕을 섬기겠나이다"라고 말했다. 르호보암에게 있어 그것은 단순히 그가 누구의 조건에 따라 왕이 될 것이냐의 문제였다. 그의 조건을 관철시킬 것이냐 아니면 백성들의 조건을 따를 것이냐의 기로였던 것이다. 만약 르호보암이 그 요구에 굴복하지 않는다면, 그들이 그가 왕이 되는 것을 원치 않을 것이라는 생각은 분명 그의 머리에 떠오르지 않았던 것으로 보인다. 그래서 여러 대안을 저울질하던 르호보암은 3일간의 휴회를 요구하고 조언을 구하기 위해 나섰다.

10:6-11. 속담에 의하면, "좋은 조언은 값이 싸다." 나쁜 조언도 미리 들어가는 비용은 적지만, 품질 관리가 종종 너무 뒤늦게 시작되는 경향이 있다. 명예롭게도 르호보암은 북쪽 지파들의 요구 사항에 대해 가능한 한 많은 사람들과 상의했다.

그러나 불행히도 그는 잘못된 사람들에게 귀를 기울였다. 솔로몬 밑에서 오랜 세월 동안 경험을 쌓아온 원로 고문단은 그것이, 르호보암이 왕으로서 백성들의 지지를 얻을 수 있는 기회임을 인식했다. 만약 그가 지금 화해의 제스처를 취한다면, 백성들은 그를 사랑하게 될 것이고, 왕으로서의 그의 입지는 보장될 것이었다.

하지만 두 번째 조언자 그룹이 있었다. 르호보암의 동년배들로 그가 어린 시절 함께 놀던 친구들이었다. 그들은 이제 40대의 하급 관리들로 출세하고자 하는 욕구가 강한 집단이었다. 그들의 조언은 정반대 방향으로 흘러갔다. 그들은 왕에게 어떠한 불평에 대해서도 단호한 조치를 취해야 할 시점이라고 말했다. 양보의 여지는 전혀 없었다. 만약 왕이 지금 약한 모습을 보인다면, 요구는 결코 끝이 없을 것이다. 그들은 사태의 심각성을 제대로 알아차리지 못하는 사람들이 전형적으로 보이는 재치로, 심지어 왕이 그대로 써먹을 그럴듯한 문구까지 만들어주었다. 새 왕의 새끼손가락은 전 왕의 허리만큼 굵게 된다. 르호보암은 자신의 아비지 솔로몬과 비교하여 거인으로 등장하게 될 것이다. 그는 백성들의 멍에를 훨씬 더 무겁게 만들 것이고, 일하지 않는 사람에 대한 징계는 전갈, 다시 말해 가죽 끈에 못이 박힌 잔인한 채찍이 될 것이다.

10:12-14. 3일이 경과하자 비밀 회의가 다시 소집되었고, 여로보암은 한 번 더 민중의 대변인으로 나섰다. 르호보암은 젊은 친구들의 조언을 따르기로 결심했고, 그들이 코치한 대로 불쾌한 말을 쏟아냈다.

10:15. 우리가 르호보암과 그의 잘못된 의사 결정을 비난하려고 하는 순간 역대기 저자는 우리에게 중요한 사실을 상기시킨다. 그 모든 것이 이미 운명으로 정해져 있었다는 것이다. 그것은 아히야가 여로보암에게 그가 열 지파의 왕이 될 것이라고 예언한 것이었다. 하나님은 진작부터 그 일이 일어나기를 원하셨고, 그것은 솔로몬이 하나님께 불순종한 것에 대한 징계였다(왕상 11:11). 르호보암은 분명 어리석었지만, 하나님은 그분이 이미 정해놓으신 결말을 초래하기 위해 그 왕의 완고함을 이용하셨다.

10:16-19. 이 에피소드의 결말은 어느 누구에게도 놀라운 것이 아니었을 것이다. 르호보암과 착각에 빠져 있던 그의 친구들만 빼고는 말이다. 이스라엘 백성들이 선택한 구호는 섬뜩한 방식으로 73년 전 다윗을 만장일치로 추대할 때 나왔던 표현들을 흉내내고 있었다. 당시 그들의 조상들은 "당신은 우리의 골육이니이다"라고 말했다. 이제 그들은 정반대로 말하고 있다. 우리가 다윗과 무슨 관계가 있느뇨 이새의 아들에게서 업이 없도다. 간단히 말해서, 다윗의 집안은 이스라엘 지파들에게 충성을 요구할 권리가 전혀 없기 때문에 그들은 이스라엘을 통치할 수 있는 그 아들의 권리를 거부했던 것이다. 역대기 저자는 언급하지 않고 있지만, 이스라엘 백성들이 떠나기 전에 여로보암을 그들의 왕으로 삼았을 것으로 추정된다(왕상 12:20). 오직 유다 지파(와 그들의 제휴 세력인 베냐민)만이 르호보암에게 충성을 유지했다.

르호보암은 그 상황을 그대로 유지하려 하지 않았다. 그는 백성들에게 복종을 강요하기로 결심하고, 그들에게 최악의 인물을 보냈다. 하도람이라는 이름의 강제 노역 감독관이었다. 지금까지는 말로만 불만을 표출했던 이스라엘 백성들이 이제 돌로 말할 수 있는 기회를 잡았고, 효과적으로 그 일을 해냈다. 하도람은 목숨을 잃었고, 가까스로 생명을 건진 르호보암은 예루살렘의 피난처로 급히 되돌아갔다.

B. 르호보암이 자리를 잡다(11:1-23)

Supporting Idea	르호보암은 이스라엘과 전쟁하는 것을 자제한 후 유다 왕국을 확립해나갔다.

11:1-4. 르호보암의 반응은 자연스러운 것이었다. 3분의 2에 해당하는 백성들로부터 이제 막 무시를 당한 군주라면 누구나 마찬가지였을 것이다. 그는 18만 명에 달하는 큰 군대를 소집했고, 북으로 진격해 들어가 자신의 왕국을 재통합할 준비를 했다. 하지만 그것은 하나님이 원하시는 바가 아니었다. 우리가 지난 장에서 살펴보았듯이, 그 사건들은 궁극적으로 하나님이 직접 행하신 일이었다. 그래서 여호와께서는 스마야라는 이름의 또 다른 선지자를 보내어 르호보암에게 군사 작전을 철회하도록 명령하셨다. 르호보암은 순종했고, 군대는 해산했으며, 모두 집으로 돌아갔지만, 왕국은 영원히 나뉘고 말았다. 그 시점 이후로는 두 개의 왕국이 존재하게 된다. 북왕국은 이스라엘로 불리게 되었고, 남왕국은 유다라는 이름으로 통했다.

두 왕국은 결코 다시 합쳐지지 않았다. 이따금 이루어진 군사 또는 혼인 동맹이 사실상 두 왕국이 가장 가까웠던 관계였다. 둘 중 이스라엘이 좀 더 불안정했고, 우상 숭배에 만성적이 되었으며, 유다보다 더 일찍 포로로 끌려갔다.

11:5-12. 르호보암은 새로운 상황에 적응하며, 자신의 더 작은 새 왕국이 안정된 기반을 확립하도록 노력했다. 그는 예루살렘 주변에 있는 여러 작은 마을들에 성읍을 건축하는 작업에 착수했다. 전통적으로 블레셋의 도시였던 가드가 그 성읍들 사이에 언급된 사실에 유의하라. 솔로몬의 통치 기간에는 그 성읍들 대부분이 방어 목적에 필수적인 지점으로 간주되지 않았다. 그러나 이제는 특정 마을과 성읍들이 유다 왕국의 외곽에 위치하거나 새 영토의 전략적 요충지로 부상한 것이다.

르호보암은 그 성읍들이 모두 방어 태세를 잘 갖추도록 조치했다. 각 성읍은 긴급 시의 인력과 식량을 지원받았고, 무기가 넉넉히 저장된 병기고를 갖추고 있었다. 그런 식으로 르호보암은 자신에게 남겨진 왕국을 확실히 통제하고 있음을 확인했다.

11:13-17. 역대기 저자는 이 책 전체에서 성전 예배와 그 책임을 맡은 사람들의 중요성을 우리에게 상기시키고자 하기 때문에 나라가 위기에 처한 이 시기에 레위 사람들이 보여주었던 신실함을 강조하고 있다. 여로보암은 정치적 문제를 종교적 이슈로 변질시

켜버렸다. 좀 더 정확히 표현하자면, 그는 정치적 문제를 종교적 관점으로 인식했던 것이다.

여로보암은 자신의 새로운 왕국이 존속하려면 그들만의 종교적 중심지를 세워야 한다는 사실을 깨달았다. 만약 백성들이 1년에 세 차례 절기를 지키기 위해 예루살렘으로 건너간다면, 통과할 수 없는 경계선을 긋는 것이 무슨 소용이 있겠는가? 백성들이 희생 제사를 드릴 때마다 성전에 가 여로보암을 비방하는 선전에 노출된다면, 과연 그들에게 충성을 요구할 수 있겠는가? 만약 예루살렘 성전의 충성스러운 제사장과 레위 사람들이 그들의 종교를 떠받치는 중추 역할을 한다면, 그가 어떻게 독립적인 왕국을 유지할 수 있겠는가?(왕상 12:25-33)

그래서 여로보암은 하나님 숭배를 대충 모방하고 몇 가지 중요한 변형을 가하여 자신만의 새로운 종교를 만들었다. 그는 모든 이스라엘 백성들이 꼭 예루살렘에 가지 않고도 종교적 장소에 쉽게 접근할 수 있도록 편의성을 감안하여 북쪽 경계에 위치한 단과 남쪽 경계에 가까운 벧엘 등 두 곳에 새로운 성소를 세웠다. 여로보암은 또 자신의 종교는 통과할 수 없는 휘장 뒤에 숨겨진 보이지 않는 하나님 같은 개념으로 백성들의 지성을 혹사시키지 않을 것이라고 주장했다. 그는 고마워하는 백성들에게 그들이 보고 만질 수 있으며 역사적 유산까지 지니고 있는 신들을 제공했다. 그는 두 개의 금송아지를 만들어 각 성소에 하나씩 둠으로써 고대에 금송아지를 섬기던 이스라엘의 전통을 상기시키려 했던 것으로 보인다(출 32:1-6).

그 송아지들과 더불어 뿔과 꼬리가 달린 피조물 사티로스처럼 생겼을 것으로 추정되는 우상인 염소들도 만들어졌다. 여로보암은 예루살렘으로 순례 여행을 떠나고자 하는 동기를 빼앗기 위해 새로운 절기를 고안해냈고, 그 날짜를 정확히 장막절 한 달 뒤인 여덟 번째 달 15일로 정하여 모든 사람들이 절기를 지키기 위해 벧엘과 단으로 찾아오도록 만들었다.

역대기 저자의 목적에서 가장 중요한 것은 여로보암이 레위인 제사장들을 해고하고 송아지와 염소 우상을 섬기는 종교적 사명에 부름을 받았다고 느끼는 일단의 사람들로 대체했다는 사실이다. 그 새로운 제사장들은 여로보암 왕에게 충성할 뿐만 아니라, 예루살렘과 성전의 중요성에 대한 생각으로 백성들의 머리를 혼란스럽게 하지 않았을 것이다.

역대기 저자인 에스라는 여로보암과 그의 말로에 대해 자세히 설명하지 않는다. 여로보암과 선지자 아히야의 만남은 여로보암의 남은 삶을 여호와를 섬기는 데 집중하게 만드는 사건이 아니었음이 분명하다. 여로보암은 그 우연한 만남을 종교적 기인과의 만남 이상으로 의미 있게 받아들이지 않았음에 틀림없다. 비록 아히야가 여로보암을 지지하는 말을 몇 마디 했지만, 여로보암 왕의 국가 정책은 오히려 참 하나님을 섬기는 일을 훼방하는 것이었다.

그럼에도 불구하고 우리는 열왕기상 14장 1-18절에서 여로보암이 자기 아들이 심하게 병들었을 때 아내를 선지자 아히야에게 보내어 도움을 청했다는 사실을 알 수 있다. 그 선견자는 그녀에게 하나님이 여호와의 노를 격발하는 여로보암의 극악한 행위들에 대해 심판하고 계시다는 사실을 말했다. 그 아이는 아히야 선지자가 예언한 대로 왕비가 집에 도착하기도 전에 죽고 말았다.

하지만 역대기 저자는 레위 사람들이 르호보암을 지지하기 위해 모여들었다는 사실을 강조하고 있다. 그들은 북왕국 전역에서 모든 짐을 꾸려 자기 집과 땅과 공동체를 떠나 하나님을 섬기는 천직을 계속 영위할 수 있는 예루살렘으로 이주했던 것이다. 그들의 협조는 분명 르호보암이 강력한 제국을 건설하려고 시도하는 데 큰 힘이 되었을 것이다. 하지만 역대기 저자는 그 상황에 시간 제한을 둔다. 겨우 3년간 지속되었을 뿐이라는 것이다. 그 이후에는 르호보암이 진정한 믿음에서 또다시 흔들리기 시작했다.

11:18-23. 르호보암이 자신의 정권을 강화하고자 노력한 것 가운데는 그의 가족들이 왕국 내에서 차지하고 있는 지위를 규제하는 것도 포함되어 있었다. 솔로몬의 실수에도 불구하고 르호보암 역시 많은 아내를 두었다. 열여덟 명으로 자제하기는 했지만 말이다. 물론 두 명이 가장 중요하게 간주되었고, 그 둘 가운데 한 명이 그의 애처였다.

르호보암이 두 번째로 좋아했던 아내는 여러 혈통적 관계를 지니고 있는 사촌 마할랏이었다. 그녀의 아버지는 앞에서 언급된 적 없는 솔로몬의 형제이자 르호보암의 삼촌인 여리못이었고, 그녀의 어머니 아비하일은 그의 할아버지 다윗의 형인 엘리압의 딸이었다. 그런 식으로 르호보암은 아주 가까운 집안사람에게 장가들었고, 세 명의 아들이 그런 결합 속에서 태어난 후손들이었다.

행정적으로는 르호보암이 자신의 아들들과 관련하여 현명한 의사 결정을 했다. 그는 아마 왕자로서 오랜 세월 동안 하는 일 없이 왕이 되기만을 기다리며 왕궁 안에서 사는 것이 얼마나 짜증스러운 일인지 직접 체험을 통해 배웠을 것이다. 그래서 르호보암은 모든 아들에게 자기 왕국의 일부를 나누어 맡기고 지역 행정 책임자로서의 지위를 부여했다.

C. 르호보암의 죄와 그 결말(12:1-12)

Supporting Idea	르호보암이 여호와의 길을 버렸지만, 예루살렘은 왕이 회개했을 때 완전한 멸망으로부터 구원받았다.

12:1. 일찍이 백성들이 합법적인 요구 사항을 가지고 찾아왔을 때, 그들과 맞서야 했던 르호보암은 당시 유다 땅에 만연돼가고 있던 우상 숭배 문제를 다루는 데 용기를 보이지 못했다. 불과 몇 년이라는 짧은 세월이 흘렀지만, 왕부터 백성에 이르기까지 모두가 가나안 종교의 음란한 의식을 포함하여 우상 숭배를 습관적으로 행하기 시작했다(왕상 14:23-24). 나라 전체가 변함 없이 하나님께 충실한 상태를 유지하도록 만드는 것이 르호보암의 의무였지만, 그는 오히려 우상 숭배를 묵인했을 뿐만 아니라, 그 자신이 습관적으로 행하기까지 했다.

12:2-4. 성경은 때때로 긴 이야기를 단 몇 마디로 압축해서 표현한다. 그것은 분명 여기에도 적용된다. 무엇보다도 먼저, 우리는 **이스라엘 백성들이 여호와께 범죄하였으므로** 하나님이 군사적 정복이라는 수단을 통해 그들을 징계하셨다는 사실을 알 수 있다. 그 사건은 자연스러운 결과로 제시되어 있다. 원인으로 인한 불가피한 결과인 것이다. 이스라엘 백성들은 하나님의 율법을 위반했고, 외국의 침략에 의한 징계가 그 결과였다. 하나님은 그분의 약속에 대해 신실하셨던 것처럼 그분의 경고에 대해서도 신실하셨다.

둘째로, 우리는 애굽이 다시 한 번 세계 정치 무대에 능동적인 참여자로 등장했음을 볼 수 있다. 다윗과 솔로몬의 제국이 가능했던 것은 애굽과 메소포타미아 같은 당시의 전통적인 강대국들이 자국 내 문제에 사로잡혀 있었기 때문이다. 이제 그 환경이 변하고 말았다. 애굽이 새로운 바로 시삭의 지휘 아래 통합됨으로써 안정된 새로운 왕조가 왕위를 차지하게 되었다. 솔로몬과 혼인 동맹을 맺었던 바로는 시삭이 내쫓았던 그의 전임자였을 가능성이 높다(대하 8:11). 시삭이 재위 초기부터 예루살렘에 적의를 드러냈기 때문이다.

셋째로, 얼마나 엄청난 재앙과 파멸이 시삭이 유다의 견고한 성읍을 취하고라는 표현에 압축되어 있는가! 우리는 르호보암의 훌륭한 방어 시설들이 왜 시삭을 막아내지 못했는지 묻지 않을 수 없다. 솔로몬이 웅대한 건설 프로젝트를 통해 만들었던 성벽으로 둘러싸인 성읍들과 보강된 도로들에 도대체 무슨 일이 일어났던 것일까? 군대는 어디에 있었단 말인가? 그 많던 말들과 병거들에 도대체 무슨 일이 일어났던 것일까? 솔로몬이 죽고 불과 몇 년이 지난 시점이므로 그가 준비했던 모든 것이 여전히 제자리에 있어야 마땅했다. 그러나 북아프리카 전역에서 끌어모은 병력으로 구성된 시삭의 엄청난 군대에 맞서야 했던 그들은 결국 위기를 견디지 못했다. 시삭은 쉽게 들어왔고, 닥치는 대로 빼앗았다. 게임이 종료되었던 것이다.

12:5-8. 그런데 완전히 끝난 것은 아니었다. 시삭이 아직 취하지 못한 한 도시가 있었다. 그것은 바로 예루살렘이었다. 하지만 예루살렘이 시삭의 무자비한 군대 앞에 무릎 꿇는 것은 단지 시간문제로만 보였다. 그때 르호보암에게 북왕국으로 공격해 들어가려는 모든 계획을 포기하라고 말했던 바로 그 선지자 스마야가 왕과 함께 모여 있는 회중들을 설득하기 위해 나섰다. 그의 임무는 르호보암이 지금 무슨 일이 벌어지고 있는지 정확히 이해하도록 하는 것이었다.

스마야는 하나님의 메시지를 간명하고 직설적인 표현으로 선언했다. 너희가 나를 버렸으므로 나도 너희를 버려 시삭의 손에 붙였노라. 그 진술 속에는 애매모호한 구석이 전혀 없었다. 르호보암의 죄가 모든 것을 잃어버리는 결과를 초래했다. 지금까지는 하나님의 뜻에 따라 그가 통치해왔지만, 이제는 여호와께서 그분의 지지를 철회하고 계셨던 것이다.

역대기 저자인 에스라는 다시 한 번 역대기의 중심 주제인 놀랄 만한 복음을 우리와 함께 나누고 있다. 르호보암 왕과 그의 모든 관료들은 스스로 겸비했다. 그들은 여호와께서 의로우시다는 사실을 인정했다. 르호보암과 그의 신하들이 공개적으로 그들의 죄를 인정한 것이다. 그리고 하나님은 그들의 회개를 받아들이셨다. 예루살렘은 파괴되지 않을 것이다.

그럼에도 불구하고 그 일시적 구원이, 하나님이 중대한 교훈을 가르치시기 위해 그 상황을 이용하시지 않는 것을 의미하지는 않았다. 르호보암은 자기 왕국의 나머지가 모두 리비아인들의 부츠와 애굽 병거들의 바퀴에 짓밟힌 이후에도 아무 탈 없이 자기 자리에 앉아 있지는 못할 것이다. 그는 바로에게 복종해야 했다. 그 치욕스러운 행위는 자신이 바로의 발 밑에 있는 티끌인 체하며 스스로 삼가는 태도를 보이는 제스처로 나타났을 것이다. 게다가 르호보암은 성전의 보물들이 애굽으로 실려가는 모습을 지켜보아야 했다. 그 교훈은 분명했다. 하나님을 좇아 왕으로서의 성공을 누리든지, 아니면 이교도의 폭군 앞에서 자신을 낮추는 치욕을 당하든지 선택하라는 것이다.

12:9-12. 성경은 다시 한 번 간략하게 압축된 표현으로 무엇이 엄청난 비극이었는지 설명한다. 시삭은 성전을 무너뜨리지는 않았지만, 성전과 왕궁에 있는 보물 가운데 영구히 붙어 있지 않은 모든 것을 실어가버렸다. 불과 몇 년 전, 우리는 솔로몬이 살아생전 축적했던 부와 그가 성전과 자신의 궁전에 놓아두었던 보물들에 대해 보았다. 이제 르호보암은 그 모든 것들과 작별을 고해야 했던 것이다. 금 대접과 잔, 집게, 접시 등 모든 것이 실려가버렸다. 심지어 레바논나무 궁의 가장 큰 자랑거리였던 크고 작은 사이즈의 금 방패들도 모두 수레에 실려 남쪽으로 보내졌다. 국고가 텅 비고 말았다.

금 방패를 상실한 르호보암의 반응은 통절하기까지 하다. 그것들은 그가 어린시절을 보낸 집을 꾸미고 있던 영구적인 장식이었다. 르호보암은 그것들을 대신해 놋 방패들을 만들었다. 그것이 금 방패에 비해 형편없이 가치가 떨어지는 것임은 두말할 필요도 없다. 게다가 그는 새로운 안전 대책까지 세워놓았다. 새 방패들은 군인들의 직접적인 감독하에 안전한 곳에 보관되었고, 성전에 가는 왕을 호위할 경우에만 꺼내져 일반에게 공개되었다. 그리고 방패와 함께 모습을 드러냈던 왕의 등장이 끝나자마자 곧바로 다시 시위소로 보내져 안전하게 보관되었다. 아마도 르호보암은 자신과 이스라엘 백성들에게 물질적 부가 얼마나 덧없는 것인지 생각나게 해주는 상기물을 제공하고 있었을 것이다.

그 사건들의 의미에 대해서는 의문의 여지가 없었다. 르호보암은 자신의 죄로 징계를 받은 것이고, 그가 회개하자 하나님께서 최악의 경우를 면케 해주신 것이다. 사실 역대기 저자는 유다에 선한 일도 있었다는 수수께끼 같은 소견을 피력하고 있다. 바꿔 말하면, 모두가 여호와를 버리지는 않았다는 것이다. 추측컨대, 많은 사람들이 애굽의 침략을 당한 후에 그분께 회개하고 돌아갔던 것으로 보인다.

D. 요약과 사망 기사(12:13-16)

Supporting Idea	르호보암은 그에 대한 최종 평가에서 일부 나쁜 평점도 받고 있지만, 그의 전반적인 통치는 중립적인 표현으로 평가되어 있다.

12:13-16. 지금까지 다윗과 솔로몬의 경우에서 보았듯이, 그리고 앞으로도 유다 왕들과 관련하여 계속해서 보게 되겠지만, 르호보암의 최종 평가는 대략 표준적인 부고로 포장되어 있다. 이 부분은 르호보암이 왕위에 오를 때의 나이(41세)와 그가 왕으로서 통치한 전체 연수(17년)를 언급하고 있다. 그의 재위 기간은 사울이나 다윗, 솔로몬 등의 경우보다 훨씬 더 짧았다. 우리는 그의 어머니가 나아마였고, 그녀가 암몬 태생으로 솔로몬의 많은 이방인 아내들 가운데 한 사람이었다는 사실을 알 수 있다. 르호보암의 통치 초기에 나타났던 그의 우상 숭배 성향이 오래 전 그의 어머니로부터 영향을 받은 것일 수도 있었을까?

르호보암의 생활 통지표는 부정적으로 나와 있다. 르호보암이 마음을 오로지하여 여호와를 구하지 아니함으로 악을 행하였더라. 우리는 그가 왕이 되기 전 어떤 종교적 삶을 살았는지 전혀 알 수 없다. 그러나 그가 솔로몬의 관대한 다원주의와 함께 하나님의 진리에 대해 좋은 충고를 받았던 것은 확실해 보인다.

마지막으로 르호보암이 시삭의 침략을 받고 회개한 이후 얼마나 신실하게 살았는지를 확인할 수 있는 방법은 없다. 꽤 가능성이 높은 결론은 르호보암이 하나님의 율법에 따라 살았던 기간이 그의 통치 초기와 말기의 몇 년 정도였을 것이라는 사실이다.

르호보암의 통치가 남긴 정치적 유산은 이스라엘과 유다 사이의 영구적인 분열이었다. 르호보암과 그의 적수 여로보암은 하나님이 서로의 영토를 공격해 들어가지 못하도록 막으셨지만, 서로에 대한 적대적 행위를 결코 멈추지 않았다.

끝으로 르호보암의 죽음에 대한 구체적인 언급은 중립적이라고 할 수 있다. 그는 죽어(그 열조와 함께 자매) 정해진 장례 절차에 따라 다윗 성에 장사되었다. 비록 그 언급이 무의미하게 들릴지도 모르지만, 장래에 죽게 될 왕들 가운데는 그런 정도의 인정조차 받지 못하는 경우도 있을 것이다. 르호보암은 분열된 왕국을 유산으로 남겼고, 국고를 빼앗겼으며, 우상 숭배에 관대한 태도를 취하는 등 한마디로 부정적이었다. 어떤 왕들은 상황을 훨씬 더 심각하게 만드는 반면, 일부 왕들은 르호보암의 손실을 원상 복구하게 된다. 하지만 그것도 잠시뿐이었다.

Main Idea 복습	다윗과 솔로몬의 왕국은 르호보암의 통치 아래에서 대내외적으로 모든 면에서 붕괴되었다. 하나님의 떠받치는 손 없이는 통일 왕국도 무너질 수밖에 없었던 것이다.

결론

트로이의 목마

역사가 바바라 터크먼(Barbara Tuchman)은 그녀의 책 「독선과 아집의 역사(The March of Folly, 자작나무)」에서 욕망에 눈이 먼 나머지 자기 파괴적인 정책이나 의사 결정을 한 정부와 사람들에 대해 기록했다. 그녀의 첫 번째 사례 가운데 하나가 자기 백성들과 쓸데없이 불화를 초래하여 그 과정에서 왕국의 대부분을 잃어버린 르호보암의 이야기였다. 그녀가 사용한 또 다른 사례는 트로이의 목마라는 신화였다.

그 이야기에 의하면, 트로이의 고대 도시가 그곳에 납치당해 있는 헬레네(Helen)를 구하기 위해 전쟁에 나선 그리스 연합군에 의해 포위되는 사건이 있었다. 10년간 끈질기게 싸웠음에도 불구하고 그리스는 여전히 목적을 이루지 못했고, 트로이는 연합군의 맹공격을 견뎌낼 수 있었다. 짐작컨대, 그리스 신화에 나오는 신들도 그 싸움을 거들고 있었지만, 그들조차도 결정적인 타격을 야기할 수 없을 정도였다.

얼마 후 그리스가 그동안 힘과 무기로는 불가능했던 것을 교묘한 방법으로 얻게 해줄 한 가지 계략을 생각해냈다. 그들은 모든 짐을 배에 싣고 시야에서 사라짐으로써 자신들이 전쟁을 포기하고 철수한 것처럼 보이게 했다. 그러나 실제로는 숨어서 안이 텅 빈 거대한 목마를 만들었다. 그들은 다수의 그리스 군사들을 그 목마 안에 집어넣고 그것을 수레에 실었다. 그리고 트로이의 성문 앞에 갖다놓고 기다렸다.

다음날 아침, 트로이의 파수병들이 성문을 열고 그 거대한 목마가 성문 앞에 놓여 있는 것을 발견했다. 파수병들은 원로들에게 그 사실을 보고했고, 그들은 그 목마를 그리스인들이 신들에게 바치는 제물로 남겨두고 간 선물이라고 생각했다. 신이 난 트로이 사람들은 그 목마를 성 안으로 끌고 들어갔고, 모두가 참여한 가운데 그것을 기념하는 연회를 시작했다. 그 연회는 그 다음날 밤까지 계속 이어졌다.

마침내 마지막 사람이 마지막 화환을 그 말의 목에 걸고 그것의 도착을 기념하는 마지막 축배를 제의하면서 포위 공격을 끝까지 견뎌내어 결국 신의 선물까지 받은 트로이 시민들은 정말 축복받은 사람들임을 지적하는 마지막 연설을 했다. 그러고나서 모두가 집으로 돌아가자 목마 속에 숨어 있던 군사들이 밖으로 나와 그리스 군대가 들어올 수 있도록 성문을 열었고, 그들은 트로이를 완전히 파괴했다.

무엇이 트로이 사람들로 하여금 그런 어리석은 실수를 하게 만들었을까? 아마도 그들은 그리스를 상대로 승리를 거둔 것처럼 보이는 순간에 스스로를 무적이라고 생각하며 너무 흥분한 나머지 그런 계략에 넘어간 것으로 보인다.

사람들은 종종 자신의 삶을 파괴하는 의사 결정을 한다. 그 정도의 분별력은 가지고 있어야 함에도 말이다. 남성과 여성들은 순간적인 유혹에 굴복하여 결국 자신의 가족까지 잃어버리고 만다. 그럴 만한 가치도 없는 찰나의 짜릿함을 위해서 말이다. 많은 사람들은 너무 좋아 진실일 수 없음을 뻔히 아는 어떤 계획에 자기가 가진 모든 것을 투자함으로써 평생 저축해 모은 재산을 잃어버렸다. 르호보암이나 트로이의 시민들만이 예외는 아닌 것이다.

하지만 트로이의 목마에 관한 일화와 르호보암의 이야기 사이에는 큰 차이가 있다. 트로이 사람들이 그리스의 계략에 넘어갈 때, 그들은 혼자였다. 아무도 심지어 신들도 그들을 도울 수 없었다. 그러나 르호보암의 상황은 달랐다. 그와 관련된 사건들은 훨씬 더 심오한 배경 속에 놓여 있었다. 그것은 역사를 주관하시는 하나님이라는 배경이다. 르호보암이 여로보암과 북쪽 지파들의 요구 사항을 받아들이지 않은 것은 그가 단순히 어리석은 결정을 내린 것이 아니라, 하나님의 더 큰 계획의 일부분이었다. 그가 자기 왕국에서 벌어지는 우상 숭배를 묵인하고 후원했을 때도 단순히 형편없는 국내 정책을 추구했던 것이 아니라, 하나님과 맺은 언약의 의무를 위반하고 있었던 것이다.

애굽의 시삭이 유다 땅을 정복한 것 또한 그가 위대한 비로가 되기 위한 시도의 일환이 아니라, 르호보암의 불순종에 대한 하나님의 징계의 도구였다. 그리고 르호보암이 회개했을 때, 그의 회개를 받아들이고 시삭이 예루살렘을 파괴하지 못하도록 막으셨던 분도 바로 하나님이셨다. 르호보암이 옳게 행했던 것은 물론이고, 그가 그릇 행했던 것도 결국은 그 자신의 손이 아니라 하나님의 손에 달려 있는 역사의 일부분이었던 것이다.

우리가 이 모든 것을 통해 배워야 하는 교훈은 무엇인가? 한 가지 결론은 우리가 자기 파괴적인 행위에 관여해서는 안 되며, 그 싸움에 우리가 홀로 남겨지지 않는다는 사실이다. 우리는 자신이나 가족에게 해를 끼치게 될 무언가를 할 것인지 말 것인지 고민하며 밤새울 필요가 없다. 하나님은 그분의 말씀을 통해 우리를 줄곧 안내해줄 원칙을 주셨고, 그분의 성령이 우리의 삶 속에 임재하셔서 우리가 그 원칙들을 실행에 옮길 수 있도록 이끌어주시기 때문이다.

▣ 진리 알기

- 인간의 본성은 종종 우리로 하여금 상황을 단기적으로 보게 함으로써 장기적으로 우리에게 해가 될 의사 결정을 하게 만든다.
- 죄는 하나님과의 영원한 관계뿐만 아니라 인간관계에도 부정적인 결말을 가져온다.
- 하나님의 말씀은 우리로 하여금 자기 파괴적인 결정을 내리지 않도록 지켜주는 지침이다.
- 하나님은 우리 안에 임재하셔서 우리가 의사 결정을 할 때 우리의 마음과 생각을 인도해주신다.
- 주님의 용서의 가용성(availability)은 아무리 강조해도 지나치지 않다.

▣ 적용하기

- 정기적으로 하나님의 말씀을 연구하는 것을 당신 삶의 일부분으로 만들라.
- 하나님의 말씀 속에서 당신 삶에 대한 의사 결정을 하는 데 적용해야 할 원칙들을 찾아보라.
- 당신의 삶 가운데서 하나님의 말씀 속에 나타난 원칙들에 복종하라.
- 하나님이 지금 당신이 잘못된 방향으로 나아가고 있음을 알려주기 위해 보내실지도 모르는 경고 사인에 주의하라.
- 당신이 지금 죄를 짓고 있다면, 자존심을 내세우며 스스로 만들어놓은 상황 속에서 그냥 살지 말고, 빨리 하나님께 돌아가 그분의 용서를 구하라.

삶의 적용

단기적인 희생과 장기적인 이득

복음 가수 대니 펀더버크(Danny Funderburk)는 그의 웹 사이트에서 자신의 주요 경력뿐만 아니라 그 과정에서 고심 끝에 내려야 했던 일부 개인적 결정들에 대해서도 자세히 설명하고 있다. 남부 복음성가 명예의 전당(Southern Gospel Music Hall of Fame)에 이름을 올린 것을 포함하여 가톨릭 4중창(Cathedral Quartet) 그룹의 테너 가수로서 받을 수 있는 최고의 상을 모두 휩쓴 그는 기존 팀을 떠나 퍼펙트 하트(Perfect Heart)라고 불리는 새로운 4중창 그룹을 구성했고, 다시 많은 상을 수상했다.

그러나 대니는 자신이 어려운 결정을 내려야 한다는 사실을 깨달았다. 비록 복음 가수로서 이름을 날릴 수 있는 기회가 끝없이 펼쳐지는 것처럼 보였지만, 그는 아내와 아이들과 함께 집에서 더 많은 시간을 보내기 위해 그 삶을 포기해야 했던 것이다. 그는 당시를 이렇게 회고한다. "나는 퍼펙트 하트를 떠날 때, 집에 돌아가 좋은 남편과 아버지가 되고 싶은 마음뿐이었다. 1995년 마지막으로 그룹의 전용 승합차에서 내릴 때, 나는 솔직히 다시는 노래를 부르지 못할 것이라고 생각했다."

그리스도인이든 비그리스도인이든 수없이 많은 사람들과는 달리, 그리고 르호보암과는 확실히 다르게, 대니는 자신의 삶을 직시하고 가족에 대한 더 중요한 의무를 이행하기 위해 좀 더 가까이에 있는 목표를 포기해야 한다는 사실을 확신하고 있었던 것이다.

결국 판명되었듯이, 하나님은 대니가 그렇게 사랑하는 일을 계속해서 할 수 있도록 허락하심으로써 그의 신실함을 높이셨다. 대니 자신의 말로 표현하자면, "하나님은 만사가 일어나게 하는 방법을 가지고 계신다." 대니와 그의 가족은 그가 가정생활을 소홀히 하지 않으면서 노래에 대한 열정을 계속 추구할 수 있는 방법을 찾아냈다. 설사 그런 일이 일어나지 않고 대니가 다시 노래하지 못했을지라도 그의 결정은 옳은 것이었을 뿐만 아니라 주님이 장기적으로 축복해주실 선택이었음을 우리는 확신할 수 있다.

기도

하나님 아버지, 우리에게 안식을 주십시오. 우리가 삶을 단기적 관점이 아니라, 당신이 성경에서 제시해주신 관점으로 바라볼 수 있도록 도와주십시오. 또 우리가 우리의 계산을 근거로 하는 것이 아니라, 당신의 계획에 기반을 두고 의사 결정을 할 수 있도록 도와주십시오. 그리고 우리의 삶이 당신의 인도하심에 따를 때, 우리가 올바른 방향으로 나아가고 있음을 확신할 수 있으며, 우리의 신념이 아니라 당신의 뜻 안에 있을 때 참 안식을 누릴 수 있다는 사실을 우리가 인식할 수 있도록 도와주십시오. 아멘.

심층 연구

애굽 왕 시삭(12:2)

이스라엘 백성들이 팔레스타인 지역에 정착한 이후 시삭이 등장하기 전까지는 이집트 왕국이 이스라엘 역사에 영향을 미치는 요인이 아니었던 것으로 보인다. 비록 많은 바로들(pharaohs)이 시리아까지 멀리 군사 행동을 감행했고, 그 과정에서 이스라엘을 정복하기도 했지만, 사사기는 그런 사건들을 언급하고 있지 않다. 그 사건들이 이스라엘의 통치에 장기적인 영향을 미치지 못했기 때문인 것으로 보인다. 그 기간 동안 발생한 이집트의 침략에 대한 그런 침묵이 일부 학자들이 주장하듯이 출애굽이 실제로는 더 늦은 시점에, 다시 말해 람세스 2세(Ramses II)의 통치 기간 동안 일어났다는 사실에서 기인할 수는 없었을 것이다. 사사기는 람세스 시대 이후에 발생한 군사적 활동에 대해서도 언급하고 있지 않기 때문이다.

만약 우리가 성경의 도움을 받아 추정한 출애굽 시점을 기준으로 따진다면(왕상 6:1, 삿 11:26, 행 13:20), 모세의 초기 삶에 해당하는 바로는 주전 15세기경 40년간 통치했던 투트모스 3세(Tutmoses III)였다. 그가 마침내 죽었을 때, 하나님은 모세에게 "애굽으로 돌아가라 네 생명을 찾던 자가 다 죽었느니라"라고 말씀하셨고(출 4:19), 그것은 분명 바로까지 포함한 언급이었다(출 2:15). 당시 새 바로가 된 사람은 아멘호테프 2세(Amenhotep II)였고, 그가 아마 출애굽 당시의 바로였을 것이다.

구약 시대 초기에 해당하는 대부분의 기간 동안, 이집트는 자체적으로 문제를 가지고 있었다. 람세스 2세는 그의 위대한 업적에도 불구하고 히타이트인의 손에 참패를 당하기도 했다. 때때로 이집트 군대가 북쪽을 휩쓸며 일시적인 통제권을 확립하게 되지만, 이집트는 이스라엘과의 관계에서 가끔 행패를 부리는 불량배 역할을 크게 벗어날 수 없었다. 그런 이집트의 침략도 사사기에 기록될 만큼 장기적인 고통의 시간은 아니었던 것이다. 솔로몬은 심지어 취약한 입지로 어려움을 겪고 있던 파라오 타니스의 시아문(Siamun of Tanis)의 딸과 혼인하기도 했다(Hoffmeier, 289).

하지만 시삭은 성경의 역사에 확실한 족적을 남겼다. 이집트의 역사에서 셰숑크 1세(Sheshonk I)로 알려져 있는 그는 마침내 이집트의 지배 구조와 당면 과제를 어느 정도 통합시킬 수 있었다. 그 업적은 두 가지 측면에서 역설적이었다. 첫째로, 시삭은 순수 이집트인이 아니라 리비아 사람이었다. 그가 다국적군을 형성하는 데는 그런 신분이 틀림없이 도움이 되었을 것이다. 둘째로, 시삭은 르호보암이 자신의 왕국이 쪼개지는 것을 속수무책으로 보고만 있었던 바로 그 시점에 그의 나라를 통합하는 프로젝트를 성공적으로 끝낼 수 있었다.

시삭은 여러 가지 방식으로 이스라엘의 역사에 관여했다. 그는 여로보암이 솔로몬의 죽음을 기다리며 기회를 엿보고 있는 동안 그에게 은신처를 제공했던 바로였고, 나중에는 유다를 포함하여 지중해 연안의 땅들을 정복하기 위해 군사적 행동을 감행하기도 했다. 자신의 제국을 굳건히 확립하고자 했던 그의 필요는 심지어 그가 자신의 피후견인이라고 할 수 있는 여로보암에게 가졌을 긍정적인 감정까지도 아랑곳하지 않을 정도였다. 그의 군대가 북왕국까지도 초토화시켰기 때문이다. 우리는 시삭 자신이 그 작전을 수행하는 동안 정복했던 모든 성읍들의 목록을 제공했기 때문에 그 사실을 알고 있다(Pritchard, 187).

시삭은 팔레스타인 원정에서 이룬 업적을 세상에 알리기 위해 남겨둔 비문에다 자신이 평정한 150개 성읍을 열거했다. 성경의 설명에 의하면, 그가 비록 이스라엘 왕에게 강제로 조공을 바치게 하고 왕실 국고를 모조리 빼앗아가기는 했지만, 예루살렘을 포위하여 파괴하지는 않았다. 그리고 그 설명은 시삭 자신의 기록에 의해서도 입증되고 있다. 학사들은 시삭의 목록에 열거되어 있는 성읍들을 연구했을 때, 유독 한 도시가 빠져 있음을 깨달았다. 그것은 바로 예루살렘이었다.

더 큰 그림에서 보면, 시삭의 모험은 이집트의 영구적인 위대함에 전혀 기여하지 못했다. 비록 이집트가 다시 한 번 세계적 사건의 참여자로 등장하게 되지만, 그것은 그들이 한 번 더 지배권을 달성하게 되기 오래 전의 일이 될 것이고, 그것조차 오래 지속되지는 않았던 것이다.

고안

A. 들어가는 글

1. '게임 종료!' 이야기로 시작하라.
2. 배경 설명: 르호보암은 통일 왕국의 왕위를 잇는 솔로몬의 후계자가 되었다. 그 왕국의 결속을 유지해온 이스라엘이 율법에 따라 하나님을 섬기는 일을 지속하도록 만드는 것은 전적으로 그에게 달려 있었다.
3. 적용: 모노폴리 게임에서 한 개인이 뜻하지 않게 비싼 부동산에 들어가 게임용 돈을 모두 날릴 수 있듯이, 르호보암이 자신의 유산을 탕진하는 데는 오랜 시간이 걸리지 않았다. 그의 어리석은 결정은 이스라엘 북쪽 지파들이 왕국에서 떨어져나가게 만들었고, 그는 또 우상 숭배의 유혹에 굴복함으로써 남아 있던 부까지도 모두 잃어버리고 말았다.

B. 본문 이해

1. 르호보암이 왕국을 탕진하다(10:1-19)
2. 르호보암이 자리를 잡다(11:1-23)
3. 르호보암의 죄와 그 결말(12:1-12)
4. 요약과 사망 기사(12:13-16)

C. 결론: '트로이의 목마'를 읽어주라.

토의 질문

1. 르호보암이 왕국의 분열을 막을 수 있었을까?

2. 사람들이 자기 파괴적인 의사 결정을 하도록 압박하는 요인에는 어떤 것들이 있는가? 교회는 사람들이 그런 실수를 저지르지 않도록 어떻게 도울 수 있는가?

3. 르호보암은 너무 많은 조언자들을 곁에 두었던 것일까? 다른 사람들의 조언은 우리 삶에서 어떤 역할을 해야 하는가?

4. 우리는 어떻게 최상의 조언자들을 선택할 수 있을까?

역대하 13:1-16:14

왕국이 살아남다

"죄는 당신이 가고자 하는 곳보다 더 멀리 당신을 데려갈 것입니다.
천천히 그러나 주도권을 완전히 장악한 채.
죄는 당신이 머물고 싶은 시간보다 더 오래 당신을 내버려둘 것입니다.
죄는 당신이 지불하고자 하는 것보다 훨씬 더 많은 대가를
당신에게 치르게 할 것입니다."

- 해럴드 맥워터(Harold McWhorter),
가톨릭 4중창(Cathedral Quartet) 그룹이 부른 노래 중에서

아비야와 아사의 통치 기간 동안 남왕국 유다는 강성한 상태를 유지했다. 아비야는 하나님을 신뢰함으로써 여로보암과 북왕국을 상대로 큰 승리를 거두었다. 아사는 광범위한 종교 개혁을 단행했을 뿐만 아니라, 구스 사람들과의 대규모 전쟁에서 승리를 거두었다. 그러나 아사는 말년에 믿음이 흔들림으로 말미암아 심판을 받게 되었다.

들어가는 글

햄 주세요!

영국의 유명한 유머 작가 P. G. 우드하우스(P. G. Wodehouse)는 그의 재미있는 소설「신속한 봉사(Quick Service)」에서, 등장인물 가운데 한 사람의 아침 메뉴 선택을 나머지 줄거리의 진행 방향을 설정하는 사건으로 만들면서 이야기를 시작한다. 악의가 없어 보이는 차벤더(Chavender) 부인의 의사 결정이 이후 300페이지에 걸쳐 진행되는 드라마의 문을 열게 된다. 그 모든 것은 남의 일에 참견하기를 좋아하는 젊은 호버튼(Hoberton) 경이 그녀를 도와주겠다고 제의하면서부터 시작된다.

호버튼 경이 묻는다. "뭘 좀 갖다 드릴까요, 차벤더 부인? 계란? 생선? 햄?"

우드하우스는 내레이터로서 설명한다. "만약 그녀가 '계란' 이라고 말했다면, 아무 일도 일어나지 않았을 것이다. 그녀가 '생선' 이라고만 대답했어도 이 조그만 세상의 기초가 흔들리는 일 따위는 없었을 것이다."

"햄이요." 차벤더 부인이 말했다(Wodehouse, 7).

엄청난 결과가 뒤이어 일어난다. 차벤더 부인이 햄을 선택했기 때문에 아침 식사 도중 일어나는 대화가 특정 방향으로 흐르고, 그것은 다시 사람들로 하여금 특정 방식으로 행동하게 만들며, 결국은 우드하우스의 소설을 아주 재미있게 만드는 온갖 복잡한 문제들을 야기하게 된다. 하지만 그 모든 것들이 결국에 가서는 모든 등장인물을 최상의 방법으로 다시 화합시키며, 바로 그 점 때문에 그것이 우드하우스의 소설로 인정받게 되는 것이다.

우리의 모든 행동이 서로 관련되어 있기 때문에 우리가 오늘 무엇을 하든 그것은 내일의 삶에 영향을 미치게 될 것이다. 그것은 특별히 깊은 통찰력도 아니다. 만약 우리가 어떤 이유로 해서 오늘 먹지 않기로 결심한다면, 내일은 배고플 수밖에 없을 것이다. 만약 자동차 보험료를 지불한다면, 우리가 사고를 냈을 때 큰 피해로부터 보호받게 될 것이다. 그럼에도 불구하고 그런 자명한 진리들이 때로는 사소한 문제의 범위를 넘어선다. 우리는 어제 행한 일을 뇌돌아보며 우리가 내린 특성한 의사 결성이 우리의 삶에 예상치 못한 방향으로 영향을 미쳤음을 깨닫게 될지도 모른다. 비록 당시에는 그 사건이 전혀 중요해 보이지 않았다 하더라도 말이다.

우리의 행동 가운데 일부는 마치 스스로 생명을 지니고 있는 것처럼 보일지도 모른다. 우리가 일단 한 걸음을 떼고나면, 어느 순간 새로운 길에 들어서 있는 우리 자신을 발견하게 되고, 우리가 알아차리기도 전에 이미 전혀 생각지도 않았던 목적지를 향해 가고 있기 때문이다. 때로는 그 영향이 유익하지만, 나쁜 경우도 있다. 월터 스콧(Walter Scott) 경은 우리가 한 번의 속임수의 결과로 엮게 되는 '뒤얽힌 거미줄(tangled wed)' 에 대해 이야기하면서 거짓말은 그 순간에는 중요해 보이지 않을 수도 있는 단순한 실수에 머무는 것이 아니라 우리를 죄로 점점 더 깊이 끌어들이게 된다고 말했다.

우리는 이 부분에서 두 왕 아비야와 아사에 대해 살펴보게 될 것이다. 그들은 모두 역대기에서 긍정적으로 묘사되어 있다. 우리는 아사가 여호와를 향한 열정에도 불구하고 결국 죄가 그의 삶에 자리잡도록 문을 여는 몇 가지 잘못된 의사 결정을 했음을 볼 수 있다.

본문 이해

왕국이 살아남다

Main Idea	아비야 왕과 아사 왕은 하나님에 대한 신뢰를 증명해 보였지만, 아사는 한 번의 잘못된 의사 결정이 여호와로부터 점점 더 멀어지는 결과를 초래할 수 있다는 사실을 보여주었다.

A. 아비야의 통치(13:1-14:1)

Supporting Idea	아비야는 하나님에 대한 신뢰를 증명해 보였기 때문에 여로보암에게서 기적적인 승리를 거두었다.

13:1-2 상. 아비야의 아버지 르호보암은 58세에 사망했다. 아비야는 죽기 전 겨우 3년 동안 통치하였고, 그의 아들 아사는 당시 이미 혼자 힘으로 왕위를 넘겨받을 수 있을 정도로 장성해 있었다. 따라서 우리는 아비야가 왕위를 물려받을 당시 30대 후반이었음을 알 수 있다. 그는 솔로몬이 통치하던 영광스러운 시대에 태어났고, 왕국이 분열될 때는 성인으로서 아버지가 겪어야 했던 치욕도 함께 경험했다.

우리는 열왕기상 15장 1-8절에 기록되어 있는 아비야에 대한 기사와 여기에 언급된 역대기 내용 사이의 극명한 차이를 보게 된다. 열왕기상의 설명은 아비야가 르호보암이 저질렀던 모든 우상 숭배를 계속했음을 예시하면서 그에게 낙제 점수의 성적표를 발부하고 있다. 그러나 역대기 저자는 다시 한 번 다른 방향으로 바라본다. 그는 열왕기상에서 묘사하고 있는 죄들을 언급하지 않고, 대신에 아비야가 하나님에 대한 전폭적인 신뢰를 증명해 보였던 한 특정 시점에 초점을 맞추고 있다. 게다가 아비야는 당시 역대기 저자의 목적에 딱 들어맞게 예루살렘 성전과 레위인의 제사장직이 하나님의 뜻에 따라 확립된 것임을 공개적으로 증언했다. 하나님은 그의 담대한 고백에 기적적인 승리로 보답하셨다. 역대기 저자인 에스라는 그의 독자들에게 아비야가 성전을 공개적으로 지지했다는 사실을 보여주기 위해 다른 문제들을 다루지 않고 있는 것이다.

13:2 하-3. 르호보암의 통치 기간 내내 이스라엘과 유다 사이에는 지속적인 적대 행위가 있었지만, 하나님은 르호보암이 북쪽으로 진격해 들어가는 것을 금하셨다(대하 11:4). 이 금지 사항이 아비야에게는 더 이상 유효하지 않았기 때문에 그는 에브라임 산간지역에 40만의 병력을 배치했다. 이 언급은 그들이 이미 이스라엘로 침투해 들어갔음을 암시한다. 여로보암은 서둘러 그 두 배에 이르는 군대로 대응하여 왕국을 지키기 위해 전쟁을 시작할 준비를 마쳤다.

13:4-12. 고대 문학에는 자신의 군대뿐만 아니라 싸움을 시작할 준비가 되어 있는 전체 군중을 향해 연설을 하는 왕이나 장군들에 대한 기록이 수없이 많다. 이 경우에는 아비야 왕이 그의 적들, 특히 여로보암 왕에게 연설을 하고 있었다. 그의 연설은 진정한 왕권과 진정한 제사장직, 하나님에 대한 진정한 충성 등 세 가지 요점을 담고 있었다.

먼저, 아비야는 여로보암의 왕권이 불법적이라는 사실을 지적했다. 그는 여로보암이 정통의 왕에 대한 반역을 선동했다고 비난했다. 그런 다음, 아비야는 자기 아버지가 잘못된 사람들에 둘러싸여 있었다고 주장함으로써 르호보암의 잘못된 의사 결정을 변명했다. 아비야의 설명에 의하면, 당시 41세였던 르호보암 왕은 약하고 미숙한 젊은이로 옳은 일을 하고자 했지만, 그를 이용하려는 일부 악당들에 의해 잘못된 방향으로 끌려 다녔다는 것이다.

아비야가 나름대로 과거사를 어떻게 재구성했든지 간에 하나님이 왕위를 다윗의 집안에 영원히 주셨다는 사실을 언급한 내용은 정확했다. **소금 언약**(a covenant of salt)은 근동 지역의 사람들 사이에 행해졌던 고대 관습을 의미한다. 그들은 약간의 소금이나 소금에 절인 음식을 함께 먹음으로써 약속을 보증했다. 소금의 보존 능력으로 인해 두 당사자 간의 결속이 영구적으로 유지될 것이라고 생각했던 것이다. 마찬가지로 하나님은 다윗의 후손들에게 영구적인 약속을 주셨다.

둘째로, 아비야는 여로보암이 제사장직에 대한 하나님의 규례를 위반했다는 사실을 지적하면서 예루살렘에서 확립된 것이 진정한 제사장직이라고 선언했다. 당시 여로보암은 금송아지를 섬기는 사당에서 제사장이 되기를 원하는 사람들을 모집하기 위해 단순한 제도를 만들어놓았다. 누구든 성직 수임의 대가로 수송아지 한 마리와 숫양 일곱 마리를 가지고 나아오면, 제사장직에 진출해 성공적인 경력을 쌓을 수 있었던 것이다. 아비야는 이스라엘 군대로 하여금 그들이 지금 무엇을 하고 있는지 생각하게 만들려고 노력했다. 불과 몇 년 전, 그들은 참된 제사장들을 쫓아내느라 여념이 없었다. 그들이 왜 가짜 제사장직을 옹호하기 위해 싸워야 한단 말인가? 그들은 심지어 금송아지를 전투에 가지고 나왔다. 전쟁터에 우상을 가지고 나오는 이교도 군대처럼 말이다(대상 14:12).

아비야의 연설에 담겨 있는 세 번째 요지는 예루살렘 성전에서 행해지고 있는 제사가 하나님께 대한 진정한 예배라고 고백하는 내용이다. 거기에는 합법적인 제사장들과, 하나님이 명령하신 참된 희생 제물들, 그리고 진설병 상과 금 등대 등이 사용되는 올바른 예식이 있었다. 더욱이 아비야는 참된 제사장들이 부는 경고의 나팔 소리와 함께 하나님이 북쪽 군대를 물리치실 것이라는 사실에는 의문의 여지가 없다고 단언했다. 간단히 말해서, 아비야는 이스라엘 군대에게 비록 그들이 유다 군대보다 두 배나 더 큰 규모라 할지라도 가장 분별 있는 행동은 칼을 거두고 집으로 돌아가는 것이라고 충고하고 있는 것이다.

13:13-21. 북쪽 군대는 그렇게 하지 않았다. 그들은 심지어 아비야의 연설에 귀를 기

울이지도 않았다. 유다 왕이 그들에게 하나님의 뜻을 선언하는 동안 그들은 몰래 아비야의 군대 뒤로 돌아가 매복하고 있었던 것이다. 유다의 군사들이 포위되었음을 깨달았을 때, 그들의 유일한 대안은 전력을 다해 싸우는 것이었다. 제사장들이 나팔을 불자 유다군이 함성을 질렀고, 곧 전투가 시작되었다.

북측은 승산이 전혀 없었다. 아비야가 그들에게 말하려고 애썼던 것은 그들이 단지 유다 군대에 맞서 싸우고 있는 것이 아니라는 점이었다. 하나님이 여로보암과 온 이스라엘을 쳐서 패하게 하셨다. 아비야가 하나님을 의지하였기 때문에 대의명분은 단순히 아비야의 것만이 아니라 하나님의 것이 되었던 것이다. 하나님은 물론 유다 군대를 사용하셨지만, 전력의 차이를 문제 삼지 않는 승리를 그들에게 베푸셨다. 이 구절은 승리의 원인을 전적으로 여호와께 돌리고 있다.

이스라엘의 전사들은 도망쳤지만, 대다수가 남측 군대의 칼날을 피하지 못했다. 유다는 이스라엘 남부 지방의 세 성읍과 그 주변 지역을 점령했다. 그 중에서도 가장 의미 있는 성읍은 금송아지가 세워져 있던 두 곳 가운데 하나인 벧엘이었다. 하지만 아비야는 그 시설을 파괴하지 않았고, 벧엘은 결국 이스라엘의 수중에 다시 들어가게 된다. 그러나 어떤 왕국이 그 성읍을 차지하든지 간에 금송아지 신전은 여러 정치적 변혁을 겪으면서도 끝까지 존속했다(왕하 10:29). 나중에는 바알 숭배가 이스라엘 왕국에 널리 퍼지자 금송아지에 대한 숭배가 어느 정도 의미를 잃게 되었다.

그러나 벧엘에 있는 우상 숭배의 성소는 이스라엘이 왕국으로 존속하지 못하게 된 이후에도 여전히 그곳에 남아 있었다. 그것은 북왕국이 멸망한 후 거의 100년이 지난 시점에 유다의 요시야 왕이 종교 개혁을 단행할 때 비로소 파괴되었다(왕하 23:15-18).

그것은 여로보암에게 있어 사기를 완전히 저하시키는 패배였다. 그는 하나님의 손에 불명예스럽게 죽은 반면, 아비야는 열네 명의 아내와 스물두 명의 아들을 거느리고 잠시 동안 영광스러운 삶을 누렸다. 우리는 역대기에서 아비야에 관해 추가적인 정보를 더 이상 얻지 못하며, 열왕기상을 통해 우리가 여기서 본 하나님에 대한 믿음의 표현이 상례가 아니라 예외였음을 알게 된다(왕상 15:3). 아비야의 기적적인 승리가 현상 유지의 방식을 어느 정도 바꿔놓기는 했지만, 그것을 완전히 파기하지는 못했던 것이다.

13:22-14:1. 아비야의 통치에 대한 요약은 겨우 3년간 지속된 통치 기간에 어울리게 간단하다. 매번 그랬듯이, 아비아 왕에 대한 정보를 얻을 수 있는 다른 참고 문헌을 언

급하고 있지만, 이번에는 선지자 잇도의 기록이 전부다. 아비야는 전통적으로 시온 산과 동일시되는 다윗 성에 장사되었고, 그곳은 유다 왕실의 무덤이 안치되는 공식적인 장소였다.

B. 아사의 종교 개혁과 전쟁에서의 승리(14:2-15)

Supporting Idea	아사 왕은 광범위한 개혁으로 그의 통치를 시작했고, 하나님은 침략군에 대한 기적적인 승리로 그를 축복하셨다.

14:2-5. 아사가 유다의 왕위에 오르자 인상적인 두 가지 사건이 일어났다. 바로 개혁과 평화였다. 아사의 통치 초기 10년 동안에는 평화가 있었고, 그 평화는 그의 개혁 프로그램과 직접적으로 관련되어 있었다. 3절에서 우리는 아사가 유다 전역에서 우상 숭배의 신전인 이방 제단과 산당을 없앴음을 보게 된다. 아세라 상은 특히 다산 의식을 상징하는 더러운 기구였다.

5절은 아사가 산당과 태양상도 제거했음을 말하고 있다. 그곳은 당초 하나님께 봉헌된 예배의 장소였으나, 성전 건축 이후에는 더 이상 합법적이지 않았다(신 12:8). 솔로몬 자신도 성전이 완료되기 이전에는 그곳을 이용했고, 그 이후에도 폐지하지 않았던 것이다(왕상 3:2). 아사는 우상 숭배 장소를 모두 파괴하는 엄격한 개혁 프로그램에 착수했다. 그러나 불행히도 그 장소들은 곧 다시 문을 열게 된다.

아사는 또 모든 백성들에게 여호와를 구하고 율법을 행해야 한다는 칙령을 내렸다. 우상 숭배 장소를 제거하는 것만으로는 충분치 않았던 것이다. 이스라엘 백성들은 율법을 온전히 준수해야 했다. 그리고 그들 가운데 많은 사람들이 동의했다.

14:6-8. 아사도 전임자들처럼 자신의 왕국을 방어하기 위해 광범위한 건설 프로젝트를 실행에 옮겼다. 여호와로 인해 가능했던 장기간의 평화로 말미암아 그는 시삭에 의해 파괴된 여러 성읍들의 성벽을 재건할 수 있었다. 아비야가 겨우 3년간 통치했다는 사실을 기억하라. 따라서 시삭이 르호보암에게 참패를 안겨준 이후 그리 오랜 세월이 흐르지 않았다. 아사는 또 전쟁에 대비해 유다 지파 30만 명과 베냐민 지파 28만 명으로 구성된 대규모 군대를 유지했다. 군사들은 좋은 병기로 무장되었고, 그런 병기들을 만드는 데 필요한 재료를 구할 수 있었던 사실로 미루어보아 당시 해외 교역 시장에서 아

사가 차지하고 있던 지위를 짐작할 수 있다.

14:9-15. 10년의 평화 시대가 지난 뒤 구스 사람 세라가 대규모 군대를 앞세워 유다를 침략했다. 역사가들은 이 세라의 정체에 대해 확신하지 못하고 있다. 그는 에티오피아의 옛 이름인 구스 태생이었기 때문에 애굽의 새로운 바로일 수는 없었을 것이다. 당시 새로운 왕조를 확립했던 시삭은 리비아 출신이었다. 애굽과는 전혀 상관없는 구스 군대가 있었을 가능성도 거의 없다. 따라서 그는 틀림없이 당시 군림하고 있던 바로를 위해 군사 작전을 수행 중이던 총사령관이었을 것이다. 그리고 어쩌면 자신의 야망을 위해 세력 기반을 확립하려고 시도했었는지도 모른다.

세라와 그의 군대는 지중해 연안을 따라 진군하여 예루살렘의 남서쪽에 있는 마레사에 이르렀다. 그것은 사실상 세라가 아사의 대문 앞까지 와 있음을 의미했다. 아사와 그의 군대는 가까스로 근처에 있는 스바다 골짜기에 진을 쳤다. 다시 한 번 두 군대가 전투를 시작하려는 순간이었다.

아사는 여호와께 도움을 청했다. 그는 하나님에 대한 신뢰를 표현하면서 그분께 자신의 군대가 하나님의 이름으로 세라를 치러 왔다는 사실을 상기시켜드렸다. 아사 군대의 패배는 하나님 그분 자신의 패배로 간주될 것이다. 그리고 분명 여호와께서는 그런 일이 일어나는 것을 원치 않으셨다. 승리가 하나님께로부터 직접 오게 될 것이었다.

사람들이 얼마나 자주 무언가를 위해 열렬히 기도하고서는 정작 주님께서 그것을 허락하시면 그 모든 공을 자신들의 계획과 노력과 재능에 돌리는가? 이 상황에서는 역대기 저자가 그런 일이 일어나는 것을 용납하지 않았다. 여호와께서 구스 사람을 아사와 유다 사람 앞에서 쳐서 패하게 하시니. 우리는 하나님이 구스 군대를 물리치실 때, 아사와 그의 군대는 단순히 구경꾼이었다는 인상을 받게 된다.

여호와께서는 유다 군대를 그분의 팔과 다리로 사용하셔서 침략자들을 뒤쫓게 하셨다. 그들은 유다의 남쪽 경계상에 있는 성읍 그랄에 가서야 겨우 자유로워질 수 있었다. 그랄은 분명 세라의 군대가 주둔했던 보급 기지였을 것이다. 아사와 그의 군대는 상당한 양의 전리품을 확보할 수 있었다. 그들은 그랄과 그 주변 정착지들을 파괴했고, 목동들로부터 가축을 몰수했다. 그들은 분명 구스 군대의 보급품을 수송하는 행렬의 일원이었을 것이다.

그것은 이제 하나님에 대한 신뢰를 표현했던 유다 왕의 두 번째 큰 승리였다. 다윗의

'불패 시즌'과 솔로몬의 '미다스의 마법'이 생각난다. 그 둘 모두 하나님의 역사였다. 반대로 르호보암이 어설프게 요새화를 시도하다 애굽의 시삭에게 당한 치욕을 머리에 떠올릴 수도 있을 것이다. 유다 왕이 장래에 취할 행동에 대한 교훈은 분명했다. 하나님께 충성하고 그분만을 의지하라. 그러면 그분의 축복이 따를 것이다. 그러나 아사조차도 그 교훈을 오래 기억하지 못했다.

C. 보다 광범위한 아사의 개혁(15:1-9)

Supporting Idea	아사는 선지자 아사랴의 경고에 따라 광범위한 개혁을 단행함으로써 백성들로부터 지지를 받았다.

15:1-7. 선지자 아사랴는 성경에 단 한 차례 등장하는 하나님의 사람들 가운데 한 사람이다. 그가 아사에게 한 경고가, 우리가 그에 대해 듣는 유일한 것이다. 하지만 그는 동시대인들에게 큰 영향을 끼쳤다. 아사랴는 하나님의 영에 이끌려 아마도 전투에서 돌아오는 길이었을 아사를 찾아가 그의 예언을 전달했다.

아사랴의 메시지는 여호와께서 바로 전 세라에 대한 승리를 통해 예증하셨던 것과 똑같은 진리였다. 아사랴 선지자는 이스라엘 백성들이 계속해서 여호와께 충성하는 한, 그분도 언제까지나 그들의 편이 되어주실 것이라는 점을 분명히 했다.

아사랴는 가나안 정복과 다윗 왕국 확립 사이의 긴 기간에 대해 언급함으로써 자신의 요지를 설명했다. 당시 성막에서 제사를 집전하는 제사장이 있었지만, 백성들을 가르치지는 않았다. 따라서 그들은 참 하나님이 없고 율법도 없이 살았던 것이다. 그 결과는 이스라엘 백성들이 쉽게 외세의 먹이가 되는 무법과 무정부의 시대였다. 아사랴는 그 어려운 시간들이 하나님의 심판으로 해석되어야 한다고 주장했다. 하지만 이제는 국가적 상황이 달라져야 했다. 제사장직을 중심에 두고 모두가 하나님의 요구와 그분께 순종하는 방법을 배울 수 있어야 하기 때문이었다.

아사랴의 예언은 아사에게 격려하는 말로 마무리되었다. 아사 왕은 올바른 방향으로 나아가고 있었기 때문에 끝까지 인내한다면 그의 노력이 결코 헛되지 않을 것이었다.

15:8. 아사랴의 설교에 용기를 얻은 아사 왕은 온 땅에서 우상을 없애는 노력을 재개했다. 그는 에브라임에서 점령한 일부 영토를 포함하여 자신이 관할하는 모든 지역을

샅샅이 뒤져 발견되는 모든 우상을 파괴했다.

왕이 성전 보수 계획을 주도한 것은 이번이 처음이었다. 그 시점에 보수가 필요했던 성전의 유일한 부분은 짐승을 희생 제물로 드렸던 주된 장소인 큰 제단이었다. 그 당시까지 성전은 약 60년간 기능해왔다. 낡고 부서진 부분이 꽤 있었을 것이고, 특히 짐승들이 도축되고 불살라졌던 제단은 그 정도가 심했을 것이다.

15:9-15. 아사 왕 십오 년은 세라의 실패한 침략과 아사랴의 예언 이후 5년째 되는 해였을 것이다. 따라서 아사 왕의 정화 사업은 이미 최고조에 달해 있었다. 그러나 우상을 제거하는 것으로는 나라를 근본적으로 바꿀 수 없다. 그러기 위해서는 온 백성이 하나님의 율법에 철저히 전념해야 한다. 그래서 아사는 온 백성이 하나님께 헌신을 다짐할 수 있도록 집회를 소집했다.

그 의식은 짐승으로 희생 제사를 드리는 것으로 시작되었다. 그러고나서 이스라엘 백성들은 언약을 맺었다. 과거 하나님이 그분의 백성들과 맺었던 언약을 다시 갱신한 것이다. 율법에는 우상 숭배가 죽어 마땅한 죄라고 명시되어 있었다(출 22:20, 신 13:6-11). 이스라엘이 하나님의 백성이 될 수 있는 유일한 방법은 참 하나님 외에 다른 신을 섬기지 않는 것이었다. 따라서 당시 집회에 모였던 군중들은 양날을 가진 맹세를 서약했다. 그들은 여호와를 섬기는 데 전념하기로 약속하는 동시에 거짓 신을 섬기는 자는 누구든 죽이기로 맹세했다.

이스라엘 백성들이 이때 서약한 맹세가 오늘날 우리의 귀에는 잔인하게 들릴지도 모른다. 우리는 그것이 하나님이 특정 나라를 택하셔서 그들에 대해 친히 '나의 백성' 이라고 말씀하신 유일무이한 경우라는 사실을 기억할 필요가 있다. 그런 입장에서 이스라엘은 그 성제성을 지켜야 할 의무를 지니고 있었던 것이다. 그것은 오로지 우상을 제거하고 거짓 신에 대한 숭배로 나라를 오염시키는 사람들을 멸함으로써만 이행될 수 있었다.

아사의 백성들이 하나님의 율법을 따르고 모든 우상 숭배자를 추방하기로 약속한 의사 결정은 큰 기쁨을 불러일으켰다. 진정한 영적 회복이 일어났고, 여호와께서는 이스라엘 백성이 새롭게 약속한 헌신에 보답하셨다. 그들이 하나님을 찾자 여호와께서도 저희의 만난 바가 되셨다. 이스라엘 백성들은 그분의 뜻을 나타내는 분명한 징후를 인식했던 것이다. 그 결과는 평안이었고, 그들은 평화와 번영을 누릴 수 있었다.

15:16-19. 만약 여기에 설명되어 있는 사건들이 정확히 연대순이라면, 아사는 가장 힘든 일 가운데 하나를 남겨두고 있었다. 그의 할머니 마아가가 우상 숭배를 하고 있었던 것이다. 그녀는 르호보암의 아내로서 그의 우상 숭배 성향을 조장했을 것이고, 아비야에게도 똑같은 영향을 미쳤을 것이다. 그녀는 '황태후' 라는 영향력 있는 지위를 차지하고 있었기 때문에 아마도 유다 백성들에게 부정적인 역할 모델로 작용했을 것이다. 마아가는 가나안 종교에서 풍요와 다산을 상징하는 아세라 목상을 섬기고 있었다. 아사는 그 물체를 훼손해 불살라버렸다.

비록 성전의 보물은 이미 르호보암 시대에 시삭에게 모두 빼앗겼지만, 아비야와 아사는 두 차례에 걸친 전쟁에서의 압도적 승리로 다시 상당한 양의 부를 축적할 수 있었다. 아사는 다윗의 전례(대상 18:11)에 따라 여호와께 새로운 보물을 봉헌하여 성전 곳간에 들여놓았다. 하나님은 평화로 특징지어지는 긴 통치 기간으로 아사의 열정에 응답하셨다.

D. 북왕국과의 전쟁과 아람과의 치명적인 동맹(16:1-10)

Supporting Idea	이스라엘 왕이 유다를 침략하기로 결심했을 때, 아사 왕은 하나님을 의지하지 않고 대신 시리아 왕과 동맹을 맺었다.

16:1. 북왕국의 첫 번째 통치자 여로보암은 그의 아들 나답에 의해 계승되었고, 나답은 암살되기까지 겨우 2년간 통치했다. 그의 후임자는 바아사로 능력보다는 야망이 더 컸던 인물이었다. 바아사는 유다를 상대로 군사적 작전을 감행하기로 결심했다. 그의 첫 번째 조치는 군대를 끌어모아 두 왕국 사이의 주요 교통로를 봉쇄하는 것이었다. 그 장벽은 이스라엘 백성들이 예루살렘 성전에 가지 못하도록 막는 동시에 장래 유다 침략을 위한 교두보 역할을 했다.

16:2-6. 이 시점에는 아사 왕의 이야기가 잘못된 방향으로 흐른다. 바아사 왕은 아람의 벤하닷 왕과 동맹을 맺고 있었다. 그리 오래되지 않은 과거에 아람은 다윗과 솔로몬의 보호 아래 있었지만, 이제는 다시 독립하여 강력한 국가가 되어 있었다. 벤하닷은 두 히브리 정권을 서로 이간시켜 어부지리를 얻는 데 만족하고 있었다. 그가 이스라엘의 바아사 왕과 조약을 유지하고 있었기 때문에 바아사는 틀림없이 그의 도움을 기대하고

있었을 것이다.

하지만 아사는 벤하닷이 북왕국과의 조약을 파기하고 남왕국과 새로운 동맹을 맺도록 설득했다. 그것은 아사에게 성전 보물과 일부 개인 재산, 자긍심, 하나님과의 관계 등을 그 대가로 치르게 만든다. 너무나 값비싼 대가가 아닌가!

인간적인 관점에서 볼 때, 아사의 외교는 성공적이었다. 유다는 전쟁에 휘말릴 필요가 없었다. 벤하닷은 바아사가 남쪽에 신경을 쓰는 동안 이스라엘 북부의 성읍들을 빼앗아 약탈함으로써 별 힘도 들이지 않고 자기 주머니를 채울 수 있었다. 바아사는 어쩔 수 없이 봉쇄 작전을 그만두고 서둘러 돌아가야 했고, 아사는 그 기회를 놓치지 않고 군대를 투입해 바아사가 남겨두고 간 건축 자재들을 도둑질했다. 바아사를 제외하고 모두가 승자였던 것이다.

그러나 아사가 벤하닷을 매수하기 위해 어떤 보물을 사용했는지 주목하라. 그는 성전 곳간을 텅 비게 만들었다. 그가 자기 신앙의 표시로 여호와께 봉헌하여 성전에 들여놓았던 바로 그 물건들이었다. 이제는 그가 이교도 통치자에게 뇌물을 주어 조약을 파기하도록 만드는 데 하나님의 보물을 사용하고 있는 것이다.

16:7-9. 아사는 아마도 외교적 성공으로 백성들 사이에서 인기 있는 통치자가 되었겠지만, 하나님은 그가 행한 일을 기뻐하지 않으셨다. 그래서 여호와께서는 하나니라는 이름의 선지자를 보내 아사의 약점을 지적하게 하셨다. 하나니는 아사가 벤하닷과의 동맹을 의지함으로써 심각한 잘못을 저질렀다고 말했다. 아사는 그렇게 함으로써 여호와에 대한 신뢰를 부인했던 것이다.

하나니는 아사 왕에게 과거 그가 하나님만을 신뢰했을 때 하나님이 세라의 군대를 물리치셨다는 사실과, 하나님은 언제든지 전심으로 자기에게 향하는 자를 위하여 능력을 베푸시는 분이심을 상기시켰다. 그러나 아사는 하나님의 도움을 포기했다. 사실 하나니는 아사에게 만약 그가 다시 하나님을 의지한다면 그분이 바아사와 북왕국뿐만 아니라 벤하닷과 아람 족속까지도 물리쳐주실 것이라고 말했다. 그렇게 되면, 아사는 다윗 제국을 사실상 회복시킬 수도 있었을 것이다. 그러나 하나니는 아사가 남은 통치 기간 동안 전쟁을 치러야 할 것이라고 말하면서 예언을 마무리했다.

16:10. 아사 왕은 하나니를 자기가 이해할 수도 없는 일에 끼어드는 광신자로 생각하고 쫓아버릴 수도 있었을 것이다. 아니면, '조언자들과 함께 곰곰이 생각해보겠다'는

진부한 대답을 주거나, 공손히 고맙다고 인사하고 보낼 수도 있었을 것이다. 그러나 아사는 그 가운데 어떤 것도 하지 않았다. 그는 하나니 선지자의 말에 마음이 상해 노를 발하며 그를 지하 감옥에 처넣었던 것이다.

물론 아사도 과거 다른 왕들이 그랬던 것처럼 회개할 수도 있었을 것이다. 다윗은 여러 차례 그렇게 행동했고(삼하 12:13, 대상 21:8), 심지어 르호보암도 자신의 죄를 지적받았을 때 회개했다. 하지만 아사는 그러지 않았다. 한때 여호와를 향해 뜨거운 열정을 보였던 아사 왕은 이제 죄가 자신을 지배하도록 내버려둔 것이다. 역대기 저자는 아사가 또 몇 백성을 학대하였다는 수수께끼 같은 기록을 덧붙인다. 우리는 그것이 어떤 식의 압제였는지 알지 못하지만, 아마 하나니 편을 들었던 사람들에 대한 박해였을 것이다.

한때 그렇게도 헌신적이었던 왕이 일부 자기 백성들에게 폭군으로 변해버리자 이제 실망스러운 인물 묘사가 등장한다. 아사는 한 번 하나님께 반항적인 태도를 취하게 된 후 다시는 제자리로 돌아오지 않았다.

E. 아사에 대한 요약과 사망 기사(16:11-14)

Supporting Idea	아사의 삶은 인간적으로 많은 갈채를 받으며 끝이 났지만, 하나님께 돌아오는 데 실패함으로 말미암아 훼손되었다.

16:11-12. 아사의 반항적인 태도는 그의 말년까지 계속되었다. 그는 발에 병이 들었다. 아마도 당뇨병으로 인한 통풍이나 괴저였을 것이다. 그러나 아사 왕은 그 고통을 가지고 여호와께 나아가기를 거부했다. 대신에 의원들에게만 치료받으려고 애썼다. 이 언급은 사람들에게 전문적인 치료를 구하지 말라고 조언하려는 의도에서 기록된 것이 아니다. 다만 하나님에 대한 아사의 신뢰가 어느 정도까지 떨어졌는지를 보여주는 것이다.

16:13-14. 그 불행한 결말에도 불구하고 아사는 유다 백성들에게 영웅이었다. 아사는 그들에게 새로운 화합과 목적 의식을 불어넣었고, 군대의 선봉에 서서 세라를 격퇴했으며, 기민한 외교적 책략으로 바아사를 물리쳤던 것이다. 게다가 그의 통치 기간은 평화로 특징지어졌다. 아사가 41년간 재위하고 죽었을 때, 이스라엘 백성들은 특별한 장례 예식으로 그에게 경의를 표했다.

Main Idea 복 습

아비야 왕과 아사 왕은 하나님에 대한 신뢰를 증명해 보였지만, 아사는 한 번의 잘못된 의사 결정이 여호와로부터 점점 더 멀어지는 결과를 초래할 수 있다는 사실을 보여주었다.

결론

비뚤어진 벽에 똑바로 타일 붙이기

나는 낡은 집의 주인으로서 항상 보수 작업에 매달려 있는 나 자신을 발견하게 된다. 지난 여름 나는 여러 해 동안 미루어오던 프로젝트에 착수했다. 욕조와 샤워기를 둘러싸고 있는 플라스틱에 구멍이 생겨 벽을 수선해야 할 정도로 물이 스며들고 있었던 것이다. 나는 낡은 플라스틱 덮개를 벗겨내고 곰팡내 나는 판자들을 뜯어내야 했다. 그런 다음 새로운 판자를 대고 거기에 타일을 붙이고나서 타일과 타일 사이에 그라우트(지반의 갈라진 틈 등을 메꾸는 주입재)를 주입했다. 물론 이런 간략한 묘사가 그런 종류의 프로젝트를 시도하는 아마추어의 실제 작업 과정을 도저히 표현할 수는 없을 것이다.

내가 직면했던 한 가지 문제는 비뚤어진 벽이었다. 타일은 똑바른 모양이어서 서로 딱 들어맞을 뿐만 아니라 질서정연한 느낌과 일치감을 준다. 하지만 그런 타일을 비뚤어진 벽에 한 번 붙여보라. 타일을 질서정연하게 배치하는 것은 도저히 불가능하다. 당신이 그것들을 어떻게 배열하든 간에 조만간 타일 커터를 꺼내 어느 정도 조정을 해야 한다. 약간의 기술이 있다면 깔끔하게 작업할 수도 있겠지만, 완벽하게 똑바로 붙이는 것은 도저히 불가능할 것이다. 타일 하나가 딱 들어맞지 않으면, 전체 줄이 비뚤어질 수밖에 없기 때문이다.

타일을 배치하는 것은 우리의 행동이 우리의 삶을 만들어가는 방식을 보여준다. 한 번의 비뚤어진 행동은 우리의 후속적인 행동 전체에 영향을 미칠 수 있다. 만약 우리가 그냥 내버려둔다면, 잘못된 행동 하나가 그 시점 이후 우리가 행하는 모든 것을 비뚤어지게 할 수 있다.

우리는 앞에서 다윗과 솔로몬이 자신의 죄를 지적받았을 때 회개로 반응했음을 보았다. 하나님은 그들의 회개를 받아들이시고 그들에게 다시 시작할 수 있는 기회를 주셨다. 아사는 경건한 사람이었지만, 잘못을 저질렀을 때 회개하기를 거부했다. 그 결과 그의 삶은 좋지 않은 분위기로 끝이 났다.

▣ 진리 알기

- 하나님은 그분을 신뢰하는 사람들에게 보상하신다.
- 우리는 때때로 하나님에 대한 믿음에 따라 행동하지 못한다.
- 우리가 무언가 잘못된 일을 하고서도 모른 체하고 그냥 넘어가면, 그것이 우리의 다른 행동 전체에 부정적인 영향을 미쳐 우리의 삶이 비뚤어질 수도 있다.

▣ 적용하기

- 하나님이 당신에게 맡기신 영향력의 범위 내에서 사람들이 하나님의 선하심과 영광을 보지 못하게 가리는 우리 문화의 우상들을 해결하도록 그분이 지금 당신을 부르고 계신가?
- 당신의 삶 가운데서 지금까지 인정하지 않았던 특정 죄가 있는가?
- 하나님이 지금까지 당신에게 주셨던 승리들을 상기하라. 시간을 내어 그분께 감사하고, 그분이 승리의 원천이셨음을 인정하라.
- 역대하 16장 9절 상반절을 암송하라. 하나니가 그것을 말했던 배경에 대해 다시 한 번 생각해보라. 그 원리가 당신의 현재 상황에 어떤 영향을 미치는가?
- 당신이 믿음의 선배들로부터 책망을 받았을 때를 회상해보라. 그 책망에 대한 당신의 반응은 무엇이었는가? 그 책망과 당신의 반응을 되돌아보면서 당신은 어떤 교훈을 얻었는가?

삶의 적용

솔로 파트(The Solo Part)

나의 고등학교와 대학교 시절 우리 고향 교회에는 훌륭한 성가대가 있었다. 박식한 지휘자가 있었고, 노래 실력이 뛰어난 사람들이 많았을 뿐만 아니라 솔리스트도 부족하지 않았다. 여러 해 동안 활동하다보니 솔로 파트가 있는 곡을 여러 차례 반복할 경우에는 전에 그 파트를 담당했던 사람이 보통 그것을 다시 맡곤 했다.

어느 주일 밤에는 성가대 지휘자가 평상시의 관례를 따르지 않았다. 그는 우리가 지난번에 두 차례나 같은 곡을 불렀을 때 캐롤린(가명 사용)이 소프라노 솔로를 맡았던 곡을 선택했지만, 이번에는 캐롤린에게 그 파트를 부탁하지 않았다. 대신 최근 교회에 나오기 시작해 성가대에 합류한 베로니카라는 젊은 여성에게 그것을 맡겼다.

캐롤린은 감정이 상할 수밖에 없었다. 저녁 예배 시 성가대 찬양 시간이 돌아왔을 때, 그녀는 자신의 파트라고 생각했던 것을 베로니카가 노래하는 소리를 들어야 했을 뿐만 아니라, 과거 그녀가 그 파트를 노래할 때 지휘자가 항상 그녀를 향해 미소 지었던 식으로 베로니카에게 미소 짓는 모습을 지켜보아야 했다. 그것은 캐롤린이 감내할 수 없는 큰 상처였고, 그녀는 결국 교회를 떠나고 말았다.

교회가 인간들로 구성되어 있는 이상 오해와 경솔함, 심지어 비열함까지도 존재할 수밖에 없을 것이다. 사람들이 부당하게 죄를 뒤집어쓰거나, 교회 내 직책에서 제외되거나, 혼자서 교회 식당을 청소해야 하는 처지에 놓일 때도 있을 것이다. 그런 일들은 항상 일어나게 마련이며, 우리의 감정은 상처를 받을 수밖에 없다.

문제는 우리의 감정이 상했을 때 어떻게 행동하느냐이다. 그리스도인들이 상처를 받았을 때, 종종 그 상황을 해결하려고 시도하기보다는 그 분노를 당연한 것으로 받아들이고 심지어 그 분노가 그들의 삶 속에 자리잡도록 내버려둔다. 그러면 그 분노가 곧 그들의 삶을 주장하게 된다. 개인의 모든 행동이 한 사건에 의해 영향을 받게 되고, 그 또는 그녀는 결국 하나님의 왕국에서 모든 효율성을 잃어버리고 만다.

아사 왕은 그런 일련의 부정적인 결말을 보여주는 한 사례다. 그는 분노를 키웠고, 그

분노가 그의 삶을 주장했다. 우리 가운데 많은 사람들은 지금까지 분노가 우리의 삶을 규정하게 내버려둠으로써 합법적인 분노라고 할 수 있는 것을 죄악된 분노로 변질시켜 버렸다. 만약 다른 사람과 해결해야 할 무언가가 있다면, 우리 삶이 죄에 오염되어 하나님과 단절되기 전에 신속히 행동에 나서야 할 것이다.

기도

하나님 아버지, 우리가 갈 수 있는 두 길이 있습니다. 일단 죄를 지은 후 점점 더 당신으로부터 멀어졌던 아사의 길과, 단 한 번이 아니라 여러 차례 회개하며 당신께 돌아왔던 다윗의 길이 있습니다. 당신은 언제나 당신께 돌아오는 죄인들을 기꺼이 받아주신다는 사실을 우리가 깨닫고 후자의 길을 선택할 수 있도록 도와주십시오. 아멘.

심층 연구

A. 군대의 규모(13:3)

많은 학자들은 역대기에 나와 있는 군대와 관련된 수치들이 상당히 난해하면서도 흥미롭다고 생각해왔다. 아비야는 80만의 군대를 파견한 여로보암에 맞서 40만의 군대를 지휘했다. 전투 말미에 북측 군대는 50만 명의 사상자를 냈다. 그것은 병력과 사상자 수 면에서 다른 고대 군대들에 대한 기록을 능가하는 놀라운 수치이다(Walton, 434).

사실 그 수치가 매우 크기는 하지만 불가능한 것은 아니다. 누군가는 군사 행동에 동원된 군사의 수 면에서 기록을 세워야 한다. 아마도 그것이 그런 경우일 것이다. 항상 그래 왔듯이, 성경 기사에 대한 의심이 고고학적 증거에 의해 여러 차례 반박되었음을 감안할 때, 가장 현명한 처신은 역대기 저자가 기록한 수치를 그대로 받아들이는 것이다. 설사 그것이 있을 법하지 않게 보일지라도 말이다.

또 하나의 합법적인 대안은 우리가 지금 오역이나 오해의 문제를 들여다보고 있을 가능성을 고려하는 것이다. 역대기 저자의 기록은 틀리지 않았지만, 우리가 그 표현들을 잘못 이해하고 있을지도 모르기 때문이다. 레이먼드 딜라드(Raymond Dillard)는 세 가지 가능성을 언급하고 있다. 그 가운데 어느 것도 충분한 설명이 될 수 없다는 것이 그의 생각이지만 말이다.

1. 천 단위를 표시하는 말(thousand)이 기본적인 군대 단위를 언급하는 것일지도 모른다. 따라서 실제 머릿수는 천 명의 군사보다 훨씬 더 적었을 수도 있다.
2. 천 단위를 표시하는 말이 '지휘관'으로 해석되는 것이 옳을지도 모른다. 그렇게 되면, 40만(400 'thousand')의 군대는 4백 명의 지휘관이 거느린 군대로 이해되어야 할 것이다.

3. 천 단위를 표시하는 말이 하나님의 능력을 과시하기 위해 의도적으로 과장된 표현이므로, 실제 수치로 이해해서는 안 된다는 주장이다(레이먼드 딜라드, 106-107).

대부분의 보수적인 학자들은 이 세 가지 가능성 가운데 첫 번째 것을 선호하는 경향을 보인다. 하지만 역대기 저자가 기록한 수치들을 뒤집는 직접적인 증거가 없는 점을 감안할 때, 가장 바람직한 대안은 성경의 설명을 액면 그대로 받아들이는 것이다.

B. 아세라 목상(14:3)

가나안 종교는 한마디로 요약하기가 쉽지 않다. 우리가 '가나안' 이라고 뭉뚱그려 표현하는 많은 문화가 똑같은 이름의 신들을 섬기고 있었지만, 그들의 특정의 필요와 욕구에 따라 자신들의 종교를 변형시켰기 때문이다. 그럼에도 불구하고 그들 모두에게 널리 퍼져 있던 한 가지 특징은 다산과 성(性)을 매우 강조하고 있었다는 점이다.

가나안 족속의 가장 오래된 신은 엘(El)이라고 불렸다. 그는 성적으로 착취하는 신의 역할을 맡았다. 엘은 그의 배우자(당신이 원한다면, 그의 '아내' 라고 불러도 좋다) 신과 함께 70명의 신을 낳았다. 엘의 아내, 그러니까 그 70명의 신의 어머니가 바로 아세라였던 것이다(종종 복수형 '아스다롯(Ashtaroth)' 으로 언급되기도 했으므로 '아스다롯(Ashtoreth)' 이라는 이름의 또 다른 여신과 혼동하지 말기 바란다). 그녀는 성의 여신이었고, 그녀에 대한 숭배는 곡식과 짐승에 풍요를 가져다주는 것으로 되어 있었다.

아세라의 필수적인 부분이었던 '목상(poles)' 의 정확한 본질은 분명하지 않다. 흔히 세 가지 가능성이 제기된다. 아세라 목상은 자연적인 나무나 단순한 나무 기둥, 신의 형상이 새겨진 나무 기둥 가운데 하나였을 것으로 추정된다. 그 목상이 어떤 형상을 취하고 있었든지 간에 다산과 관련되어 있었음은 분명하다.

교안

A. 들어가는 글

1. '햄 주세요!' 이야기로 시작하라.
2. 배경 설명: 르호보암은 그의 아들 아비야에 의해 계승되었고, 아비야는 그의 아들 아사에게 유다의 왕위를 물려주었다. 그 두 왕은 모두 하나님에 대한 충성심을 검증받았다.
3. 적용: '들어가는 글'에서 차벤더 부인이 아침 식사로 햄을 선택했다는 사실은 장래에 일어날 많은 사건들에 영향을 미쳤다. 하나의 사소한 의사 결정이 많은 사람들의 삶에 영향을 끼친 것이다. 역대기의 이 부분에서 우리는 하나님께 헌신했던 아사 왕의 삶이 그가 말년에 내린 하나의 의사 결정에 의해 훼손되었으며, 그 의사 결정이 그와 하나님의 관계에 심대한 영향을 미치게 됨을 볼 수 있다.

B. 본문 이해

1. 아비야의 통치(13:1-14:1)
2. 아사의 종교 개혁과 전쟁에서의 승리(14:2-15)
3. 보다 광범위한 아사의 개혁(15:1-9)
4. 북왕국과의 전쟁과 아람과의 치명적인 동맹(16:1-10)
5. 아사에 대한 요약과 사망 기사(16:11-14)

C. 결론: '비뚤어진 벽에 똑바로 타일 붙이기'를 읽어주라.

토의 질문

1. 그리스도인들은 하나님을 의지할 때 어느 정도까지 기적을 기대해야 하는가?

2. 아사가 우상 숭배를 제거하는 데 보였던 열정이 오늘날 그리스도인들의 입장에서는 무엇에 비교될 수 있겠는가?

3. 아사는 인간적인 관점에서 뛰어난 수완으로 보이는 의사 결정을 했지만, 그것이 결국 하나님과의 관계에 불행한 결과를 초래했다. 우리는 어떻게 비현실적이 되지 않으면서 성경적 원리들을 가지고 인간적 논의를 바로잡을 수 있는가?

4. 아사가 죄를 지적받을 때 보였던 방어적 반응과 우리가 삶에서 죄를 다루는 성경적 방식을 서로 대조해보라.

역대하 17:1-21:3

친구를 신중히 선택하라

"왜 그런 분열이 생겼는가? 불신자는 그리스도인의 가치 기준이나 신념, 목표 등을 공유하지 못하기 때문이다."

- 머레이 J. 해리스(Murray J. Harris)

여호사밧은 유다의 왕위를 차지했던 가장 경건한 왕들 가운데 한 사람이었다. 하지만 그는 바알을 숭배하는 이스라엘의 왕들과 동맹을 맺을 때 지혜가 부족했다.

들어가는 글

원숭이와 악어

한 악어가 강에서 휴식을 취하면서 다음 식사거리로 맛있는 먹이가 걸리기를 기다리고 있었다. 주위를 두리번거리던 악어는 나무 위에 원숭이가 있는 것을 보고 그것이 자신의 점심식사가 될지도 모른다고 생각했다. 원숭이 역시 악어를 발견하고는 나무 위에서 악어에게 아주 맛있는 과일들을 던지기 시작했다. 악어는 그 과일들을 기분 좋게 받아먹었다. 다음날 악어가 그 자리에 다시 돌아오자 원숭이는 악어를 위해 더 많은 과일을 준비해놓고 있었다. 결국 그들은 매일같이 만나기 시작했고, 이것저것 한담을 나누기도 했다. 하지만 악어는 그러는 동안에도 어떻게 하면 원숭이를 잡아 영양가 있는 식사를 할 수 있을까 궁리하고 있었다.

그러던 어느 날, 악어는 원숭이에게 자신이 훨씬 더 맛있는 과일이 있는 강 건너로 원숭이를 데려다주겠다고 제의했다. 원숭이는 강 건너까지 공짜로 타고 갈 수 있다는 생각에 얼른 악어의 등에 올라탔다. 하지만 그들이 강 한가운데 다다랐을 때, 악어는 그의 승객을 익사시켜 잡아먹을 요량으로 서서히 가라앉기 시작했다.

원숭이는 자신이 가라앉고 있다고 느꼈을 때 소리쳤다. "너 지금 뭐 하는 거야?"

"지금 너를 먹으려고 하는 거야." 악어가 대답했다. "네 심장부터 먹어줄게. 그 부분이 제일 맛있거든."

"나는 외출할 때 항상 내 심장을 나무 위에 두고 나와. 하지만 네가 나를 강가로 다시 데려다준다면, 네가 먹을 수 있도록 내 심장을 가져다줄게."

악어는 영리한 원숭이의 말만 믿고 방향을 돌려 출발했던 강가에 원숭이를 내려주었다. 원숭이는 재빨리 나무 위에 올라가 악어를 비웃으며 한바탕 웃음을 터뜨렸다.

악어와 원숭이는 도저히 친구가 될 수 없는 사이다. 이런 식의 민담에서 그들은 일시적으로 함께 교제하지만 본질적으로는 서로 너무 달라 화합하며 살 수 없는 관계를 그리고 있는 것이다. 무엇보다도 둘 중 하나가 상대방을 식사거리로 생각하는 생물학적 기본 욕구를 가지고 있는 우정 관계에서 도대체 무엇을 얻을 수 있단 말인가?

우리는 이 장의 성경 본문에서 불가능한 우정을 맺으려는 또 다른 시도를 보게 된다. 유다의 여호사밧 왕은 이스라엘의 아합 왕과 동맹을 유지하려고 노력했다. 다만 한 가지 문제가 있었다. 여호사밧은 여호와께 헌신적이었던 반면, 아합은 열렬한 바알 숭배자였다. 결과적으로 그 관계는 문제를 야기할 수밖에 없었다. 여호사밧이 살아 있는 동안에는 그에게, 그리고 그 이후에는 유다 왕국에게 말이다.

본문 이해

친구를 신중히 선택하라

Main Idea	여호사밧은 신앙심이 깊은 왕이었지만, 북왕국의 경건하지 못한 왕들과 동맹을 맺음으로써 자신과 왕국에 문제를 일으키고 말았다.

A. 여호사밧의 초기 통치(17:1-19)

Supporting Idea	여호사밧은 처음 왕위에 올랐을 때, 성읍들을 요새화하고 하나님에 대한 헌신을 독려하며 군대를 강화했다.

17:1-2. 여호사밧은 그의 아버지 아사의 뒤를 이어 유다의 왕이 되었다. 사실 그는 아사가 발에 병이 들어 무능력하게 되었던 마지막 몇 년 동안 이미 왕의 직무를 수행했을 것이다. 우리는 나중에 역대기에서 여호사밧이 즉위 당시 35세였음을 알게 된다(대하 20:31). 우리는 그것을 통해 아사가 세라의 침략군을 상대로 기적적인 승리를 거두었을 당시 여호사밧은 어린 소년에 불과했다는 사실을 알 수 있다. 우리는 여호사밧에 대한 역대기 저자의 정보를 살펴보면서 몇 가지 약점이 드러나는 것을 발견하지만, 그가 유다의 가장 의로운 왕들 가운데 한 사람이었다는 사실을 놓쳐서는 안 된다.

여호사밧은 통치를 시작하면서 전략적으로 중요한 특정 성읍들을 요새화했다. 기기에는 그의 아버지 아사가 북왕국의 영토 내에서 점령했던 성읍들도 포함되어 있었다. 사실 새 왕은 누가 그의 적인지에 대해 뚜렷한 생각을 가지고 있었던 것이 분명하다. 그가 이스라엘을 방비하려고 그런 준비들을 수행했기 때문이다.

17:3-6. 역대기 저자는 여호사밧에게 최고의 찬사를 보낸다. 그는 하나님에 대한 여호사밧의 헌신을 다윗 왕의 헌신과 비교한다. 다윗은 역대기 저자의 이상을 대표하는 인물이었다. 하나님과 동행한 여호사밧의 삶은 나무랄 데 없이 훌륭했다. 그는 바알들을 섬기지 않았다. 그것은 가나안의 모든 신들을 의미하는 표현이다. 대신 그는 일평생 하나님의 뜻을 구했다. 그 결과 하나님은 일반 대중의 갈채로 그를 축복하셨다. 그것은 온 유다 백성이 그에게 많은 선물을 바치는 것으로 나타났다. 여호사밧도 솔로몬처럼 많은 보물을 축적했다.

여호사밧은 또 그의 왕국에서 이교도의 우상 숭배 장소와 산당을 제거하는 개혁을 다시 시작했다. 특별히 그의 아버지처럼 유다 전역에서 가증한 아세라 목상을 제거하는 정화 운동을 재개했다. 아사가 이미 그 정화 운동을 벌인 바 있지만, 그 음란한 장소들이 유다 전역에서 다시 생겨나기 시작했기 때문에 여호사밧이 그것들을 근절하기 위해 나선 것이다.

17:7-9. 그러나 우상 숭배의 대상을 제거하는 것만으로는 사람들의 마음을 하나님께로 돌려놓을 수 없다. 그런 상태를 유지하는 것은 고사하고 말이다. 아사는 그의 시대에 대규모 부흥 집회를 소집했고, 거기서 모두가 하나님의 율법을 따르며 사실상 율법을 어기는 자는 누구든 죽이기로 맹세했다. 그러나 그 집회의 가시적 효과가 무엇이든 간에 그들은 꽤 오랫동안 유다 땅에서 우상 숭배를 근절하지 못했다.

여호사밧은 하나님의 율법을 동포들의 마음과 생각에 심어주기를 원했다. 그는 율법에 박식한 일단의 사람들을 끌어모아 그들에게 유다 전역의 성읍을 돌아다니며 가르치는 임무를 부여했다. 그들의 유일한 교과서는 율법책으로 펜타튜크(Pentateuch)라고 불리는 모세 오경(창세기에서부터 신명기까지)이었다. 그들은 백성들에게 하나님께 예배하는 방법과 그분의 율법을 지키는 방법을 가르쳤다.

여호사밧은 레위 사람들과 제사장들 외에도 일부 방백들을 포함시키는 통찰력을 발휘했다. 추측컨대, 그들은 유다 지파와 베냐민 지파 출신이었을 것이다. 그런 식으로 해서 그들은 시민법과 제사법 모두에 관해서 전문성을 가지고 가르칠 수 있었을 것이다. 이 가르치는 역할은 이미 다윗이 레위 사람들 사이에 구분해놓은 임무 가운데 일부였다.

17:10-19. 여호사밧의 통치는 여러 가지 면에서 솔로몬과 유사하다. 그도 솔로몬처럼 나라 밖에서 선물을 가지고 찾아오는 방문객들을 맞았다. 블레셋 족속이 유다 왕에게 외교 사절을 보내 은과 금을 예물로 바치게 될 것이라고 누가 생각이나 했겠는가? 주변의 아랍 족속들도 찾아와 여호사밧에게 엄청난 양의 숫양과 숫염소를 선물로 바쳤다.

여호사밧의 부가 늘어남에 따라 그의 군사적 힘도 커질 수밖에 없었다. 그는 성읍들을 요새화하고 군대를 강화했다. 전체 병력 수가 116만 명에 이르렀다. 그 군대의 각 부대는 지파별로 구성되어 유다 지파에서 3개 부대, 베냐민 지파에서 2개 부대가 동원되었다. 여호사밧에 대한 우리의 이미지와 어울리게 그는 모든 면에서 하나님의 인도하심을 받는 데 전념했다. 그의 장군들 가운데 한 사람인 아마시야는 자기를 여호와께 즐거이 드린 적이 있었다. 그것은 제사장이나 선지자를 떠올리게 하는 표현이라고 할 수 있다.

B. 아합과의 군사 작전(18:1-19:3)

Supporting Idea	여호사밧은 어리석게도 동맹국인 이스라엘의 아합 왕과 함께 전쟁에 나서기로 결심했다가 가까스로 죽음을 면했다.

18:1. 지난 몇 년 동안 국제적 상황이 여러 차례 변했다. 우리가 아사의 이야기를 처음 꺼낼 때, 바아사의 통치 아래에 있던 북왕국은 아람과 동맹을 맺고 있었다. 그러나 아사는 아람의 벤하닷 왕을 매수하여 동맹을 맺음으로써 이스라엘을 궁지에 몰아넣었다. 아람 족속은 기분 좋게 그 새로운 조합으로부터 이득을 취했고, 더 나아가 이스라엘 북부의 일부 성읍을 점령했다. 하지만 우리가 이스라엘의 아합 왕에 이를 쯤에는 그가 더 크고 무서운 적인 아시리아에 맞서기 위해 아람 족속과 동맹을 맺고 있음을 발견하게 된다.

이스라엘과 아람은 힘을 합쳐 카르카르(Qarqar) 전투에서 아시리아를 저지했다(주전 853년). 적어도 잠시 동안은 말이다. 하지만 그 전투가 치러진 이후 곧 아합과 벤하닷이 충돌했고, 이스라엘이 두 차례나 이스라엘의 새로운 수도 시마리아를 점령하려는 아람의 시도를 격퇴했다(왕상 20:1-30). 당시 아합은 그 상황을 이용해 북쪽의 성읍들, 특히 길르앗 라못을 되찾기 위해 스스로 아람에 대한 공격을 감행하기로 결심했고, 그 작전을 위해 유다의 도움을 구했던 것이다.

그들의 합동 군사 작전 이전에 여호사밧은 이미 혼인을 통해 아합과의 동맹을 강화하고 있었다. 그는 자신의 아들 여호람이 아합과 이세벨의 딸 아달랴와 결혼하도록 조치했다. 아달랴는 바알을 철저히 숭배하는 가문 출신이었다. 페니키아의 공주였던 그의 어머니 이세벨은 아합과 결혼할 때(왕상 16:31), 바알 숭배가 이스라엘에서 유일한 합법적인 종교가 되어야 한다고 주장했다(왕상 19:10). 아달랴가 바알을 숭배하도록 양육되었음은 의문의 여지가 없다.

하나님께 그렇게 열정적이었던 여호사밧이 자기 아들을 그런 여인에게 장가보냈다는 사실은 모순이 아닐 수 없다. 아마도 그는 여호람이 다시 한 번 통일 왕국을 통치하는 솔로몬에 버금가는 왕이 되는 길을 자신이 예비해야 한다고 생각했던 것 같다. 실제로는 그 결과가 끔찍하게 될 것이다.

18:2-4. 여호사밧은 아합과의 동맹을 강화하고 나서 얼마 후에 공식 방문을 위해 사마리아로 갔다. 여호사밧이 도착하자 아합은 그에게 한 가지 제안을 했다. 두 나라의 연합군이 함께 북쪽으로 진격해 들어가 아람으로부터 길르앗 라못을 다시 빼앗아야 한다는 것이었다. 갑자기 형제애가 복받치는 것을 느꼈던 여호사밧은 자신이 아합과 형제 관계에 있음을 선언하며 북측의 군대와 함께 전쟁에 나가기로 동의했다. 당시 여호사밧은 물론 그 합동 작전이 하나님의 뜻인지 먼저 확인해야 한다고 말했다.

18:5-11. 여호사밧이 선지자와의 상의를 요구했을 때, 이스라엘 왕 아합이 4백 명의 바알 선지자를 모았다. 그들은 아합 왕의 제안에 무조건 찬성하는 쇼를 연출하는 거짓 선지자들이었다. 소위 선지자들이라고 불리는 그 무리의 리더는 시드기야였다. 바알의 전통적인 상징인 철로 만들어진 뿔들로 자신의 머리를 장식하고 있었던 그는 아합이 아람 족속을 찌르는 것이 하나님의 뜻이라고 선언했다.

18:12-27. 여호사밧은 그 뻔한 속임수를 간파했다. 그의 질문이 그 사실을 말해주고 있다. "여기에는 여호와의 선지자가 없습니까?" "있기는 있죠." 아합이 대답했다. "아믈라의 아들 미가야라는 자가 있기는 합니다만, 그를 부르고 싶지는 않습니다. 그 자는 항상 제 마음을 불편하게 하는 말만 하기든요."

이때쯤 여호사밧은 자기 앞에서 벌어지고 있는 일련의 상황에 넌더리가 났음에 틀림없다. 하지만 그는 흔한 잘못을 저지르고 말았다. 바알 숭배자도 하나님을 믿는 사람처럼 생각하게 만들 수 있다고 착각했던 것이다. 그는 차라리 아합에게 이렇게 말했어야 했다. "넌센스가 도를 지나쳤습니다. 저는 여호와께 여쭈어보자고 말씀드렸는데, 당신은 감히 하나님의 이름을 입에 담는 이 바알 선지자들의 서커스를 제게 보여주시는군요. 그리고 제가 여호와의 참 선지자를 찾아보자고 다시 말씀드렸더니, 당신은 그가 당신의 뜻에 따르지 않기 때문에 그와 상의하고 싶지 않다고 말씀하시네요. 제 생각에는 이런 황당한 짓은 더 이상 하지 않는 게 좋겠습니다." 그러나 여호사밧은 그렇게 말하지 않았다. 대신 여호와께 상습적으로 대적하고 하나님의 선지자들을 탄압했던 아합에게 점잖게 충고했다. "저런, 왕께서 그런 식으로 말씀하시면 안 되죠."

그들은 미가야를 불러냈다. 미가야를 데려오라는 명령을 받은 사자는 미가야가 왕족들이 모여 있는 데서 한바탕 소동을 피우지 않도록 하기 위해 그에게 이렇게 지시했다. "다른 선지자들이 모두 전쟁에 나가려는 아합의 계획에 찬성하고 있소. 그러니 당신도 그렇게 말해야 할 것입니다. 제발 문제를 일으키지 마시오." 미가야가 대답했다. "나는 하나님이 내게 말씀하시는 대로 말할 것이오."

그러나 미가야는 두 왕이 화려한 왕복 차림으로 보좌에 앉아 있는 성문 어귀에 처음 도착했을 때, 게임을 하기로 결심했다. "계획대로 하십시오." 그가 두 왕에게 말했다. "승리를 얻으실 것입니다." 그러나 아합은 미가야의 진실하지 못한 태도를 알아차렸다. 그는 미가야의 부정적인 예언을 듣고 싶지 않았지만, 바보 취급당하는 것은 더욱 원치 않았기 때문에 미가야 선지자에게 진실을 말하도록 다그쳤다.

미가야의 입에서 암울한 예언이 흘러나오자 갑자기 분위기가 진지해졌다. 미가야는 이스라엘이 목자 없는 양같이 흩어질 것이라고 말했다. 이스라엘의 왕이 죽게 될 것이라는 분명한 선언이었다. 이 모든 야단법석이 결국 비극으로 끝나게 될 뿐만 아니라, 그것은 하나님에 의해 이미 계획된 일이라는 것이다. 미가야는 아합 왕에게 한 영이 바알 선지자들을 통해 거짓말하는 것을 하나님이 일부러 허락하셨다는 사실을 알려주었다. 아합이 파멸을 향해 달려가도록 부추기기 위해서 말이다.

그것은 철뿔을 가지고 있던 바알 선지자 시드기야에게는 너무 심한 말이었다. 그는 미가야의 뺨을 치며 어설프게 공박했다. "네가 그 거짓말하는 영에 대해 다 알고 있다니, 한 번 말해보아라. 그 영이 나를 떠나 어떤 경로로 네게 가서 거짓 메시지를 주더냐?" 미가야는 영 소유에 관한 논쟁에 휘말릴 생각이 없었다. 대신 다시 주된 요점으로 돌아가 이스라엘의 패배를 예언했다. 시드기야가 지금은 비웃을지 모르지만, 그가 목숨을 잃을까 두려워 골방에, 다시 말해 밀폐된 화장실에 숨을 수밖에 없게 될 날에 그 진실을 알게 될 뿐만 아니라, 그때는 이미 너무 늦었다는 사실을 깨닫게 될 것이었다.

결국 그날은 망쳐버렸고, 아합은 그 소동에 종지부를 찍으려고 했다. "저자를 감옥에 처넣어 내가 전투에서 돌아올 때까지 빵과 물만 주어 연명하게 하라." 그러나 미가야는 마지막 말을 전했다. "만약 당신이 전투에서 돌아온다면, 결국 여호와께서 나를 통해 말씀하시지 않았다는 사실을 모두가 알게 될 것입니다."

만약 여호사밧이 미가야나 여호와의 원조에 대해 무슨 말을 했다면, 그것은 우리를 위해 기록되지 않았다. 하나님의 참 선지자와 상의하자고 주장했던 여호사밧은 미가야의 조언을 모른 체하고, 그의 친구이자 동맹자인 바알 숭배자 아합과 함께 전쟁터로 떠났다.

18:28-34. 전투는 기괴한 실수의 희극으로 변해버렸다. 추측컨대, 미가야의 예언을 피해보고자 했던 아합은 여호사밧이 속임수에 동의하도록 설득했을 것이다. 여호사밧은 왕의 전투복을 그대로 입지만, 아합은 보통 군사로 가장하게 된다. 그러면 모든 관심이 유다 왕에게 쏠리는 반면, 이스라엘 왕은 눈에 띄지 않게 이동할 수 있을 것이다. 여호사밧은 그 계획에 동의했다. 아마도 그 자신의 죽음이 예언되지 않았다는 사실을 알고 있었기 때문일 것이다.

그 계획은 효과가 있었다. 아람 군사들은 여호사밧이 아합인 줄 생각하고 그를 죽이려고 특별히 노력했다. 그들은 이미 아무에게나 화살을 낭비하지 않기로 결심했다. 그들이 쫓고 있는 사람은 바로 아합이었기 때문이다. 그러나 하나님이 아람 사람들로 하여금 그들 앞에 왕의 전투복을 입고 있는 사람이 아합이 아니라는 사실을 인식하게 만드셨으므로 그들은 물러섰다. 그들이 원하는 사람은 바로 아합이었던 것이다.

아합은 변장으로 하나님을 속일 수 없었다. 어느 아람 군사로부터 날아온 화살 하나가 아합에게 명중되어 그의 갑옷을 뚫었던 것이다. 아합은 저항의 표시로 그날 전투가 끝날 때까지 자신의 병거에서 버텼다. 그러나 결국 그 강퍅한 왕은 그날 밤 죽고 말았다.

19:1-3. 여호사밧은 그 혼란스러운 현장에서 간신히 빠져나와 예루살렘으로 돌아올

때, 틀림없이 큰 실망을 느꼈을 것이다. 그러나 개인적 수치의 감정도 그가 또 다른 선지자로부터 준엄한 교훈을 얻는 것을 면케 해주지는 못했다.

이번에 그와 맞섰던 사람은 예후라는 이름의 선견자로 아사의 오랜 적 하나니의 아들이었다(대하 16:7). 예후는 여호사밧 왕이 아합과 제휴한 것에 대해 꾸짖었다. 그는 아합을 악한 자요 여호와를 미워하는 자로 분류했다. 여호사밧의 진짜 적은 아합이어야 했고, 여호사밧이 그와 협력하는 것은 생각할 수도 없는 일이었다. 하나님은 여호사밧에게 진노하셨지만, 유다 땅에서 우상을 제거하려는 그의 노력에 의해 증명되었듯이 왕의 마음이 여전히 올바른 상태에 있음도 고려하셨다. 심하게 혼이 난 여호사밧 왕은 자신의 왕국 내에서 여호와의 대의를 위해 싸우는 일에 다시 나서게 되었다.

C. 여호사밧의 추가적인 개혁(19:4-11)

Supporting Idea	여호사밧은 백성들에게 하나님에 대해 가르쳤고, 율법 문제를 심리할 재판소를 설립했다.

19:4. 여호사밧은 유다 전역에 걸쳐 율법을 가르치는 프로그램을 다시 시작했다. 이번에는 그가 친히 나서 남쪽 끝(브엘세바)에서부터 북쪽 끝(에브라임 산지)에 이르기까지 전국을 순행했다. 그는 어디를 가든지 여호와에 관한 말씀을 전파했고, 백성들이 하나님의 뜻을 따르도록 이끌었다.

19:5-7. 모든 사람에게 하나님의 법에 순종하도록 가르쳐놓고 그것을 강제하지 않는다면 사리에 맞지 않을 것이다. 희생 제사와 개인적 의로움에 관한 율법 외에도 더 많은 율법이 존재했다는 사실을 기억하라. 그 가운데는 하나님의 백성들이 공동체로서 어떻게 기능해야 하는지에 대한 지침들도 포함되어 있었다. 여호사밧은 재판관들을 임명하여 왕국 전역에 배치하면서 그들이 하나님께 책임을 져야 한다는 사실을 명심하도록 훈계했다. 여호와의 공평함의 기준에는 치우침이 있을 수 없는 것이다(신 16:18-20, 암 2:6하-7 상).

19:8-11. 여호사밧은 예루살렘에도 재판소를 세웠다. 그것은 제사장과 레위 사람들 가운데 비중 있는 구성원들에 의해 운영되는 최고 법정이었다. 이 그룹은 지역적인 차원에서 다뤄질 수 없는 사안들을 재판했을 것이다. 여호사밧은 그들에게 하나님의 규

례를 따르는 데 아주 신중을 기하도록 명령했다. 그는 또 레위 사람들에게 성직 문제의 처리를 맡기면서 어려운 사안을 해결하기 위해 필요한 경우 지파들을 대표하는 지도자와 대제사장에게 도움을 청할 수 있는 권한도 부여했다.

D. 요단 강 동쪽 나라들과의 전쟁(20:1-30)

Supporting Idea	유다 땅이 여러 나라의 연합군에 의해 위협받고 있을 때, 여호와께서는 여호사밧에게 기적적인 승리를 허락하셨다.

20:1-4. 얼마 후 여호사밧의 믿음과 백성들을 가르치는 데 힘썼던 그의 개혁 프로그램이 시험을 받게 되었다. 여호사밧은 그의 두 전임자와 마찬가지로 큰 군대와 맞서야 했던 것이다. 그가 침략에 대한 소식을 접했을 때, 적들은 이미 유다 영토 안에 들어와 있었다. 동맹 관계에 있었던 모압 족속과 암몬 족속은 유다를 공격하기 위해 마온 사람들과 함께 연합군을 형성했다. 마온 사람들은 원래 스스로를 에돔 족속과 결부시키는 이스마엘 족속이었다. 그 연합군은 요단 강을 건너 사해의 서쪽에 있는 광야에 진을 쳤다. 거기서부터 예루살렘을 향해 진격해 들어갈 수 있는 유리한 입장을 확보해놓고 있었던 것이다.

여호사밧 왕은 여호와께 도움을 청하면서 온 백성에게도 똑같이 하도록 권고했다. 그는 전국적인 기도 집회의 일환으로 금식의 날을 공포했고, 백성들도 왕국 전역에서 예루살렘으로 모여들어 열렬한 반응을 보였다.

20:5-13. 백성들이 모였을 때, 여호사밧은 나라를 위해서 공개적으로 기도했다. 그것은 마지막 순간에 하나님께 도움을 구해야 할 필요성을 깨달은 사람의 기도가 아니라, 자신이 지금까지 줄곧 하나님의 뜻 가운데 살아왔음을 확신하는 사람의 기도였다. 무엇보다도 그는 유다 땅에서 하나님의 율법을 실행하느라 너무 바쁜 나머지 침략군을 미리 눈치채지 못했던 왕이 아닌가.

여호사밧은 먼저 하나님의 주권을 고백함으로써 기도를 시작했다. 여호와께서는 창조주이자 이 세상의 주관자이시므로 어떤 일도 그분의 뜻에 반해 일어나지는 못할 것이다. 여호사밧 왕은 또 히브리인들이 지금 차지하고 있는 그 땅이 처음에 아브라함에게 약속하셨던 하나님의 선물이라는 사실도 인정했다.

여호사밧 왕은 여호와께 솔로몬의 기도와 그것에 대해 응답하신 하나님의 약속을 상기시켜 드렸다. 솔로몬은 성전을 건축한 후 봉헌식에서 만약 이스라엘 백성들이 재앙의 시기에 성전에서 기도하면 그들을 구원해주시도록 하나님께 간청했다(대하 6:19-40). 하나님도 그들을 도우러 오시겠다고 응답하셨다(대하 7:13-16). 이번이 그런 중대한 상황 가운데 하나였던 것이다.

여호사밧은 암몬과 모압과 마온 족속에 의해 이루어진 그 침략의 부당성을 지적함으로써 여호와께 자신의 입장을 변론했다. 그는 이미 사사기 시대에 무성했던(삿 3:12-30, 11:5-40) 수세기에 걸친 상호 적대 행위를 훌쩍 뛰어넘어 출애굽 시대에 이스라엘이 요단 동편 나라들과 처음으로 마주쳤던 이야기를 꺼냈다(신 2:1-23). 당시 이스라엘은 에돔과 암몬과 모압의 지경을 거쳐 행군하면서 그들에게 해를 전혀 끼치지 않았다(신 2:1-37). 그러나 이제 그 배은망덕한 나라들은 이스라엘이 그들에게 베풀었던 친절을 하나님의 백성에 대한 침략으로 되갚고 있었던 것이다.

여호사밧은 그와 그의 군대의 힘으로는 그 적을 물리칠 수 없다고 선언했다. 만약 그들이 그 궁지에서 벗어나게 된다면, 그것은 분명 하나님의 역사일 수밖에 없을 것이다. 여호사밧 왕은 이 시련의 시간에 하나님의 백성을 구해달라고 그분께 간청했다.

여호사밧은 그의 뒤에 서 있는 온 회중과 함께 기도했다. 그것은 여호사밧 왕이 혼자 백성들을 대표해서 기도한 경우가 아니었다. 그동안 여호사밧의 가르침을 받았던 백성들이 이제 심적으로나 영적으로 그와 함께하고 있는 것이다. 그것은 역대기 전체를 통틀어 이스라엘이 보였던 최고의 순간 가운데 하나였다. 헌신적인 왕의 리더십하에 예루살렘에 모인 온 백성이 하나님 앞에서 하나가 되는 얼마나 짜릿한 순간이었겠는가!

20:14-17. 여호사밧은 전투가 시작되기도 전에 하나님으로부터 응답을 받았다. 군중 가운데 야하시엘이라는 이름의 레위인이 있었는데, 그는 자신의 족보를 따져 다윗의 연주자 아삽까지 거슬러 올라갈 수 있는 사람이었다. 그는 여호와께 직접 받은 말씀을 가지고 목소리를 높였다. **이 전쟁이 너희에게 속한 것이 아니요 하나님께 속한 것이니라.** 당시 여호사밧은 상황을 잘 모르고 있었다. 야하시엘 선지자는 그에게 침략군이 어디에 있는지 그리고 유다의 군대가 어디에 진을 쳐야 하는지 정확히 알려주면서 하나님이 적들을 물리치실 것이므로 그냥 보고만 있으라고 말했다.

20:18-21. 위기의 순간에 급히 소집된 구국 기도회로 시작한 모임은 이느새 찬양 예

배로 바뀌어 있었다. 모두가 경배의 자세로 엎드리자 다수의 레위 사람들이 하나님께 찬양하기 시작했다. 거기에는 화합이 있었다. 역대기 저자가 찬양에 합류한 레위 사람들 가운데 그핫 자손(아론의 후손들로 이루어진 제사장 가문)과 과거 그들의 라이벌이었던 고라 자손(아론의 후손이 아니기 때문에 제사장이 될 수 없었던 그핫 자손들)이 포함되어 있었음을 지적하고 있기 때문이다. 그날만은 오만도 분함도 없었다. 그들 모두가 목소리를 높여 함께 찬양했다.

다음날 아침 여호사밧과 그의 군대가 유대 광야를 향해 출발할 때도 똑같은 찬양의 분위기가 계속 이어졌다. 군대가 예루살렘을 출발할 때, 여호사밧 왕은 군대의 임무를 '찬양 사역(singspiration)' 으로 바꾸어버렸다. 그는 모두에게 하나님의 약속을 다시 한 번 확인시키면서 노래하는 자들을 임명하여 군대 앞에서 행진하며 찬양하도록 조치했다. 곧 모두가 낯익은 곡조에 합류했다. 여호와께 감사하세 그 자비하심이 영원하도다. 그 성가는 다윗과 솔로몬이 언약궤를 옮기던 때와 관련되어 있었다(대상 16:41, 대하 5:13). 하나님이 다시 진군 중이셨던 것이다!

20:22-25. 하나님은 여호사밧과 그의 백성들이 지켜보아야 할 특별한 볼거리를 연출하고 계셨다. 우리는 침략군이 얼마나 큰 규모인지 정확히 들은 바가 없지만, 여호사밧은 그것을 '큰(vast)' 군대라고 묘사했다(12절). 적군은 여러 부대로 나뉘어 서로 다른 계곡을 통해 산악 지대를 거쳐 행군해온 것으로 보인다. 모압과 암몬 부대는 함께 진군해 들어오다 자기들 앞에 에돔 족속의 군대가 지나가는 것을 보았지만, 그들을 알아보지 못했다. 적이 소홀한 틈을 타 공격하기 위해 가능한 한 빨리 광야를 가로질러 강행군한 암몬과 모압 사람들이 여기에 있었고, 저기 바로 그들의 눈앞에 낯선 군사들이 있었다. 그들은 틀림없이 유다의 군대였다.

침략자들은 칼을 빼 세일 산에서 온 동맹군을 학살하기 시작했다. 자신들이 적이라고 생각하는 군대를 너무나 쉽게 물리치는 것을 보고 암몬과 모압 족속이 얼마나 큰 감격을 느꼈겠는가! 일단 그런 혼란이 시작되자 그칠 줄 몰랐다. 암몬과 모압 족속은 에돔 사람들에 대한 학살을 끝내더니 이번에는 서로 싸우기 시작했다. 누구도 적군과 아군을 구별할 수 없었기 때문에 그들은 닥치는 대로 서로 싸울 수밖에 없었고, 결국 침략군 전체가 스스로 전멸하고 말았다.

여호사밧과 행군하며 계속해서 찬송 부르던 그의 성가대가 현장에 도착했을 때는 모든 것이 끝난 상태였다. 그들 앞에는 참혹한 흔적만이 남아 있었던 것이다. 시체가 수 킬로미터에 걸쳐 널브러져 있었다. 승자에게 있어서 전쟁터는 부를 캘 수 있는 보고였다. 이 경우 진정한 승자는 하나님이셨다. 그분이 직접 침략군의 패배를 야기하셨기 때문이다. 그러나 전리품을 취할 수 있는 권리가 그분의 백성들에게 주어졌고, 그들은 가져갈 수 있는 대로 모든 것을 취하며 3일 동안 일했다.

20:26-30. 마지막으로 유다 군사들이 브라가 골짜기에 다시 모였다. 브라가 골짜기는 '찬양의 골짜기' 라는 뜻으로 후에 '여호사밧 골짜기' 로 불리기도 했다(욜 3:2). 그곳은 보통 기드론 계곡(예루살렘 동편과 감람산 사이를 가로지르는 계곡)으로 언급되는 지역과 동일하다.

이 사건의 긍정적인 결과 가운데 하나는 여호사밧이 국제 사회에서 명성을 얻게 되었다는 점이다. 나라마다 자기들만의 고유한 신을 가지고 있는 것이 고대인들 사이의 통념이었다. 여호사밧이 섬기는 하나님을 가지고 장난쳐서는 안 된다는 소문이 널리 퍼졌다. 결과적으로 유다를 침략하려는 시도는 더 이상 없었다. 여호사밧은 적어도 한 번 더 군사적 모험에 관여한 바 있다. 모압 족속을 징벌하기 위해 이스라엘의 새 왕이었던 아합의 아들 여호람(요람이라고도 불림)과 에돔 왕과 함께 출정하여 성공을 거두었다(왕하 3:4-27). 그러나 유다 땅 자체에는 평화가 있었고, 그것은 하나님에 의해 허락된 평화였다.

E. 요약과 추가적인 동맹 그리고 사망 기사(20:31-21:3)

Supporting Idea	여호사밧의 삶에 대한 마지막 요약은 그의 왕국을 완전히 정화하지 못한 실패와 북왕국과의 또 다른 동맹으로 인해 빛을 잃었다.

20:31-34. 다시 한 번 강조하건대, 우리는 여호사밧에 대한 마지막 언급을 접하면서 그가 평균 이하의 미온적인 유다 왕들 사이에서 눈에 띄는 의로운 사람이었다는 사실을 잊어서는 안 된다. 그는 예루살렘에서 25년간 통치하면서 하나님과 동행했다. 역대기 저자는 여호사밧을 그의 아버지 아사와 호의적으로 비교하고 있지만, 그는 아사가 말년에 그랬던 것처럼 차갑고 모질게 변하지 않았기 때문에 훨씬 더 밝게 빛나는 것처럼 보인다.

그럼에도 불구하고 역대기 저자는 여호사밧에게 완벽한 점수를 주지 않는다. 그는 말년에 그의 목표를 달성하지 못했다. 산당이 여전히 남아 있었고, 백성들은 하나님께 헌신적이지 못했다. 그 마지막 언급은 특별히 통렬하다. 여호사밧이 그의 백성들에게 하나님에 대해 가르치려고 아주 많은 노력을 기울였기 때문이다. 그는 온 이스라엘 중에서 가장 악명 높은 바알 숭배자이자 하나님이 가장 싫어하시는 이세벨의 딸을 가족으로 받아들였고, 우상 숭배가 만연되어 있는 북왕국과 계속해서 협력했다. 여호사밧이 보였던 진심 어린 헌신에도 불구하고 그 메시지는 그에게 리더십을 기대했던 사람들에게 영향을 주었을 것이다.

언제나 그랬듯이, 마지막 요약은 여호사밧 왕에 대한 정보를 추가로 얻을 수 있는 참고 문헌을 언급하고 있다. 이번에는 여호사밧이 아합과 동맹을 맺은 것에 대해 꾸짖었고, 공적인 기록을 위해 여호사밧의 삶을 주의 깊게 지켜보았던 선지자 하나니의 아들 예후였다.

20:35-37. 우리는 여호사밧을 끝내기 전에 그가 한 번 더 맺었던 잘못된 동맹에 대해 보게 된다. 그가 흉내낸 솔로몬의 프로그램들 가운데 하나가 해상 무역에 뛰어드는 것이었다. 솔로몬이 두로 왕 후람의 도움을 얻어 시도했던 것처럼 말이다(대하 8:17-18). 여호사밧은 그의 역할 모델과 마찬가지로 황금을 가져오도록 에시온게벨에서 오빌로 배를 보내고자 했다(왕상 22:48). 그는 이 프로젝트를 완수하기 위해 당시 이스라엘의 왕이었던 아합의 또 다른 아들 아하시야와 제휴를 맺었다.

하지만 여호사밧이 북왕국과 동맹을 맺는 것에 대한 여호와의 생각은 바뀌지 않았다. 하나님은 또다시 신실한 선지자 엘리에셀을 보내 여호사밧 왕에게 나쁜 소식을 전하셨다. 여호사밧은 이스라엘의 사악한 왕과 교제하였기 때문에 그 모험적 사업에 투입한 모든 것을 잃게 될 것이었다. 엘리에셀의 예언대로 그 계획은 비참하게 실패하고 말았다. 어마어마한 폭풍이 에시온게벨을 강타함으로 말미암아 모든 배들이 파괴된 것이다.

21:1-3. 여호사밧의 죽음과 장례식에 대한 기사에서 특이할 만한 사항은 더 이상 나타나지 않는다. 여호사밧은 그의 전임자들과 함께 다윗 성에 장사되었고, 그의 장자 여호람이 왕이 되었다. 역대기 저자는 다른 아들이 많았음에도 불구하고 여호람이 후계자가 되었다는 사실을 명시하고 있다. 여호람은 대이나서 줄곧 명백한 후계자 노릇을

해왔다. 추정컨대, 두 왕국을 솔로몬 식으로 다시 통합하기 위해 아달랴에게 장가 갔던 사람도 바로 그였다. 그는 모든 사람을 화합시킬 희망이었던 것이다. 그렇게 해서 여호사밧의 성공적인 통치는 그가 유산으로 남긴 대실패의 조짐과 함께 슬프게 끝이 났다.

Main Idea 복습	여호사밧은 신앙심이 깊은 왕이었지만, 북왕국의 경건치 못한 왕들과 동맹을 맺음으로써 자신과 왕국에 문제를 일으키고 말았다.

결론

그들이 어디에다 함께 집을 짓겠니?

뮤지컬 〈지붕 위의 바이올린(Fiddler on the Roof)〉은 19세기 무렵 러시아의 작은 마을에 있는 유태인 부락에서 벌어지는 사건들을 우유 장수 테브예(Tevye)의 눈을 통해 들여다본 것이다. 테브예는 신앙심이 두터울 뿐 아니라 토라에도 박식하여 가능한 모든 경우에 심지어 하나님께조차도 '좋은 책' 을 인용할 만한 사람이다. 그 책을 처음 쓰신 분이 바로 하나님이셨다는 사실을 기억하기 전까지는 말이다. 테브예는 동유럽 정통파 유대교의 율례와 관습에 따라 자신의 삶을 영위한다.

그 이야기의 큰 줄거리는 테브예의 세 딸이 어떻게 그들의 남편을 찾고, 테브예가 각각에 대해 어떻게 반응하는지에 관한 내용이다. 세 딸 모두 테브예가 수용 가능하다고 생각해왔던 한계를 밀어붙인다. 첫째 딸 짜이텔(Tzeitel)은 중매쟁이가 혼담을 성사시켜야 하는 전통적인 역할을 무시한 채 찢어지게 가난한 젊은 재단사와 혼인을 약속했다. 테브예는 못마땅했지만 그 관례에 어긋나는 상황을 받아들일 수밖에 없었다. 무엇보다도 그 재단사가 다른 모든 사안에서는 정해진 관례를 준수하고 있었기 때문이다. 이번에는 둘째 딸 호델(Hodel)이 결국 시베리아로 추방당하게 되는 어느 혁명 운동가와 사랑에 빠지고 말았다. 그래도 그는 유태인이었고, 호델 역시 유대교의 전통 예식에 따라 '닫집 아래서(under a canopy)' 결혼식을 올리기로 약속했다. 그래서 테브예는 그 결혼도 받아들일 수 있었다.

그러나 막내딸 하바(Chava)와 관련된 상황은 테브예에게 너무 지나쳤다. 그녀는 이방인 젊은이와 사랑에 빠졌던 것이다. 테브예는 도저히 그들의 결합을 승낙할 수 없었다. 서로 사랑하고 있다는 하바의 항변에 테브예는 이렇게 말했다. "그래, 새가 물고기를 사랑할 수도 있겠지. 하지만 그들이 어디에다 함께 집을 짓겠니?"

테브예가 한 말은 구약 시대든 신약 시대든 상관없이 하나님의 자녀들이 불신자들과 맺는 협력 관계와 관련이 있다. 사도 바울은 이렇게 말했다. "믿지 않는 사람들과 멍에를 함께 메지 마십시오. 정의와 불의가 어떻게 짝하며, 빛과 어두움이 어떻게 사귈 수 있겠습니까?" (고후 6:14, 표준새번역).

이 성경 구절은 종종 신자와 불신자 사이의 결혼에 적용되고 있으며, 그것은 전적으로 맞는 이야기다. 하지만 그것은 신자가 자신의 믿음에 반하여 원칙을 위반하는 위험을 무릅쓰면서까지 맺고 있는 모든 가까운 관계에 대해서도 지적하는 말씀이다. 그리스도인이 비그리스도인과 친밀하게 협력하는 것은 불가능한 일이다.

두 가지 점을 분명히 밝혀두고자 한다. 우선, 바울은 그 성경 구절을 기록할 당시 이미 결혼한 후에 그리스도인이 된 사람은 그의 믿지 않는 배우자를 떠나서는 안 된다는 점을 분명히 밝혔다(고전 7:12-16). 게다가 불신자들과 함께하지 말아야 한다는 이 금지 명령이 우리가 비그리스도인들과 '친구' 가 되지 말아야 함을 의미하지는 않는다. 그렇다면 우리가 어떻게 그들과 복음을 나누겠는가?

그러나 우리가 여호사밧의 실수를 되풀이해서는 안 될 것이다. 그는 여러 가지 면에서 경건한 사람이었다. 역대기 저자가 우리에게 제공하는 바에 의하면, 거의 완벽할 정도였다. 그럼에도 불구하고 여호사밧은 자신과 아합의 집안 사이에 존재하는 분수계가 얼마나 깊은지 결코 받아들이지 못했던 것으로 보인다.

나는 누구도 낙담시키고 싶지 않지만 분명히 말하건대, 만약 한 개인이 이미 불신자와 협력 관계에 놓여 있고, 그 비그리스도인이 주님과 성경의 실체를 향해 조금씩 마음을 열어가고 있다면, 그것은 물론 좋은 일이다. 하지만 그 사람이 점점 더 그리스도인처럼 되어가고 있기 때문이 아니라, 그 또는 그녀가 지금 배워가고 있는 중이므로 결국에는 그리스도인이 되는 단계를 밟게 될지도 모르기 때문이다. 그러나 우리는 누구든 진정으로 그리스도께 나아오기 전까지는 우리 사이에 거대한 분수령이 있다는 사실을 인식해야 한다. 만약 우리가 여호사밧처럼 그 사실을 간과한다면, 하나님과 동행하는 삶에서 점점 더 멀어져가고 있는 우리 자신을 발견하게 될 것이다.

▣ **진리 알기**

- 하나님은 그분께 순종하는 삶으로 우리를 부르신다.
- 신자들이 자신의 믿음을 위태롭게 만드는 관계에 관여한다면, 경건한 삶을 영위하는 것은 불가능하다.

▣ **적용하기**

- 신실한 조언을 구한다면, 당신이 듣고 싶은 말을 해줄 사람들에게 절대 묻지 말라.
- 당신을 도와주고 싶어하고 무엇이든 솔직하게 말해줄 사람들을 가까이하고 그들과 우정을 추구하라.
- 당신이 하나님의 인도하심을 구한다면, 그분의 뜻을 보여주실 때 순종할 수 있도록 준비하라.
- 당신이 믿는 바를 스스로 위태롭게 만들도록 이끄는 관계들을 피하라.
- 당신이 하나님의 뜻을 행할 때 비난을 견딜 수 있는 힘을 주시도록 간구하라.

삶의 적용

대륙 분수계

미국에는 동부와 서부에 하나씩 사실상 두 개의 대륙 분수계가 존재한다. 각각의 분수계는 물이 어떤 방향으로 흐를지, 다시 말해 대서양이나 미시시피 강 동쪽 유역으로 흐를지 아니면 태평양이나 미시시피 강 서쪽 유역으로 흐를지를 결정하는 경계를 이룬다. 한번 생각해 보라. 산맥 봉우리를 따라 형성된 분수계 위에서 물 한 방울을 떨어뜨릴 때, 그 물은 증발되거나 목마른 짐승에 의해 흡수되지 않는 한 어느 한쪽 방향으로 흐를 수밖에 없다. 물방울이 어느 쪽이든 한쪽 방향이 아닌 양쪽으로 흘러갈 수는 없는 것이다.

영적인 문제에서도 대륙 분수계 같은 것이 존재한다. 우리는 하나님 편에 서든지 아니면 그 반대편에 설 수밖에 없다. 예수님은 "나와 함께 아니하는 자는 나를 반대하는 자요"(마 12:30)라고 말씀하셨다. 하지만 모두가 그 경계의 실체를 받아들이는 것은 아니다. 나는 신학생 시절 잠시 동안 전도 사역을 위해 의도된 커피숍을 운영한 적이 있었다. 분위기가 그렇다보니 금요일이나 토요일 밤에 갈 수 있는 안전하고 유쾌한 장소를 찾고 있던 십대 그리스도인들이 많이 드나들었다. 근처에 있는 한 교회에 출석하고 있던 한 아가씨[그녀를 매기(Maggie)라고 하자]가 그리스도인은 아니지만 커피숍에 자주 들르던 길(Gil)이라는 젊은 청년과 많은 시간을 보내기 시작했다.

매기가 길의 영적 상태에 대해 정확히 알고 있는지 그 여부를 몰랐던 나는 그녀가 나쁜 상황에 빠지지 않기를 바라는 마음에서 어느 날 그녀에게 물었다. "길이 그리스도인이 아니라는 사실 알고 있어요?" "아 그래요, 저는 그런 식으로 사람을 나누지 않습니다. 그리스도인인지 그리스도인이 아닌지, 구원받았는지 구원받지 못했는지 그런 식으로 사람을 구분하는 것은 옳지 않다고 생각합니다." 나는 그 말을 하는 매기의 얼굴에 스쳐 지나가던 그 근엄한 표정을 결코 잊지 못할 것이다.

성경에 따르면, 하나님은 그분의 백성들과 그렇지 않은 사람들을 분명히 구분하신다. 그러나 매기 같은 사람들은 모두를 하나님께 속한 사람으로 포함시켜 생각하기를 원한다. 외관상 관대해 보임에도 불구하고 영적 대륙 분수계를 간과하는 것이 왜 해로운 일인지 세 가지 이유를 지적하고자 한다.

성경은 하나님의 백성들과 그렇지 않은 사람들 사이의 구별을 일관성 있게 증언하고 있다. 단도직입적으로 말하면, 우리는 역대기의 이 부분에서 단지 바알 숭배만이 심판받는 것이 아니라, 바알을 숭배하는 사람들도 심판받는다는 사실을 깨닫게 된다.

구원받지 못한 사람들이 존재한다는 사실을 부정하는 것은 이론적으로 그들에게 복음을 접할 수 있는 제대로 된 기회를 주지 않는 것이나 마찬가지다. 예수님은 "건강한 자에게는 의원이 쓸데없고 병든 자에게라야 쓸데 있느니라"(마 9:12)라고 말씀하셨다.

그분이 우리를 구원하신 것은 우리가 구원받을 필요가 있었기 때문이다.

그리스도인과 비그리스도인 사이에는 근본적인 차이가 존재한다. 비록 우리 대부분이 그리스도인으로서의 삶에서 아직도 성장해야 할 여지가 많이 남아 있지만, 그리스도인으로서 살아가는 삶의 본질은 이런 것이다. 우리는 새로운 본성을 지니고 있고, 성령이 우리 안에 내재해 계신다. 성령은 우리가 성경의 원리들을 실행할 수 있도록 인도하시면서 그 새로운 본성이 발휘될 수 있도록 이끌어주실 것이다. 하지만 비그리스도인은 그렇지 않다. 일부 사람들은 듣고 싶지 않겠지만, 그것은 명백한 사실이다. 여호사밧이 아합과 동맹을 맺으면서 저질렀던 모든 잘못 가운데서도 가장 통렬한 순간은 아합이 미가야를 비난할 때 그가 아합에게 건넨 충고였다. "왕은 그런 말씀 마소서"(대하 18:7하). 아합은 훨씬 더 근본적인 문제를 지니고 있었던 것이다. 하나님께 속한 사람과 그렇지 않은 사람 사이의 분수계는 표면적인 것 이상이라는 사실을 잊지 말라.

만약 당신이 지금 타인의 고통을 덜어주고, 건강을 돌봐주며, 그 과정에서 자신의 안녕을 희생하는 등 타인에게 봉사하면서 인생을 보내고 있는 사람들을 찾고 있다면, 그 역할을 감당하고 있는 그리스도인들을 발견하게 될 가능성이 높다. 그리스도께는 정말로 차이를 만들어내신다.

기도

하나님 아버지, 당신의 사랑과 은혜로 우리가 당신의 자녀가 되었음을 감사드립니다. 우리가 결코 우리의 의로 구원받은 것처럼 행동하거나 당신의 자녀가 되는 자격을 당연한 것으로 여기지 않도록 도와주십시오. 그리고 우리가 당신의 영광을 가리게 될 관계에 몰두함으로써 우리의 지위를 손상시키지 않고, 우리 스스로를 순수하게 유지함으로써 당신의 증인이 될 수 있도록 도와주십시오. 아멘.

심층 연구

우상 숭배는 언제나 잘못된 것인가?(17:3)

모든 사람이 우상 숭배가 하나님을 대적하는 것이라는 생각을 받아들이는 것은 아니다. C. S. 루이스(C. S. Lewis)의 「나니아 연대기(Narnia Chronicles)」(총 7권으로 구성)의 마지막 권인 「마지막 전투(The Last Battle)」에도 고민스러운 장면을 담고 있는 한 순간이 있다. 평생 동안 타쉬(Tash)라는 사악한 신을 섬겨왔던 에메스(Emeth)라는 사람은 너무나 놀랍게도 자신이 사자 아슬란(Aslan: 그리스도의 상징)에 의해 구원받았다는 사실을 깨닫게 되었다. 아슬란은 에메스에게 그가 겉으로는 타쉬를 섬기고 있었지만 내면적으로는 여전히 의로움을 유지함으로써 자신도 모르게 아슬란을 섬기고 있었다고 말했다. 타쉬에 대한 숭배가 실제로는 아슬란에 대한 암시적 숭배였다는 것이다(Lewis, 165). 아마도 루이스는 그리스도를 모르고 우상을 숭배하는 사람들도 여전히 하나님과 관계를 맺을 수 있음을 말하고자 했을 것이다.

그러나 에스라의 역대상·하는 그 문제와 관련하여 루이스의 「나니아 연대기」와 상반된 주장을 전하고 있다. 바알을 비롯하여 어떤 우상에 대한 숭배도 결코 여호와에 대한 숭배로 해석될 수는 없다는 것이다. 우리가 그 행위 속에서 아무리 좋은 동기를 많이 끌어낸다 해도 인간의 손으로 만든 우상을 섬기는 것뿐만 아니라, 그 우상을 상징하는 개념은 하나님에 대한 숭배와 양립할 수 없었고, 그것은 지금도 마찬가지다. 우상과 관련하여 우리가 해야 할 일은 오직 한 가지다. 그것을 파기하는 것이다.

여호사밧이 아합과 협력하기로 동의했을 때, 그도 루이스의 이야기처럼 자신의 행위를 합리화하고 있었을까? 비록 그가 자기 영토에서 우상 숭배와 관련된 모든 것을 몰아내려고 시도했다 할지라도 만약 아합이 바알 숭배와 관련하여 좋은 것들에만 주의를 기울인다면 그도 여호와의 암시적인 숭배자가 될 수 있을 것이라고 생각했던 것일까?

여호사밧의 생각이 거기까지 미쳤을 것이라고 생각하기는 어렵다. 하지만 그는 선지자 미가야를 지하 감옥에서 구해내지 못했고, 하나님의 경고에도 불구하고 전쟁에 나섰다.

당신이 이 글을 읽는 순간에도 두 신을 한꺼번에 섬기려고 시도하고 있는지도 모른다. 당신은 대부분 그리스도께 전념하면서도 일부 다른 대안에 대해서 완전히 문을 닫지 못하는 자신을 발견할 수도 있을 것이다. 어쩌면 믿음이 강하다고 자신하면서도 구원으로 이끌어줄 다른 종교는 없다고 자신 있게 말할 준비가 아직 되어 있지 않을 수도 있다.

오늘날 만연되어 있는 타 종교에 대한 '개방적인' 태도는 복음의 놀라움을 간과하고 있다. 하나님이 이스라엘을 그분의 백성으로 부르신 것부터 시작하여 그분의 아들 예수 그리스도께서 우리의 죄를 위하여 십자가에서 죽으심으로써 절정을 이루게 되는 구원의 방법을 우리에게 제시해주셨다는 사실이 그렇게도 놀라운 것은 바로 다른 대안이 전혀 없기 때문이다. 하나님이 우리가 구원받을 수 있는 다른 방법을 제외시키신 것이 아니다. 단순히 방법이 전혀 없었고, 그리스도 이후 지금까지 새로운 방법이 생겨나지 않은 것이다.

그것을 이런 식으로 생각해보자. 당신은 서쪽에 있는 도시에 살고 있는 왕에게 소식을 전하기 위해 그 도시로 가야 한다. 당신 앞에 많은 도로가 놓여 있지만, 그것들 대부분은 잘못된 방향으로 나 있다. 서쪽으로 뻗은 길이 몇 개 있기는 하지만, 그 길들을 따라 잠시 걷다 보면 그것들 역시 휘어지기 시작해 머지않아 동쪽으로 향하고 있다는 사실을 발견하게 될 것이다. 한마디로 말해, 당신이 가야 할 곳으로 데려다주는 도로가 전혀 없는 것이다.

그때 왕이 그의 도시에서부터 시작해 당신이 있는 곳까지 직접 연결되는 새로운 도로를 건설한다. 그 도로는 당신을 목적지까지 데려다줄 수 있는 유일한 길이기 때문에 당신은 그 도로를 택할 것이다. 그 왕은 다른 도로들이 잘못된 것이라고 선언하지 않았다. 그는 당신에게 다른 도로들이 잘못된 것이라고 말할 때 독단적이거나 강압적이지 않았다. 그것들은 언제나 그래왔던 것처럼 단순히 잘못된 길일 뿐이다.

하나님께 나아갈 수 있는 길이 오직 하나뿐이라는 데 대해 심적으로 부담을 느끼는 것은 전혀 잘못된 것이 아니다. 하나님께 향하기보다는 그분으로부터 더욱 멀어지게 만드는 종교를 추구하고 있는 사람들이 있다는 생각을 좋아할 사람은 아무도 없다. 그럼에도 불구하고 만약 우리가 인간이 실제로 얼마나 타락한 상태인지 스스로 인식하고 하나님이 직접 제시하신 방식 외에는 그분을 찾을 수 있는 방법이 없다는 사실을 기꺼이 받아들이기만 한다면, 복음이 전해주는 기쁜 소식은 정말 빛을 발하기 시작할 것이다.

교안

A. 들어가는 글

1. '원숭이와 악어' 이야기로 시작하라.
2. 배경 설명: 여호사밧은 아사로부터 왕위를 물려받아 하나님 중심의 정책을 유지했다. 하지만 그 역시 실수를 저지르고 말았다.
3. 적용: 원숭이와 악어는 본질적으로 진정한 친구가 될 수 없는 사이이다. 여호사밧 왕은 바알 숭배자인 아합과 친구가 되려고 시도하는 과정에서 위험을 발견했다.

B. 본문 이해

1. 여호사밧의 초기 통치(17:1-19)
2. 아합과의 군사 작전(18:1-19:3)
3. 여호사밧의 추가적인 개혁(19:4-11)
4. 요단 강 동쪽 나라들과의 전쟁(20:1 30)
5. 요약과 추가적인 동맹 그리고 사망 기사(20:31-21:3)

C. 결론: '그들이 어디에다 함께 집을 짓겠니?'를 읽어주라.

토의 질문

1. 그리스도인이 비그리스도인과 관계를 맺는 문제와 관련하여 어떤 요소가 성경에 의해 정해져 있고, 어떤 요소가 상황에 달려 있는가?

2. 만약 그리스도인들이 형제나 자매가 파괴적일 수도 있는 관계에 빠져드는 것을 보게 된다면, 어떤 조치를 취할 수 있겠는가?

3. 그리스도인들이 세상 사람들에게 자신이 다른 사람들과 다르다는 사실을 보여주기 위해 구별된 정체성을 주장하는 것이 왜 그렇게 중요한가?

역대하 21:4-22:12

안으로부터의 붕괴

"여호와께서는 인간들에게 그들이 스스로 선택한 것의 결과를 넘겨주신다."

- A. 버클리 미켈슨(Berkeley Mikkelson)

여호람과 아하시야는 사악한 왕들로 우상을 숭배하고 유다 왕국의 몰락을 초래했다. 아하시야가 죽자 그의 조모 아달랴는 왕위를 찬탈함으로써 왕국을 훨씬 더 큰 파멸로 이끌었다.

들어가는 글

저기 홍수가 몰려온다!

한 나라의 통치자가 얼마나 많은 권력을 가지고 있어야 하는가? 특히 민주주의를 채택하고 있는 많은 나라들은 누가 나라를 다스리든 그는 자기 국민들에게 책임을 져야 한다고 명시하고 있다. 대부분의 현대 국가에서는 국회나 의회 같은 대의 기관이 한 개인의 정책이 검증 없이 시행되지 않도록 감시하고 있다. 하지만 17세기와 18세기의 유럽에서는 많은 나라들이 '계몽전제주의(enlightened despotism)' 라는 개념을 받아들였다. 그 개념은 나라를 위해 무엇이 최선인지 알고 있고, 이해하고 있는 한 개인을 군주로 삼는 것이 권한을 분산시킴으로써 초래될 수 있는 혼란과 우유부단함보다 오히려 더 낫다는 생각을 근거로 하고 있었다.

프랑스에서는 프랑스 혁명 이전에 마지막으로 재위했던 몇몇 왕들이 그러한 체제 아래에서 통치했다. 그러한 체제가 지니고 있는 분명한 문제점은 한 개인의 잘못된 아이디어까지도 그 나라의 법으로 전환된다는 사실이다. 게다가 한 개인이 모든 권력을 쥐고 있다 보니 그 개인의 안녕과 나라의 안녕 사이의 구별이 모호해지게 마련이다. 그것이 바로 프랑스의 왕들에게 일어났던 일이다. 누구나 루이 14세와, 그가 국고를 가지고 자신을 위해 지었던 화려한 궁전들에 대한 이야기를 들어본 적이 있을 것이다.

루이 15세도 자기 아버지의 정책을 계속 이어갔다. 그에게는 나라의 비틀거리는 경제보다도 자신의 개인적인 부귀영화가 더 중요했다. 그는 자신의 행동이 프랑스를 파멸의 위기로 몰아가고 있다는 사실은 아랑곳하지 않은 채 여왕과 함께 호화스럽게 살았다. 그의 행정관들이 왕과 여왕에게 그의 정책이 빚어낸 재정적 결과를 보여주자 여왕은 이렇게 대답했다. "아프레 므와 르 델뤼즈[Après moi le deluge(After me, the flood, 내 뒤에, 홍수)]". 다시 말해, 자신들이 사라지고난 후 재앙이 닥쳐 모든 것이 무너질 수도 있겠지만, 그것이 무슨 상관이냐는 것이다.

아니나 다를까 그가 죽고난 직후 재앙이 닥치고 말았다. 그의 아들 루이 16세와 그 유명한 여왕 마리 앙투아네트의 통치가 프랑스 혁명에 의해 끝나버린 것이다. 그 혁명은 공포정치로 이어졌고, 그것은 다시 야만적인 나폴레옹 정권에 길을 내주고 말았다. 홍수가 이미 시작됐던 것이다.

우리는 역대기의 이 부분에서 홍수가 유다 왕국을 덮치는 모습을 보게 될 것이다. 예루살렘의 처음 몇몇 왕은 일부 결함을 지니고 있었지만, 어느 정도의 능력도 가지고 있었다. 하지만 그들의 정책이, 특히 여호사밧의 정책이 붕괴를 초래하게 될 씨앗을 뿌렸다. 여호람과 아하시야는 모두 우상 숭배자일 뿐만 아니라 무능력한 왕이었다. 설상가상으로 아하시야가 죽었을 때, 그의 할머니인 사악한 아달랴가 왕위를 찬탈하면서 잔인함의 새로운 기준을 세웠다. 홍수가 유다 땅을 덮고 있었던 것이다.

본문 이해

안으로부터의 붕괴

Main Idea	여호람과 아하시야의 통치는 죄가 종종 어떤 결말을 야기하는지를 보여준다.

A. 여호람의 통치(21:4-20)

Supporting Idea	여호람의 통치는 여호와에 대한 그의 헌신이 부족했던 것만큼이나 그 결과도 파괴적이었다.

21:4-7. 혼동을 피하기 쉽지 않지만, 아합의 아들이자 아하시야의 동생인 또 다른 여호람이 있었다는 사실을 잊지 말아야 한다. 그들은 모두 이스라엘의 왕이었다. 우리가 지금 다루고 있는 여호람은 여호사밧의 아들이자 또 다른 아하시야의 아버지였고, 그들 모두 유다의 왕이었다. 역대기 저자는 여호람에 대해 좋은 말을 한마디도 하지 않는다. 그에 대해 간략히 묘사하는 처음 몇 개 구절은 추악하기 짝이 없는 이야기를 요약해서

말해주고, 나머지 내용은 그의 부도덕한 정책 때문에 유다가 겪어야 했던 재난들 가운데 일부를 자세히 설명하고 있다. 그 얼마나 끔찍한 재앙들인가!

형제 살해가 히브리 왕들의 역사에서 처음 있는 일은 아니었다. 우리는 이미 솔로몬이 왕좌를 두고 함께 경쟁했던 자신의 형 아도니야를 처형했다는 사실을 알고 있다(왕상 2:25). 하지만 여호람은 유다 땅의 다른 출중한 인물들은 물론이고 그의 형제 여섯을 모두 죽였다. 단지 자신의 정권에 도전하는 세력이 생겨나지 않도록 하기 위해서 말이다. 그런 식으로 자기 백성들을 멀리했던 여호람은 이스라엘에 있는 자신의 인척 오므리 가문의 영향력 아래에서 6년간의 통치를 시작했다. 그는 이스라엘을 살기 괴로운 곳으로 만들고 있었던 정책과 관습을 똑같이 추구했다.

하지만 여호람은 이스라엘의 왕들이 행하고 있던 잘못을 똑같이 저질렀음에도 불구하고 동일한 결말을 겪지 않게 될 것이다. 오므리 왕조는 그들이 저지른 악행에 대한 심판으로 완전히 몰살을 당하게 된다. 그러나 여호람은 그에게 유리한 점을 하나 갖고 있었다. 그가 다윗 가문의 후손이라는 사실이다. 하나님에 대한 그의 불순종에도 불구하고 여호와께서는 그의 가족 전체를 제거하지는 않으신다. 그 자신의 아내 덕분에 거의 그 수준까지 이르게 되지만, 하나님은 과거 다윗에게 솔로몬의 후손이 언제까지나 왕위에 있게 될 것이라고 약속하셨다(대상 17:14). 그 약속이 여호람의 가족을 몰살로부터 지켜준 것이다.

21:8-11. 여호사밧의 통치 기간 동안 에돔은 다윗과 솔로몬의 통치 때 그랬듯이 다시 한 번 유다의 속국이 되었다. 이제 유다 왕국이 붕괴되기 시작하자 에돔이 제일 먼저 자신의 주권을 주장하고 나섰다. 예루살렘의 왕이 취약하다는 사실을 간파한 에돔은 그에 대한 충성을 거부하고 스스로 군주국을 다시 수립한 것이다. 그러자 여호람이 출정하였다. 자신의 뜻이 좌절되었을 때 여호람의 반응은 그의 뜻을 강제하기 위해 군대를 보내는 것이었다. 그런 상황에서 여호람이 자기 성찰을 했다든가 다른 대안들을 고려했다는 등의 기록은 전혀 없다. 자기 형제들을 처형함으로써 자신의 대관식을 기념했던 여호람 왕은 에돔의 반역이 발생하게 된 종교적, 정치적 원인에 대해 스스로 자문하는 시간을 잠시도 갖지 않았다. 그들이 그에게 복종하지 않았고, 따라서 응징되어야 할 필요가 있었던 것이다.

그래서 여호람은 자신의 군대, 특히 병거 부대를 불러모아 에돔을 향해 출발했다. 그러나 에돔 족속은 그가 오고 있다는 사실을 알고 있었고, 여호람은 은밀히 작전을 펼치지도, 압도적인 힘을 가지고 있지도 않았다. 그들은 유다 군대를 포위했다. 에돔을 징벌하기 위해 나선 여호람의 군사 작전이 그 자신의 학살로 변해버리지 않은 것은 바로 밤에 감행된 절박한 돌격 때문이었다. 여호람 왕과 그의 지휘관들은 간신히 위기를 벗어났고, 에돔은 처벌받지 않은 채 독립적인 지위를 확보하게 되었다. 에돔을 조공 국가 명단에서 삭제하라!

대략 같은 시기에 립나라는 성읍도 여호람의 통치에 반기를 들었다. 립나는 예루살렘의 서쪽에 위치해 있었고, 지리적으로 유다에 속해 있었으며(수 10:29-32, 12:15), 도피성 가운데 하나로 지정되어 있었다. 따라서 외국 세력이 아니었다. 일부 해석가들은 그것이 블레셋의 성읍 가드와 가까이에 위치해 있어 문화와 종교 면에서 '블레셋화(Philistinized)' 되었을 것이라고 생각한다(Payne, 407). 하지만 레위 족속의 통제 아래 있었던 성읍이라는 립나의 본래 특성과 역대기 저자 자신이 제시하고 있는 이유(저가 여호와를 버렸음이더라)를 감안할 때, 립나가 여호람 왕의 우상 숭배에 질려버렸던 유다의 한 자치구였을 가능성이 더 높다.

여호람은 유다 전역에 산당을 지었을 뿐만 아니라, 백성들이 하나님을 배반하도록 이끄는 데 주도적인 역할을 담당했다(예를 들면, 음란하듯 우상을 섬기게 하고). 아마도 립나 주민들이 그런 흐름에 단호한 태도를 취하기 위해 단합했을 것이다.

21:12-15. 엘리야 선지자는 북왕국에서 아합과 이세벨의 적이었다. 이제 여호람이 이스라엘과 가까운 관계를 맺고 그들의 길을 따라가고 있었기 때문에 그 역시 엘리야의 심판 아래 놓이게 되었다. 엘리야가 편지를 보냄으로써 자신의 존재를 알렸던 것이다. 그 메시지는 엘리야가 이 세상을 떠난 후에 여호람에게 전달되었을 것이다.

엘리야의 편지는 먼저 여호람의 죄를 열거했다. (1) 그의 아버지 여호사밧과 그의 할아버지 아사의 역할 모델을 따르지 않은 죄와 (2) 유다와 예루살렘의 백성들이 하나님을 떠나 우상을 숭배하도록 이끈 죄, (3) 자기 형제들을 죽인 죄 등이었다. 그 편지의 두 번째 부분은 여호람이 받게 될 징계를 자세히 설명하고 있다. (1) 그의 가족과 개인 재산의 파멸과 (2) 창자에 발생하는 끔찍한 질병 등이다.

역대기 저자는 여호람이 그 편지에 대해 어떤 반응을 보였는지 전혀 언급하지 않고 있지만, 그것은 엘리야의 메시지에 대한 거부나 마찬가지였다.

21:16-17. 그리 오래되지 않은 과거에 여호사밧은 블레셋 족속과 아랍 족속의 방문을 받았는데, 당시 그들은 조공 예물을 가지고 예루살렘에 왔다(대하 17:11). 이제 그들이 다시 여호람을 찾아왔지만, 이번에는 선물을 가지고 오지 않았고, 대신 여호람의 왕궁을 공격하여 그 안에 있는 보물을 모두 빼앗고 그의 아들들과 아내들을 살해했다. 역대기 저자는 그 참화를 모면한 한 인물을 언급하면서 또 다른 생존자를 암시한다. 당시 십대였던 막내아들 아하시야는 용케 위기를 벗어났다. 그리고 여호람의 아내 가운데 한 명인 아달랴 역시 당시의 재앙에 가장 크게 일조했음에도 불구하고 상처 하나 입지 않고 살아남았다.

21:18-20. 엘리야의 편지에서 예언된 대로 여호람은 창자에 질병이 발생했다. 역대기 저자는 우리에게 여호와께서 여호람을 치셨다고 말한다. 여호람이 죽었을 때, 아무도 슬퍼하지 않았다. 여호람의 사망 기사는 그에 대한 정보를 얻을 수 있는 추가적인 출처에 대해서도 언급하지 않고 있다. 아무도 그 비참한 왕에 대해 더 많이 알기를 원치 않는다고 가정했기 때문일 것이다. 그는 심지어 자기 전임자들과 같은 장소에 묻히지도 못했다.

B. 아하시야의 통치(22:1-9)

Supporting Idea	아하시야는 자기 아버지의 사악한 관행을 계속 이어갔지만, 그의 통치 기간은 아주 짧았다.

22:1-4. 예루살렘 백성들이 새로운 왕을 어디에서 찾을지 선택권을 가지고 있었다 하더라도 그 기회를 살릴 수는 없었다. 다윗 가문의 합법적인 후손은 여호람의 막내아들 아하시야 한 명뿐이었고, 그는 만장일치로 왕에 추대되었다. 이제 막 아버지가 된 스물두 살짜리 왕은 자기 아버지가 시도했다 실패했던 방법들을 고수하기로 결심했다. 우리는 다시 한 번 아달랴의 강압적인 손이 작용하고 있음을 볼 수 있다. 아하시야는 아합과 이세벨의 손자였고, 북에 있는 왕족들이 그가 어울려야 하는 유일한 가족이었다. 그들은 기꺼이 끼어들어 유다 왕에게 왕권을 행사하는 요령뿐만 아니라 우상을 숭배하는 방법까지도 지도했다. 역대기 저자는 아하시야에 대해 한마디로 평가한다. 저가 악을 행하였더라.

22:5-6 상. 아하시야의 삼촌이자 아합의 아들이었던 이스라엘 왕 요람(여호람의 다른 이름 - 역자 주)은 아하시야에게 자신과 함께 출정하여 다시 한 번 길르앗 라못에서 아람 족속과 싸우도록 설득했다. 종전의 사건들과 비교할 때(대하 18:3), 선수들은 바뀌었지만 여전히 똑같은 게임이었다. 북왕국은 지난번 길르앗 라못에서 패했던 전투 외에도 아람과 여러 차례 무력 충돌을 해왔다. 그런 전투 가운데 일부에서 이스라엘은 선지자 엘리야와 엘리사를 통해 하나님에 의해 기적적으로 보존되었다(왕상 20:1-43, 왕하 6:24-7:20). 이제 이스라엘의 적 아람 왕 벤하닷이 하사엘에 의해 암살되었고, 그가 벤하닷의 후임자가 되었다. 이스라엘의 요람은 자신의 주장을 내세울, 특히 길르앗 라못에 대한 권리를 주장할 절호의 기회가 왔다고 느꼈고, 그의 조카 유다 왕 아하시야도 군병력을 추가로 공급해주었다.

그 모험적인 작전은 성공적이었다. 하지만 요람은 부상을 당하여 치료를 위해 이스르엘이라는 성읍으로 피신할 수밖에 없었고, 아하시야도 철수했다.

22:6 하-9. 인정 많은 조카였던 아하시야는 치료 중에 있는 삼촌을 방문하기 위해 이스르엘로 내려갔다. 그런데 불행히도 방문 시점이 그 이상 더 안 좋을 수는 없었다. 그가 도착하자마자 임시의 아들 예후가 찾아왔다. 그리고 예후의 의도는 부상을 당하여 고통 중에 있는 왕을 위로하기 위한 것이 아니었다. 그는 요람 왕을 죽이고 스스로 왕관을 취하기 위해 찾아온 것이다. 하나님이 그에게 그렇게 하도록 지시하셨기 때문이다.

이스라엘의 요람과 유다의 아하시야가 담소를 즐기고 있을 때, 예후가 군대를 이끌고 나타나 그들의 대화는 중단되었다. 역대기 저자는 우리가 열왕기하 9장 1-26절에서 볼 수 있는 자세한 내용을, 다시 말해 예후가 어떻게 엘리사를 위해 일하는 한 선지자에 의해 기름 부음을 받았는지, 예후와 그의 병거 부대가 어떻게 모두를 기습하기 위해 이스르엘로 급히 달려갔는지, 그리고 예후가 어떻게 아합 가문과 그의 정권과 관련된 사람들을 조직적으로 처형했는지 등에 대해 언급하지 않고 있다. 역대기 저자인 에스라에게 있어 가장 중요한 점은 아하시야와 그의 왕자들도 예후가 감행한 숙청의 희생자들 사이에 포함되어 있었다는 사실이다. 아하시야와 그의 수행원들이 이스라엘의 영역 안에 있었기 때문에 예후는 남왕국을 침략해 들어갈 필요도 없었다. 그는 바로 자기 땅에서 임무를 완수할 수 있었던 것이다.

이스라엘의 요람은 등에 화살을 맞았지만, 유다의 아하시야는 가까스로 피신했다. 그는 사마리아까지 도망쳤고, 거기서 예후의 부하에 의해 부상당했다. 계속 도망치던 아하시야는 결국 상처가 깊어 므깃도에서 죽고 말았다(왕하 9:27). 열왕기하 9장 28절은 역대기 저자가 아하시야의 장례식에 대해 간략히 언급한 내용을 좀더 자세히 설명해 주고 있다. 아하시야의 신복들이 그를 장사지냈고, 그의 경건한 조부에 대한 경의 표시로 그가 받았던 묘지는 예루살렘에 있는 왕들의 무덤 사이에 있었다.

C. 아달랴에 의한 쿠데타(22:10-12)

Supporting Idea	아달랴는 왕위에 대한 합법적인 권리를 갖고 있지 않았다.

22:10-12. "왕께서 승하하셨다! 국왕 폐하 만세!" 그러나 왕이 없었다. 심지어 그럴듯한 후보자도 없었다. 물론 아하시야의 자녀들이 있었지만, 그들은 이제 막 걷기 시작하는 유아들이었다. 가장 어린 가엾은 요아스는 이제 겨우 한 살이었고, 아하시야가 기껏해야 스물세 살 정도였다는 점을 감안할 때, 그의 다른 아이들도 훨씬 더 연상일 수는 없었을 것이다. 따라서 아들이 아버지를 계승하면서 직계 혈통을 따라 이어져 내려왔던 다윗의 가계가 이제 일부 곁가지로 벗어나야 할 것처럼 보였다. 유다 왕국이 그런 문제에 직면한 것은 이번이 처음이었다.

그것은 아달랴에게 있어서 절호의 기회였다. 무엇보다도 그녀 자신이 왕족이었고(그녀의 아버지 아합은 이스라엘의 왕이었고, 그녀의 어머니 이세벨은 시돈의 공주였다), 그녀는 자기 남편의 통치에도 영향력을 행사한 경험이 있었다. 자격 조건 면에서 누가 그녀를 따라잡을 수 있었겠는가? 더군다나 아달랴가 무슨 짓을 했는지 개의치 않고 공평하게 말하자면, 우리는 그녀가 진퇴양난의 상황에 빠져 있었다는 사실을 인식해야 한다. 바로 그 시점에 이스라엘의 새로운 왕 예후는 아달랴의 친척들, 다시 말해 그녀의 형제(이스라엘의 요람)로부터 그 이하 모두를 말살하는 마지막 단계에 있었던 것이다.

그녀가 스스로 왕위를 잡는 것도 위험한 일이기는 하지만, 누구든 유다의 왕이 된다면 그는 그녀의 남편에 의해 저질러졌던 만행의 유일한 생존자일 것이고, 따라서 예후와 협력하여 남왕국에서도 아합의 가문을 제거하는 일에 나서게 될 것이었다. 그녀가 살아남을 수 있는 유일한 희망은 유다 왕국을 자기 것으로 만드는 데 있었다. 대부분의 주석가들은 아달랴의 탐욕과 권력에 대한 욕망을 강조하고 있지만, 우리는 그녀가 느꼈을 어떤 두려움에 대한 여지를 남겨두어야 한다.

하지만 그녀의 동기를 이해하는 것과 동정을 혼동하지 말자. 아달랴는 여왕으로서의 지위를 확립하는 데 있어 무자비했다. 그녀는 누구든 다윗의 집안과 관련 있는 것으로 확인될 수 있는 사람들을 대상으로 숙청을 단행했고, 아무도 왕위에 대한 합법적인 권리를 주장하고 나설 수 없도록 그들 모두를 제거하려고 했다. 그러나 아달랴는 결정적인 두 사람, 그녀의 의붓딸 여호사브앗과 그녀의 손자이자 아하시야의 젖먹이 아들 요아스를 빠뜨렸다. 아마도 아달랴가 다윗 가문의 여자들까지 제거해봐야 아무 소용없다고 생각했거나, 아니면 여호사브앗이 대제사장 여호야다의 아내로서 특별한 보호를 누렸을지도 모른다. 어쩌면 스스로 왕권을 주장한 여왕이 자기 남편이 다른 아내를 통해 난 딸에게 어느 정도 애정을 느꼈을 수도 있다. 아달랴의 동기가 무엇이었든지 간에 여호사브앗은 살아남도록 허용되었고, 어린 요아스를 안전한 장소로 감쪽같이 빼돌렸다.

역대기 저자는 아달랴의 통치 기간과 즉위 나이, 업적에 대한 요약 등 어떤 정보도 제공하지 않고 있다. 심지어 우리가 여호람의 경우에 보았던 부정적인 언급까지도 기록되어 있지 않다. 역대기 저자가 보기에 아달랴는 합법적인 통치자가 아니었던 것이다. 그녀는 다윗 집안의 후손이 아니었을 뿐만 아니라, 확고한 바알 숭배자로서 성전에서 합법적으로 드려지는 하나님에 대한 예배와 아무 관련이 없었다. 아달랴가 잠시 동안 정권을 잡고 있었는지는 모르지만, 왕위에 대한 권리는 갖지 못했다.

Main Idea 복습	여호람과 아하시야의 통치는 죄가 종종 어떤 결말을 야기하는지를 보여준다.

결론

겨우 쌀 몇 알에 불과한데

한 현명한 사람이 체스라는 게임을 고안해 어느 위대한 왕에게 바쳤다. 왕은 그 선물을 받고 만족스러워하며, 그 남자에게 보상으로 그가 원하는 것은 무엇이든 가질 수 있게 해주겠다고 말했다. 그 현명한 사람은 자신이 원하는 것은 쌀 한 알이 전부라고 대답했다. "겨우 쌀 한 알이라구?" 왕이 어리둥절한 표정으로 물었다.

"음, 그러면…." 그 현명한 사람이 대답했다. "쌀알로 체스 판을 덮어만 주십시오. 첫 번째 칸에는 한 알만 놓아주시고, 두 번째 칸에는 두 알, 세 번째 칸에는 네 알, 이런 식으로 64개의 칸이 모두 채워질 때까지 계속해서 각 칸에 놓여지는 쌀알의 수를 두 배로 늘려주시기만 하면 됩니다."

"당연히 해줘야지. 염려 말게, 친구." 왕이 대답했다. "원하는 대로 해주겠네. 자네는 그 이상의 보상도 받을 자격이 충분해. 하지만 자네가 이걸 원한다니 기쁘게 해줘야지." 그러고는 자신의 하인들에게 쌀 한 자루를 가져오도록 명령했다.

하지만 그 한 자루로는 충분치 않았다. 체스 판이 반쯤 차게 되는 서른두 번째 칸만 해도 2억 알 이상의 쌀이 필요하게 될 것이다. 그 거래를 끝내기 위해 필요한 쌀알의 총수는 18 뒤로 열여덟 개의 0이 이어져 만들어지는 수(18,000,000,000,000,000,000) 이상이 될 것이고, 지구 표면 전체가 논이라 하더라도 여전히 그 양의 극히 일부만을 생산하게 될 것이다. 그 이야기는 두 가지의 가능한 결말을 가지고 있다. 왕이 할 수 있는 내로 그 보상을 최대한 지불하고 자신의 왕국을 잃어버리게 되든지, 아니면 왕이 분노하며 그 현명한 사람을 참수시키든지 말이다.

이 이야기에 나오는 왕처럼 유다의 여호람은 자기 행동이 야기하게 될 결말을 너무 늦기 전에 보지 못했다. 여호람은 자기 전임자들의 역사를 들여다볼 수도 있었을 것이다. 그는 분명 엘리야의 경고 편지를 마음에 새길 수도 있었을 것이다. 앞이 안 보이는 안개 속에 빠져버렸던 그는 독자적으로 자신의 길을 갔다. 그리고 그것은 그의 길이었지, 아달랴의 길이 아니었다. 아달랴가 여호람이 그릇 행할 수 있는 기회와 수단을 제공했지만, 그가 '노' 라고 말할 수 있는 능력 없이 태어난 것은 아니다. 그는 분명 자신의 아버지와 형제들, 엘리야 그리고 하나님께 '노' 라고 말했다. 그러나 여호람은 이세벨의 딸에게 '노' 라고 말하지 못했다. 그는 자기 행동의 결말이 얼마나 비극적이 될 것인지 보지 못했음에 틀림없다.

여호람이 유다 땅을 우상으로 채우느라 바쁜 동안, 그의 적들은 왕국을 조금씩 무너뜨리기 시작했다. 마침내 생각할 수도 없는 일이 벌어졌다. 블레셋 족속이 그의 왕궁에 침입해 소유물을 모두 빼앗아가고 그의 가족들을 처형한 것이다. 그를 비웃는 백성들이 거주하는 왕국 외에는 남은 것이 아무것도 없는 처지에 놓이게 된 여호람은 그뒤 곧 건강을 잃었고 몹시 고통스러운 죽음을 맞이했다.

여호람은 우리에게 경종을 울려준다. 홍수가 더 이상 멈출 수 없게 되고, 쌀알이 터무니없이 늘어나게 되며, 우리가 은폐할 수 있다고 생각했던 행위의 결과가 더 이상 통제되고 조작될 수 없는 시점이 오게 된다는 것이다. 그런 문제들을 다루어야 할 시간은 바로 지금이다.

▣ 진리 알기

- 죄는 본래 우리가 하나님과의 관계에서 저지르는 위반 행위지만, 다른 사람들과의 관계에도 부정적인 결과를 초래하게 된다.
- 죄가 우리 삶을 주장하는 정도는 금방 드러나지 않을 수도 있지만, 궁극적으로는 갑작스러운 붕괴를 초래하게 된다.

▣ 적용하기

- 다음 속담들을 곰곰이 생각해보라. "가는 말이 고와야 오는 말도 곱다." "심는 대로 거둔다." 그 원칙들이 여호람과 아하시야의 통치에서 어떻게 입증되고 있는가?
- 사람들이 이 세상에서 사는 동안 받을 자격이 있는 모든 것을 얻어야 하는지의 여부를 놓고 두 사람이 논쟁을 벌인다고 상상해보라. 한 사람은 그렇다고 주장하고, 나머지 한 사람은 아니라고 말하고 있다. 각 사람이 자신의 주장을 뒷받침하기 위해서 어떤 증거를 제시할 수 있겠는가?
- 어떤 사람이 당신에게 어떤 일이 잘못인 줄 알면서도 자비로운 하나님께서 용서해주시리라

믿고 그냥 행할 예정이라고 말한다면, 당신은 그에게 무슨 말을 해주겠는가?

삶의 적용

자루 속의 자칼

1994년 8월, 프랑스 정부의 정보 요원들이 수단에서 체포 작전을 펼치고 있었다. 새벽 3시경 그들은 땅딸막한 한 중년 남자가 가벼운 수술을 받고 회복 중이던 집안으로 진입했다. 요원들은 그 남자가 누워 있는 침대를 둘러싼 후 그를 꼼짝 못하게 제지하고 그에게 진정제 주사를 놓았다. 그런 다음, 요원들은 자루 안에 갇힌 그들의 죄수와 함께 근처 공항에서 비행기에 올라타 프랑스로 향했다. 그들은 프랑스에 안전하게 도착할 때까지 그 자루를 두 번 다시 풀지 않았다. 요원들은 프랑스에 도착해서야 그들의 죄수가 프랑스의 보호 아래 있음을 확신할 수 있었다.

문제의 그 사나이는 일명 자칼 카를로스(Carlos the Jackal)로 널리 알려져 있는 20세기의 가장 악명 높은 테러리스트 일리치 라미레즈 산체스(Ilich Ramirez Sanchez)였다. 그는 1972년 뮌헨올림픽 이스라엘 선수 살해 사건에서부터 테러리스트 집단 알카에다의 두목 오사마 빈 라덴(Osama bin Laden)과 함께 자행한 테러 행위들에 이르기까지 수많은 폭탄 테러와 항공기 납치, 대량 학살 등을 배후에서 조종한 주모자였다. 뛰어난 능력과 무자비함뿐만 아니라 호쾌한 '플레이보이' 기질로 유명한 카를로스의 외적 인격은 실제 삶보다 더 크게 과장되었다. 뉴스를 통해 그에 대해 전해지는 이야기들 외에도, 그는 심지어 수많은 소설 작품에서 고정적인 등장인물이 되어버렸다.

카를로스의 주된 직업은 죽음과 파괴를 판매하는 것이었지만, 그는 자신의 사업을 촉진해줄 가능성이 있는 철학이면 어떤 것이든 기꺼이 받아들이는 모습을 보여왔다. 마르크스주의 테러리스트로 시작했던 그가 말년에는 자신이 이슬람교도로 불리는 것이 더 유리하다는 사실을 깨달았다.

하지만 그 혁명가의 모든 것은 결국 무너지기 시작했다. 카를로스의 체포를 허락했던 수단의 고위 관리는 이렇게 푸념했다.

> 우리는 그를 전투원으로 환영했습니다. 고귀한 대의를 위해 싸우는… 그런 사람 말이죠. 하지만 그는 건달입니다. 그의 행위는 수치스럽기 짝이 없죠. 술도 잘 마시고 수시로 여자를 데리고 다니는 걸 보면, 그가 회교도인지 아닌지 잘 모르겠어요… 후회 안 합니다. 다 자신의 행동 때문이죠. 우리 탓이 아닙니다(Bellamy, Web site).

카를로스의 삶은 심지어 부도덕하고 흉악한 그의 과거 고용주들도 그에게 혐오감을 느낄 정도로 허물어지고 말았다. 당신은 조만간 스스로 해를 당하지 않고는 하나님과 사람의 법을 일관성 있게 드러낼 수 없다. 거짓말하는 것을 정당화하는 사람은 누가 그에게 무슨 말을 하든 신뢰할 수 없다. 인간의 삶이 무의미하다고 말하는 사람은 자신의 삶이 아무 가치 없다고 선언하는 것이다. 개인의 힘 말고는 옳고 그름의 기준이 없다고 주장하는 사람은 타인에게 자신을 괴롭혀달라고 부탁하는 것이나 마찬가지다.

여호람 왕과 그의 모방자들은(아하시야와 아달랴는) 그 진리를 보여주는 사례이다. 여호람은 하나님에 대한 숭배를 저버리고 살육 행위로 그의 통치를 시작함으로써 하나님뿐만 아니라, 사람들과의 관계를 지탱해줄 정신적 토대를 모두 거부했다. 결국 그는 자신의 정권을 확립할 토대를 전혀 갖추지 못했고, 그의 삶과 유다 왕국은 아수라장이 되고 말았다.

기도

하나님 아버지, 우리가 삶에서 죄를 심각하게 다룰 수 있도록 도와주십시오. 우리는 당신이 우리를 위해 흘리신 피를 근거로 당신의 은혜와 용서에 대해 전적으로 확신합니다. 하지만 그 확신이 우리에게 죄를 간과할 수 있는 자유를 주지 못한다는 사실도 압니다. 죄가 우리에게 유리한 것처럼 보일 때, 그것이 착각이라는 사실을 우리가 인식할 수 있도록 도와주십시오. 우리가 당신의 계시된 말씀과, 당신이 우리 삶에서 행하고 계시는 의로운 역사를 더욱 신뢰할 수 있도록 인도해주십시오. 아멘.

심층 연구

아람 족속(22:5)

아람 족속은 누구였을까? 킹 제임스 성경(King James Version)처럼 좀 더 오래된 성경 번역본은 아람(Aram) 대신에 시리아(Syria)란 용어를 사용하고 있다. 그 두 단어는 같은 히브리어를 번역한 것이다. 일반적으로 오늘날의 관례는, '시리아' 는 지리적 영역을, '아람' 은 나라를 언급하는 말로 생각하는 것이다.

그러나 하나의 통일된 정치 주체라는 의미에서 '아람' 이라는 단 하나의 나라는 결코 존재한 적이 없다. 많은 아람들(Arams)이 있었을 뿐이다. 좀 더 정확히 말하자면, 많은 아람 왕국들이 존재했다. 예를 들면, 우리는 역대상 18장 3-9절과 19장 6절 사이에서 다섯 개 아람 왕국의 목록을 만들어낼 수 있다. 아람 소바와 아람 나하라임, 아람 마아가, 아람 다메섹, 아람 하맛 등이 그것이다. 비록 그 소왕국들이 종종 서로 협력했지만, 하나의 왕국으로 통합된 적은 한 번도 없었다. 역대하에 언급된 아람은 대부분 아람 다메섹이다.

그러나 여러 아람 왕국 사이의 유대는 강했다. 그들은 공통된 민족적 배경(셈의 후예에 속한다)뿐만 아니라, 아람어라는 공통의 언어를 공유하고 있었다. 선지자 아모스에 의하면, 아람 족속은 길(Kir)에서 탈출하여 현재의 영토를 차지하게 되었다. 하나님이 이스라엘을 애굽에서 이끌어내셨던 것처럼 말이다(암 9:7). 길은 메소포타미아의 또 다른 이름이다. 아모스서는 또 아람이 그들의 죄 때문에 결국에는 다시 길에 사로잡히게 될 것이라는 예언도 담고 있다(암 1:5 하). 그 예언은 아시리아가 그들을 추방했을 때 성취되었다.

아람 왕국들은 그들의 주변국들과 마찬가지로 바알이 최고의 지위를 차지하고 있는 가나안의 여러 신들을 자신들의 구미에 맞게 받아들였다. 아람 족속은 또 하닷(Hadad)

이라고 알려져 있는 사나운 폭풍의 신을 공통으로 섬겼다.

아람의 여러 왕국은 암몬과 모압, 에돔, 이스라엘, 유다 등 다른 작은 나라들과 경쟁하면서 살아남기 위해 때로는 싸우고, 때로는 협상하며 당시의 정치적 상황을 헤쳐나갔다. 상대방으로부터 압제를 당하든지 아니면 상대방을 제압하든지 선택할 수밖에 없는 상황이었고, 상대방을 제압하고 있는 한 압제당하지 않을 수 있었다. 평화적 공존은 실행 가능한 개념이 아니었다. 만약 A라는 나라가 B라는 나라를 통제하려고 시도하지 않았다면, B라는 나라가 A라는 나라를 통제하려고 시도했을 것이다. 따라서 아람은 고대 국제 정세의 계속되는 야바위 놀음에서 나름대로 최선을 다했다.

아람 다메섹은 이스라엘과 유다 사이에서 끊임없이 저울질하며 관계를 유지해나갔다. 영원한 것은 아무것도 없었고, 동맹과 대립은 아람이 인지하는 이해득실에 따라 덧없는 것이었다. 일부 학자들은 아합과 벤하닷 사이의 전쟁에 대한 역대기의 설명이 역사적으로 정확한지의 여부에 대해 의문을 제기해왔다. 아합이 벤하닷과 함께 앗수르를 상대로 전쟁을 벌였기 때문이다(Pitard, 219). 하지만 그 주장은 당시 어디에서도 찾아볼 수 없는 세계 열강 사이의 세력 균형의 일관성을 가정하고 있다. 비교적 제한된 국력을 가지고 있었던 고대 중동 지역의 일개 나라가 수세기 동안 일관된 정책을 유지했다는 설명이 훨씬 더 의심스러울 것이다.

비록 아람 족속은 강대국이 되지도, 독특한 문화유산을 남기지도 못했지만, 역사에 한 가지 중요한 기여를 했다. 바로 그들의 언어였다. 아람어는 여러 국적의 구성원들이 서로 의사소통을 하는 데 사용되는 언어가 되었던 것이다. 앗수르의 산헤립이 예루살렘을 포위했을 때, 그의 지휘관은 공개적으로 비웃는 말을 유다 백성들의 언어인 히브리어로 소리쳤다. 그러자 유대 지도자들이 그에게 아람어로 말해달라고 요청했다. 자신들은 그 언어를 알았지만, 일반 백성들은 몰랐기 때문이다.

그러나 예수님의 시대인 주후 1세기에 이르면, 그 언어 상황이 바뀌어 있었다. 예수님이 십자가상에서 히브리말로 소리치고 계셨을 때, 일반 백성들은 그분의 외침을 이해하지 못했다. 당시 그들은 아람어만을 알고 있었기 때문이다(마 27:46-49). 본래 외국어였던 아람어가 예수님 시대의 유대인들에게는 모국어가 되어 있었던 것이다.

고안

A. 들어가는 글

1. '저기 홍수가 몰려온다!' 이야기로 시작하라.
2. 배경 설명: 여호사밧은 신앙심이 깊은 왕이었지만, 바알 숭배에 헌신적이었던 아합의 집안과 혼인 동맹을 맺었다. 여호사밧이 죽자 그의 아들 여호람이 왕위를 물려받았다. 여호람은 하나님에 대한 순종을 장려했던 자기 아버지의 정책을 계속 이어가게 될 것인가, 아니면 바알교를 지지하는 자신의 아내와 인척들의 압력에 굴복하고 말 것인가?
3. 적용: "내 뒤에, 홍수(after me, the flood)"라는 문구는 자기가 죽은 뒤에 프랑스가 무너지기를 바랐던 루이 15세의 태도를 대표하는 말이 되었다. 그리고 그 기대는 결국 정확하게 맞아떨어졌다. 마찬가지로 여호사밧이 죽고 여호람이 왕위를 물려받았을 때, 여호사밧이 추진했던 이스라엘과의 우호 정책의 결과가 서서히 드러나면서 유다의 수문이 열리기 시작했다.

B. 본문 이해

1. 여호람의 통치(21:4-20)
2. 아하시야의 통치(22:1-9)
3. 아달랴에 의한 쿠데타(22:10-12)

C. 결론: '겨우 쌀 몇 알에 불과한데' 를 읽어주라.

토의 질문

1. 죄는 언제까지나 한 개인의 삶에 해를 끼치게 되는 것인가, 아니면 심판 날에 한 개인에게 부정적인 결과를 초래하는 것으로 끝나는 일부 죄가 있는 것인가?

2. 육체적인 질병은 죄에 의한 것인가? 언제나 그러한가? 이따금 그러한가? 혹은 결코 그렇지 않은가? 요한복음 9장 2-3절을 참고하라.

3. 유다의 아하시야는 '우연히도' 이스라엘의 요람을 방문했을 때 예후의 손에 의해 심판을 받았다. 그 사건은 역사에 관여하시는 하나님의 손을 어느 정도까지 예증하고 있는가?

역대하 23:1-24:27

평생 이어진 미성숙

"진정한 회심은 그 이후의 사건들을 통해 드러나게 될 것이다."

- 스탠리 J. 그렌츠(Stanley J. Grenz)

신실한 대제사장 여호야다는 요아스를 유다의 왕위에 앉혔다. 요아스는 여호야다가 살아 있는 동안 정의를 추구했지만, 여호야다의 죽음 이후 사악하게 돌변하고 말았다.

들어가는 글

한때 그리스도인이었던 제로니모(Jeronimo)

"제로니모!" 그 유명한 아파치 지도자의 이름은 오늘날까지도 무모한 방종과 대담함을 의미하는 동의어로 통한다. 그가 여러 차례 보호 구역을 탈출하여 인디언 전사들을 이끌고 미합중국 병사들에게 대항할 때, 무자비함으로 유명한 그의 명성은 누구도 따라올 수 없었다. 가족들을 살해당한 경험이 있었던 제로니모는 그의 적들을(그리고 누구든 그의 앞길을 가로막는 사람들을) 참살할 준비가 되어 있었던 것이다.

하지만 제로니모가 말년에 투쟁을 포기하고 보호 구역 안에서의 삶에 적응하려고 애쓰고 있을 때, 잠시 동안 기독교에 귀의한 적이 있었다. 보호 구역 안에서 보살핌을 제공하며 복음을 전파하던 개혁교회(Reformed Church) 출신의 선교사들이 있었던 것이다. 제로니모는 처음에 그들과 상관하지 않으려고 했지만, 결국에는 예배에 참석하도록 설득당했다. 그는 곧 '예수의 길(Jesus road)'을 공부하기 시작했고, 다른 모든 사람들에게 똑같이 하도록 권하기도 했다. 제로니모는 결국 회심을 경험하여 세례를 받고 교회의 일원이 되었다.

하지만 제로니모가 교회 구성원이 된 기간은 짧았다. 그 '기독교 막간극(Christian interlude, Debo, 434)'은 그가 음주와 도박을 좋아하고 애니미즘에 기초한 치료 관습을 포기하지 않음으로 말미암아 곧 끝나버리고 만 것이다. 선교사들은 그의 교인 자격을 정지시킬 수밖에 없었다.

한때 하나님께 속한 것처럼 보이던 사람이 어떻게 믿음을 저버릴 수 있을까? 성경은 그 문제에 대해 정신이 번쩍 들게 하는 대답을 내놓는다. "만일 우리에게 속하였더면 우리와 함께 거하였으려니와 저희가 나간 것은 다 우리에게 속하지 아니함을 나타내려 함이니라"(요일 2:19 하). 그리스도께 철저히 헌신하는 것처럼 보이던 사람이 그분을 배반하고 비난하는 것은 그가 처음부터 진정으로 그분께 속해 있지 않았음을 보여주는 것이다. 이 성경 구절은 의로워 보였던 사람이 하나님으로부터 완전히 돌아서는 많은 사례들을 우리로 이해할 수 있게 도와준다. 그런 사람들 가운데 한 사람이 요아스 왕이었다.

본문 이해

평생 이어진 미성숙

Main Idea	요아스 왕이 대제사장 여호야다의 직접적인 감독 아래에 있는 동안에는 하나님의 뜻에 맞는 많은 정책을 추구했지만, 여호야다가 죽자 곧 사악하게 변해버리고 말았다.

A. 아달랴에 대한 타도(23:1-15)

Supporting Idea	대제사장 여호야다는 아달랴를 폐위시키고 정통의 계승자 요아스를 왕으로 옹립하는 거사를 감행했다.

23:1-3. 아달랴는 대제사장 여호야다와 결혼했던 여호사브앗의 계모였다(대하 22:11). 따라서 그녀는 여호야다의 장모일 뿐만 아니라 요아스의 할머니였다. 여호야다는 적절한 순간을 기다리고 있었다. 그는 아마 아달랴에 대한 쿠데타가 성공할 수 있는 기회가 단 한번뿐이라는 사실을 잘 알고 있었을 것이다. 만약 실패한다면, 요아스는 물론이고 그와 그의 지지자들은 모두 처형당하게 될 것이었다.

여호야다는 먼저 유다 전역으로부터 지지 세력을 확보했다. 그가 군사 지도자들과 백부장들과 레위 사람들을 끌어모음으로써 세속과 종교 양측이 모두 참여했다. 레위 사람들은 진정한 예배의 재확립을 가져오게 될 거사에 참여하라는 초대에 적극 응했을 것이다. 충분한 인원이 확보되자 여호야다는 왕국 전역에서 유일하게 안전한 장소인 하나님의 전에서 모임을 열었다. 그곳은 그가 대제사장으로서 일하는 장소였고, 레위 사람들도 거기에 있을 수 있는 자연스러운 이유를 가지고 있었다. 그리고 여왕 아달랴는 성전에서 하나님께 예배하는 정기적인 관례를 지키지 않고 있었던 것이다.

여호야다는 자신의 공모자들에게 다음과 같은 전제를 바탕으로 연설했다. 유다의 왕위는 다윗의 후손들에게 속해 있으며, 그런 특권을 지닌 사람은 전 왕 아하시야의 아들 요아스라는 것이었다. 여호야다는 그것이 하나님의 약속이라는 사실을 그들에게 상기시켰다.

23:4-7. 어린 왕을 안전하게 지키는 것보다 더 중요한 목표는 없었다. 설사 그 거사가 실패한다 하더라도 요아스가 생존하는 한 모든 것을 잃어버리는 것은 아니었다. 그러나 만약 요아스가 죽게 된다면, 두 번째 기회의 가능성은 완전히 사라지고 마는 것이었다. 그래서 여호야다는 모든 사람들에게 대관식이 열리게 될 성전 구역 주위를 삼엄하게 경비하도록 명령했다.

여호야다는 레위 사람들의 근무 교대 시점을 이용했다. 그들 가운데 일부는 근무를 마치고 돌아가고, 일부는 근무를 서기 위해 들어오고 있었기 때문에 사람들이 무리를 이루는 것이 즉시 의심을 불러일으키지는 않을 것이다. 그러나 여호야다는 실제로 근무가 끝난 교대조를 '퇴근' 시키지 않았다. 그들은 이미 성별된 사람들이었기 때문에 신성한 구역 내에 그대로 머물러 있을 수 있었다. 다른 사람들은 세 가지 특별 임무를 부여받았다. 일부는 문들 주위에 배치되었고, 일부는 주 출입문(기초문) 경비 임무를 맡았으며, 일부는 바로 성전 옆에 있는 여왕의 궁전에 배치되었다.

어떤 명령도 여호야다가 그들 모두에게 전달한, 누구든 성전에 들어오려고 하는 자는 죽임을 당하게 될 것이라는 지시보다 더 간단명료할 수는 없었을 것이다. 성전 안에 있는 레위 사람들은 병기를 빼들고 어린 요아스를 에워싸 보호하라는 추가적인 임무를 부여받았다.

23:8-11. 인원 배치는 여호야다가 지시한 대로 이루어졌다. 레위 사람들은 손에 병기를 들고 성전 안팎을 삼엄하게 경비했다. 잠시 뒤, 여호야다가 요아스의 대관식을 진행했다. 평생 격리되어 있었던 일곱 살짜리 소년은 갑자기 무장한 레위 사람들에 둘러싸여 신성한 구역 한가운데 서는 자신을 발견하게 되었다.

여호야다는 그 소년의 머리에 왕관을 씌우고 언약이 담긴 사본(a copy of the covenant)을 전달했다. 그것이 새 왕에게 하나님의 뜻에 따라 나라를 다스리라고 권고하는 두루마리 율법책이었다고 생각하는 것도 솔깃한 해석이지만, 좀 더 평범한 어떤 것이었으리라 짐작된다. 여호야다와 그의 지지자들은 특별히 요아스를 왕으로 세우겠다고 서약했었고, 그것은 아마도 그 서약과 관련되었을 것이다. 어쨌든 즉위 증명서 같은 형식의 문서는 아니었다.

여호야다와 그의 이들들이 그 대관식을 주도했다. 그 제사장들은 요아스에게 기름을 붓고 그의 왕권을 선언함으로써 그 예식을 마무리했다. "국왕 폐하 만세!" 그들은 소리쳤다. 이제 비밀을 유지할 필요가 없었던 것이다. 모두가 그 환호에 합류했다. 은밀히 진행되던 조용한 예식이 갑자기 이웃들을 깨울 정도로 떠들썩한 소란으로 변해버렸던 것이다.

23:12-15. 여왕 아달랴가 그 소리를 듣고 성전으로 달려갔다. 6년 동안이나 권력을 쥐고 있었던 그녀는 틀림없이 자신의 지위가 확고하다고 느꼈을 것이다. 그녀가 가능성 있는 경쟁자들을 모두 살해했기 때문에 그녀에게 도전하겠다고 나서는 사람은 아무도 없었다. 그녀는 이 무렵쯤 종신직을 보장받았다고 생각했을지도 모른다. 그녀가 성전 뜰 안으로 들어서는 순간 얼마나 큰 충격이었겠는가! 성전 입구에 세워져 있는 한 기둥 옆에 조그만 소년이 서 있었고, 그는 왕관을 쓰고 있었다. 그리고 수많은 군중들이 모여 그 앞에 절하고, 그를 왕이라고 부르며 환호하고 있었고, 고위 관리들과 군대 지휘관들, 제사장들, 레위 사람들 그리고 다수의 백성들까지 모두가 대관식 파티를 열고 있었던 것이다.

아달랴가 소리쳤다. "반역이로다! 반역이로다!" 그러고는 곧장 왕궁으로 도망치려고 했다. 하지만 그것은 정확히 여호야다가 바라던 바였다. 그는 성전 내에서 사람의 피를 흘릴 의사가 전혀 없었고, 그녀가 호위병들을 불러모을 수 있는 기회를 잡기 전에 그녀를 붙잡고자 했던 것이다. 대제사장의 지시를 받은 백부장들이 그녀를 왕궁 밖에서 붙잡아 그 자리에서 처형했다. 불법적인 통치자는 죽었고, 왕위는 다시 한 번 다윗의 가문에 속하게 되었다.

B. 성전과 왕위의 회복(23:16-24:14)

Supporting Idea	여호야다는 하나님에 대한 예배에 다시 전념하고, 적절한 절차를 거쳐 요아스의 즉위식을 거행하며, 장기간에 걸친 성전 보수 프로젝트를 수행함으로써 요아스의 새로운 통치를 뒷받침했다.

23:16. 그 이후 수십 년 동안 여호야다가 왕권을 행사하는 시대였음은 의심할 여지가 없다. 그는 요아스가 어린 소년에 불과한 기간 동안 섭정을 맡았을 뿐만 아니라, 그를 대신해 모든 의사 결정을 했다. 사실 그는 요아스가 스스로 올바른 의사 결정을 하도록

가르칠 수 없었던 것으로 보인다. 하나님은 여호야다가 130세까지 살도록 허락하셨다(대하 24:15). 여호야다는 요아스의 통치 기간 중 적어도 23년 동안 그를 위해 생존했다(왕하 12:6). 그는 사망 후 왕에게 주어지는 정식 묘지를 제공받았는데(대하 24:16), 그것은 요아스에게도 허용되지 않을 영예였다(대하 24:25).

23:17. 대관식이 끝나기 전, 여호야다는 모여 있던 군중들에게 그 거사의 의미를 상기시켰다. 그것은 단순히 한 군주를 다른 군주로 대체하는 문제가 아니라, 유일하신 참 하나님에 대한 순종으로 다시 돌아가는 문제였다. 따라서 그와 백성들은 하나님의 백성이 되기로 합의했다. 여호와께서 그들의 전적인 헌신을 요구하신 것이다.

은밀히 모여 대관식의 회중이 되었던 혁명군은 이제 다윗 성 바로 아래 힌놈 골짜기에 위치해 있는 바알 신전으로 돌격하는 폭도로 변해버렸다. 그들은 신전 건물과 제단과 우상들을 파괴하고, 바알의 대제사장 맛단을 처형했다.

23:18-19. 군중이 바알 신전을 파괴하는 동안 여호야다는 하나님의 전과 관련된 책무들을 제사장들과 레위 사람들에게 위임했다. 그는 다윗이 제사들과 성전 음악과 문지기에 대해 정해놓았던 규례들을 재확인했다. 여호야다는 문을 지키는 파수꾼들에게 부정한 자는 누구든지 성전에 들어오지 못하게 해야 한다는 사실을 상기시켰다. 아달랴 정권 동안에는 여호야다가 그 규례를 강제할 수 없었던 것이다(대하 24:7).

23:20-21. 그 모든 일이 벌어지는 동안 어린 왕 요아스는 성전에 남아 있었다. 하지만 그는 한 가지 의무를 더 이행해야 했다. 그의 공식적인 즉위식이 남아 있었던 것이다(왕상 1:30, 35, 2:12). 여호야다와 그의 보좌관들은 요아스와 함께 행렬을 이끌고 성전에서 조금 전 아달랴에 의해 비워진 왕궁으로 이동해 그를 왕좌에 앉혔다. 그 마지막 행위는 무자비한 폭군 여왕 아달랴가 사라졌음을 온 백성에게 알리는 최종 신호였다.

24:1-3. 요아스가 여호야다의 지휘 아래 안전하게 즉위했을 때, 역대기 저자는 잠시 이야기를 멈추고 그의 왕으로서의 삶에 대해 판에 박힌 요약을 제공하고 있다. 요아스는 일곱 살에 왕이 되었고, 공식적으로 40년간 재위했으며, 그 재위 기간 대부분을 여호야다의 세심한 감독 아래에서 보냈다. 대제사장 여호야다는 요아스의 삶을 책임지고 돌보았다. 그는 심지어 요아스의 아내들까지 골라주었다. 요아스는 많은 후손을 낳았고, 다윗의 혈통은 계속 이어질 것이다.

24:4-7. 요아스 왕은 성전이 중수되어야 한다고 선언했다. 당시 성전은 100년 이상

유지되어 왔으므로 건물들이 낡아 있었다. 아달랴의 아들들이 신성한 성전 기구들 가운데 일부를 훔쳐내 바알 신전으로 가져갔다. 성전의 모든 것을 바로잡아야 할 시점이었던 것이다.

보수는 돈을 필요로 한다. 설사 고대 왕이 강제 노역만을 활용한다 하더라도 그 노예들도 먹어야 건강을 유지하고 일할 수 있었다. 그리고 성전 공사는 임금이 지급되어야 하는 숙련된 장인과 예술가들을 필요로 했다. 요아스는 그 수리 계획을 위해 자금을 조달할 필요가 있었고, 결국 재원을 하나 생각해냈다.

다윗이 불법적인 인구 조사를 실시했을 때, 그는 필수 사항 가운데 하나를 놓친 적이 있었다. 각 이스라엘 백성이 깨끗함의 표시로 반 세겔을 기부하게 되어 있었고, 그 돈을 현재는 성전으로 대체된 성막을 유지하는 데 사용해야 했다(출 30:11-16). 요아스는 그 반 세겔들을 성전을 수리하는 데 사용하고자 했다. 그래서 그는 레위 사람들에게 유다 왕국의 온 성읍을 돌아다니며 이스라엘 무리로부터 의무적으로 기부를 받도록 지시했다. 여기에 언급된 **이스라엘**은 분명 북왕국을 의미하는 것이 아니라, 하나님의 백성을 일컫는 언약의 이름이었다.

이 정책이 요아스에게는 효과적이지 않았지만, 나중에 다시 부활되어 성공적으로 활용되기도 했다. 우리는 복음서에서 성전세 징수관이 가버나움에 계신 예수님을 찾아왔고, 예수님이 필요한 동전이 물고기 입 속에서 기적적으로 나타나게 하셨음을 알 수 있다(마 17:24-27).

하지만 그 반 세겔들이 요아스에게는 들어오지 않았다. 레위 사람들이 협조하지 않았던 것이다. 양심 때문이었는지 아니면 게으름 탓이었는지 그 이유는 알 수 없지만, 그 프로젝트는 여러 해 동안 전혀 진전되지 않았다. 그래서 요아스는 여호야다와 함께 그 문제를 논의했고, 그들은 방법을 변경했다.

24:8-12. 레위 사람들은 징수관을 왕국 전역에 보내 의무적으로 세를 거두게 하기보다는 백성들이 자발적으로 기부금을 가져오게 만들었다. 요아스는 성전 출입구에 큰 헌금 상자를 놓아두도록 지시하여 성전을 찾아오는 사람마다 반 세겔을 기부해야 한다는 사실을 상기하도록 만들었다. 그 조치는 효과적이었다. 백성들은 계속해서 헌금 상자를 채웠고, 그 수입을 계수하는 엄격한 절차가 있었으며, 그 돈은 당초 목적에 따라 성전을 보수하는 일에 관여하는 숙련된 일꾼들에게 임금을 지급하는 데 충당되었다.

24:13-14. 일을 맡은 사람들은 자신의 임무를 열심히 수행했다. 그들은 성전 건물을 원상태로 회복시켰을 뿐만 아니라, 취약점이 드러나는 부분도 보강했다. 결국은 거룩한 성전 기구들까지 교체할 수 있을 정도로 충분한 돈이 모금되었음이 밝혀졌다.

C. 요아스가 사악하게 변하다(24:15-27)

Supporting Idea	여호야다가 죽자마자 요아스는 하나님을 배반하고 우상 숭배를 받아들였다.

24:15-16. 하나님은 여호야다를 130년 동안 지켜주셨지만, 그의 긴 삶도 결국 끝나고 말았다. 그는 유다 왕족과 밀접하게 관련되어 있었고, 대제사장으로서 수십 년 동안 나라를 이끌어왔다. 따라서 그의 장례식은 마치 그가 왕인 것처럼 그를 기념했고, 그는 왕들을 위해 마련된 묘지에 장사되었다.

24:17-18. 유다 백성들은 이제 과거를 되돌아보고 한편으로는 평화와 번영의 시대로 귀결되는 하나님에 대한 숭배와, 다른 한편으로는 전쟁과 파멸을 초래하는 우상 숭배 사이의 직접적인 상관관계를 깨달을 수 있는 100년 이상의 역사를 지니게 되었다. 그러나 여호야다가 묘지에 안치되자마자 유다 지도자들은 요아스를 찾아가 그동안 여호야다가 표방해왔던 모든 것을 포기하도록 설득했다. 요아스 왕이 본을 보이는 가운데 그들은 성전뿐만 아니라 그 안에서 예배받으시는 하나님을 경시했고, 지난 20년 이상의 세월 동안 억압되어왔던 우상들에게 그들의 충성을 옮겼다. 바알 상이 다시 나타났고, 아세라 목상이 다시 세워졌으며, 우상 숭배가 다시 한 번 널리 퍼졌다.

24:19. 하나님은 요아스나 유다 백성들을 방치하여 그들이 무슨 일을 하고 있는지 알지 못하도록 내버려두지 않으셨다. 사실 그들에게 하나님의 경고를 선포하는 선지자들이 있었던 것이다. 하지만 그 모든 것이 아무 소용이 없었다. 요아스 왕과 그의 후원자들은 그들의 길을 선택한 것이다.

24:20-22. 사실 요아스는 하나님의 대변자를 억압하기 위해 기꺼이 죽일 수 있을 정도로 자기 방식에 빠져 있었다. 그의 희생자는 스가랴라고 불리는 사람이었다. 제사장이었던 그 선지자는 하나님에 의해 감동되어 요아스 왕을 비난했다. 그는 하나님이 요아스 왕의 정책을 그냥 내버려두지 않으실 것이며, 왕과 백성들이 회개하지 않는다면

곤경에 처하게 될 것이라고 경고하면서 백성들을 책망했다.

그러나 왕도 백성도 회개하지 않았나. 그들은 오히려 스가랴를 죽이기 위해 공모했고, 요아스 자신이 그를 처형하도록 명령을 내렸다. 그 살육은 성전 뜰 안에서 일어났다. 스가랴는 죽어가면서 요아스의 사악함에 대한 하나님의 엄한 징벌을 호소했다.

24:23-24. 요아스에 대한 하나님의 징계 방법은 아람 족속에 의한 침략이었다. 매번 그랬듯이, 역대기 저자는 주요 사건을 몇 개의 짧은 문장으로 압축한다. 아람 군대가 쳐들어와 **유다와 예루살렘에 이르러 백성 중에서 그 모든 방백을 멸절했다.** 역대기 저자는 바로 전에 요아스가 아람 왕 하사엘에게 성전과 자기 왕궁의 보물을 모두 보냄으로써 그를 매수하려고 시도했다는 사실조차 언급하지 않는다(왕하 12:17-18). 그 방책이 잠시 동안은 효과가 있었지만, 결국 하사엘이 침략해 들어와 예루살렘을 정복하는 것을 막지는 못했다.

역대기 저자는 그 사건의 의미에 대해 조금도 의문의 여지를 남겨두지 않는다. 과거 하나님이 그분의 백성들을 도우셨기 때문에 그들이 자신들보다 훨씬 더 강한 적들을 물리칠 수 있었듯이, 이제는 하나님이 유다의 죄와 반항에 대해 징계하시기 위해 아람 족속을 사용하고 계셨기 때문에 그들이 더 적은 군대를 가지고 하나님의 백성을 압도할 수 있었다는 것이다.

24:25-27. 요아스 자신은 그 패배의 결과로 죽음을 맞이하게 되었다. 전투 중에 영광스럽게 죽은 것은 아니지만 말이다. 일부 백성들은 요아스가 스가랴를 처형한 것에 대해 분노하며 복수할 기회를 노리고 있었고, 요아스는 아람 군대와의 전투에서 큰 부상을 당해 자신의 침상에 누워 회복 중이었다. 요아스가 스스로를 방어할 수 없게 되자 두 암살자가 그를 살해했다.

역대기 저자는 그 두 암살자의 이름을 제시하며 그들의 가계를 암몬과 모압 출신의 어머니들에게 연결시킴으로써 심지어 타락한 왕의 경우에도 유다 집안이 자멸하는 것을 하나님이 허용하지 않으신다는 사실을 우리에게 보여준다. 그 부분을 제외하면 요아스의 사망 기사는 형식적이다. 성전 중수에 대한 추가적인 기록이 있었을 뿐이다. 요아스가 다윗 성에 장사되어 왕실 무덤 부근에 묻히기는 했지만(왕하 12:21), 열왕들 바로 옆자리는 아니었다. 요아스는 자기 무덤의 위치에서조차 그가 배반했던 자신의 후원자 여호야다와 화해하지 못하게 되었다.

Main Idea 복습

요아스 왕이 대제사장 여호야다의 직접적인 감독 아래에 있는 동안에는 하나님의 뜻에 맞는 많은 정책을 추구했지만, 여호야다가 죽자 곧 사악하게 변해버리고 말았다.

결론

장미덤불을 위한 진혼곡

나와 내 아내는 여러 해 동안 우리 집 앞마당에 식물을 키우려고 시도했다. 우리는 장미덤불을 구입해 작은 구멍을 파고 나무를 넣은 다음 다시 구멍을 메우고 적당량의 물을 준 후 기대하며 꽃이 피기를 기다렸다. 처음에는 그 작은 장미덤불이 큰 가능성을 보여주었다. 그러나 7월쯤 되자 일부 장미덤불이 시들기 시작했고, 많은 물과 비료로도 그것들을 살려낼 수 없었다. 그 다음 해에는 또 다른 장미덤불이 죽어버리는 식이었다.

문제의 원인을 발견하기는 어렵지 않았다. 내가 그 나무들을 심기 위해 구멍을 팠을 때, 일부 '단단한 것' 을 발견했기 때문이다. 마침내 우리는 그것이 흩어져 있는 일부 돌멩이에 불과하지 않다는 사실을 확인했다. 땅 아래 바로 몇 인치 깊이에 벽돌로 이루어진 단단한 층이 존재했던 것이다. 내가 뿌리를 집어넣기에 충분한 양의 흙을 걷어냈지만, 그 뿌리가 자리를 잡고 식물이 장기간 생존하기 위해 필요한 모든 영양분을 빨아들이는 네는 충분하지 않았던 것이다. 그 작은 장미덤불들이 적절한 생명의 징후를 드러내 우리의 희망을 키워주기 위해서는 충분한 양의 수분을 얻어야 했다. 그러나 일단 타는 듯한 태양이 엄습하면, 장미덤불은 말라죽곤 했다.

장미를 가꾸려는 우리의 시도는 정확히 예수님의 씨 뿌리는 자의 비유에 나오는 네 가지 단계 가운데 하나임이 밝혀졌다(막 4:1-20). 그분은 농부가 자기 밭에 뿌린 씨앗이 만들어낼 수 있는 네 가지 결과를 묘사하셨다. (1) 일부 씨앗은 흙이 없는 길가에 떨어졌고, 새들이 와서 모두 먹어버렸다. (2) 일부 씨앗은 얕은 토양에 떨어져 일시적으로 생명의 징후를 보였으나, 뿌리를 충분히 내리지 못해 싹이 말라죽고 말았다. (3) 일부 씨앗은 성장하기에 충분한 토양에 떨어졌지만, 잡초와 엉겅퀴가 함께 자라 그 식물의 성장을 방해함으로 역시 죽고 말았다. (4) 마지막으로 일부 씨앗은 의도된 장소에 떨어졌는데, 토양이 비옥한 데다 농부가 잡초를 제거해줌으로 말미암아 무성하게 자라 풍성한 결실을 맺었다.

요아스 왕은 수십 년 동안 여호야다로부터 지시를 받았다. 그 대제사장은 요아스에게 어떻게 말하고 행동해야 할지 정확히 말해주었고, 요아스는 마치 신앙심이 깊은 사람인 것처럼 보였다. 하지만 그 경건한 모습 이면을 들여다보면, 그는 하나님이나 그분의 율법과 개인적 유대 관계를 전혀 갖고 있지 않았다. 여호야다가 사라지고나자 요아스 왕은 외적 경건함이 자동적으로 내적 의로움으로 성장하지 못한다는 사실을 보여주었다.

▣ 진리 알기

- 아이들과 젊은 그리스도인들은 성경과 그 원리에 따라 사는 방법을 배워야 한다.
- 성경을 가르치는 목적은 타인의 가르침에 덜 의존하고 스스로 타인을 가르칠 수 있는 그리스도인을 만들기 위함이다(딤후 2:2).
- 우리 자신의 힘으로는 우리의 사역이 기대하는 결과를 낳을 것이라고 보장할 수 없다.

▣ 적용하기

- 당신에게 맡겨진 사람들(자녀들이나 젊은 그리스도인들)의 삶이 하나님의 말씀에 기초한 든든한 가르침에 바탕을 두도록 하기 위해 당신이 할 수 있는 일을 하라.
- 그들이 스스로 의사 결정을 하고 말씀에 기초한 당신의 안내에 더 이상 의존하지 않게 될 시기를 위해 그들을 준비시켜라.
- 하나님의 말씀이 효과적이나, 당신이 일단 그것을 전달하고나면 그 결과를 통제하지 못한다는 사실을 분명히 인식하고 하나님의 말씀에 확신을 가져라.

삶의 적용

나와 내 아내는 해외여행을 하는 동안 멋진 그리스도인 커플과 함께 저녁 시간을 보낸 적이 있었다(그들을 데이빗과 사라라고 부르자). 그들은 다음 학기에 테일러 대학의 학생이 될 한 젊은 청년의 부모였다(우리는 그를 이삭이라고 부를 것이다). 대화 초기 데이빗과 사라는 우리에게 그들이 이삭을 얼마나 자랑스러워하는지 말해주었다. 그는 특히 좋은 학생이었고, 열심히 일하는 직장인이었으며, 독실하고 성숙한 그리스도인이었다. 사실 그 부부는 흐뭇한 표정으로 이삭의 믿음이 얼마나 많이 자라고 있는지를 보여주는 구체적인 사례를 여럿 제시했다.

나는 그런 언급이 듣기에 좋다고 대답하면서 젊은 사람들이 인식하고 있는지는 모르지만 부모들이 자기 자녀의 구원을 당연한 것으로 여겨서는 안 된다고 말했다. 진정한 그리스도인 부모가 여러 해 동안 신실하게 기도하고 가르침을 준다할지라도, 그 결과로 자녀가 주님께 헌신하게 된다면 그것은 언제나 기적이기 때문이다.

그 말에 데이빗과 사라는 조용히 웃기 시작했다. "저희 경우에는요" 그들이 설명했다. "우리의 구원을 가져다준 것이 바로 이삭의 여러 해 동안의 신실한 기도와 가르침 때문이었거든요." 그날 저녁 나머지 시간 동안 그들은 우리에게 그들의 아들도 여러 해 전 그랬듯이, 그들의 개인적 삶에 위기가 찾아오고 나서야 비로소 주님을 신뢰하게 되었다는 이야기를 들려주었다.

우리가 요아스의 이야기를 살펴보고, 그것을 다른 사람들이 가지고 있는 다양한 경험과 비교할 때, 두 가지 요소를 우리 마음에 새겨야 한다. 그리스도인들은 우리의 영향력 아래 있는 어떤 사람에게 일관성 있는 그리스도의 증거를 제시해야 할 의무가 있다. 그것은 먼저 우리 자녀들과 그 후손들에게 적용되지만, 한편으로는 타인의 영적 양육에 대한 책임이 우리에게 주어지는 어떤 상황과도 관련이 있다. 우리의 목표는 단순히 타인에게 성경적 지식과 안내를 제공하는 것이 아니라, 그들이 성숙한 그리스도인이 될 수 있게 해야 한다.

하지만 데이빗과 사라의 이야기가 예증하듯이 우리의 삶 속에 작용하는 성령 하나님의 초자연적인 역사를 결코 잊어서는 안 된다. 우리는 스스로 좋은 결과를 성취할 수 없다. 단지 우리의 소명에 충실할 수 있을 뿐이다. 그러나 하나님은 성숙하고 생명력 있는 그리스도인을 만들어내실 수 있으시나.

기도

하나님 아버지, 타인들이 우리가 원하는 사람이 되게 할 수 있는 방법을 우리가 얼마나 찾고 싶어하는지요! 그러나 우리는 그것이 가능하지도 바람직하지도 않다는 사실을 압니다. 우리가 다른 사람들에게 말과 행동으로 당신에 대해 가르치는 데 신실할 수 있도록 도와주십시오. 다른 사람들이 우리가 아니라 당신께 의지해 살아가는 방법을 배울 수 있도록 우리가 필요할 때 자제할 수 있도록 도와주십시오. 그리고 우리가 한 개인의 삶에서 옳은 일을 행하기 위해, 설사 그것이 우리의 기대를 충족시키지 못할지라도 당신을 신뢰할 수 있게 도와주십시오. 아멘.

심층 연구

스가랴의 무덤(24:22)

여호야다의 아들 스가랴가 이 성경 본문에서는 잠시 등장하지만, 고대 유대교에서는 중요한 인물이 되었다. 그는 하나님을 강력히 대변하다 결국 형벌을 받은 사람으로 의로움을 위해 순교한 전형적인 사례로 간주되어왔다. 요아스의 무덤은 의도적으로 눈에 잘 띄지 않는 곳에 마련되었지만, 오늘날 예루살렘을 방문하는 사람들은 여전히 성전 동편 기드론 골짜기의 눈에 잘 띄는 곳에 놓여 있는 스가랴의 무덤(또는 적어도 그것을 훗날 복구한 것)을 볼 수 있다. 스가랴의 유산은 그를 살해했던 왕의 유산보다 더 오래 지속된 것이다.

예수님은 당시의 유대 지도자들에게 그들의 위선에 대해 책망하시면서 스가랴의 이야기를 다른 식으로 비틀어 말씀하셨다(눅 11:47-51). 당시 종교 지도자들은 겉으로는 하나님께 헌신적이었지만, 그들 자신을 위해 스가랴를 주장할 수 없었고, 오히려 그의 죽음에 대한 책임을 떠맡아야 했다. 스가랴는 불신앙 때문에 죽임을 당했다. 그 불신앙이 우상 숭배의 형태로 나타나든 경건의 모양을 띠든 그것은 중요하지 않은 문제다. 예수님은 바리새인들이 선지자들을 죽인 사람들이 남긴 유산을 피할 수 없을 것이라고 말씀하셨다.

바리새인들에 대한 예수님의 책망은 우리에게 스스로의 태도를 점검하도록 상기시킨다. 사악한 요아스 왕과 그의 신실하지 못함을 비난하는 것은 쉽지만, 우리도 혹시나 우리의 삶 속에서 하나님의 대변자의 입을 다물게 하려고 시도하고 있지는 않은지 스스로 자문해볼 필요가 있다. 살인을 통해서가 아니라, 바리새인들이 그랬던 것처럼 경건의 방패 뒤에 몸을 숨김으로써 말이다.

교안

A. 들어가는 글

1. '한때 그리스도인이었던 제로니모(Jeronimo)' 이야기로 시작하라.
2. 배경 설명: 아합과 이세벨의 딸 아달랴는 유다의 왕위를 찬탈하고 장차 왕권을 주장할 가능성이 있는 사람들을 모조리 죽이려 시도했다. 그러나 젖먹이 요아스가 살아남았다. 요아스가 일곱 살이 되었을 때, 대제사장 여호야다는 아달랴에 반대하는 쿠데타를 성공적으로 실행에 옮겨 요아스를 왕위에 앉혔으며, 그 자신은 왕의 긴밀한 조언자가 되었다.
3. 적용: 사나운 아파치 지도자 제로니모는 교회 구성원이 되었다. 하지만 그 이후 계속된 그의 삶은 그가 정말로 회심과 중생을 경험하지 못했음을 분명히 보여주었다. 요아스의 삶은 그가 정말로 하나님께 속해 있다는 사실을 보여줄 것인가?

B. 본문 이해

1. 아달랴에 대한 타도(23:1-15)
2. 성전과 왕위의 회복(23:16-24:14)
3. 요아스가 사악하게 변하다(24:15-27)

C. 결론: '장미덤불을 위한 진혼곡' 을 읽어주라.

토의 질문

1. 아이들의 영적 양육에 있어 부모나 후견인의 책임은 무엇인가?

2. 요아스와 관련된 여호야다의 상황과, 아론(레 10:1-5)과 엘리(삼상 3:13)와 사무엘(삼상 8:1-3)의 아들들과 관련된 사건들을 비교 대조해보라.

역대하 25:1-28:27

좋은 왕, 나쁜 왕, 그저 그런 왕

"나는 지금 하나님 그분 말고는 누구에 의해서도 기록될 수 없는 대단한 기사들을 함께 연구하자고 당신에게 요청하고 있는 것입니다."

- 존 허커스(John Hercus)

이 부분에 나오는 네 왕은 하나님에 대한 순종에 있어 양극단을 대표한다. 요담은 의로웠던 반면, 아하스는 지금껏 유다 최악의 왕이었다. 아마샤는 우상 숭배의 유혹에 굴복하기 전까지는 경건한 왕이었다. 웃시야 역시 의로운 왕이었지만, 제사장의 역할을 대신 맡으려고 시도했다가 나병으로 징계를 받았다.

들어가는 글

자, 이제 봤지

지난 십여 년 동안 스포츠의 여러 프로 리그는 시비의 여지가 있는 판정 문제를 해결하려고 시도하는 데 있어 첨단 기술을 활용해왔다. 어떤 플레이의 결과는 종종 심판의 순간적인 관찰에 달려 있다. 풋볼에서 외관상 놓친 것으로 보이는 볼의 경우를 예로 들어보자. 만약 볼을 가지고 있던 선수가 태클을 당하기 전에 볼을 놓치고 상대 팀이 그 볼을 손에 넣는다면, 그 볼의 소유는 상대 팀에게 넘어간다. 그러나 만약 그 선수가 자기 무릎이 땅에 닿은 후에 볼을 놓친 거라면, 그의 팀이 볼을 다시 소유하게 된다. 때로는 그것이 어떤 식으로 일어났는지 구별하기가 쉽지 않다. 그 문제를 해결하는 데 있어 그 플레이를 녹화한 비디오테이프를 들여다보는 것보다 더 좋은 방법이 있을까?

그러나 뜻밖의 왜곡이 일어날 수도 있다. 카메라가 항상 피사체를 적절한 구도로 보여주는 것은 아니기 때문이다. 그것은 액션 영화의 감독들이 자주 활용하는 특성이기도 하다. 배우들이 서로 주먹을 교환하는 체할 때, 실제로는 신체적 접촉이 이루어지지 않지만, 카메라가 마치 그들이 실제로 그렇게 하는 것처럼 보이게 만든다. 그 시각상의 속임수는 스포츠의 다시 보기에서도 존재한다. 참된 실상을 파악하는 명쾌한 방법처럼 보였던 것이 때로는 전혀 새로운 문제들을 야기하기도 한다.

이 부분에서 묘사되고 있는 유다의 네 왕은 비슷한 종류의 불일치를 보여주었다. 그들은 똑같은 왕위를 차지했고, 하나님으로부터 똑같은 권한을 부여받았으며, 거의 똑같은 자원을 가지고 있었지만, 각기 다른 방향으로 향했다. 요담은 의로운 왕이었고, 아하스는 타락한 군주였으며, 아마샤와 웃시야는 전혀 예상치 못한 순간에 갑자기 방향을 바꾸어버렸다. 한 사람은 헌신을 잃었고, 다른 한 사람은 그 헌신이 너무 지나쳤다. 독자들은 혼란스러운 기분으로 자리를 뜨게 된다.

그러나 다시 한 번 강조하건대, 그 모든 것이 '에스라에 의한 복음'의 일부분이다. 하나님은 모든 상황 속에서 주권적이시다. 단지 예측 가능한 경우에만 그러신 것이 아니다. 그분은 믿음을 높이시고, 신실하지 못함을 심판하신다. 이제부터 그 카메라 앵글이 유다 왕국의 어떤 부분을 드러내는지 살펴보도록 하자.

본문 이해

좋은 왕, 나쁜 왕, 그저 그런 왕

Main Idea	이 부분에 나오는 유다의 네 왕 아마샤와 웃시야, 요담, 아하스 등은 사람들이 하나님께 반응하는 네 가지 서로 다른 방식을 대표한다. 일부는 긍정적이었지만, 일부는 부정적이었다.

A. 좀 더 분별력을 갖추어야 했을 왕 아마샤(25:1-28)

Supporting Idea	아마샤는 여호와께 헌신적이었고, 하나님은 그에게 성공을 베푸셨다. 그러나 나중에는 우상 숭배에 빠졌고, 하나님은 그분의 축복을 거두셨다.

25:1-4. 아마샤의 통치는 출발이 좋았다. 그는 종교와 사회 문제 모두에서 하나님의 율법을 고수했다. 그의 어머니 여호앗단의 영향력이 그에게 확실하게 작용했던 것이다. 피비린내 나는 숙청을 통해 자신의 왕권을 확립하고자 했던 통치자들이 잇달아 재위한 후에 아마샤는 칼을 휘두르는 데 있어 자제력을 보여주었다. 사실 그도 자기 아버지의 죽음에 책임이 있는 사람들을 처벌했다. 비록 요아스가 처형당해 마땅하다고 주장할 수도 있겠지만, 여호와의 기름 부음받은 통치자를 죽이는 것은 여전히 잘못된 일이었다. 오래 전 다윗이 사울을 죽일 수 있는 기회를 잡았을 때도 인정했듯이 말이다(삼상 24:10).

그럼에도 불구하고 우리는 아마샤의 삶 전체가 이상적이지는 않았다는 단서를 얻게 된다. 그는 여호와께 헌신적이었지만, 온전한 마음으로 행치 않았다. 율법에 순종하는 그의 겉모습 이면 어딘가에 반항심이 도사리고 있었던 것이다.

25:5-10. 아마샤의 아버지 요아스는 아람 족속에게 치욕스러운 패배를 당한 적이 있었다. 그래서 아마샤는 또 다른 침략을 견뎌낼 수 있는 강력한 군대를 재건하려고 노력했다. 그는 전투에 동원 가능한 모든 남자를 징집했고, 유다와 베냐민 지파로부터 30만의 군대를 끌어모을 수 있었다. 아마샤는 또 외국과의 충돌이 발생할 경우 자신을 도와줄 북왕국 출신의 용병들을 고용하기로 결심했고, 그 인력을 사들이는 데 쓸 은 일백 달란트(대략 3.75톤)를 위해 국고에 손을 댔다.

그러나 하나님은 아마샤의 계획을 승인하지 않으셨다. 북왕국 출신의 용병들은 금지되어 있었던 것이다. 하나님은 다시 한 번 왕에게 메시지를 전달할 선지자를 보내셨다. 이름이 밝혀지지 않은 그 선지자는 아마샤에게 만약 북왕국의 군사들이 병력에 포함된다면 유다 군대가 성공하도록 하나님이 허락하지 않으실 것이라고 선언했다. 그들은 여호와를 위해 싸울 수 없도록 금지되어 있었던 것이다.

아마샤의 반응은 내 일백 달란트는 어찌할꼬?였다. 하나님에 대한 순종의 문제가 걸려 있는데도 돈이라면 무조건 중요하다는 듯이 말이다. 물론 아마샤 왕에게는 돈이 중요했다. 오늘날에도 사람들에게 여전히 중요하듯이 말이다. 선지자는 그 상황에 대해 상당히 균형 잡힌 시각을 견지할 수 있었다. 아마샤 왕이 지금은 그 은을 잃을 수도 있지만, 그가 여호와의 명령을 따를 경우 하나님이 베풀어주실 것에 비하면 그것은 아무것도 아니었다.

아마샤는 그 선지자의 권고를 마음에 새기고 북측의 군사들을 집으로 돌려보냈다. 그들은 아마샤 왕의 조치에 분개했다. 아마도 그들은 추가적인 보수와 약탈을 통해 부가적인 소득을 기대했을 것이다. 어쩌면 전투와 모험에 대한 욕망을 채우고 싶어했는지도 모른다. 그 이유가 무엇이든지 간에 그들은 분노하며 집으로 향했다.

25:11-12. 하나님은 아마샤에게 그가 올바른 의사 결정을 했다는 즉각적인 확신을 주셨다. 아마샤 왕은 에돔 족속을 상대로 군사 작전을 개시하여 결정적인 승리를 거두었다. 1만 명의 에돔 족속이 전투에서 죽었고, 또 다른 1만 명이 나중에 처형당했다.

25:13. 하지만 아마샤가 나라 밖에서 자신을 주장하고 있던 바로 그 순간 국내 상황은 그리 잘 돌아가지 않고 있었다. 아마샤가 집으로 돌려보냈던 북측의 군대가 결국 분노를 참지 못하여 유다 전역을 휘젓고 다니며 성읍들을 파괴하고 있었던 것이다. 하나님은 분명 그 군사들이 무슨 일을 벌일지 알고 계셨다. 아마샤는 계속해서 그분을 의지

할 수도 있었지만, 자신이 직접 그 상황을 처리하겠다고 나섰다. 이제 막 에돔 군대를 상대로 자신의 힘을 증명했던 그는 북측 테러리스트들의 야만적인 행위를 결코 참지 않을 것이다.

25:14-16. 그래서 아마샤는 물리적으로 뿐만 아니라 영적으로도 자신을 무장했다. 불행히도 그는 에돔 족속의 신들을 집으로 가져와 숭배하기 시작했다. 고대 근동 지역의 관습에 따르면, 한 나라가 패배하면 그 나라의 신들도 패배하는 것이므로 승리를 거둔 왕은 보통 패자들의 소장품을 숭배하지 않게 되었다. 따라서 유일한 설명은 아마샤가 에돔 신들을 보고 좋아하게 되었을 것이라는 추측이다. 아마샤는 그것들을 자기의 신으로 받아들였다.

하나님이 다시 한 번 선지자를 보내셨다. 그 선지자는 아마샤 왕에게 자기 백성을 왕의 손에서 능히 구원하지 못했던 신들을 섬기는 것의 명백한 불합리성을 지적했다. 다른 말로 표현하자면, "당신은 이제 막 그 신들을 믿고 있는 사람들을 패배시키지 않았습니까. 그런데 이제 당신 자신이 그것들을 믿고 있습니다. 그것은 말도 안 되는 이야기입니다."

그러나 아마샤는 그 선지자를 통해 우상 숭배로부터 돌아서지 않았다. 그 신들을 좋아했던 그는 자신의 새로운 장난감들을 포기할 생각이 전혀 없었던 것이다. 그래서 아마샤는 자신의 지위를 이용해 선지자를 윽박질렀다. "네가 감히 누군데 내게 충고를 하느냐? 네가 지금 당장 그 무례를 그만두지 않는다면 죽여버리고 말겠다." 그 선지자는 아마샤가 자신의 경고를 듣고 싶어하지 않는다고 해서 징계가 일어나지 않는 것은 아니라고 선언했다.

25:17-19. 아마샤는 자신이 하나님께 불순종함으로써 유다 왕국의 기초를 송두리째 훼손했다는 생각을 받아들이지 못했을 것이다. 그는 계속해서 자신을 에돔 족속을 물리친 위대한 승리자로 보았고, 이제는 이스라엘을 상대해야 할 때라고 생각했다. 아마샤는 누구든 자신의 군대로 물리칠 수 있다고 확신했던 것으로 보인다. 그는 이스라엘 왕 요아스(여호아스로도 불렸다)에게 전투에서 만나자고 개인적인 도전장을 보냈다.

그러나 요아스는 유다와의 전쟁이 좋은 생각이 아니라고 판단하여 그 제안을 거절했다. 하지만 그의 거절은 전혀 외교적이지 않았다. 요아스는 아마샤와 싸우기를 원치 않으면서도 그 기회를 이용해 유다 왕을 모욕했던 것이다. 그는 자신을 레바논 백향목에 그리고 아마샤를 야생 동물에 짓밟힌 가시나무에 비유하면서 아마샤에게 오만을 삼가라고 말했다. 에돔에 대한 승리도 이스라엘에 의해 패배당할 수 있는 가능성을 배제하지는 못했던 것이다.

25:20-24. 아마샤는 다시 한 번 완고했다. 그는 하나님의 선지자가 그로 에돔 신들을 섬기지 못하도록 돌이키려고 하는 것을 허용하지 않았듯이, 이스라엘 왕 요아스가 그로 전쟁에 나서지 않도록 말리려고 하는 것을 그냥 놔두지 않았다. 아마샤는 과거 우상들과 관련하여 마음의 문을 닫았고, 이제는 하나님이 그 전쟁과 관련하여 그의 마음을 닫으셨다. 아마샤는 결국 징계를 받게 될 것이다.

아마샤는 계속해서 이스라엘의 요아스를 자극했고, 북측의 왕은 결국 전쟁을 하지 않고는 그냥 넘어갈 수 없음을 깨달았다. 요아스는 선제 공격을 개시했고, 하나님의 선지자와 이스라엘 왕이 모두 예측했듯이 유다는 큰 손실을 입었다. 유다의 군사들은 도망쳤지만, 아마샤는 요아스의 손을 벗어날 수 없었고, 그는 아마샤를 붙잡아 예루살렘으로 다시 끌고 갔다. 백향목이 가시나무에게 자기 분수를 깨닫게 한 것이다(18절). 요아스는 예루살렘을 둘러싸고 있는 성벽의 상당 부분을 무너뜨리고 성전 안에 있는 귀중한 물건들을 빼앗아감으로써 당분간은 아마샤가 더 이상 군사적 도발을 감행하지 못하도록 만들었다. 그런 다음, 일부 포로들을 데리고 본국으로 돌아갔다.

25:25-28. 아마샤는 요아스보다 15년을 더 생존하면서 이스라엘이 여로보암 2세의 길고 안정된 통치 아래 놓이는 것을 보았다. 반대로 아마샤 자신의 재위 기간은 전혀 안정적이지 못했다. 그가 자기 아버지 요아스의 사악한 길로 돌아서자 다시 한 번 유다 왕국에 과거와 같은 파괴적인 결과들이 뒤따랐고, 아마샤가 그의 아버지처럼 사라져야 한다고 생각하는 다수의 반대자들이 생겨났던 것이다. 그들은 아마샤 왕을 죽이고자 공모했다. 아마샤는 용케 라기스라는 성읍으로 도망쳤지만, 그의 적들이 거기서 그를 붙잡아 죽였다. 그래도 아마샤는 공식적인 왕실 묘지에 장사되었기 때문에 요아스보다 더 나은 편이라고 할 수 있었다.

지금까지 아달랴를 포함하여 아홉 명의 유다 통치자가 있었다. 그 가운데 마지막 네 명은 암살되었고, 그들 바로 전의 통치자는 하나님의 징계로 인한 질병 때문에 죽었다. 다음 왕이 과연 그 고리를 끊을 수 있을 것인가?

B. 분수를 모르고 자만했던 왕 웃시야(26:1-23)

Supporting Idea	웃시야는 하나님을 섬겼지만, 제사장들에게 제한되어 있는 직무까지 떠맡으려고 시도했을 때, 하나님이 그를 나병으로 징계하셨다.

26:1-5. 웃시야의 긴 통치 기간 때문에 그가 오랜 기간 유능하게 통치했다고 착각하지 말라. 그는 실제로 격리되어 이름뿐인 유다의 왕으로 그 기간의 대부분을 보냈고, 그의 아들 요담이 섭정 황태자로 통치했기 때문이다. 웃시야의 통치는 우리가 지금까지 살펴본 대부분의 왕들과 마찬가지로 여느 이야기와 크게 다르지 않은 것으로 판명되었지만, 그는 우상 숭배에 굴복했던 대부분의 종전 군주들과는 다른 이유로 자신의 유능함을 잃었다. 대단한 잠재력을 가지고 통치를 시작했던 웃시야 왕은 결국 고독한 나병 환자로 인생을 마감하고 말았다.

웃시야에 대한 초기 정보는 적신호를 전혀 보이지 않고 있다. 그는 대중의 지지를 받았다. 더 이상 계승 분쟁으로 고통받고 싶지 않았던 것이 분명한 유다 백성들은 그를 왕으로 선언했다. 이번에는 논쟁도, 유혈도 없었을 것이다. 웃시야는 왕족 출신이었을 뿐만 아니라, 외가 쪽으로도 훌륭한 예루살렘 가문의 피를 이어받았다. 아마샤가 초기에 그랬듯이, 그도 하나님의 율법에 순종했다. 웃시야는 또 그를 지도해주는 스가랴라는 이름의 멘토를 곁에 두고 있었다. 결국 우리는 처음부터 하나님이 웃시야 왕의 순종에 성공으로 축복하셨음을 볼 수 있다.

26:6-8. 웃시야 왕의 성공은 군사적 성공으로 표현되었다. 블레셋 족속이 다윗과 솔로몬의 시대에 거의 백 년 동안 유다에 복종했다가 여호람의 통치 기간 동안 자신들의 주권을 다시 주장했고, 한걸음 더 나아가 예루살렘을 침략해 왕궁까지 약탈했음을 기억하라(대하 21:16-17). 이제는 웃시야가 형세를 역전시켜 블레셋 족속과 함께 그들의 아랍 동맹국들을 정복할 수 있었다. 게다가 그는 다시 한 번 암몬 족속까지 굴복시켜 그들에게 조공을 요구했다.

26:9-10. 웃시야는 틀림없이 백성들이 존경하는 타입의 왕이었을 것이다. 그는 강력한 지도력을 갖춘 데다 무슨 일이든 직접 진두지휘했고, 그러다보니 백성들은 어디에서나 자신들을 위해 일하고 있는 그를 볼 수 있었다. 웃시야 왕은 예루살렘 안과 유다 주변에 방어용 시설을 세웠고, 그의 가축들을 돌보기 위해 왕국 전역에 지수지를 팠으며,

왕실 농장을 관리하는 전담 노동력을 만들어냈다.

웃시야가 **농사를 좋아했다**(loved the soil)는 언급은 웃시야의 믿음에 대한 강력한 증거다. 가나안 사람들 사이에서 땅(soil)은 아세라와 같은 풍요의 신들을 표현한 것이었고, 그 신들은 음란한 의식을 통한 숭배를 '강요' 했다. 그런 상황에서 '땅을 좋아한다'는 것은 바알과 그의 배우자들이 강요하는 끔찍한 요구에 전념하는 것을 의미했을 것이다. 따라서 정말로 땅을 좋아한다는 식의 감정 따위는 있을 수 없었다. 그러나 여호와께 헌신적이었던 웃시야에게는 땅이 그들을 위해 그 땅을 창조해주신 하나님의 선물이었던 것이다.

26:11-15. 웃시야는 대규모 군대를 소집할 수 있었다. 사실 웃시야의 뛰어난 능력이 이 문맥에서도 드러난다. 그는 대규모 인원을 끌어모아 그의 군대로 임명했을 뿐만 아니라, 그들을 조직화했고, 3십만 7천 명의 군사들로 이루어진 그 전투 집단에 대해 자세한 기록을 유지했다. 웃시야는 그의 군사들을 병기로 무장시키기에 충분한 자원을 축적했다. 방어용으로 갑옷과 방패, 투구 등이 있었고, 공격용으로 창과 활, 물매 등이 준비되었다. 마지막으로 웃시야는 예루살렘 성벽을 따라 투석기를 설치했다.

26:16-20. 그런 다음, 웃시야는 그 모든 것을 훼손시키는 한 가지 방법을 찾아냄으로써 전임자들의 뒤를 따라갔다. 적어도 그는 다른 신들을 섬기는 일에 나서지 않았다. 그럼에도 불구하고 웃시야가 저질렀던 엄청난 실수는 바로 하나님께 예배하는 상황 속에서 일어났다.

성전에서 희생 제사를 드리는 권한은 레위 지파 중에서도 아론의 후손인 제사장들에게 제한되어 있었다. 이스라엘 역사 초기에 모세가 하나님으로부터 율법을 처음 받았을 때, 아론 씨족 출신이 아닌 레위 사람 고라가 그 제사장의 특권을 빼앗으려고 시도했다가 엄하게 징계를 받은 볼썽사나운 사건이 있었다(민 16:1-50). 그 사건 이후 비록 왕이 개인적으로 희생 제사에 관여한 적은 있었지만(대하 7:7), 제사를 집전하거나 분향하는 역할은 제사장들에게만 허용된 것이다. 그러나 웃시야는 일부 제사장 역할을 자신이 직접 수행하기로 결심했다.

웃시야가 행한 일이 고대 문화에서 전혀 알려지지 않은 현상은 아니었다. 위대한 문명들이 비록 강력한 전문 제사장직을 발전시켰지만, 그들은 일반적으로 왕을 의례상 서열의 맨 상석에 둠으로써 스스로를 위해 왕에게 권력을 집중시켰고, 백성들과 신들 앞에서 화합의 외면적인 모습을 과시했던 것이다. 웃시야는 외국 왕들도 예배 의식을 집행함으로써 그들의 거짓 신들에게 헌신을 표현할 수 있는데, 왜 자신이 제사장이라는 매개 없이 하나님 앞에 직접 나아갈 수 없단 말인가 하고 생각했을지도 모른다.

웃시야가 간과한 진리는 하나님에 대한 진정한 예배는 항상 그분의 명령에 대한 순종에서부터 시작되며, 제사 의식은 그 다음으로 중요하다는 사실이었다(사 1:13). 제사장의 역할을 빼앗는 것보다는 그것을 맡지 않는 것이 하나님에 대한 더 큰 헌신의 표시였던 것이다. 그러나 웃시야는 분향하기 위해 성소에 들어갈 수 있는 권한을 스스로에게 부여할 정도로 이미 자신의 성공에 눈이 멀어 있었다.

레위 사람들은 왕이 성소에 들어왔을 때 깜짝 놀랐다. 대제사장 아사랴는 80명의 용맹한 동료들과 함께 왕에 맞서기로 결심했다. 그들은 웃시야를 따라 성전 안으로 들어가 예식 절차를 급히 중단시켰다. 그들은 왕이 지금 아론의 후손들만이 할 수 있도록 허용된 일을 함으로써 하나님의 법을 어기고 있다고 선언했다.

웃시야는 갑자기 노를 발했다. 그 무례한 제사장들이 가장 중요한 예배 행위를 이제 막 시작하려고 하는 자신을 방해한 것이다. 그러나 웃시야의 격노는 갑자기 끝나버리고 무서운 침묵으로 대체되었다.

그 이마에 문둥병이 발했다는 역대기 저자의 짤막한 언급이 그 이유를 설명하지만, 한편으로는 궁금증을 남긴다. 제사장들은 그 문둥병을 보았지만, 웃시야는 보지 못했기 때문이다. 어쨌든 손에 향로를 들고 서 있던 웃시야 왕도 자신이 문둥병에 걸렸다는 사실을 깨닫고 곧 성전 밖으로 호송되는 것에 동의했다. 그는 교만한 마음으로 하나님께 왔다가 하나님의 징계로 인한 질병으로 말미암아 수치와 오명을 안고 그분의 면전을 떠났다.

26:21-23. 그 이야기의 끝이 바로 웃시야 이야기의 끝이다. 그는 계속해서 명목상 왕으로 남아 있었지만, 그의 왕국으로부터 격리되었고, 그가 신성함을 침해하려고 했던 성전에도 출입할 수 없었으며, 그의 백성으로부터도 멀어졌다. 그가 그렇게 열심히 돌봤던 나라의 정사는 그의 아들 요담에게 위임되었다. 웃시야는 심지어 그의 장례식에서도 표준적인 예우를 받지 못했다. 그는 나병 환자이기 때문에 열왕의 묘실에 인접한 땅에 장사된 것이다. 역대기 저자는 웃시야 왕에 대한 정보를 얻을 수 있는 추가적인 출처를 언급한다. 이번에는 유명한 선지자 이사야다. 그의 삶은 뒤이어 소개될 두 유다 왕

과도 마주쳤다.

C. 의로웠던 왕 요담(27:1-9)

Supporting Idea	요담은 의로운 왕으로 하나님께 순종했고, 정사를 성공적으로 돌보았다.

27:1-2. 마침내 우리는 완전히 의로운 왕과 만나게 된다. 요담의 삶은 여호와 보시기에 정직히 행하였다는 문구로 특징지어졌고, 나중에도 그가 하나님의 길을 떠나는 사건은 없었다. 그는 여호와의 전의 성소에 들어가는 웃시야의 죄를 저지르지도 않았고, 전임자들이 그랬던 것처럼 우상 숭배에 빠지지도 않았다. 그러나 요담은 위대한 개혁가도 아니었다. 개인적 의로움에도 불구하고 그는 왕국 전역에 퍼져 있는 종교적 폐습을 중지시키지 못했을 뿐만 아니라, 그의 이름은 어떤 부흥 운동과도 관련되어 있지 않다.

27:3-4. 요담은 과거 성공적이었던 유다의 왕들처럼 예루살렘과 왕국 내 여러 지역에 방어 시설을 세우는 데 많은 노력을 기울였다. 우리가 지금까지 많이 목격했듯이, 유다 왕국에 대한 진짜 위협은 더 크고 강한 성벽으로 물리칠 수 없었다.

27:5-6. 다시 한 번 여호와에 대한 순종은 군사적 의미를 지닌다. 요담이 여호와 앞에서 정도를 행하였으므로 그의 힘이 점점 더 강해졌다. 요담은 암몬 족속을 정복하여 그들에게 많은 조공을 부과할 수 있었다. 그러나 역대기 저자는 이 짧은 실례로 그의 설명을 마친다. 다른 전쟁들도 있었지만(7절), 그는 우리에게 그것들에 대해서 말해주지 않는다. 하나님과 동행했던 요담의 삶이 어떠했는지에 대해서도 더 이상 구체적인 정보를 제공하지 않는다. 추측컨대, 요담은 자기가 드려야 할 희생 제사를 꼼꼼히 챙기고, 개인적으로 고결한 모습을 보이며, 그의 백성들을 공정하게 다스렸을 것이다. 그러나 역대기 저자는 그 상세한 내용을 전혀 제공하지 않는다.

27:7-9. 그렇게 해서 역대기에 나오는 몇 안 되는 성공 스토리 가운데 하나인 요담의 이야기는 오히려 너무 짤막한 논평을 받게 된다. 요담은 유다를 16년간 통치하고, 41세의 젊은 나이에 사망했다. 그는 왕으로서의 직무를 잘 감당했고, 장례식에서도 적절한 예우를 받았다. 그러나 불행히도 요담이 백성들에게 남긴 마지막 유산인 그의 아들 아하스가 우상 숭배의 문을 열게 된다.

D. 점점 더 타락했던 왕 아하스(28:1-27)

Supporting Idea 아하스는 우상 숭배로 자신과 유다 왕국에 파멸을 초래했고, 나이가 들수록 점점 더 사악해졌다.

28:1. 요담은 죽고 그 왕관을 그의 아들 아하스에게 넘겨주었다. 웃시야와는 달리 요담도, 아하스도 어떤 공식적인 절차를 통해 일반 대중에 의해 왕으로 추대되었다는 기록이 없다. 그들은 단순히 왕위가 자신들에게 양도될 때 그것을 넘겨받은 것이다.

28:2-4. 아하스는 우상 숭배와 관련된 모든 행위를 저지르는 방법을 찾아냈다. 그는 우상을 만들었고, 산당에서 예배했으며, 자연과 다산에 대한 숭배에 관여했다. 그리고 무엇보다도 끔찍한 것은 그의 아들 가운데 일부를 바알에게 제물로 바치기까지 했다는 사실이다. 아하스는 하나님을 섬기는 일에 전혀 관심을 두지 않았다. 그의 종교는 모든 면에서 가나안 종교였다.

28:5 상. 하나님에 대한 포기는 필연적으로 하나님에 의한 포기로 이어졌다. 다시 한 번 아람 족속이 하나님의 징계 도구로 등장해 아하스를 패배시키고 일단의 유다 사람들을 포로로 끌고 갔다. 왕의 불순종이 또다시 침략군에 의한 패배를 초래한 것이다.

28:5 하-8. 아람 족속만이 유다의 죄를 징계하는 하나님의 도구 역할을 한 것은 아니다. 우상 숭배에 빠져 있던 북왕국 이스라엘의 군대도 유다를 패배시켰다. 이스라엘 왕 베가는 신앙심과는 거리가 먼 사람이었고, 당시 디글랏빌레셀의 통치하에 있던 앗수르의 침략에 대처하느라 아주 바쁜 상태였다(왕하 15:27-31). 그럼에도 불구하고 그는 남왕국의 국력이 아하스의 통치 아래에서 약화된 틈을 이용해 많은 수의 포로를 사마리아로 끌고 갈 정도의 결정적인 승리를 거둘 수 있었다.

28:9-11. 북왕국은 유다의 포로들에 대해 어떤 계획을 가지고 있었을까? 추측컨대, 그들은 틀림없이 포로들을 어떻게 해서든지 강제 노역에 동원해 앗수르를 막아낼 방어 시설을 구축하려고 했을 것이다. 그러나 오뎃이라는 이름의 선지자가 그런 생각을 더 이상 하지 못하게 만들었다. 그는 돌아오는 군대를 만나러 나가 그들이 과욕을 부려 화를 자초하고 있다고 선언했다. 하나님이 유다를 징계하시기 위해 그들을 사용하셨지만, 그것이 그들에게 마음대로 할 수 있는 자유를 주는 것이 아니라는 사실을 그들은 알아야 했다. 그들은 유다보다 조금도 더 의롭지 않았을 뿐만 아니라, 이미 대량학살을 저

지른 상태에서 포로들까지 그런 식으로 끌어옴으로써 하나님의 인내심을 다하게 하는 위험에 직면해 있었던 것이다. 그 포로들은 유다로 돌아가야 했다!

28:12-15. 이스라엘의 지도자들은 그 권고를 귀담아들었다. 특히 세 사람 아사랴와 베레갸, 여히스기야 등은 그 하나님의 경고를 군대 지휘관들에게 전달할 책임을 떠맡았다. 오뎃은 그 사람들에게 하나님에 대한 두려움을 심어주었고, 그들은 지금도 앗수르에 대항해 싸워야 하는 상황에서 하나님의 징계를 무릅쓰고 싶지 않았던 것이다. 그래서 그들은 서로 협력하여 포로들을 집으로 돌려보냈고, 심지어 옷과 신, 약, 빵 그리고 약한 자를 태울 나귀까지 제공함으로써 포로들이 귀향길에서 겪게 될 고통을 최소화하려고 애썼다.

28:16-21. 한편 유다의 상황은 아하스의 지도 아래 계속해서 악화되었다. 에돔 족속이 다시 침입하여 유다 전역을 유린하며 백성들을 사로잡아갔고, 블레셋 족속도 유다 땅 여러 곳을 점령하여 정착지를 건설하고 있었다. 아하스는 탈출구를 모색하고 있었고, 결국 그가 결심한 해결책은 앗수르의 디글랏빌레셀을 매수해 그의 보호를 받는 것이었다. 그는 아사 왕의 전술을 모방하여 성전에서 보물을 취해 앗수르의 군주에게 바쳤다(대하 16:2). 하지만 그는 겨우 절반의 성공을 거두는 데 그쳤다. 디글랏빌레셀은 그 기부를 기쁘게 받아들였지만, 유다를 보호하는 데는 관심이 없었던 것이다. 그럼에도 불구하고 디글랏빌레셀이 다메섹을 정복하여 당장은 아람의 위협을 제거함으로써 아하스를 만족시켰다(왕하 16:7). 그러나 그것이 한편으로는 유다의 바로 면전에 앗수르의 군대가 주둔하는 빌미를 제공하게 되었다.

28:22-23. 아하스는 그 상황을 어떻게 해서든지 통제할 수 있다고 생각하는 방향으로 재규정함으로써 자신의 문제들을 회피하려고 했다. 바알과 그의 동료들은 지금까지 아하스 왕에게 큰 도움이 되지 못했다. 하나님에 대한 숭배로 돌아서는 것도 당연히 그에게는 생각할 수 없는 일이었다. 아하스가 아무리 고질적인 우상 숭배자라 하더라도 앗수르의 신들에 대해서는 너무 역겨워 받아들일 수 없다고 생각했을 것이다. 그러나 다메섹에 있는 아람의 혼성 종교는 가나안 신들과 그들 자신의 일부 신들을 결합하여 만든 것으로 유다 왕에게 딱 맞는 것처럼 보였다.

아람이 앗수르를 상대로 분명 성공하지 못했던 점과 아하스 자신이 한때 아람을 물리칠 수 있었다는 사실에도 불구하고(왕하 16:5), 아하스는 다메섹 신들의 힘에 대해 공상에 잠겨 앞으로는 그것들을 공식적인 숭배 대상으로 삼겠다고 선언했다. 우리는 열왕기하 16장에서 아하스가 매일 제사드리는 용도로 다메섹에 있는 제단을 본떠 똑같은 것을 세웠다는 사실을 알 수 있다.

28:24-25. 아하스는 우상 숭배를 정기적으로 행하고 지원하기로만 결심했던 것이 아니다. 그는 하나님에 대한 숭배를 아예 대체하고자 했다. 아하스는 성전 문들을 걸어 잠그고, 그의 왕국 전역에 거짓 신들에 대한 숭배를 장려했다.

28:26-27. 아하스가 죽었을 때, 그의 조상 여호람과는 달리(대하 21:20) 그의 죽음을 애도하는 사람들도 일부 있었지만, 예루살렘의 영향력 있는 인사들 가운데 상당수는 그가 공식적인 왕실 묘지에 묻히는 것을 반대했다. 여호와를 신실히 믿었던 그 사람들 가운데는 선지자 이사야뿐만 아니라 아하스 자신의 아들 히스기야도 포함되어 있었을 것이다.

Main Idea 복습	이 부분에 나오는 유다의 네 왕 아마샤와 웃시야, 요담, 아하스 등은 사람들이 하나님께 반응하는 네 가지 서로 다른 방식을 대표한다. 일부는 긍정적이었지만, 일부는 부정적이었다.

결론

하나님의 진료 기록

존 허커스(John Hercus)는 호주의 안과 의사로서 평생 사람들을 육체적으로 치료해왔을 뿐만 아니라, 성경을 가르치는 사역을 통해 많은 사람들의 영적 건강에도 기여했다. 허커스 박사는 구약의 성경 인물들에 대한 연구로 널리 알려지게 되었는데, 그는 철저한 연구와 직관력 있는 연상을 통해 그들에 관해 많은 통찰력을 얻었다. 허커스는 자신의 지혜를 드러내는 데 있어 종종 그가 쌓아온 의사로서의 경력을 활용해 이해의 틀을 제공했다. 그는 성경을 하나님의 '사례집' 이라고 불렀다. 하나님이 어떻게 서로 다른 사람들에게 역사하셔서 그들을 죄의 연약함에서 그분과의 관계 회복이라는 건강함으로 이끄셨는지를 기록한 일종의 진료 기록이라는 것이다.

내가 알기로는 허커스 박사가 이 부분에 나오는 네 왕의 이야기를 다룬 적은 없다. 그러나 우리는 그의 방법론을 약간 차용함으로써 그들에 대한 우리의 이해를 넓힐 수 있을지도 모른다. 우리가 비록 의학에는 문외한이지만, 그럼에도 불구하고 그 네 왕들이 진료 기록에 나오는 환자들처럼 보인다는 강한 인상을 받을 정도로 그 분야에 대해 어느 정도는 알고 있을 것이다.

예를 들면, 아하스는 자신이 질병을 가지고 있다는 사실을 인정하기를 거부하는 사람이었다.

아마샤는 자신의 치료법을 끝까지 따르지 않는 환자를 대표한다. 환자가 일단 자신의 약을 처방대로 복용했다가 기분이 좋아지자 더 이상 치료를 받을 필요가 없다고 생각하고 약 먹는 것을 그만둘 위험성이 있다.

우리는 웃시야를 자기 치료법을 스스로 결정해 시행하는 환자로 생각할 수 있다. 의사들도 잘 알아서 하겠지만, 자신은 훨씬 더 잘할 수 있다는 것이다. 웃시야는 자신이 직접 진단하고 치료함으로써 스스로에게 돌이킬 수 없는 손상을 입혔다.

마지막으로 요담에 대한 가공의 진료 기록은 극적인 내용을 전혀 담고 있지 않다. 혈압은 120에서 70이고, 콜레스테롤은 200보다 훨씬 아래며, 혈당은 정확히 100으로 극히 정상일 뿐만 아니라, 건강진단도 꼬박꼬박 받았고 종합 비타민제도 매일같이 챙겨 먹는다. 그러나 의사는 요담의 가족력이 썩 좋지 않다는 사실을 발견하고, 그의 좋은 검진 결과가 다음 세대까지 적용되지 않을 것임을 깨닫게 된다. 요담이 왕으로서 다스렸던 통치 기간은 의로움과 성공으로 특징지어졌지만, 그는 유다 왕국에 장기적인 영향을 미치지 못했다.

우리는 지금 우리의 삶에서 하나님의 '치료법' 에 어떻게 반응하고 있는가? 우리가 절박할 정도로 아프다는 사실을 기꺼이 인정하고 있는가? 우리는 그분의 처방을 기꺼이 따르고 있는가? 혹시나 그분이 지시하신 것 가운데 일부를 빠뜨리거나 우리 자신의 지혜를 발휘해 거기다 더 추가하고 있지는 않은가? 우리는 지금 하나님의 은혜로 그분과 관계를 맺고, 그 정보를 다른 사람들과 공유하는 영적 건강을 누리고 있는가?

■ 진리 알기

- 사람들은 예측할 수 없는 많은 방식으로 하나님의 부르심에 반응한다.
- 사람들은 때때로 자신이 하나님의 도움을 필요로 한다는 사실을 인정하지 않는다. 그들은 때때로 잠시 동안 하나님의 도움을 구했다가 나중에는 내팽개치거나 그분의 도움을 원하면서도 자신이 직접 문제를 처리하려고 나선다.
- 한 개인의 삶에 있어 하나님과 신실하게 동행하는 것은 그분의 은혜의 표시다.

■ 적용하기

- 아마샤의 삶을 요약하는 다른 구절에 대해 곰곰이 생각해보라. "아마샤가 여호와 보시기에 정직히 행하기는 하였으나 온전한 마음으로 행치 아니하였더라"(대하 25:2). 사람들이 당신의 삶을 되돌아보면서 당신이 하나님 보시기에 정직히 행하였고, 온전한 마음으로 행하였다고 말할 수 있는가? 만약 그렇지 않다면 그것을 당신의 삶에 대한 적절한 묘사로 만들기 위해 어떤 변화들을 실행에 옮길 수 있겠는가?
- 웃시야는 출발은 잘했지만 끝마무리가 좋지 못했다. 무엇이 끝마무리를 잘하는 사람들과 그렇지 못한 사람들 사이의 차이를 만들어내는가?
- 혹시 당신이 끝마무리를 잘하기 위해서 고쳐야 할 점이 있다면 어떤 것들인가?
- 요담은 여호와 앞에서 정도를 행하였다. 당신이 알고 있는 사람들 가운데 여호와 앞에서 정도를 행한 사람은 누구인가? 그들의 삶은 어떤 모습이었는가?
- 아하스는 자기 아버지 요담의 선례보다 이웃 나라 왕들의 나쁜 선례에 더 많은 영향을 받았다. 인기 있고 근사해 보이지만, 분명 하나님의 길을 걷고 있지 않는 사람들을 따르고자 하는 유혹에 대처하는 데 있어 당신이 효과적이라고 생각하는 전략은 무엇인가?

삶의 적용

잘못할 수 있는 방법이 너무나 많다!

화폐 위조자들은 틀림없이 자신의 범죄적 재능이 계속해서 시도해볼 만큼 충분히 돈벌이가 된다고 생각하겠지만, 그것은 확실히 위험천만한 일이다. 미국 화폐의 진품은 매우 특수한 기준을 충족시켜야 하기 때문이다. 그런 기준 가운데 일부는 정부가 보유하고 있는 자원 없이는 복제가 거의 불가능하다. 외관이 아주 복잡한 도안과 색깔을 세세한 부분까지 정확하게 충족시켜야 할 뿐만 아니라, 화폐 제조에 쓰이는 종이도 독특하고, 심지어 사용되는 잉크의 화학적 구성조차도 그 한 가지 목적을 위해서만 제한되어 있다. 위조지폐를 감별하기 위해 훈련을 받고 있는 사람들은 처음에 진짜 지폐의 정확한 특징을 배우면서 시작한다. 그들이 일단 진품이 어떤 것인지 정확히 알고나면, 가짜 지폐를 감별할 수 있기 때문이다. 화폐 위조자들은 잘못할 수 있는 방법이 너무나 많기 때문에 결국 붙잡히게 된다.

당신은 네 왕의 이야기를 훑어보면서 그들에게 똑같은 진리가 적용되고 있다고 생각했을지도 모른다. 선의를 가지고 있었던 왕에서부터 악의를 품고 있었던 폭군에 이르기까지 모든 왕이 실수를 하고 죄에 빠지는 새롭고 다양한 방법을 찾아냄으로써 그 자신뿐만 아니라 자기 백성들에게도 해를 끼친 것처럼 보이기 때문이다. 아마샤와 웃시야가 어떻게 큰 실수를 저질렀는지 알게 된 후, 마침내 요담이 나타나 모든 것을 바로잡는 것처럼 보였다. 그러나 역대기 저자는 그에게 아홉 개의 성경 구절만을 할애한다. 어쩌면 그는 우리로 요담이 이상적인 왕이라고 생각하지 않게 하고 싶었는지도 모른다. 오히려 아하스의 모든 악행을 더 길게 묘사하는 작업에 빨리 착수하고 싶어했던 것처럼 보인다.

그러나 모든 왕이 요담 같았다면, 역대기는 존재할 필요가 없었을 것이다. 만약 모든 사람이 하나님에 대한 의무를 제대로 준수했다면, 포로 생활도 없었을 것이고, 결과적으로 포로 생활로부터의 귀환도 없었을 것이며, 에스라가 포로 생활에서 돌아온 이스라엘 백성들에게 그들의 역사를 상기시킴으로써 그들을 다시 하나님의 주권 아래 일치단

결시키려고 시도할 필요도 없었을 것이다. 하지만 그 왕들은 대부분 요담 같지 않았다. 그리고 요담은 자신의 철저한 헌신에도 불구하고 백성들이 우상을 버리고 하나님께 돌아오도록 설득할 수 없었다. 에스라는 때때로 우리에게 훌륭한 왕의 모습이 어떠해야 하는지를 보여주었지만, 한편으로는 의롭지 못한 왕들을 더 많이 보여줌으로써 우리가 의로운 왕이 되는 것과 관련된 사안의 복잡성을 깨달을 수 있도록 돕고 있다. '잘못할 수 있는' 방법이 너무나 많기 때문이다.

잘못할 수 있는 방법이 너무나 많다. 그것이 그리스도인으로서의 당신의 삶에 대해 당신이 느끼는 방식인가? 당신은 하나님과 동행하는 당신의 삶이 어느 정도 일관성을 달성했다고 생각하는 순간, 어떤 면에서는 당신이 그것을 망쳐놓았음을 발견하게 되지 않는가? 물론 당신도 인정할 것이다. 그것이 바로 타락한 인간인 우리가 하나님을 기쁘시게 하려고 시도할 때 우리 모두를 괴롭히는 문제다. 그것은 한마디로 불가능한 일이다. 잘못할 수 있는 방법이 너무나 많을 뿐만 아니라, 우리가 잘못할 때도 너무나 많기 때문이다. 만약 그렇지 않다면, 하나님이 우리를 구원하시기 위해 많은 고통을 당하실 이유가 전혀 없었다. 하나님이 용서와 도움을 베풀어주신 것은 우리의 실패에도 불구하고가 아니라, 바로 우리의 실패 때문이다.

우리는 타락한 왕들과 그들의 죄에 대한 이야기를 대하면서 '저 왕처럼 되지 않기 위해 더 열심히 노력해야지' 라는 반응을 보여서는 안 된다. 우리 자신이 이미 그 왕과 같은 사람임을 인식함으로 반응해야 한다. 그러나 바로 그 이유 때문에 그리스도께서 십자가에서 돌아가셨다는 사실을 명심하라.

기도

하나님 아버지, 왕들과 그들의 죄에 대한 이야기가 끝이 없어 보입니다. 우리가 독선적이 되거나 냉소적이 되지 않고, 그들의 실패로부터 배울 수 있도록 도와주십시오. 당신이 이미 우리의 죄성에 대해 우리보다 더 잘 알고 계시며, 우리가 지금 이 순간 당신의 은혜를 구하고자 준비되어 있는 것보다 당신이 우리에게 그 은혜를 베풀어주실 준비가 더 잘 되어 있다는 사실을 우리가 이해할 수 있도록 도와주십시오. 우리가 우리 자신의 삶이나 다른 사람들의 삶 속에서 보게 되는 죄에 절망하지 않고, 그 죄가 어떤 것이든 다시 한 번 당신의 십자가로 나아오라는 사인으로 볼 수 있도록 도와주십시오. 아멘.

심층 연구

A. 문둥병(26:19)

나병은 성경에 자주 등장한다. 그것은 율법에서 건강과 관련된 주요 관심사였고(레 13-14장), 성경 이야기에 자주 등장하며(예를 들면, 왕하 7:3-11), 예수님의 치유 기적의 대상으로 빈번히 언급되었다(예를 들면, 막 1:40-45). 나병의 증상에 대해서는 사람들이 잘 알고 있었지만, 그 질병 자체에 대해서는 연구가 이루어지지 않아 최근까지도 그 원인이 파악되지 않았다.

나병은 전염성이 강한 질병이 아니다. 어린이들이 전염에 가장 취약하며, 상당히 진전된 단계에 있는 사람들만이 전염 가능성이 높은 주의 대상이 된다. 하지만 그 심각한 특성과 끔찍한 결과 때문에 대부분의 문화에서 나병에 걸린 사람들을 가혹하게 다뤄왔다. 일단 나병으로 진단되면 추방당할 뿐만 아니라 다른 사람들과의 모든 접촉이 금지되었다. 구약의 율법도 예외는 아니었다. 오늘날에도 나병은 여전히 불쾌감을 일으킬 수 있는 질병이지만, 항생제를 이용한 장기적인 치료가 보통 좋은 결과를 낳고 있다.

성경 시대에는 나병 환자들이 단순히 병에 걸린 것으로 간주되지 않았다. 그들은 '부정한' 사람들로 간주되어 성전에 들어가 하나님 앞에 서는 것이 허용되지 않았으며, 누구든 그들을 만지는 사람들도 불결하게 되었다. 한 문둥병자가 예수님을 찾아왔을 때, 주님은 말씀 한마디로도 그를 치료하실 수 있으셨다. 그러나 측은한 마음이 드셨던 예수님은 "손을 내밀어 저에게 대시며"(막 1:41) 그를 고쳐주셨다. 그것은 보기 드문 행동이었다!

우리는 죄 때문에 하나님 앞에서 문둥병자처럼 보일 수도 있다. 그러나 하나님은 항상 그분의 손을 내밀어 우리에게 치료의 능력을 베풀어주실 준비가 되어 있으시다.

B. 아하스 왕 대 하나님(28:2)

성경에서 유다의 아하스 왕만큼 하나님께 강하게 대적한 사람은 별로 없었다. 그는 하나님과 아무 관계도 맺지 않으려 했다. 그는 이스라엘과 아람의 연합군이 침략해올 수도 있다는 사실을 알고 있었고, 심지어 성전 보물로 앗수르의 디글랏빌레셀을 매수하여 그의 보호를 받으려고 시도했다. 하지만 그는 이스라엘도, 아람도 두려워할 것이 없었다. 장래에 앗수르가 그 둘 다를 완전히 패배시킬 것이기 때문이었다. 하나님의 마음은 아하스의 마음보다 더 컸고, 하나님은 근심에 휩싸여 있는 아하스 왕을 안심시킬 수 있는 그분의 말씀을 전달하기 위해 이사야를 보내셨다(사 7:1-17).

이사야는 아하스 왕에게 하나님이 이스라엘과 아람에 의한 전면적인 침략이 일어나도록 허락하지 않으실 것이라는 그분의 말씀을 전달했다. "이 도모가 서지 못하며 이루지 못하리라"(사 7:7). 그뿐만 아니라 하나님은 아하스에게 그가 안전하며, 지금이라도 그분을 의지할 수 있다는 사실을 증명해 보이기 위해 무척 애쓰셨다. 아하스는 하나님이 말씀하신 것을 징조로 확인할 수 있었다. 그러나 아하스는 하나님과 아무 관계도 맺으려 하지 않았다. 거짓 경건의 망토를 둘러쓴 그는 이사야의 제안을 거절했다. "나는 여호와를 시험치 아니하겠나이다"(사 7:12). 아하스는 그의 뿌리 깊은 불신앙에 영향을 미치게 될 하나님의 실체에 대한 어떤 징조도 원하지 않았던 것이다.

그럼에도 불구하고 아하스의 손실은 나머지 모두의 이득인 것으로 판명되었다. 이사야는 그 상황을 방치하지 않았다. 설사 아하스 왕이 징조를 요구하고 싶어하지 않는다 할지라도 하나님은 여전히 온 세상이 보게 될 그분의 기적적인 능력을 드러내시고자 하실 것이다. "처녀가 잉태하여 아들을 낳을 것이요 그 이름을 임마누엘이라 하리라"(사 7:14). 하나님의 계획은 결코 중단되지 않을 것이다. 아하스의 믿음의 결핍에 의해서도, 아람 군대와 이스라엘 군대에 의해서도, 앗수르에 의해서도, 심지어 자연 법칙에 의해서도 말이다. 하나님은 그분이 창조하신 모든 것을 주관하는 분이시기 때문이다. 아람과 이스라엘은 완전히 사라지게 될 것이고, 그 예언이 외견상 압축하고 있었듯이 동정녀에게서 나신 하나님의 아들(마 1:23) 메시야가 영원토록 하나님의 백성들을 다스리는 왕이 될 것이다(사 9:6-7).

교안

A. 들어가는 글

1. '자, 이제 봤지' 이야기로 시작하라.
2. 배경 설명: 요아스는 왕위를 떠나면서 우상 숭배와 사회 불안에 깊이 빠진 왕국을 남겼다. 그의 뒤를 이은 네 왕들은 하나님에 대한 헌신을 보여주는 수준에 있어 최상에서부터 최악에 이르기까지 스펙트럼 전체를 커버하고 있다.
3. 적용: 스포츠 경기에서 재생 카메라가 특정 플레이를 다양한 각도에서 보여주듯이, 우리는 지금 유다 왕들이 그들의 땅을 다스리기 위해 시도했던(그리고 잘못했던) 많은 방법들을 지켜보고 있다.

B. 본문 이해

1. 좀 더 분별력을 갖추어야 했을 왕 아마샤(25:1-28)
2. 분수를 모르고 자만했던 왕 웃시야(26:1-23)
3. 의로웠던 왕 요담(27:1-9)
4. 점점 더 타락했던 왕 아하스(28:1-27)

C. 결론: '하나님의 진료 기록'을 읽어주라.

토의 질문

1. 아하스가 그랬던 것처럼 사람들로 하여금 스스로를 하나님으로부터 차단하도록 만드는 요인에는 어떤 것들이 있는가?

2. 아마샤 같은 사람이 갑자기 에돔 신들을 받아들인 이유를 어떻게 설명할 수 있을까?

3. 성전에서 분향하려는 웃시야의 결정은 헌신과 오만, 반항 가운데 어떤 표시였을까?

4. 그렇게 많은 불순종을 다룬 후에 요담의 개인적인 의로움과 마주쳤음에도 불구하고 그가 그렇게 평범해 보이는 이유는 무엇인가?

역대하 29:1-32:33

진정한 개혁

"하나님의 왕국은 이생이든, 내세든, 개인의 마음속에서든, 그분의 백성들의 공동체 속에서든 그분의 뜻이 최고의 권위를 지니는 하나님의 통치다."

- 데이빗 J. 엘리스(David J. Ellis)

히스기야는 유다에서 철저한 종교 개혁을 단행했고, 그것은 성대한 유월절 축제의 국가적 준수로 이어졌다. 앗수르가 예루살렘을 정복하려고 시도했을 때, 하나님은 그를 기적적으로 보호하셨다.

들어가는 글

시간과 공간을 다시 생각하기

만약 두 우주선이 빛의 속도로 달리다 서로 충돌하게 된다면, 그 두 비행 물체가 서로 부딪히는 전체 속도는 당신이 생각하듯이 빛의 속도의 두 배가 아니라 여전히 빛의 속도에 불과할 것이다. 빛의 속도보다 더 빠른 것은 없기 때문이다. 설사 어떤 두 속도의 합이 이론적으로는 빛의 속도를 초과한다 할지라도 그 전체 속도는 여전히 초당 297,600킬로미터에 해당하는 빛의 속도에 불과할 것이다.

절대적인 한계치로서의 광속은 알버트 아인슈타인(Albert Einstein)이 발견한 상대성 이론의 핵심 부분이었다. 그의 이론은 지난 백 년 동안 사람들이 우주의 본질에 대해 다시 생각하게 만들었다. 우리는 지금 우주를 하나의 거대한 기계로 생각하기보다는 훨씬 더 융통성 있고 역동적인 것으로 생각해야 한다. 시간과 공간 내에서 물체 간의 관계는 역설적일 수 있다.

그런 천문학적 속도로 움직이는 우주선은 없다. 그러나 빛의 속도로 날아가는 것들은 많으며, 빛의 '입자'가 그 한 예라고 할 수 있다. 그런 고려 사항들은 당신이 가족 휴가를 위해 뉴햄프셔로 가는 자동차 여행을 계획하는 데 아무 영향도 미치지 않는다. 그러나 우주의 본질에 대해 곰곰이 생각하는 사람에게는 '저기에 있는' 저것이 정말 어떤 것인지 철저하게 다시 생각하는 사고가 요구된다.

지배적인 사고방식을 근본적으로 재설정하는 '패러다임의 변화'가 여호와의 도우심으로 히스기야에 의해 초래되었다. 그는 왕으로 있는 동안 하나님에 대한 숭배를 강제하는 율법만을 적용했던 것이 아니다. 히스기야는 백성들의 마음과 생각을 180도 돌려놓을 수 있었고, 그 결과로 다윗과 솔로몬 시대의 부활이 잠시 동안 있었던 것으로 보인다. 그것은 결국 앗수르의 침략으로 손상되었지만, 하나님에 대한 히스기야의 믿음이 그를 지켜주었을 뿐만 아니라 그에게 다시 번영을 가져다주었다.

본문 이해

진정한 개혁

Main Idea	히스기야는 하나님께 대한 흔들리지 않는 헌신으로 앗수르로부터 보호받고 통치 기간 동안 번영을 보상받았다.

A. 히스기야의 성전 정화(29:1-36)

Supporting Idea	히스기야는 정권을 장악하자마자 성전을 다시 열고 제사장과 레위 사람들에게 정기적인 예배를 위해 성전을 정화하도록 지시했다.

29:1-2. 히스기야는 활력이 넘치고 이상을 꿈꾸는 20대 중반에 왕위에 올랐다. 구어체로 말하자면, '일을 맡길 만한 능력 있는 친구' 가 그에게 딱 어울리는 표현이었다. 히스기야는 그의 아버지 아하스가 죽기 전에도 정사와 관련된 책임을 맡았을 것이다. 그렇다면 이 성경 본문에 언급된 사건들은 히스기야가 홀로 정권을 장악한 후에 바로 일어났다.

역대기 저자(에스라)는 히스기야의 행위를 그 조상 다윗과 비교함으로써 그에게 가능한 최고의 찬사를 보낸다. 그러나 히스기야와 솔로몬을 비교하는 경우도 많았다.

29:3-11. 히스기야는 즉위하자마자 그의 아버지 아하스에 의해 초래된 모든 손상을 복구하기 시작했다. 아하스 왕은 사실상 성전 문을 닫고 왕국 전역에 우상 숭배를 지시했다. 히스기야의 첫 번째 지시는 성전을 다시 열고 정기적인 희생 제사를 재개하라는 것이었다. 성전이 여러 해 동안 사용되지 않았기 때문에 성전 구역 전체에 물리적 보수가 필요했다. 게다가 성전이 그동안 우상 숭배로 더럽혀졌기 때문에 다시 예배에 사용되기 전에 성결케 되어야 했다.

히스기야가 제사장과 레위 사람들에게 성전을 성결케 하라고 지시했던 연설은 250년 전 솔로몬이 드렸던 봉헌 기도에 바탕을 두고 있었다(대하 6:14-42). 솔로몬은 하나님에 대한 불순종이 국가적 재앙으로 이어질 것이라는 사실을 인정하면서 이스라엘 백성들이 성전을 회개의 중심점으로 삼고 그분께 돌아오면 왕국을 구해주시도록 여호와께 간청했다. 그래서 히스기야는 현재의 비참한 나라 상태가 하나님의 징계 때문이라고 선언했다.

히스기야의 계획은 여러 측면에서 성전의 정화로 시작되었다. 그는 레위 사람들에게 먼저 그들 스스로를 성결케 한 다음 성전을 정화하라고 명령했다. 그러나 히스기야는 유다 왕국의 새로운 출발을 의미하는 '패러다임의 변화'가 필요하다는 사실도 인식했다. 그는 나라를 대표해 새로운 언약을 맹세코자 했다. 그것은 레위 사람들이 그들의 임무를 재개하는 데서부터 시작되었지만, 한편으로는 하나님과 그분의 백성 사이의 새로운 관계를 알리는 신호가 되는 것이었다.

29:12-14. 레위 사람들은 그 새로운 프로젝트를 열렬히 환영했다. 우리는 여기서 역대상 6장에 처음 언급된 대로 레위 지파의 여러 가문들을 발견하게 된다. 레위는 게르손과 므라리, 그핫 등 세 명의 아들을 두었다. 아론의 피를 이어받은 그핫의 후손들만이 제사장직을 맡을 수 있는 자격이 있었고, 나머지는 모두 성막과 궁극적으로는 성전을 유지하는 데 필요한 다양한 임무를 맡았다. 아삽(게르손 출신)과 헤만(그핫 출신)과 여두둔(므라리 출신)은 다윗에 의해 임명된 수석 연주자였고, 그들의 지위는 자신의 후손들에게 대물림되었다. 엘리사반은 그핫 씨족의 한 족장이었고(민 3:30), 그의 후손들 역시 별도의 정체성을 지켜왔다(대상 15:8).

29:15-19. 성전 정화 작업은 2주 동안 꾸준히 진행되었다. 레위 사람들은 첫 주를 아하스가 이교도의 제단과 우상 숭배 기구들로 더럽혔던 바깥 뜰을 성결케 하며 보냈다. 그들은 모든 부정한 물건들을 근처의 기드론 골짜기에 내다버렸다. 그들은 일을 모두 마치고나서 히스기야 왕에게 모든 것이 정화되었고 성전을 사용할 준비가 완료되었다고 보고했다.

29:20-24. 재봉헌 예식은 속죄일에 연례적으로 행하는 예식(레 16:18)과 속죄제(레 4장)를 약간 변형시킨 것이었다. 보통의 경우보다 더 많은 짐승을 사용했던 점을 제외하고는 말이다. 히스기야 왕은 회중들과 함께 속죄 제물 위에 그의 손을 얹음으로써 그 예식에 참여했지만, 실제 제물을 바치는 행위는 정해진 대로 제사장들만이 행했다.

29:25-30. 다윗이 정기적인 음악을 성전 의식의 일부로 제정했던 것처럼 히스기야도 이제 그 관례를 부활시켰다. 지정된 위치에 배치된 연주자들이 자신의 악기를 연주

하기 시작하고 노래 맡은 자들이 여호와의 시로 노래하기 시작하자 히스기야 왕이 첫 번째 희생 제사를 진행시켰다. 마침내 여호와께서 다시 예루살렘에서 경배받으신 것이다. 희생 제사가 끝나자 왕과 그와 함께한 모든 사람이 땅에 엎드려 경배했다.

29:31-36. 1차 봉헌 예식이 모두 끝났을 때, 히스기야는 다른 사람들도 제물을 가져와 하나님께 드리도록 권했다. 6백 마리의 소와, 양과 염소 3천 마리가 희생 제물로 드려졌다. 그것은 사소한 문제를 일으켰다. 제물을 바치는 행위와 관련된 그 힘든 작업을 모두 완료하기에는 제사장 수가 부족했던 것이다. 많은 제사장들이 아직 개인적인 성결 의식을 끝내지 못했기 때문이다(레 8:1-36). 그러나 충분한 수의 레위 사람들이 있었고, 그들은 자신을 성결케 하는 데 있어 제사장들보다 오히려 더 열심을 냈다. 그들이 제사장을 도와 그 힘든 작업의 일부를 수행했다.

그렇게 하루가 끝났고, 히스기야를 비롯하여 온 회중은 기뻐했다. 성전 제사가 회복되었을 뿐만 아니라, 그 모든 것이 빨리 이루어졌기 때문이다. 한 달 전만 해도 유다는 아하스의 주도 아래 국가적인 우상 숭배에 빠져 있었지만, 이제는 여호와께서 히스기야를 사용하여 유다 왕국을 하나님과의 회복된 관계로 이끄신 것이다.

B. 성대한 유월절(30:1-27)

Supporting Idea	히스기야가 추구했던 회복 정책의 다음 단계는 두 왕국 모두의 대표자들을 참석시킨 가운데 유월절을 국가적으로 기념하는 것이었다.

30:1-12. 히스기야는 온 지역에 사람을 보내어 성대한 유월절 축제를 위해 예루살렘으로 오라고 초대했다. 그는 이 초대에 북왕국의 거주민들도 포함시켰다.

사실 이스라엘 왕국은 더 이상 존재하지 않았다. 몇 년 전, 북왕국의 수도 사마리아가 앗수르에 함락되어 이스라엘의 인구 대부분이 포로로 끌려갔고, 지금은 이방인들이 그 영토에 들어와 살고 있었던 것이다. 이스라엘의 왕은 더 이상 존재하지 않았지만, 그 땅에 남아 유대인의 뿌리를 지키고자 했던 사람들은 히스기야에게 리더십을 기대할 수 있었다. 여기서부터 역대기가 끝날 때까지 분열된 왕국은 남은 유다 왕국으로 대체된다. 결과적으로 유다는 과거 이스라엘 왕국이었던 지역에 대해 어느 정도 관할권을 행사할 수 있었다.

히스기야는 앗수르의 침략이 남긴 여파로 북쪽 지파들이 겪고 있는 슬픔에 호소하여 그들이 입은 손상을 조금이라도 복구하려면 여호와께 다시 돌아오는 길밖에 없다는 사실을 깨닫게 하려고 애썼다. 그는 얼마 전 자기 백성들에게 이야기했던 것처럼 그들이 고통받는 원인에 대해 그들의 나라가 하나님께 불순종했기 때문이라고 지적하고, 그 재앙을 완화하기 위해 아브라함과 이삭과 이스라엘의 하나님을 다시 섬기라고 권고했다. 만약 하나님의 백성들이 회개하는 마음으로 그분께 돌아가면, 여호와께서는 그들의 간구를 들으시고, 그들을 다시 고국 땅으로 돌려보내 주실 것이다.

유다 백성들의 반응은 한결같고 분명했다. 그러나 북쪽은 상황이 전혀 달랐다. 하나님을 버림으로써 스스로 파멸을 자초했던 이스라엘 백성들은 그분께 다시 돌아갈 생각이 전혀 없었다. 오직 그분의 기적만이 그들을 구원할 수 있는 상황이었는데도 말이다. 그들은 죄에 너무 깊이 빠진 나머지 히스기야의 사자들을 조롱하고 비웃었다. 그들은 자신의 고난에 대한 책임도 그 고난으로부터 벗어날 수 있는 하나님의 길도 인정하려 하지 않았다. 그럼에도 불구하고 아셀과 므낫세와 스불론 지파에서 몇 사람이 히스기야 왕의 제안을 받아들였다.

30:13-14. 그 모든 일이 아하스가 죽고 히스기야가 왕위에 즉위한 후 단 몇 주만에 일어났기 때문에 누구도 예루살렘으로의 여행을 계획하는 데 충분한 시간을 갖지 못했다. 그러나 많은 사람들이 모였다. 그 순례자들은 예루살렘 성읍을 샅샅이 뒤져 우상 숭배에 사용되었던 다양한 시설물들을 제거했다. 분향단도 기드론 골짜기에 쌓여 있는 우상 숭배 기구 더미에 포함되었다.

30:15-22. 모인 사람들 가운데 상당수가 필요한 성결 의식을 거치지 않음으로써 제대로 준비되어 있지 않았다. 그런 사람들 가운데는 심지어 제사장들도 포함되어 있었지만, 그들은 축제가 진행되는 동안 빠르게 대열에 합류했다. 그러나 일반 백성들은 다른 상황을 보여주었다. 에브라임과 므낫세, 잇사갈, 스불론 등 북쪽 지파 출신의 사람들은 유월절 축제가 시작되기 전 하나님 보시기에 스스로를 성결케 하지 못했다. 그들이 여전히 부정한 상태에 있는 동안 일부 레위 사람들이 양을 잡아 그들에게 먹으라고 주었던 것이다.

히스기야는 하나님을 향한 간청이라기보다는 오히려 확신에 가까운 기도를 드렸다. 그는 하나님의 선하심을 신뢰했던 것이다. 여호와께서는 백성들이 아직도 배워야 할 규례들을 강제하심으로써 그들이 그분께 나아오는 것을 주저하도록 만들지 않으실 것이다. 사람들이 하나님의 거룩하심을 침해한 것으로 인해 징계를 받았던 때와는 달리 오만한 태도로 행동하지 않았기 때문이다.

30:23-27. 유월절을 지키는 표준 기간인 7일이 모두 끝났을 때, 모두가 축제를 한 주 더 연장하기로 합의했다. 사람들은 여전히 축제에 참여하기 위해 모여들었고, 점점 더 많은 수의 제사장들이 성전으로 돌아와 성결 의식을 행하고 희생 제사를 집전했다. 히스기야 왕은 더 많은 제물용 짐승을 공급했다. 다른 주요 지도자들도 선례에 따라 왕이 하사한 내역과 대등한 수준의 제물용 짐승을 내놓았다.

하나님은 백성들의 모든 행위에 흡족해하시면서 그들의 기도를 들으시고 축복으로 응답하셨다. 히스기야 왕과 그의 백성들은 하나님께 나아와야 한다는 필요 조건을 이행했고, 하나님은 그들을 버리지 않으시겠다는 그분의 약속을 이행하셨던 것이다.

C. 유다와 이스라엘에서의 개혁(31:1-21)

Supporting Idea	히스기야는 우상들을 파기하고 예루살렘 내에 제사장과 레위 사람들을 지원할 수 있는 체계를 확립함으로써 그의 개혁을 계속 이어갔다.

31:1-2. 백성들은 예루살렘을 출발해 곧장 집으로 가지 않았다. 대신 전국의 지방을 돌아다니며 우상을 깨뜨리고 이교도의 제단을 무너뜨렸다. 백성들은 그렇게 하라는 지시를 받은 일도 없이 자진하여 북쪽 이스라엘에서부터 남쪽 유다에 이르기까지 우상 숭배를 제거하고 있었던 것이다.

31:3-10. 정기적인 성전 예배를 부활시킨 히스기야는 거기에 투입되는 인력에 대한 보상 방법을 수립해야 했다. 당시 상황은 안정된 통일 왕국 시대와는 근본적으로 달랐다. 다윗과 솔로몬의 통치 아래에서는 제사장들이 그들의 소득을 마련하기 위해 집에 있는 개인 재산에 의존할 수 있었다. 히스기야 왕 자신이 하루에 두 번 행하는 번제와 특별한 경우에 드리는 기본적인 제물들을 제공했다. 그는 또 제사장들이 받을 권리가 있는 제물의 몫을 부당하게 빼앗기지 않도록 조치했다(레 6:14-18, 26). 그러나 무엇보다도 중요한 것은 히스기야가 십일조의 규례를 부활시켰다는 사실이다(레 27:30). 그렇

게 함으로써 정기적인 수입이 성전으로 유입되었다. 백성들도 열심히 참여했다.

31:11-19. 히스기야의 다음 관심 사항은 그 자산이 책임 있게 다루어지도록 보장하는 것이었다. 그것은 누구든지 그것을 받을 자격이 있는 사람들에게 빠짐없이 분배하는 것을 의미했다. 먼저, 그는 곡식과 채소를 보관할 창고가 성전 안에 세워지도록 조치했다. 그런 다음, 분배 과정을 감독할 사람들을 임명했다.

31:20-21. 히스기야 왕은 그가 수립한 모든 정책을 감독하는 데 있어 일관성을 유지했을 뿐만 아니라, 하나님께 헌신하는 데도 철저하고 진실했다. 역대기 저자의 짤막한 언급은 우리에게 그 결과를 말해준다. 형통하였더라. 그러나 히스기야도 시련의 시간을 면할 수는 없었다. 그의 믿음이 이제 곧 시험을 받게 될 것이다.

D. 산헤립의 침략 실패(32:1-21)

Supporting Idea 앗수르 왕 산헤립이 예루살렘을 정복하려고 시도했을 때, 히스기야 왕은 하나님을 의지했고, 여호와께서는 그를 기적으로 지켜주셨다.

32:1. 앗수르인들은 주변 지역을 모두 정복했지만, 아직 유다를 점령하지 못했다. 아하스 왕은 성전 보물로 디글랏빌레셀을 매수해 그의 보호를 받으려고 시도했지만(대하 28:21), 앗수르 군주가 그 보물만 받고 그에게 별다른 도움을 주지 않음으로써 수치만 당한 바 있었다. 히스기야 자신도 산헤립이 처음 실력 행사에 나섰을 때 그 방법을 시도했지만(왕하 18:13-16), 오히려 아하스의 경우보다도 더 도움이 되지 못했다. 앗수르가 맹렬한 기세로 쳐들어와 유다를 삼키기 시작한 것이다.

32:2-5. 히스기야는 예루살렘의 생존이 하나님의 능력에 달려 있다는 사실을 이해했지만(8절), 그 확신에도 불구하고 성읍을 요새화하는 작업에 나섰다. 그는 성벽을 강화하고 외부에서 주요 수원(水源)에 접근할 수 없도록 조치했다. 그는 또 예루살렘 주민들이 물을 계속해서 공급받을 수 있도록 하기 위해 위쪽에 있는 샘들과 아래쪽에 있는 물웅덩이를 연결하는 터널을 만들도록 지시했다(실로암 못, 요 9:7). 그 터널은 지금도 여전히 볼 수 있으며, 관광객들에게도 공개되고 있다. 히스기야는 예루살렘 성벽을 다시 쌓고 수원을 통제하는 것 외에도 병기를 새로 만들어 공급하도록 지시했다.

32:6-8. 히스기야는 그의 군대 지휘관들을 소집하여 그들의 사기를 북돋기 위한 모

임을 가졌다. 그의 메시지는 간단했다. "자, 힘을 냅시다, 여러분! 하나님은 하실 수 있습니다!" 그들은 두려워할 필요가 없었다. 하나님이 그들과 함께하시기 때문이었다.

32:9-19. 산헤립이 예루살렘을 정복하려고 시도했다가 결국 패배를 당했던 이 중대한 사건에 관한 성경 기사는 세 군데에 기록되어 있다(이곳과 왕하 18:17-19:37, 사 36:1-37:38). 그중 역대하의 기사가 가장 짧은 설명이며, 우리는 역대기 저자에게 가장 의미 있었던 요소들에 초점을 맞추게 될 것이다.

당시 어떤 도시를 포위하고 있는 군대가 구사할 수 있는 주요 전략 가운데 하나는 선전전(宣傳戰)이었다. 적군은 성 안에 있는 사람들이 그들의 통치자에게 반역하고 침략군이 진군해 들어와 점령하는 것을 받아들이게 하려고 시도했다. 모욕과 거짓말, 거짓 약속, 감언이설 등 거주민들의 사기를 떨어뜨리는 데 사용될 수 있는 수단은 무엇이든 다 동원되었다.

당시 라기스를 포위하고 있었던 산헤립은 자신의 부하들을 보냈고, 산헤립의 사자는 모든 사람들이 이해할 수 있도록 히브리말로 그의 메시지를 전달했다. 유다가 과연 하나님이 그들을 도우러 올 것이라고 기대할 수 있을까? 앗수르의 사자는 히스기야가 자기 백성들을 속여 그 자신은 믿지 않으면서도 그들에게 하나님을 신뢰하라고 요구하고 있다고 비난했다. 그들의 신은 지금까지 산헤립 왕에게 대적했던 다른 모든 나라의 신들보다 더 낫지 못했다.

32:20-21. 산헤립 대 여호와의 대결이 펼쳐졌다. 히스기야의 믿음이 위기에 내몰리고 있었음은 의문의 여지가 없다. 그가 일찍이 자기 부하들에게 그렇게 침착한 확신을 심어주었음에도 불구하고 말이다. 그러나 하나님은 해내셨다. 그분은 앗수르 군대 전체를 몰살시키셨다(18만 5천 명, 왕하 19:35). 그 파멸이 정확히 어떻게 일어났는지는 언급되어 있지 않다.

산헤립은 그 전쟁을 자신과 하나님 사이의 대결이라고 주장했고, 여호와께서는 그 도전을 받아들여 그 앗수르 왕에게 인간의 능력에는 한계가 있음을 보여주셨던 것이다. 산헤립은 그의 군대를 이끌고 니느웨로 돌아갈 수밖에 없었다. 하지만 그곳에서도 산헤립 자신의 아들들이 그의 암살을 모의하고 있었다.

E. 히스기야의 부귀영화(32:22-33)

Supporting Idea 히스기야는 한때 심각한 질병으로 위기에 처하기도 했지만, 남은 인생을 명성과 부귀영화 속에서 살았다.

32:22-23. 히스기야는 앗수르를 무찌른 것이 자신의 승리가 아니라 하나님의 승리라는 사실을 인식했다. 그러나 나머지 세상은 그 사실을 알지 못했다. 그들에게 있어 히스기야는 앗수르를 저지할 수 있는 위대한 왕이었던 것이다. 따라서 주변국의 외교 사절들이 호화스러운 선물을 가지고 찾아와 유다 왕과 좋은 관계를 맺으려 했다.

32:24-26. 지금까지 그렇게 모범적인 삶으로 두각을 나타냈던 히스기야였지만, 하나님에 대한 그의 태도가 점차 나빠지기 시작했다. 여호와께서 히스기야의 치명적인 질병을 기적적으로 고쳐주셨음에도 불구하고(왕하 20:1-11, 사 38:1-22 참고), 하나님에 대한 그의 반응이 무감각해진 것이다. 분명 그가 하나님의 도우심을 당연한 것으로 여기기 시작했고, 그것이 하나님의 노여움으로 이어졌을 것이다. 히스기야 왕의 공개적인 회개와 나라 전체의 뉘우침이 히스기야 세대에 내려질 수도 있었던 징계를 막았다.

32:27-30. 히스기야는 또 은금과 보석, 농산물, 가축 그리고 그 모든 것을 관리하기 위한 건축물 등 엄청난 부를 축적했다. 역대기 저자는 다시 한 번 히스기야가 토목 공사를 통해 기혼 샘물을 막고, 그 밑으로 터널을 뚫어 예루살렘까지 연결했던 업적을 상기시킨다.

32:31. 히스기야는 여전히 완벽하지 못했다. 이 성경 구절은 25절에 언급된 교만한 태도를 좀 더 구체적으로 밝히려는 의도를 담고 있을 것이다. 이 사건이 실제로 히스기야가 그의 질병으로부터 회복 중인 상황에서 일어났기 때문이다(왕하 20:12). 바벨론 왕이 히스기야의 쾌유를 빌고 예루살렘에서 일어난 기적적인 사건들에 대해 직접 정보를 얻기 위해 사절을 몇 명 파견했다. 그러나 히스기야는 그 상황을 자신의 부를 과시하는 기회로 변질시켜버렸다. 그는 하나님께 모든 영광을 돌리기보다는 바벨론 사절들에게 자신이 세운 시설들을 구경시키고, 그의 모든 보물을 보여주었던 것이다. 선지자 이사야는 히스기야에게 그 행위에 대해 책망하고, 유다가 결국 바벨론의 포로로 끌려가게 될 것이라고 예언했다(사 39:1-8).

역대기 저자는 그 구체적인 내용을 언급하지 않고 있지만, 그의 평가는 그 사안의 심각성을 훨씬 더 잘 드러낸다. 하나님이 그 사건을 히스기야가 그 심중에 정말로 무엇을 담고 있는지 시험할 수 있는 기회로 삼으셨다는 것이다. 그리고 역대기 저자가 우리에게 히스기야가 어떻게 행동했는지 구체적으로 말하지는 않지만, 그 수수께끼 같은 요약을 통해서 그가 완벽한 점수를 얻지 못했다는 사실은 분명히 알 수 있다.

32:32-33. 히스기야의 죽음에 대한 기사는 짧을 뿐만 아니라 그 사인도 언급되어 있지 않다. 그의 나이 겨우 54세였다. 역대기 저자가 추가적인 정보를 위해 언급한 참고 문헌 가운데는 선지자 이사야의 글도 포함되어 있다. 히스기야의 죽음은 예루살렘 왕궁에서 활동했던 이사야 선지자의 사역이 끝났음을 의미하기도 했다. 히스기야 왕은 적절한 예우와 함께 장사되었고, 온 유다와 예루살렘 거민이 그의 죽음에 경의를 표했다.

Main Idea 복습	히스기야는 하나님께 대한 흔들리지 않는 헌신으로 앗수르로부터 보호받고 통치 기간 동안 번영을 보상받았다.

결론

세 선생님 이야기

세 명의 대학 교수가 있다고 가정해보자. 그들은 모두 자신이 담당하는 학생들을 성숙한 능력으로 이끌고자 한다. 시어스(Sears) 교수는 자신이 학생들에게 가르치고자 하는 것에 대해 정확한 계획을 가지고 있다. 그는 자기 학생들에게 필수적인 정보를 전달하면서 그의 모든 시간을 보낸다. 페니(Penney) 교수는 학생들이 스스로 학습할 수 있어야 한다고 생각한다. 그는 자기 학생들에게 대량의 프로젝트를 과제로 제시하고, 그들이 자신의 도움 없이 그 프로젝트를 수행하는 과정에서 중요한 원리와 실제적인 정보를 파악하기를 기대한다. 마지막으로 워드(Ward) 교수는 앞서 언급한 두 방법 사이에서 중간쯤에 해당하는 접근방식을 취한다. 그는 학생들에게 자기 분야의 확고한 기초 지식을 제공하면서 동시에 그들이 독립적으로 수행해야 하는 프로젝트에 그 기초 정보를 적용하기를 기대한다.

시어스 교수는 학생들이 그가 제공한 모든 내용을 자기 앞에서 암송하게 하는 데는 성공할지 몰라도 성숙한 학자를 만들어내지는 못할 것이다. 한편 페니 교수는 자기 학생들이 그의 감독 없이 연구하는 것에 대해 들뜨게 만들지는 모르지만, 그들 역시 자기 분야에서 꼭 필요한 기초 지식이 부족하여 견실한 학자가 되지는 못할 것이다. 이상적으로 말하자면, 워드 교수의 학생들이 최고의 학자가 될 것이다. 워드 교수가 그들에게 필수적인 내용뿐만 아니라, 스스로 성장할 수 있는 기회까지 제공하고 있기 때문이다.

히스기야는 유능한 선생님에 해당되는 세 번째 범주에 속했다. 그는 명확한 지시를 하고 그것을 강제하는 것을 두려워하지 않았다. 동시에 그는 자기 백성들이 자발적으로 하나님께 대한 숭배를 실행에 옮기도록 유도했다. 히스기야의 통치는 다윗과 솔로몬에 의한 기준과 비교해보더라도 훌륭했다. 그는 틀림없이 그의 주변에 있는 사람들로부터 엄청난 압력을 받았을 것이다. 아버지 아하스의 우상 숭배를 지지했던 사람들뿐만 아니라, 그 사악함이 아하스를 능가했던 자신의 아들 므낫세를 지원하게 될 사람들로부터 말이다.

히스기야는 자신을 지원할 인재를 각계각층에서 폭넓게 동원할 수 있었기 때문에 그의 개혁을 완수했다. 하나님이 앗수르를 물리쳐주심으로 유다에게 보상하셨을 때, 모두가 히스기야 왕의 정책을 지지한 것에 대해 보람을 느낄 수 있었다.

■ 진리 알기

- 한 개인이 변하기 위해서는 단지 그가 행동하는 방식만이 아니라 속사람이 변해야 한다.
- 사람들이 그리스도 안에서 성장하도록 돕는 데 효과적인 한 가지 전략은 그들에게 스스로 판단할 수 있는 기회를 제공하는 것이다.

■ 적용하기

- 히스기야에게는 시소한 것들도 중요했다. 그는 성전 문을 열고 성전을 수리하는 데서부터 시작했다. 하나님이 지금 당신에게 그분과 타인을 섬기는 데 있어 다음 단계로 무엇을 하도록 독려하고 계신가?

• 히스기야는 자신이 일부만 할 수 있을 뿐 모든 것을 다 할 수는 없다는 사실을 알고 있었다. 그는 유다를 하나님께 되돌리는 데 있어 다른 사람들의 협력을 얻는 것이 필수적이라는 사실을 이해하고 있었다. 당신의 교회를 그리스도를 섬기며 그분의 목적에 열정적인 교회로 만들기 위해 당신의 영향력 내에 있는 사람들 가운데 협력을 구할 수 있는 사람은 누구인가?
• 당신의 문제를 하나님 앞으로 가져가는 훈련을 시작하거나 지속하라. 히스기야가 산헤립의 편지를 성전으로 가져가 여호와 앞에 펴놓았던 것처럼 당신의 문제를 실제적인 방식으로 주님 앞에 내어놓으라.

삶의 적용

저건 우리가 아니야

여러 해 전, 한 텔레비전 프로그램이 컴퓨터 기술이 도박 산업에 미치는 영향에 대해 방영한 적이 있다. 그런 현상은 도박이 많은 주에서 합법화되고 있던 바로 그 무렵에 일어나고 있었다. 많은 사람들이 컴퓨터 세상의 놀라움과 도박장의 탐욕스러운 환경을 처음 접할 수 있는 기회를 동시에 얻은 것이다. 이제 사람들은 마치 테이블에 앉듯이 너무나도 쉽게 기계에 앉아 블랙잭을 함으로써 자신들의 돈을 카지노에 넘겨줄 수 있게 되었다. 그 텔레비전 프로그램의 한 단편은 인생을 즐기는 노부부에 초점을 맞추었다. 겉보기에 그들은 돈을 잃은 것에 별로 개의치 않을 정도로 여유가 있어 보였고, 자신들이 도박을 하는 것은 그저 재미를 위해서라고 설명했다.

하지만 그 프로그램은 최근 소식을 간단히 소개하는 것으로 종영되었다. 방송에 출연했던 그 부부가 나중에 자신들을 찍은 비디오테이프를 보았고, 그 영상에 비쳐진 자신들의 모습에 경악한 것이다. "저건 우리가 아니야(That's not who we are)." 그들은 도박 기계에 돈을 밀어넣고 승패에 따라 비명을 지르고 신음하는 자신들의 모습을 보고 결심했다. 비록 그들이 그 프로그램을 위해 촬영에 응하는 동안에는 자신들의 도박 습관을 합리화했지만, 일단 그것을 본 후에는 도박을 그만두기로 결정한 것이다.

"저건 우리가 아니야." 히스기야는 유다 백성들에게 그들이 바알의 백성이 아니라 하나님의 백성이라는 사실을 확신시켰다. 그들은 일단 그 비전을 붙들고 그것에 따라 행동했을 뿐만 아니라 자발적으로 개혁을 실행에 옮겼다. 유다 왕국은 그 과정에서 완전히 변화되었다. 유다 백성들은 지금 그들이 무엇을 하고 있는지에 대해서 뿐만 아니라 자신들이 누구인지에 대해서도 다시 생각하게 되었다. 히스기야는 왕국이 다시 번영하도록 회복시키고 앗수르의 침략을 이겨낼 수 있었다.

당신은 누구인가? 많은 그리스도인들은 그들이 단지 비그리스도인들과 다르게 행동해야 하는 사람들이 아니며, 하나님이 그들에게 새로운 본성을 주셨다는 사실을 확실하게 받아들이지 못하고 있다. 우리는 그리스도인으로서 그저 하나님에 대한 숭배를 받아들인 바알 숭배자가 아니라, 여호와 그분의 백성인 것이다.

기도

하나님 아버지, 우리가 더 이상 우리 자신에게 속해 있지 않고 당신의 것이라는 사실을 우리로 깨닫게 해주십시오. 우리가 누구인지에 따라 행동할 수 있는 힘을 우리에게 주십시오. 아멘.

심층 연구

앗수르(32:1)

앗수르는 고대 세계의 모든 제국들 가운데 가장 잔인했다. 그들은 어떤 영토를 일정하게 정해놓지 않고 그것을 항상 더 큰 전체에 편입시켰다. 그들의 목표는 자신들의 희생자들로부터 가능한 한 많은 조공을 강제로 받아내는 것이었다. 만약 정복된 나라들이 빨리 응하지 않으면, 그들에게 심각한 손상을 입히게 될 것이었다. 남의 영토를 빼앗고 누구든 그들을 방해하는 사람들에게 잔혹한 행위로 겁을 주는 데 있어 앗수르인들보다 뛰어난 사람들은 없었다.

본래 앗수르의 영토는 메소포타미아 북부에 있었고, 그들의 역사는 바빌로니아의 역사와 밀접하게 관련되어 있었다. 사실 앗수르인들은 셈어족 바빌로니아인들로서 동일한 민족적 혈통으로부터 나왔고, 비슷한 언어를 사용했으며, 상당수 동일한 신을 숭배했다. 그들 종교의 한 가지 독특한 특징은 아수르(Ashur)라는 신을 섬기는 것이었다.

앗수르의 역사는 오랜 세월 동안 바벨론과 끊임없이 밀고 당기며 때로는 한 나라가 우세했다가 곧바로 다른 나라가 전세를 역전시키는 주도권 다툼의 역사였다. 성경의 사사 시대 동안에는 앗수르 왕 디글랏빌레셀(Tiglath-Pileser) 1세가 그의 영토를 저 멀리 시리아까지 확장했지만, 그 업적은 그의 후계자들이 군대를 철수시켜 내정에 가까운 문제들을 처리하느라 일시적으로 유지되는 데 그쳤다. 그것은 다윗과 솔로몬의 거대 제국을 가능하게 했던 시대의 한 원인이 되었다.

그런 다음, 아사와 여호사밧의 시대에는 왕 아슈르나시르팔(Ashurnasirpal) 2세가 전쟁에 미쳐 계속해서 정복에 나섬으로 말미암아 저 멀리 레바논까지 세력을 확장했다. 그의 후계자 살만에셀(Shalmaneser) 3세는 아람을 정복하려고 시도했지만, 시리아-팔레스타인 지역 왕들의 강력한 제휴로 그 뜻을 이루지 못했고, 그 제휴 가운데는 이스라엘의 아합과 아람의 벤하닷 사이의 일시적인 동맹도 포함되어 있었다.

우리는 앞에서 이미 디글랏빌레셀 3세를 만났고, 그는 아람과 이스라엘의 일부를 정복했다. 그는 아하스가 자진해서 복종했던 왕이기도 하다. 그 뒤를 이어받은 살만에셀 5세는 사마리아를 정복하여 북왕국을 완전히 무너뜨렸지만, 그의 후계자 사르곤(Sargon) 2세 역시 사마리아 정복을 자신의 공로로 삼았다. 이스라엘 사람들을 포로로 잡아가고 이방인들을 사마리아에 재정착시킨 장본인이 바로 그였다. 그가 죽었을 때, 예루살렘의 히스기야에 의해 주도된 속국들의 연합체가 차기 앗수르 왕 산헤립에게 반기를 들었던 것이다.

산헤립은 그가 남긴 기록에서 자신이 세상을 아수르 신에게 복종시키기 위해 보내진 그의 심복이라고 자처했다. 그가 예루살렘에 보낸 메시지에서 유다의 하나님을 포함하여 다른 나라의 신들이 결코 자신의 힘에 저항할 수 없다고 주장했던 내용은 그가 자신의 전투에 대해 설명해놓은 내용과 잘 맞아떨어진다. 산헤립은 히스기야를 몹시 싫어했다. 그 유대인 왕은 대담하게도 자신의 힘에 저항하고 심지어 그가 팔레스타인 지역에 심어놓은 꼭두각시 왕을 인질로 잡고 있었기 때문이다. 그래서 그 앗수르 왕은 유다 땅을 정복하고 예루살렘을 점령하기 위해 대규모 군사 작전을 펼치기로 결심했던 것이다.

그러나 우리가 알다시피 산헤립은 예루살렘을 결코 정복하지 못했다. 그의 패배는 그리스의 역사가 헤로도토스(Herodotus)에 의해 확인되었고, 그는 앗수르 군사들의 죽음을 그들의 보급품을 황폐화시켰던 들쥐 탓으로 돌렸다.

고안

A. 들어가는 글

1. '시간과 공간을 다시 생각하기' 이야기로 시작하라.
2. 배경 설명: 히스기야는 즉시 행동에 나섰다. 그는 왕위에 오르자마자 성전과 예루살렘과 유다로부터 자기 아버지 아하스가 남긴 우상 숭배 유산을 제거하기 시작

했다.

3. 적용: 상대성 이론이 보여주듯이 우리는 때로 어떤 개념을 처음부터 다시 생각하고 우리의 관점을 완전히 바꾸어야 한다. 히스기야는 유다와 이스라엘 백성들이 우상 숭배 관습을 버리고, 스스로를 하나님의 백성으로 생각하며, 여호와를 온전히 섬기는 나라가 되는 개혁 프로그램을 받아들이게 만들 수 있었다.

B. 본문 이해

1. 히스기야의 성전 정화(29:1-36)
2. 성대한 유월절(30:1-27)
3. 유다와 이스라엘에서의 개혁(31:1-21)
4. 산헤립의 침략 실패(32:1-21)
5. 히스기야의 부귀영화(32:22-33)

C. 결론: '세 선생님 이야기'를 읽어주라.

토의 질문

1. 구체적으로 히스기야의 어떤 행동이 그를 유능한 개혁가로 만들었는가?

2. 우리는 하나님이 성결치 못한 상태에서 유월절에 참여했던 이스라엘 백성들을 용서해주셨다는 사실에서 무엇을 배우게 되는가?

3. 산헤립의 예루살렘 포위를 당시 예루살렘에 남아 있는 일반 백성들의 입장에서 상

상해보라. 당신의 경험은 히스기야 왕의 그것과 어떻게 다르겠는가? 또 어떻게 같겠는가?

4. 솔로몬이 스바 여왕에게 그의 보물을 보여주었던 행위(대하 9:3)와, 히스기야가 바벨론 사절들에게 그의 보물을 보여주었던 행위를 대조해보라.

5. 우리는 히스기야가 통치 말기 교만과 자만에 빠졌던 사실로부터 그리스도인들에게 필요한 어떤 권고를 배울 수 있는가?

역대하 33:1-35:27

만개된 복음

"이 벌레 같은 날 위해 큰 해 받으셨나?"

- 아이작 왓츠(Isaac Watts)

므낫세는 철저히 사악한 왕이었지만, 회개함으로 하나님의 용서를 경험했다. 아몬의 짧고 사악한 통치 기간이 끝난 뒤에 요시야는 유다 땅을 잠시 회복시키는 개혁을 단행했다. 우리는 므낫세와 요시야 둘 다에서 '에스라에 의한 복음'의 완전한 모습을 볼 수 있다.

들어가는 글

샘의 아들이 천국에?

데이빗 버코위츠(David Berkowitz)는 1977년 결국 체포되기 전까지 여섯 명의 여성을 살해하고, 천 건 이상의 방화를 저지름으로써 연쇄 살인마라는 오명을 얻게 되었다. 버코위츠는 자신을 '샘의 아들'이라고 불렀다. 그의 주장에 따르면, 어떤 악령이 이웃집 남자의 개를 통해 자신과 의사소통했는데, 그 남자의 이름이 샘이었다는 것이다. 하지만 버코위츠가 체포된 후 정신의학자들은 그가 법적으로 제정신이라고 결정했다. 그가 실제로 그런 조장된 환영들을 사실이라고 믿었다는 증거를 전혀 찾을 수 없었다는 것이다.

버코위츠의 증언에 의하면, 그는 복역 10년째 되는 해 그리스도를 발견했다. 버코위츠는 자신의 웹 사이트에 이렇게 적고 있다.

> 나는 초자연적인 힘에 이끌렸고, 엄청난 고통을 당했다. 나는 결국 잔인한 살인자가 되어 내 자신의 삶을 내팽개쳤을 뿐만 아니라 다른 사람들의 삶까지 파괴했다. 이제야 나는 그리스도가 나의 해답이고 희망이라는 사실을 발견했다. 그분은 나를 옭아매고 있던 정신적 혼란과 우울의 사슬을 끊어주셨다. 오늘 나는 내 삶을 그분의 손에 맡겼다. 이 모든 범죄가 일어나기 전에 내가 예수를 알기만 했더라면, 그런 끔찍한 일들은 발생하지 않았을 것이다("Forgiven for Life" 웹 사이트).

많은 사람들이 기쁘게 버코위츠를 구원받은 형제로 환영하지만, 이를 확신하지 못하는 사람들도 있다. 부분적으로 문제가 되는 것은 1976년 실제로 일어났던 일에 대한 버코위츠의 이야기가 여러 차례 바뀌었다는 점이다. 따라서 그가 지금 주장하고 있는 것들 가운데 일부가 (예를 들면, 비슷한 범죄자들로 구성된 집단의 일원이 되었다는 진술 같은 것이) 거짓이라고 믿을 만한 충분한 이유가 있다는 것이다. 더군다나 정신의학적 평가들이 영적인 문제를 주장하는 버코위츠의 진실성에 대해 계속해서 의문을 던지고 있는 실정이다. 일부 사람들은 심지어 '샘의 아들' 이 저지른 행위를 감안할 때, 하나님이 그를 용서하시고 천국에 받아들이신다는 것은 생각할 수도 없는 일이라고 주장한다.

우리는 버코위츠가 구원받는 것이 불가능하다고 말해서는 안 된다. 우리는 하나님이 용서하실 수 있는 죄의 정도에 제한을 가할 수 없다. 하나님께 믿음으로 나아와 구원받을 수 없을 정도로 사악한 사람은 있을 수 없기 때문이다. 그 진리를 가장 잘 보여주는 사례가 바로 므낫세 왕이다. 그는 유다 역사상 최악의 왕이었을 것이다. 하지만 그가 회개하고 하나님께 돌아오자 하나님은 그를 받아들이셨다. 그것이 바로 만개된 '에스라에 의한 복음' 인 것이다.

본문 이해

만개된 복음

Main Idea	므낫세와 요시야는 우리에게 '에스라에 의한 복음' 의 두 측면을 제시하고 있다. 한 사람은 말년에 회개함으로써, 다른 한 사람은 아직 젊을 때에 개혁을 일으킴으로써 말이다.

A. 회개했던 왕 므낫세(33:1-20)

Supporting Idea	므낫세는 악한 왕이었지만, 그가 회개했을 때 하나님이 용서하셨다.

33:1-6. 므낫세는 열두 살에 왕이 되었다. 따라서 우리는 54세에 죽었던 히스기야가 왜 좀 더 나이 든 남자 상속자를 두지 못했는지 의문을 갖게 된다. 왕위를 차지한 그 소년에게 그의 어린 나이와 54년에 걸친 긴 통치 기간은 오랜 세월 동안 잘못을 저지를 수 있는 기회를 제공했다.

므낫세에 대한 기사는 장황하게 긴 고발장으로 시작되지만, 그 왕의 행위에 대한 이유는 전혀 설명하지 않고 있다. 그가 신앙심이 깊은 자기 아버지와 뿌리 깊은 문제를 가지고 있었던 것일까? 그가 하나님을 멀리하도록 이끈 다른 친척들이 있었던 것일까? 우리에게 주어진 것은 한 왕이 심지어 유다 최고의 왕들이 여호와께 헌신적이었던 것보다 타락한 종교에 더 헌신적이었음을 보여주는 관행들을 항목별로 정리한 목록이 전부다.

므낫세는 히스기야가 파괴했던 산당을 다시 세웠고, 바알들을 위하여 단을 쌓았으며, 아세라 목상을 만들었고, 본래 바벨론과 니느웨의 신들이었던 일월 성신을 숭배했으며, 성전에 이교도의 단들을 쌓았고, 바알을 섬기기 위해 그의 아들들을 희생 제물로 바쳤으며, 점치며 사술과 요술을 행하며 신접한 자와 박수를 신임했다.

악행이 등장할 때, 바로 그 배후에는 사교가 숨어 있기 마련이다. 그것은 므낫세 시대 못지않게 오늘날의 우상 숭배 종교들에도 해당될 뿐만 아니라, 사악한 사회 속에서 종교 자체가 강하지 못할 때도 적용된다. 지금까지 히틀러 치하의 독일만큼이나 사교가 극심하게 기승을 부렸던 나라는 없었고, 히틀러 자신도 사교에 푹 빠져 있었다. 하나님 없는 삶은 두려움을 야기하고, 사람들은 자신의 삶을 통제하고자 심령술 같은 수단에 의지하는 경향을 보이게 된다.

33:7-9. 솔로몬이 성전을 봉헌한 이후 3백여 년이 지난 시점이었다. 당시 누가 장차 그 성전에 우상을 세우는 솔로몬의 후손이 있을 것이라고 생각이나 했겠는가? 그것도 하나님이 다윗의 자손에게 주신 장기적인 약속의 덕을 보고 있던 자가 말이다. 솔로몬은 어떤 물리적 물체도, 심지어 성전도 하나님을 수용할 수 없다는 사실을 인정했다(대하 6:18). 그런데 므낫세는 바로 그 성전에 이교도 신의 목상을 세웠다(추측컨대, 바알의 한 변형이었던 것으로 보인다).

역대기 저자는 과거 하나님이 율법을 지켜야 하는 이스라엘 백성들의 의무와 그들이 약속의 땅에서 영원히 머무를 수 있는 권리를 서로 연계시키셨다는 사실을 우리에게 상기시킨다. 하나님은 먼저 그들에게 나라를 주셨고, 그런 다음 약 4백 년 후에 성전을 주셨다. 만약 그들이 성전을 모독한다면, 땅에 대한 그들의 권리 역시 더 이상 지켜지지 않을 것이다.

33:10. 므낫세 왕은 자신의 행위가 하나님께 얼마나 모욕적인지와 그것이 엄한 징계를 초래할 것이라는 사실을 이미 알았어야 했다. 하나님은 재앙이 시작되기 전에 그가

회개할 수 있는 기회를 주셨다. 하나님의 선지자들이 그의 확실한 파멸을 선언한 것이다(왕하 21:10). 그러나 므낫세 왕은 그들을 무시했다.

33:11. 그러자 마침내 재앙이 일어났다. 앗수르 군대가 므낫세를 사로잡아 그의 코에 갈고리를 꿰고 쇠사슬로 결박하여 바벨론으로 끌고 갔다. 그것이 우리가 성경에서 얻을 수 있는 설명의 전부다. 열왕기하는 므낫세가 나중에 회개하고 돌아온 일은 고사하고 그가 포로로 끌려간 사실조차 언급하지 않고 있다.

당시 앗수르의 새 왕은 에살핫돈이었다. 그는 감히 자기 앞길을 막아서는 모든 사람을 철저히 파괴하고 고문하며 수치를 주었다. 에살핫돈은 한 대규모 건축 프로젝트를 지시했고, 그의 모든 속국들로 하여금 메소포타미아로 필요한 건축 자재를 옮겨오도록 시키는 기발한 방법을 생각해냈다. 다른 황제들은 자신의 속국 군주들에게 강제 노동력을 제공하도록 요구했지만, 에살핫돈은 그 왕들이 직접 노예로 일하도록 강요했던 것이다. 므낫세가 쇠사슬에 묶여 자신이 하나님보다 더 좋아하는 신들 가운데 하나의 조각상을 나르는 자신을 발견했다면 아이러니가 아니겠는가?

33:12-13. 우상 숭배의 정도가 가나안 족속을 오히려 '능가했던' 왕 므낫세는 결국 하나님께 돌아왔다. 므낫세의 마음과 생각을 열어주신 분은 바로 하나님이셨음에 틀림없다. 그는 어린 시절 자기 아버지 히스기야가 솔로몬의 봉헌 기도를 낭송하는 것을 들었을 것이다(대하 30:9). 우리는 그 이야기가 그의 마음속에서 갑자기 불타오르기 시작했을 것으로 짐작할 수 있다. 므낫세는 자기 코에 갈고리가 꿰어진 채로 짐승보다도 못한 취급을 받고 있던 그 절망의 순간에 회개했다. 그리고 역대기 저자는 우리에게 하나님이 그의 기도를 들으시고 그가 예루살렘으로 돌아가도록 허락하셨다는 사실을 말한다. 므낫세는 이제 여호와께서 유일하신 참 하나님이시라는 사실을 확신하게 되었다.

33:14-17. 므낫세는 자신이 이전에 저질렀던 악행의 대부분을 뒤집었다. 그는 모든 우상과 제단들, 특히 그가 성전을 모독하는 데 사용했던 물건들을 파기했다. 그는 또 참 하나님께 드리는 정기적인 성전 제사를 다시 시작했고, 유다 백성들이 우상 숭배를 그만두도록 자신의 영향력을 행사했다. 하지만 그는 타협책을 이루는 데 그쳤다. 그가 이교도의 제단을 사용하는 것까지는 중단시킬 수 없었기 때문이다.

33:18-20. 므낫세에 대한 역대기 저자의 마지막 요약은 추가적인 정보를 위한 몇 가지 참고 문헌으로 우리를 안내하며, 그 가운데 일부는 열왕기하 21장 10-15절에서 찾아

볼 수 있다. 므낫세가 죽었을 때, 그는 정규 왕실 무덤에 묻히지 못하고, 그 자신의 왕궁에 장사되었다.

B. 짧은 기간 동안 통치했던 사악한 왕 아몬(33:21-25)

Supporting Idea	아몬은 므낫세의 우상 숭배 관행들을 부활시켰지만, 겨우 2년간 재위한 후에 암살되었다.

33:21-25. 아몬의 통치 기간은 다행히도 짧았다. 그것이 우리가 그에 대해서 언급할 수 있는 가장 긍정적인 평가일지도 모른다. 비록 그가 대중의 지지를 받기는 했지만 말이다. 아몬은 므낫세의 초기 우상 숭배를 다시 크게 유행시켰다. 그가 다른 어떤 측면에서는 가능성을 보여줄 수 있었을 것이라고 생각하기가 어렵다. 그 자신의 신복이 그에 대한 암살 음모를 성공적으로 도모했기 때문이다. 아몬은 사교에 짓눌려 있던 한 아버지의 자식이었고, 그 아버지는 상상을 초월할 정도로 고통과 수치를 당했을 뿐만 아니라 말년에는 그 자신이 자녀들에게 가르쳤던 모든 것을 스스로 번복해야 했다. 이제 막 십대를 벗어난 그 아이는 틀림없이 왕으로서의 역할을 어떻게 수행해야 하는지에 대해 아무것도 몰랐을 것이다.

유다 백성들은 다시 한 번 여호와의 기름 부음받은 자에 대한 살해 행위를 처벌받지 않고 그냥 넘어가도록 내버려두지 않았다. 그러고나서 그들은 상당 기간 동안 일어나지 않았던 일을 실행에 옮겼다. 정당한 계승권을 지녔을 뿐만 아니라 대중적 지지를 기반으로 통치하게 될 사람을 그들 스스로 왕위에 앉혔던 것이다(대하 26:1). 그러나 한 가지 문제가 있었다. 그 새 왕이 겨우 여덟 살짜리 소년이었던 것이다. 그가 과연 유다 왕국이 필요로 하는 리더십을 보여줄 수 있을 것인가?

아몬을 빨리 지나치고 싶어한 역대기 저자는 그의 공식적인 사망 기사까지 생략한다. 우리는 열왕기하 21장 26절에서 그 역시 공식적인 왕실 무덤이 아니라 왕궁에 묻혔다는 사실을 알게 된다.

C. 요시야의 초기 개혁(34:1-33)

Supporting Idea	우상 숭배를 폐지하고 성전을 보수하는 요시야의 개혁 프로그램은 율법책의 발견으로 강력한 추진력을 얻게 되었다.

34:1-2. 역대기 저자는 우리에게 요시야가 훌륭한 왕으로 판명되었다는 사실을 말해 준다. 그는 좌우로 치우치지 아니하고 다윗의 모범을 따랐다. 요시야가 통치자로서 전혀 잘못이 없는 왕은 아니었다. 사실 그는 중대한 판단 착오로 결국 목숨까지 잃었다. 그러나 에스라에게 가장 중요한 문제, 즉 여호와에 대한 헌신과 성전에서 그분께 예배드리고자 하는 열심에 있어서는 요시야가 흠 없는 왕이었던 것이다.

34:3-7. 요시야는 일찍부터 스스로 여호와를 발견했다. 첫 번째의 어린 왕 요아스는 젊은 시절 내내 대제사장 여호야다의 엄격한 지도 아래서 보냈지만, 여호야다가 죽자마자 하나님을 버렸다. 그러나 요시야의 상황은 달랐다. 그에게는 특정 방향으로 그를 이끄는 개인 교사가 한 명도 없었던 것으로 보인다. 요시야도 많은 조언자를 곁에 두고 있었겠지만, 그 젊은 왕은 스스로 결정하는 데 필요한 능력을 갖추고 있었던 것이다.

요시야는 초기 어린 시절을 불신앙의 아몬 가정에서 보냈다. 따라서 우상 숭배가 그의 첫 번째 종교였다고 가정해도 틀리지 않을 것이다. 요시야는 열여섯 살이 될 때까지 하나님에 대한 숭배로 개심하지 않았기 때문에 그가 처음부터 어느 '하나님 중심' 당의 꼭두각시 왕으로 자리잡았을 가능성은 없다. 사실 요시야가 결국 우상 숭배로부터 돌아선 것에 대해 과거 그가 왕이 되어야 한다고 떠들었던 사람들만큼 실망한 사람도 없었을 것이다. 요시야가 정말로 여호와에 대한 숭배자가 되었을 때, 그와 관련된 모든 것을 배우는 것은 시간이 걸리는 과정이었다. 당시 성전은 황폐화되어 있었고, 사용할 수 있는 율법 사본도 전혀 없는 상태였다. 요시야가 여호와를 섬기는 방향으로 나아가는 첫 발걸음은 틀림없이 주춤거리고 불확실했을 것이다.

요시야는 스무 살 때 이스라엘 땅에서 모든 우상을 제거하는 작업에 착수했다. 그는 자기 부하들과 함께 유다와 이스라엘 전역을 돌아다니면서 우상들을 파괴하고 그 우상을 섬겼던 제사장들을 처형했다. 요시야는 그 성전(聖戰)을 마쳤을 때, 예루살렘으로 돌아와 그 무엇보다도 시급한 현안에 집중하기 시작했다. 그것은 바로 오랜 세월 동안 방치되어왔던 성전이었다.

34:8-13. 성전은 그동안 아하스에 의해 폐쇄되었고, 히스기야에 의해 정화되었으며, 므낫세에 의해 더럽혀졌다가 다시 개방되었고, 아몬에 의해 방치되었으며(어쩌면 더 심했는지도 모른다), 최근에는 요시야에 의해 그 지위가 격하되었다. 이제 3백 년 이상을 견뎌온 성전은 전면적인 보수가 시급한 것처럼 보였고, 요시야는 그 프로젝트를 감당할 준비가 되어 있었다. 그는 18년간 재위한 뒤 스물여섯 살 되던 해 마침내 성전 재건 프로젝트를 감독할 위원회를 임명했다.

성전 재건 위원회는 대제사장 힐기야와 상의했고, 그 프로젝트와 관련된 기금을 그에게 넘겨주었다. 그 모든 일이 진행되는 동안 레위 사람들은 계속해서 성전세를 징수해 왔고, 꽤 많은 세입이 축적되었다. 그 기금은 이제 보수 작업을 하고 원자재를 구입하기로 되어 있는 사람들에게 지불하는 데 사용되었다. 레위 사람들은 그 프로젝트를 감독했다.

34:14-18. 성전과 관련된 기록을 보존하고 매일 결산하는 일은 레위 사람들에 의해 다뤄질 수 있었지만, 대제사장이 사람들을 만나 상의하고 기도하며 계획을 세우는 어떤 사적인 공간이 있어야 했다. 분명 힐기야는 그 공간을 많이 활용하지 않았던 것으로 보인다.

성전 재건 위원회가 나타나 힐기야에게 임금 지급과 관련된 책임을 맡겼을 때, 그는 갑자기 자기 사무실을 좀 더 능률적으로 사용해야 했다. 힐기야는 쓰지 않는 물건들이 쌓여 있는 더미를 이리저리 뒤지다가 두루마리를 하나 발견했다. 그는 그 두루마리를 집어들어 펼쳐보고는 그것이 율법책이라는 사실을 알아차렸다. 그것은 모세 오경에 계시되어 있는 하나님의 율법이었다. 나중에 언급되는 저주(대하 34:24)로 보아 그것이 적어도 신명기를 포함하고 있었음이 분명하다(신 28:15-68). 그러나 다른 네 책(창세기부터 민수기까지)도 그 두루마리에 담겨 있었을 것이다.

힐기야는 역시 성전 재건 위원회의 일원이었던 왕의 서기관 사반에게 그 책을 건네주면서 그것이 무엇인지 말해주었다. 그 책의 정체가 사반에게는 그렇게 중요한 의미를 지니지 못했던 것으로 보인다. 사반이 나중에 성전 복구 경과를 왕에게 보고하면서 말미에 그 책의 발견 사실을 덧붙였기 때문이다. 그는 요시야에게 모든 일꾼들이 그 대가를 정확하게 지급받고 있다고 말했고, 그제야 책 생각이 떠올랐다. "아 참, 힐기야가 이런 책을 찾아냈답니다." 사반은 혹시나 왕이 흥미로워할까 해서 일부를 발췌하여 읽기 시작했다.

34:19-21. 요시야의 반응은 극적이었다. 요시야는 그 두루마리의 내용을 들으면 들을수록 더 곤혹스러워했다. 그 말 한마디 한마디가 선고처럼 들렸던 것이다. 그것은 분명 유다 왕국이 삶의 지침으로 삼았던 책이 아니었다. 마침내 요시야가 벌떡 일어나 그의 마음이 얼마나 괴로운지를 나타내는 표시로 자기 옷을 찢었고, 힐기야와 사반, 사반의 아들 그리고 다른 두 사람 압돈과 아사야 등 다섯 사람에게 명령을 내렸다. 그들은 그 상황에 대해 하나님으로부터 직접 오는 말씀을 구해야 했다. 하나님이 그분의 백성들에게 크게 화가 나신 것이 분명하기 때문이었다.

34:22-28. 요시야가 옳았다. 하나님은 진노하고 계셨다. 대제사장과 그의 동료들은 마침내 하나님을 대변할 수 있는 사람을 찾았다. 훌다라는 여선지자였다. 훌다는 그 파견단에게 이스라엘 백성이 율법을 지켜 행하지 않음으로 저주를 자초했다는 사실을 알려주었다(신 28:15-68). 심판은 피할 수 없었다.

그러나 훌다는 요시야에게 희망을 주는 메시지를 갖고 있었다. 요시야의 마음속에 정말로 무엇이 들어 있는지 유일하게 아실 수 있는 하나님은 그녀에게 요시야 왕의 회개가 진실임을 계시하셨고, 요시야가 장차 하나님이 보내실 재앙을 당하지 않게 될 것이라는 그분의 뜻도 보여주셨다. 그 재앙은 요시야가 죽고 나서 얼마 후 오게 될 것이었다.

34:29-33. 요시야 왕은 국가적인 부흥 집회를 요구했다. 그는 모든 주요 인사와 그들이 대표하는 백성들과 함께 성전 안에 모여 섰다. 그런 다음, 왕 자신이 그 언약책을 큰 소리로 낭독했다. 그렇게 대중 앞에서 율법을 낭독하는 것은 이미 그 율법책에 명령되어 있었다(신 31:10-13). 그러나 그 두루마리가 잘못 놓여져 분실된 이후 아무도 그 필수 사항에 대해 모르고 있었던 것이다.

요시야는 읽기를 마쳤을 때, 언약을 갱신하는 예식으로 회중을 이끌었다. 그는 율법의 명령을 지키기로 맹세했다. 그런 다음, 모든 백성들도 똑같이 맹세하게 했다. 그 모임에 참석했던 사람들 가운데는 예레미야라는 이름의 젊은 선지자도 있었다(렘 1:1-3). 그가 나중에 요시야의 뒤를 이어 즉위하게 되는 사악한 왕들의 통치 기간을 견디는 동안 이때를 회상하면서 얼마나 큰 공허감을 느꼈겠는가!

D. 국가적인 유월절 축제(35:1-19)

Supporting Idea	요시야 왕과 이스라엘 백성은 나라 전체가 참여하는 유월절 축제로 여호와에 대한 재헌신을 다짐했다.

35:1-9. 과거 히스기야가 그랬듯이, 요시야도 나라 전체가 여호와께 새로운 헌신을 표현하는 데 유월절 축제를 이용했다. 역대기 저자는 우리에게 그것이 참여 범위 면에서 히스기야 때의 유월절을 능가함으로써 사무엘 시대 이후 이스라엘에서 가장 큰 유월절이었다고 말한다(대하 35:18).

그 축제를 성공적으로 치르기 위해서는 성전 준비에 마지막 손질이 가해져야 했다. 역대기 저자는 솔로몬 시대 이후 지금까지 언약궤에 대해 언급하지 않았지만(대하 8:11), 이제 그것이 다시 등장한다. 요시야는 언약궤가 지성소 안에 다시 놓여지도록 지시했다. 몇 대에 걸친 성전의 오용으로 인해 언약궤가 어디론가 다른 곳으로 옮겨졌고, 그것을 어깨에 메는 과거의 전통 방식으로 다시 한 번 실행에 옮겼던 레위 사람들이 있었던 것이다. 요시야는 언약궤를 성전 안의 영원한 장소에 다시 안치시켰다.

요시야는 다윗이 제정해놓은 대로 반열에 따른 교대 근무제를 다시 시작했고, 각 제사장에게 특정 임무를 부여했다. 그와 그의 관료들은 많은 양의 짐승을 기증해 희생 제물로 쓰도록 했다.

35:10-19. 유월절 양들이 도축되었고, 정확한 몫이 태워지거나 식용되었다. 아삽과 헤만과 여두둔의 후계자들은 음악을 제공했다. 성전 경비 체계도 별 문제 없이 잘 돌아갔다. 문지기들이 자기 위치를 떠나지 않고도 의식에 참여할 수 있었기 때문이다. 그런 언급들은 성전이 건축되기 전에 다윗에 의해 제정되었던 지침들을 요시야가 그대로 이행했음을 보여주는 증거다(대상 24-26장).

E. 요시야의 죽음(35:20-27)

Supporting Idea	요시야의 통치는 그가 애굽 왕 느고와의 전쟁에서 목숨을 잃음으로 끝이 났다.

35:20-24 상. 일반적으로 이집트는 유다 왕국 시대에는 팔레스타인 지역에서 강한

세력이 아니었다. 그러나 이제 그 상황이 변하고 있었다. 아시리아의 힘이 약화되고 있었고, 그뒤를 이어 이집트가 세력을 키워가고 있었던 것이다. 사실 이집트와 아시리아는 공동의 적 바벨론을 무찌르기 위해 동맹을 시작하려던 참이었다.

바벨론은 아시리아와 함께 세력을 다투는 오랜 라이벌이었다. 지난 세기 동안에는 아시리아가 주도권을 갖고 있었지만, 이제는 강력한 왕 나보폴라살(Nabopolasar)과 그의 아들이자 후계자인 느부갓네살의 지배하에 있던 바벨론이 주도권을 확보하기 위해 겨루고 있었던 것이다. 오로지 한 가지 해결책만이 있는 것처럼 보였다. 바벨론의 적들을 모두 규합하여 제국을 꿈꾸는 바벨론의 야망을 중단시키는 것이었다. 그것이 바로 당시 아시리아와 이집트가 지향했던 바다. 그들은 갈그미스 근처에서 합류하여 바벨론에게 본때를 보여줄 작정이었다.

그래서 애굽 왕 느고와 그의 대규모 군대는 지중해 연안을 따라 형성되어 있는 길 '비아 마리스(via maris)' 를 따라 북쪽으로 진군했다. 동쪽으로 가로질러 메소포타미아로 진격해 들어가기 위해서였다. 그 전투는 결정적인 결과를 낳게 될 것이기 때문에 느고는 유다에 신경 쓸 시간도, 흥미도 없이 그 곁을 통과하고 있었던 것이다. 그러나 요시야는 나름대로 계획을 가지고 있었다. 그가 어쩌면 느고가 예루살렘을 공격하려는 그의 계략을 숨기고 있을 뿐이라고 생각했을지도 모른다. 어쩌면 그는 여호와께서 그에게 기적적으로 승리할 수 있는 기회를 주셨다고 생각했을지도 모른다. 혹은 애굽 군대는 무조건 공격해야 한다는 의무감을 가졌을 수도 있다.

그 이유가 무엇이든 간에 요시야는 비교적 적은 군대를 동원하여 느고의 길을 막아섰다. 그 충돌은 예루살렘 북서쪽에 위치한 므깃도 골짜기에서 일어났다. 느고가 요시야에게 어떤 위협을 가하지 않았음은 분명하다. 그는 심지어 요시야의 도전에도 관심을 보이지 않았다. 그는 요시야가 왜 어리석은 명분을 위해 피를 흘리려고 하는지 이해할 수 없었다. 느고는 분명 유다를 상대하는 데 시간과 수고를 조금이라도 낭비하고 싶지 않았다. 바벨론이 저렇게 위협적으로 나오는 상황에서 말이다. 느고는 심지어 유다 왕이 이 전쟁에 휘말리는 것을 하나님이 원치 않으신다는 사실을 요시야에게 알려주기까지 했다.

그럼에도 불구하고 요시야는 들으려 하지 않았다. 그는 느고가 개인적으로 싸우기를 원치 않음을 받아들이고, 전투에 나설 때 변장을 했다. 요시야 왕은 화살을 맞았고, 예루살렘에 도착하자마자 죽었다.

35:24 하-27. 유다 백성들은 요시야 왕을 그리워했다. 공식적인 애도자 그룹을 이끌었던 예레미야는 요시야의 죽음을 기리는 애가를 몇 편 지었다. 여기에 언급된 애가는 역시 예레미야가 지은 우리의 애가서가 아니다. 요시야는 왕실 묘실에서 격식을 제대로 갖춘 장례 예우를 받았다.

Main Idea 복습	므낫세와 요시야는 우리에게 '에스라에 의한 복음'의 두 측면을 제시하고 있다. 한 사람은 말년에 회개함으로써, 다른 한 사람은 아직 젊을 때에 개혁을 일으킴으로써 말이다.

결론

벌레의 관점

아이작 왓츠는 아주 감동적인 찬송가 "십자가에서(At the Cross)"를 지었고, 나는 그 가운데 한 소절을 이 부분의 제목으로 사용했다. "웬 말인가 날 위하여 주 돌아가셨나 이 벌레 같은 날 위해 큰 해 받으셨나." 그러나 최신판 찬송가집에서는 이 구절이 그런 식으로 나와 있을 것이라고 기대하지 말라. '벌레'라는 단어가 '나 같은 죄인 위하여'처럼 좀 더 외교적인 표현으로 바뀌어 있기 때문이다. 사람들은 자신을 벌레로 생각하고 싶지 않은 것이다.

만약 벌레들도 생각할 수 있다면, 자신을 사람으로 생각하고 싶지 않을 것이다. 벌레들은 죄의 본성을 가지고 있지 않고, 반항 행위로 끊임없이 자기 창조주를 거역하지 않으며, 하나님과 소원한 상태에서 살고 있지도 않기 때문이다. 우리 인간들은 죄로 가득한 삶을 살고 있어 속죄주가 필요한 상태이기 때문에 벌레들이 갖고 있지 않은 몇 가지 문제를 안고 있는 것이다.

하나님이 우리 안에 구원받을 만한 무언가가 있음을 보셨기 때문에 우리를 구원하셨다고는 절대 생각하지 말자. 하나님은 우리 안에 그분이 놓치고 싶지 않은 본질적으로 선한 무언가가 있어 우리에게 은혜를 베푸신 것이 아니다. 우리에게 하나님의 은혜가 필요한 이유는 바로 우리가 (구원받을 만한 어떤 장점을 가지고 있다는 의미에서) 구원받을 만한 가치가 없기 때문이다.

므낫세와 요시야는 그 점을 예증한다. 므낫세는 그의 삶이나 생각이나 가능한 모든 영역에서 타락했지만, 하나님은 그가 앗수르인들에 의해 사로잡혀 쇠사슬에 묶이고 고문당할 때 회개할 수 있도록 허락하셨다. 반면 요시야의 삶은 순조롭게 흘러갔던 것처럼 보인다. 어린 아이로 왕위에 올랐던 요시야는 하나님을 인식하고 숭배하는 데 있어 점차 성숙되어갔고, 여호와께서도 그에게 더 크게 헌신할 수 있는 수단을 제공하셨다.

사도 바울은 자신을 죄인의 '괴수' 라고 불렀다(딤전 1:15). 그도 므낫세와 요시야가 깨달은 사실을 이해하고 있었던 것이다. 하나님의 은혜는 우리가 그것을 받을 만한 자격이 없음을 받아들일 때 비로소 엄청나게 주어진다는 사실 말이다.

▣ 진리 알기

- 우리는 타락한 인간으로서 우리 안에 하나님의 사랑을 받을 만한 것을 전혀 가지고 있지 않다.
- 하나님의 은혜는 항상 기적적이다.
- 하나님의 은혜는 때때로 므낫세의 회개처럼 극적으로 드러난다. 하지만 평소에는 그분의 은혜가 요시야의 삶에서처럼 장기간에 걸쳐 서서히 역사하는 것을 볼 수 있다.

▣ 적용하기

- 므낫세의 사례는 우리가 은혜에 대해 이해하고 있는 정도를 시험한다. 므낫세의 삶을 다시 한 번 돌아본 다음 역대하 33장 19절을 읽어보라. 므낫세가 스스로 겸비하고 하나님께 기도했다는 사실이 당신에게 어떤 느낌을 갖게 하는가? 당신은 이 사례를 묵상하면서 당신 자신에 대해 무엇을 배우게 되는가? 그것이 하나님에 대한 어떤 새로운 이해를 가져오는가?
- 당신의 영향력 범위 안에 있는 아이들을 생각해보라. 만약 그들이 어린 나이에 그들의 마음을 하나님께 향한다면, 어떤 일이 일어나게 될지 생각해보라. 하나님은 지금 당신이 그들의

삶 속에서 구속 사역의 역할을 담당하기를 기대하고 계신가?

- 최근 설교나 성경 공부, 기도 시간 등에서 하나님이 당신의 마음에 어떤 태도나 관행의 회개를 호소하신 적이 있는가? 지금 하나님께 의지하자고 스스로를 격려하기 위해 요시야의 사례를 다시 음미해보라.
- 요시야가 죽게 된 환경을 다시 한 번 검토해보라(대하 35:20-26). 완고함은 결점인가, 장점인가? 우리는 때때로 우리 자신은 확고하고 단호하지만, 다른 사람들은 완고하다고 말한다. 이 성경 본문에서 그 인간의 특성에 대해 우리에게 주시는 하나님의 말씀은 무엇인가?

삶의 적용

어느 성경학자의 대전환

에타 린네만(Eta Linnemann)은 위대한 업적을 이룬 학자이지만, 그녀의 초기 연구는 그녀의 스승 루돌프 불트만(Rudolf Bultmann)보다 한 발 더 앞서 나가 자유 비판주의 방법론을 채택했다. 다른 학자들은 짐작컨대, 4복음서가 초대 교회의 필요에 따라 다양한 가공의 단편들을 모아 하나로 묶어놓은 것이라는 입장을 보이면서도 최소한 그리스도의 죽음과 부활에 관한 이야기는 완전무결성을 지닌다고 믿었다. 그러나 린네만은 일부 학계의 대단한 호평을 받으며, 그리스도의 십자가에서의 죽음에 관한 이야기도 믿을 수 없다는 견해를 주장했다. 그녀의 학문적 연구는 현대 불신앙의 토대를 제공했다.

여러 해가 지난 후, 나는 바로 그 에타 린네만이 인도네시아에서 선교 사역을 하고 있다는 사실을 알게 되었다. 그 이후 그녀가 하나님의 거룩한 말씀의 완전한 권위를 주장하는 일련의 새로운 간행물들이 뒤따라나왔다. 한때 자유주의 신학자들에게 강한 인상을 심어주었던 여성이 이제 그녀의 학문적 능력을 주님의 처분에 맏겨드리고 있는 것이다. 린네만은 인간의 판단을 근거로 하나님의 말씀을 절단하고 분해하는 그녀의 종전 방법론이 그리스도 안에서의 구원에 대한 하나님의 선포로부터 그녀 자신마저도 차단시키고 있음을 깨달았다. 그녀는 마침내 자신의 구세주이신 그리스도를 발견했고, 이제 그녀가 사용할 수 있는 모든 수단을 동원하여 복음의 메시지를 선포하고 있다.

에타 린네만의 구원은 기적이었다. 므낫세나 요시야의 구원도 마찬가지이며, 우리의 구원도 다르지 않다. 왜 므낫세는 구원에 이르렀는데 이스라엘의 초대 왕 사울은 그러지 못했을까? 사울의 사망 선고는 정당했다. 그가 회개하기를 거부했기 때문이다. 므낫세의 경우에서 우리는 하나님이 그분을 의지하는 사람들을 구원하실 수 있음을 보게 된다.

기도

하나님 아버지, 우리는 평생을 우리의 죄악 된 상태를 증명하면서 삽니다. 하지만 당신이 우리를 위해 오셔서 죽으셨고, 우리를 당신에게로 부르셨으며, 우리가 순전한 믿음으로 당신께 나아갈 때 당신의 구원의 은혜를 경험하게 하셨습니다. 우리 안에서 당신이 구원받을 만하다고 여기실 만한 것을 찾거나, 다른 사람 안에서 그들이 당신의 은혜를 받을 만하거나 심판을 받아 마땅한 이유를 찾지 않도록 도와주십시오. 당신의 은혜가 당신의 분에 넘치는 사랑의 표현임을 우리로 보게 해주십시오. 아멘.

심층 연구

A. 므낫세의 회개와 하나님의 구원(33:13)

므낫세뿐만 아니라 신앙심이 깊었던 다른 유다 왕들에게도 적용되는 부분에 대해 분명히 알자. 므낫세 왕의 구원이 그를 완벽한 사람으로 변화시켰다고 착각하지 말라. 우리는 그가 수치를 당했고, 회개했으며, 예루살렘으로 돌아온 이후에는 여호와를 섬기기 시작했다는 사실을 알고 있다. 그러나 하나님은 므낫세가 예루살렘으로 돌아오기 오래 전에 그의 기도를 들으셨다. 마찬가지로 요시야와 그의 동료들은 이제 막 율법책을 발견했고, 그 율법을 이행하려면 아직도 가야 할 길이 먼 상황이었지만, 훌다는 요시야 왕에 대한 하나님의 자비를 예언했다.

하나님이 우리의 사람됨을 보시고 구원하신 것이 아니듯이, 그분은 우리가 어떤 사람이 될 것인지를 근거로 우리를 구원하시지 않는다. 하나님이 우리를 구원하신 것은 우리가 이 세상에서 그분의 영광과 의로움을 드러내도록 하기 위함이다. 그러나 우리의 그리스도인으로서의 변화된 삶은 우리 구원의 근거가 아니다. 우리의 비그리스도인으로서의 삶이 우리 구원의 근거가 될 수 없었듯이 말이다.

일부 사람들은 우리가 우리를 구원받게 해줄 일들을 하도록 돕는 데 '은혜'가 필요하다고 생각한다. 하지만 그것은 우리가 하나님의 은혜 없이 구원받을 수 있다는 개념만큼이나 틀린 생각이다. 바울은 디도서 3장 5절에 이렇게 기록했다. "우리를 구원하시되 우리의 행한 바 의로운 행위로 말미암지 아니하고 오직 그의 긍휼하심을 좇아." 우리의 행위는 결코 우리의 구원의 여부를 결정하는 요소가 아니다.

B. 여선지자 훌다(34:22)

여선지자 훌다는 구약의 몇 안 되는 여성 선견자들 가운데 한 사람이다. 모세의 누이

미리암도 '선지자' 로 불렸고(출 15:20), 출애굽을 주도했던 인물들 가운데 한 사람으로 간주되었다(미 6:4). 사사기 4장 4절에서 우리는 드보라가 그녀의 시대에 '이스라엘을 이끌었다' 는 사실을 알 수 있다. 또 다른 사람 노아댜가 여선지자라는 이름으로 언급되어 있지만, 그녀는 느헤미야의 예루살렘 재건 프로젝트를 반대했던 사악한 인물이었다(느 6:14). 진지하지는 않은 것 같지만, 이사야도 자기 아내를 여선지자라고 언급했다. 그녀가 어떤 예언적 활동에 관련되어 있지는 않았지만 말이다(사 8:3).

신약으로 넘어가면, 우리는 그 칭호를 가지고 있었던 여성을 몇 명 더 발견하게 된다. 예수님의 정결 예식 때 성전 안에 있었던 안나라는 이름의 여선지자가 있었다(눅 2:36). 그리고 이름이 밝혀져 있지 않은 한 거짓 여선지자가 두아디라 교회를 미혹하고 있었다(계 2:20). 우리는 또 여선지자였던 빌립의 네 딸에 대해서도 그 이름을 알지 못한다(행 21:9).

교안

A. 들어가는 글

1. '샘의 아들이 천국에?' 이야기로 시작하라.
2. 배경 설명: 히스기야는 의로운 왕이었다. 하지만 그가 죽었을 때, 다시 한 번 의문이 제기되었다. 그의 후계자가 과연 여호와를 좇을 것인가 아니면 우상을 숭배할 것인가?
3. 적용: 데이빗 버코위츠가 구원받았을까? 우리는 말할 수 없지만, 그런 이야기들은 하나님의 은혜가 얼마나 혁명적일 수 있는지 이해하려고 시도하는 데 있어 우리를 한계로 몰아넣는다. 우리는 므낫세와 요시야의 삶 속에서 하나님의 은혜가 경이롭게 역사하는 모습을 보게 된다.

B. 본문 이해

1. 회개했던 왕 므낫세(33:1-20)
2. 짧은 기간 동안 통치했던 사악한 왕 아몬(33:21-25)
3. 요시야의 초기 개혁(34:1-33)
4. 국가적인 유월절 축제(35:1-19)
5. 요시야의 죽음(35:20-27)

C. 결론: '벌레의 관점' 을 읽어주라.

토의 질문

1. 한 개인이 참된 신자인지의 여부를 판단하는 문제에 있어 성경적 원리는 무엇인가? 그런 질문을 하는 것이 얼마나 정당한가?

2. 그리스도인들은 어떤 유명 인사가 그리스도에 대한 믿음을 고백할 때, 두 가지 극단적인 반응을 보이는 것으로 알려져 있다. 그 귀의의 실체에 대해 의문을 제기하거나, 아니면 어떤 의문도 제기하지 않고 그 귀의를 축하해주는 것이다. 각각의 반응에 잠재적인 문제점은 무엇인가?

역대하 36:1-23

문은 아직도 열려 있다

"그리스도께서 바로 문 앞에 서 계신다."

- 레온 모리스(Leon Morris)

유다의 마지막 네 왕은 하나님에 대한 헌신이 부족했을 뿐만 아니라 통치자로서도 무능력했다. 첫 번째 왕 여호아하스는 애굽의 인질로 끌려갔고, 나머지 세 왕은 바벨론에 의해 연속적으로 강제 추방 조치가 내려질 때마다 다른 포로들과 함께 끌려갔다. 역대상·하는 바벨론 포로 생활 이후 바사 왕 고레스가 유대인들이 예루살렘으로 돌아가도록 허락했다는 사실을 밝히면서 끝을 맺는다.

들어가는 글

되돌아온 비행기

항공 여행과 관련하여 현재와 같은 안전 제한 규정이 시행되기 여러 해 전에, 캐시(Kathy)라는 이름의 한 대학생이 어느 협의회에 참석하기 위해 비행기를 타려다 그만 공항에 늦게 도착하고 말았다. 사실 그녀가 탑승구에 이르렀을 때는 비행기가 이미 이륙한 상태였다. 실망한 그녀가 이용할 수 있는 다른 항공편이 있는지 알아보려고 돌아서는 순간 한 항공사 직원이 그녀에게 비행기가 다시 돌아올 것이라고 말했다.

아니나 다를까 비행기는 회항하고 있었다. 비행기가 착륙했고, 캐시는 탑승할 수 있었으며, 비행기는 다시 이륙했고, 캐시는 협의회에 참석할 수 있었다. 하나님이 단지 캐시를 태우기 위해 비행기를 공중에서 회항시켰을지도 모른다는 생각에 모두들 웃고 있었다(반쯤 심각한 얼굴들이었지만 말이다). 분명 그 비행기가 공항으로 되돌아와야 할 다른 이유가 있었을 것이다. 하지만 그것이 캐시가 운송 수단을 필요로 할 때 하나님이 제공해주셨다는 사실을 바꾸어놓지는 못한다.

역대기의 마지막 장에서도 비행기가 이륙한다. 초음속 제트기의 우레 같은 소리와 함께 비행기가 공중으로 솟구쳐올라 서서히 속력을 높이며 지평선을 향해 사라진다. 아니 실제 현실을 묘사하자면, 유다 왕국이 완전히 사라지고 만다. 일련의 파괴적인 정복 속에서 예루살렘과 성전, 심지어 왕까지 영원히 날아가버린다. 유다가 수세기에 걸친 불순종으로 결국 징계를 받게 된 것이다.

그럼에도 불구하고 그 비행기가 다시 돌아온다. 역대하는 희망을 암시하며 끝이 난다. 포로 생활은 영원히 지속되지 않는다. 약 70년 후 페르시아의 왕 고레스는 유대인들이 예루살렘으로 돌아가도록 허락한다. 그리고 거기서 하나님의 구원 계획이 계속 진행된다.

본문 이해

문은 아직 열려 있다

Main Idea	비록 유다 왕국이 외국의 정복과 포로 생활로 응분의 징계를 받게 되었지만, 바사 왕 고레스가 유대인 포로들이 고국으로 돌아갈 수 있다고 선언했을 때, 하나님은 새로운 출발에 대한 희망을 제시해주셨다.

역대하의 이 마지막 장은 우리를 유다의 마지막 네 왕에 대한 신속한 개관으로 안내한다. 좀더 자세한 내용은 열왕기하 23장 31절-25장 29절과 예레미야서 전체에서 발견된다. 예레미야 선지자의 사역은 이 시대와 일치한다. 우리는 이 개요에서 하나님께 신실한 사람이 한 명도 없었던 네 왕이 애굽과 바벨론 사이에 끼여 있었음을 보게 된다. 정치적으로 볼 때, 이 마지막 사건들의 핵심은 하나님이 그분의 백성을 징계하는 도구로 바벨론을 선택하셨다는 사실과, 유다의 왕들은 바벨론 사람들과 싸우는 것이 아니라 그들에게 복종해야 할 의무를 지니고 있었다는 점이다.

그러나 유다 왕들은 자신들의 운명을 받아들이지 않았다. 오히려 애굽과 동맹을 맺음으로써 되풀이해서 바벨론에게 저항했다. 결과적으로 상황은 더욱 악화될 수밖에 없었다. 느부갓네살이 세 차례나 예루살렘을 점령했고, 그때마다 더 큰 피해를 입히고 더 많은 사람들을 포로로 끌어갔다.

A. 재위 기간이 짧았던 왕 여호아하스(36:1-3)

Supporting Idea	여호아하스는 왕이 되고 3개월 만에 인질이 되어 애굽으로 끌려간다.

36:1-3. 갈그미스 전투로 향하는 길에 요시야 왕을 상대해야 했던 바로 느고는 다시 유다를 거쳐 애굽으로 돌아갈 때 무척 화가 나 있었다. 애굽과 앗수르의 연합군이 바벨론으로부터 심각한 패배를 당했기 때문이다. 그는 이제 예루살렘에 화풀이할 수 있는

기회를 갖게 되었고, 실제로 그렇게 했다. 유다 백성들은 이제 막 요시야의 아들 여호아하스를 왕위에 앉힌 상태였고, 그는 느고의 완벽한 표적이었다. 느고는 여호아하스를 사로잡아 인질로 데려감으로써 장래 유다 왕이 세계 무대에서 방해꾼으로 나설 생각을 더 이상 하지 못하도록 만들었다. 느고는 유다로부터 많은 조공도 받아냈다. 우리는 열왕기하 23장 32절에서 여호아하스가 사악한 왕이 되는 과정에 있었다는 사실을 알 수 있다. 따라서 유다 왕국이 그의 폐위로 크게 고통받지는 않았을 것이다. 여호아하스는 포로 생활 중에 사망했고, 그의 장례식에 관한 정보는 전혀 나와 있지 않다.

B. 사악한 왕 여호야김(36:4-8)

Supporting Idea	여호야김은 사악하고 반항적이었다. 그는 느부갓네살에 의한 1차 추방 조치에 따라 바벨론으로 끌려갔다.

36:4. 느고는 여호아하스를 끌고 예루살렘을 떠나기 전에 자기가 정한 왕을 유다의 왕위에 앉혔다. 애굽 왕은 엘리아김을 선택했고, 그는 사실 여호아하스의 형이었다. 비록 다른 어머니에게서 태어났지만 말이다(왕하 23:36). 느고는 엘리아김의 이름을 여호야김으로 바꾸어버렸다. 그것이 큰 변화는 아니었다. 두 이름 모두 '하나님이 세우신다'는 의미를 가지고 있었기 때문이다. 그러나 후자의 경우에는 보다 포괄적인 '엘(El)' 대신에 '야훼(Yahweh)' 라는 특정 용어가 사용되었다(Payne, 419). 아마도 애굽 왕은 그의 속국들이 당분간은 자기 종교와의 관련성을 그대로 유지하기를 원했던 것으로 보인다.

36:5. 여호야김은 자신이 어떤 법보다도 위에 있다고 생각했던 것 같다. 그는 설사 일시적이라 할지라도 자신이 이득이라고 생각하는 것을 위해 모든 상황을 이용했다. 여호야김은 예레미야의 두루마리에 쓰여 있는 내용이 마음에 들지 않자 무정하게도 그것을 조금씩 잘라내어 태워버렸다(렘 36:10-26).

36:6-7. 여호야김은 오랜 기간 동안 애굽의 속국으로 남아 있지 못했다. 바벨론의 느부갓네살이 자신의 힘을 과시하며 유다를 침략했고, 유다 왕에게 매년 상당한 양의 조공을 바치도록 요구했던 것이다. 처음에는 유다 왕이 그 요구에 응했다. 그러나 그 자신의 금고를 열기보다는 오로지 자기 백성들로부터 필요한 자금을 쥐어짜는 데만 의존했

다(왕하 23:35). 하지만 여호야김이 바벨론과 더 이상 협력하지 않기로 결정했을 때, 느부갓네살은 여호야김의 금고를 텅 비게 만들었을 뿐만 아니라, 다니엘을 포함하여 예루살렘의 일부 뛰어난 젊은이들을 왕과 함께 포로로 끌고 갔다(단 1:1-4). 분명 여호야김의 포로 생활은 일시적이었던 것으로 보인다. 그는 자신의 짧은 통치 기간을 모두 마칠 수 있도록 허용되었다(왕하 24:6).

36:8. 여호야김은 역대기 저자로부터 사망 기사를 부여받았다. 비록 그것이 찬사를 보내는 내용은 아니었지만 말이다. 우리는 다른 곳에서도 여호야김의 악행에 관해 더 많은 정보를 발견할 수 있다는 사실을 알게 된다. 다시 한 번 장례식도, 그의 묘지 위치도 언급되지 않는다.

C. 재위 기간이 짧았던 왕 여호야긴(36:9-10)

Supporting Idea	여호야긴의 짧은 통치 기간도 사악함으로 특징지어져 추가적인 징계로 이어졌다.

36:9. 여호야긴은 겨우 석 달 열흘 동안만 통치했지만, 그 열흘이 그를 그의 삼촌 여호아하스보다 그만큼 더 앞서게 했다. 어린 아이로 왕위에 올랐던 그는 자신의 짧은 통치 기간을 십분 활용하여 여호와 보시기에 악을 행하였다는 꼬리표를 얻었다.

36:10. 우리에게는 여호야긴에 대한 정보가 많이 주어지지 않는다. 그러나 여호야긴도 그의 아버지처럼 느부갓네살에게 저항하고 바벨론이 부과한 과중한 부담을 거부했음이 분명하다. 이번에는 그것이 예루살렘에 대한 심각한 포위로 이어졌다. 느부갓네살이 이번에 예루살렘을 떠날 때는 이미 성전 보물을 모두 약탈하고 왕 자신을 포함하여 엄청난 수의 포로들을 사로잡은 뒤였고, 여호야긴은 그 이후 여생을 바벨론에서 보내게 된다. 포로로 끌려간 사람들 가운데 상당수는 결국 운하 건설 프로젝트에 동원되어 힘든 강제 노역을 하게 되었다. 그 포로들 사이에는 선지자 에스겔도 포함되어 있었는데(겔 1:1-3), 그는 멀리서도 그 이후의 사건들을 추적했다(겔 33:21). 예루살렘은 아직 완전히 파괴되지 않은 상태였고, 그들이 포로로 끌려올 당시 성전도 여전히 서 있었던 것이다.

D. 마지막 왕 시드기야(36:11-21)

Supporting Idea 유다의 마지막 왕 시드기야는 그가 받아 마땅하고 이스라엘이 존재하는 동안 쌓아왔던 모든 징계를 받았다.

36:11-13. 애굽의 느고는 여호아하스를 폐위시킬 때, 그의 형 여호야김을 대신 왕위에 앉혔다. 이제는 느부갓네살이 여호야긴을 추방하면서 여호아하스와 여호야김의 또 다른 형제를 다음 왕으로 지명했다. 따라서 시드기야는 요시야의 아들 가운데 왕이 된 세 번째 인물이다.

시드기야는 그의 형제들과 조카만큼이나 형편없는 왕으로 판명되었다. 그는 우상 숭배를 지원했을 뿐만 아니라, 예레미야가 전하는 여호와의 말씀도 들으려 하지 않았다. 시드기야는 또 애굽과 동맹을 추구함으로써 바벨론의 지배로부터 벗어날 수 있다고 착각했다. 그 생각은 정치적으로 별 소용이 없을 뿐만 아니라, 다른 측면에서도 잘못된 것이었다. 무엇보다도 하나님은 당시 유다가 바벨론의 지배를 받아들이기를 원하셨고, 예레미야도 그 사실을 시드기야 왕에게 분명히 전했던 것이다(렘 38:17-18).

36:14. 시드기야의 서투른 판단은 그 자신과 함께 나라 전체를 추락시켰다. 상황은 시작부터 좋지 않았지만, 그가 스물한 살에 정권을 잡은 이래 11년이 지난 지금 유다 왕국은 점점 더 깊은 타락의 늪으로 빠져들고 있었던 것이다. 역대기 저자는 시드기야를 따랐던 사람들 가운데 제사장의 어른들이 있었고, 여호와의 전이 더럽혀졌다는 사실을 구체적으로 명기하고 있다.

36:15-16. 역대기 저자는 우리에게 당시 일어나고 있던 일들 가운데 어떤 것도 경고 없이 이루어지지 않았음을 상기시킨다. 왕이 잘못된 결정을 내릴 때마다 선지자가 나타나 하나님이 그의 행위에 대해 어떻게 생각하시는지 정확히 전달했던 것이다. 그러나 회개가 부족했다. 유다의 왕들은 하나님의 사자를 비웃고 그분의 말씀을 멸시했던 것이다. 결국 만회할 수 없는 지경에까지 이르렀다. 이스라엘이 하나님의 징계를 피하기에는 너무 늦은 것이다.

36:17-19. 결국 하나님의 진노가 드러나는 징후는 시드기야의 반항에 의해 촉발되었다. 느부갓네살이 쳐들어와 예루살렘을 철저히 파괴함으로써 이번에는 종전에 두 차례에 걸쳐 부분적으로만 하던 일을 완전히 끝냈다. 많은 사람들이 학살되었고, 그 가운

데 상당수가 성전의 성소에서 죽임을 당했다. 그들은 여호와께서 그분의 성전으로 피신해 우상들 사이에 모여 있는 자신들을 기적적으로 보호해주실 것이라고 생각했던 것일까? 느부갓네살은 어떤 보물이든 닥치는 대로 빼앗아갔고, 예루살렘 성벽을 허물었으며, 성전을 불태웠다.

36:20. 거의 모든 사람이 바벨론으로 끌려갔다. 예레미야는 우리에게 소수의 사람들이 포로 생활을 면했다고 말해주지만, 그들은 결국 더 큰 어려움을 자초하게 되었다(렘 44:15-23). 바벨론에서는 유대인들이 고국 땅을 그리워하며 노예로 살게 될 것이다(시 137:1 참고).

36:21. 한편 유다 땅은 안식년을 누림같이 안식하게 되었다. 하나님의 율법은 7년마다 한 번씩 안식년으로 지켜야 한다고 명시하고 있었다(레 25:1-22). 7년째 되는 해에는 이스라엘 백성들이 모든 농업 활동을 중단해야 했다. 그러나 이스라엘 백성들은 오랜 세월 안식년을 준수하지 않았기 때문에 그 70년의 포로 생활이 강제적인 안식년 시행이 되는 것이었다. 그 70년의 기간은 예레미야에 의해 이미 여러 차례 예언된 바 있었다(렘 25:9-12, 27:6-8, 29:10). 그 기간은 예루살렘의 최종 파괴에서부터가 아니라, 여호야긴이 재위하고 있을 때 일어난 2차 추방 조치에서부터 시작된다.

시드기야의 통치 기간은 비극적으로 끝이 났다. 예루살렘이 바벨론의 포위 아래 무너지기 일보 직전, 시드기야와 그 가족 그리고 왕실 측근들은 도망쳤지만, 곧바로 느부갓네살의 부하들이 그들을 붙잡았다. 시드기야는 바벨론 군사들이 그의 아들들을 처형하는 모습을 지켜봐야 했다. 그런 다음, 그 군사들은 시드기야 왕을 장님으로 만들어버렸다. 불행하게도 시드기야에게는 그의 아들들이 죽어가는 순간이 그가 죽을 때까지 머릿속에 지니게 될 최후의 이미지가 되었다. 그러고나서 그는 다른 포로들과 함께 바벨론으로 끌려갔다. 느부갓네살은 그 잔혹한 행위로 그의 분노를 삭혔고, 시드기야는 결국 바벨론에서 왕국 없는 왕으로 죽음을 맞이했다.

E. 고레스의 귀환 명령(36:22-23)

Supporting Idea	역대기는 희망의 암시로 끝맺는다. 포로 생활은 마침내 끝이 나고, 바사 왕 고레스의 칙령 덕분에 이스라엘은 다시 일어설 수 있게 된다.

36:22-23. 페르시아의 고레스 대왕은 적을 무찌르고 영토를 확보하는 데 아주 능한 위대한 정복자였다. 그러나 고레스 대왕이 그의 전임자들보다 더 뛰어났던 것은 제국을 어떻게 결속시켜야 하는지 잘 알고 있었다는 점이다. 고레스는 그의 속국들을 엄격한 정치 조직 속으로 흡수하는 한편, 그들이 자신들의 문화를 최대한 유지할 수 있도록 허용함으로써 자신의 제국을 융화시키려고 시도했다. 그는 모든 종교를 존중하고 각 집단이 자신들의 신을 섬길 수 있도록 정책을 시행했다. 요컨대, 그는 자신이 정복한 나라들의 충성심을 불러일으키는 방식으로 통치했던 것이다.

고레스는 자신이 하나님으로부터 새로운 성전을 건축하라는 지시를 받았다고 주장했다. 우리는 그 선언을 고레스가 실제로 성경의 하나님을 믿었음을 암시하는 것으로 해석해서는 안 된다. 그는 단순히 다른 모든 신들을 대하듯이 여호와를 대하고 있었던 것이다. 그가 마르둑(Marduk)으로부터 온다고 믿는 지시에 따라서 말이다. "내가 신성한 도시들에 재정착시킨 모든 신들이 날마다 벨(Bel)과 네보[Nebo(바벨론의 다른 두 신)]께 나의 장수를 기원하고, 그들이 또 그분(마르둑)께 나를 추천해주기를" (Pritchard, 208).

하나님의 백성의 관점에서 보면, 고레스라는 이교도의 생각이 하나님의 계획에 맞아떨어진 것이다. 여호와께서는 이미 예레미야를 통해 그 포로 생활이 70년간 지속될 것이라고 예언하셨다. 그 기간이 경과한 후에 고레스가 왕위를 물려받았고, 성전을 재건하라는 명령을 내림으로써 이스라엘 백성들이 고국으로 돌아갈 수 있도록 허용했던 것이다. 고레스가 그들을 집으로 돌려보내도록 동기를 부여한 것은 유대인들에 대한 관용이 아니라, 유대인들이 섬기는 하나님이 기분 좋게 되도록 조치하려는 그의 바람이었다.

그렇게 해서 그들은 돌아왔다. 석판(slate)이 공백 상태는 아니었지만, 그 위에 쓰여 있던 실수들은 지워졌고, 이스라엘은 다시 시작할 수 있었다. 그들은 다시 한 번 여호와의 주권 아래 공동체를 구축할 수 있는 기회를 갖게 되었다. 그것은 앞으로도 쉽지 않겠지만, 참고할 만한 과거의 이야기는 많이 있을 것이다. 이스라엘 백성들은 이제 그들의 유산과, 과거 세대들이 경험했던 성공과 실패에 대해 알아야 할 것이다.

그 긴 회복 과정이 진행되는 동안 활동했던 한 지도자가 바로 에스라였다. 그는 이스라엘 백성들에게 그들의 뿌리를 되찾는 것이 얼마나 소중한지, 그리고 하나님이 그들을 선택하셨으며, 그들이 유일하신 참 하나님을 섬길 수 있도록 그들에게 성전과 제사장직을 주셨다는 사실을 올바로 인식하는 것이 얼마나 중요한지 이해시키려고 노력했다. 에스라는 퍼뜩 그 모든 것을 책으로 정리해놓아야 한다는 생각이 들었다. 그는 많은 시간을 투자하여 이스라엘 백성들의 역사에 관해 찾을 수 있는 자료를 최대한 수집했다. 그런 다음, 그 모든 것을 역대기에 기록했다.

Main Idea 복습	비록 유다 왕국이 외국의 정복과 포로 생활로 응분의 징계를 받게 되었지만, 바사 왕 고레스가 유대인 포로들이 고국으로 돌아갈 수 있다고 선언했을 때, 하나님은 새로운 출발에 대한 희망을 제시해주셨다.

결론

기초 땜질하기

살다보면 낡아서 부서져가는 집에서 살게 되는 시점이 온다. 그때가 되면 땜질 작업은 더 이상 소용이 없다. 그 집을 보존하는 유일한 방법은 기초를 다시 세우는 것이다. 그 기초가 새로운 자재로 대체되는 동안, 그 집은 잭 설비로 떠받쳐야 할 필요가 있다.

이 유추를 적용하면, 이스라엘의 포로 생활로부터의 귀환은 교체가 필요한 벽에 일시적으로 땜질 작업을 한 것에 불과하며, 그들이 지니고 있는 문제의 끝을 의미하지는 않는 것이었다. 에스라가 역대기를 기록한 시점과 그리스도의 오심으로 성경 이야기가 다시 시작되는 시점 사이에는 대략 400년에 걸친 파란만장한 역사가 있었다. 하나님의 백성들이 그분에 대한 충성 면에서 쇠약해졌던 기간 이외에도 외부로부터 그들에게 가해지는 고통의 시간들이 계속되었다. 에스라의 노력은 어느 정도 성공을 거두었지만, 그것도 일시적이었다.

하나님은 처음부터 이스라엘의 문제가 더 큰 해결책, 즉 메시야의 오심을 필요로 한다는 사실을 알고 계셨다. 그리고 이스라엘은 온 인류에게 적용되는 한 나라의 축소판으로 우리를 대표한다. 우리 각자가 하나님에 의한 완전한 변화를 필요로 한다는 것이다.

그렇다면 포로 생활 70년 후의 회복은 단지 시간 낭비였단 말인가? 하나님이 훨씬 더 혁명적인 무언가를 하실 수밖에 없는 불가피한 필요를 단지 연기하는 데 그쳤던 것이 아닐까? 또 우리는 연기 자체도 가치 있을 수 있다는 사실을 지적하는 식으로 반응할지도 모른다. 그렇다. 여호와께서는 결국 그분 자신을 드러내는 이 단계를 끝내시고, 이방인과 유대인을 똑같이 대하실 것이다(엡 2:11-18). 그러나 하나님이 당장은 이스라엘이 하나의 민족적, 정치적 단위로 그분께 나아가도록 허락하실 것이다. 어쩌면 새로운 출발과 성전을 재건할 수 있는 기회, 우상 숭배에 빠지게 할 만한 모든 압력의 제거 등을 감안할 때, 그들이 여호와께 철저히 순종하게 될 수도 있었을 것이다. 그 기회의 성과가 지금 우리를 역대기의 기록으로 안내하지만, 우리는 에스라와 느헤미야, 말라기 등에서 그 결과가 계속해서 실망스러웠다는 사실을 보게 된다.

그럼에도 불구하고 고레스의 칙령은 하나님이 역사를 그냥 내버려두시지 않을 것이라는 진리를 나타냈다. 하나님은 이미 심판을 통해 그분의 주권을 보여주셨고, 다시 한 번 은혜를 통해서 그분의 주권을 드러내실 것이다. 여호와께서 다 끝났다고 선언하실 때까지는 그분의 역사가 끝난 것이 아니다. 그분의 역사는 이 세상이 끝날 때까지 끝나지 않을 것이다. 모든 것이 언제 끝날지는 느부갓네살이 아니라 하나님이 선포하실 것이다.

■ **진리 알기**

- 하나님은 은혜와 자비의 하나님이시지만, 심판도 내리실 것이다.
- 하나님의 징계를 받아들이지 않는 것은 그 징계를 초래한 죄만큼이나 악한 것이다.
- 우리가 징계를 받고 있을지라도 그것은 하나님이 구원이나 화목의 제의를 우리로부터 철회하셨다는 사실을 의미하지는 않는다.

■ **적용하기**

- 시편 119편 67, 71절을 읽어보라. 당신의 삶 속에 이 성경 구절들이 조명해주는 고난이 있

는가?

- 로마서 5장 3-5절을 여러 번역본으로 읽어보라. 우리가 올바른 영에 이끌린다면, 시련은 우리를 어떤 종류의 발전으로 이끌어줄 수 있는가?
- 시몬 베드로가 예수님을 세 번 부인한 직후 미래와 자신의 장래에 대한 그의 시각이 어떻게 바뀌었을지 상상해보라(눅 22:54-62). 달력을 50일 정도만 앞으로 돌려서 베드로가 예루살렘에서 거대한 군중을 모아놓고 연설하는 모습을 지켜보라(행 2:38-42). 그가 끝장난 것처럼 보이는가?
- 당신의 삶 속에 당신으로 하여금 이제 끝장났다고 결론내리게 하거나 사실상 당신을 하나님의 왕국에서 무능력하게 만든 실패가 있는가? 하나님이 70년의 포로 생활 후 유다에게 어떻게 하셨는지 다시 한 번 살펴보라. 예수님이 잡히신 다음날 아침 그리고 오순절날 아침의 시몬 베드로를 자세히 들여다보라. 그렇게 하는 당신에게 하나님이 어떤 기쁨을 주시는가?

삶의 적용

뜻밖의 기회

밥(Bob)은 젊은 시절 선교사가 되기를 원했지만, 주님께서 일부 사소한 건강 문제를 통해 그 문을 닫으셨다. 그의 소망은 아랍 세계로 건너가 회교도들 사이에서 주님을 섬기는 것이었다. 그러나 밥과 그의 아내는 그대신 미국에서 성공적인 목회 사역에 종사하기 시작했다. 밥은 지난 15년 동안 한 선교 위원회에서 일했다. 선교사를 모집하는 사람으로서 여전히 미국 본토에서만 사역했지만 말이다. 그러던 중 그 단체가 밥을 한 회교도 국가로 출장을 보내 현지의 여러 사역자들을 방문하도록 했다.

밥은 어떤 현지 그리스도인 집에서 하루 저녁을 지내는 동안 그 집 식구들과 함께 현지 신자들이 여러 차례 복음을 나누었던 한 특정 젊은이[그를 라만(Rahman)이라고 부르자]의 구원을 위해 기도하고 있었다. 바로 그 순간 라만이 들어왔고, 그와 밥은 긴 대화에 들어갔다. 하나님은 밥에게 딱 맞는 말들을 주셨다. 라만은 그날 밤 방어적인 자세를 모두 풀고 예수 그리스도를 그의 구세주로 받아들였다. 그날 저녁 이후 여러 해가 지난 지금, 라만은 믿음이 잘 자랐고 이제는 그 나라에서 다른 새로운 그리스도인들을 돕는 역할을 맡을 수 있게 되었다.

밥에게 있어 그 사건은 주체할 수 없는 기쁨이었다. 그는 목사로서 주님께 사용되어 다른 사람들을 여러 차례 구원으로 이끌었지만, 항상 이슬람 세계에서 복음 전도하는 것을 꿈꿔왔었다. 이제 하나님이 전혀 뜻밖의 방법으로 밥에게 그런 놀라운 경험을 허락하심으로써 그의 신실함을 인정해주셨다. 밥의 이야기는 하나님이 우리에게도 우리가 전혀 예상하지 못한 시점에 '뜻밖의' 축복을 베풀어주실지도 모른다는 사실을 상기시켜준다.

고레스가 유대인들을 고국으로 돌려보내 그들이 하나님을 위해 성전을 지을 수 있도록 허락할 것이라고 누가 생각이나 했겠는가? 그 이교도 왕이 하나님에 대한 숭배를 다시 시작하라고 장려하는 정도가 아니라 강력히 요구했다는 것이 어떻게 가능한 일인가? 유대인들이 고국으로 돌아가 성전을 재건하도록 하는 칙령을 촉발한 것은 고레스의 이교 신앙(그가 모든 신들을 행복하게 만들기를 마르둑이 원한다는 그의 믿음)이었다.

고레스의 칙령은 우리에게 탈출구가 보이지 않는 캄캄한 상황에서도 하나님이 종종 우리를 놀라게 하실지도 모른다는 사실을 기억하도록 격려한다.

기도

하나님 아버지, 우리가 당신 앞에서 죄인이라는 사실에는 의문의 여지가 없습니다. 우리의 징계가 유다 왕국에 대한 징계만큼 정당하다는 사실 또한 마찬가지입니다. 이스라엘 백성들이 포로 생활에서 돌아오도록 허락하셨듯이, 당신의 은혜가 우리로부터 결코 멀리 있지 않다는 사실에 감사드립니다. 아멘.

심층 연구

바벨론(36:6)

바벨론이 성경 역사에서 중요하다고 말하는 것은 절제된 표현이 될 것이다. 그러나 우리가 그 이름과 관련하여 생각하는 왕국은 실제로 아주 단명했다. 하나님이 하박국에게 선언하셨듯이, 그분은 바벨론을 징계의 대행자로 일으키셨지만, 그 다음에는 바벨론 역시 징계를 받게 될 것이었다(합 1:6, 2:8).

첫 번째 바빌로니아 왕국은 수메르(Sumeria)를 계승했고, 그 수메르는 주전 4000년 이후부터 메소포타미아 남부 지역에 꽃핀 지배적인 문명이었다. 수메르인들은 매우 수준 높은 문화를 가지고 있었고, 설형 문자를 창안했으며, 숫자 10이 아니라 60을 기반으로 한 수리 체계를 만들어냈고, 그들의 수리적 통찰력을 기하학과 천문학 분야의 많은 발견에 응용했다. 바빌로니아인들은 그들과 다른 배경을 가지고 있었음에도 불구하고 수메르 문화의 상당 부분을 채택하고 전파했다. 사실 오늘날 우리가 하루를 24시간으로 나누고, 1시간을 다시 60분으로 나누는 관례의 기원은 그 고대 기수법까지 거슬러 올라간다. 고대 바빌로니아에서 가장 널리 알려진 왕은 함무라비로, 그는 주전 18세기경에 유명한 법전을 제정했다.

그러나 함무라비의 왕국은 오래 지속되지 못했고, 약 천 년 동안 다양한 민족적 배경을 지닌 왕과 왕조들이 바빌로니아의 왕권을 주장했다. 아시리아 왕들은 그들의 제국을 일으켜 세울 때마다 바빌로니아의 주권자 행세까지 하려고 무던히 애썼다. 마침내 다시 독자적인 바빌로니아 왕국을 주장하고 나선 사람이 바로 느부갓네살의 아버지 나보폴라살이었다.

바빌로니아는 다른 고대 문화들과 많은 특징을 공유했다. 그들은 우상의 형태로 수많은 신들을 섬겼으며, 특정 신들은 어떤 장소나 사람에 대해 편안하게 느낀다고 믿었다. 생식과 다산에 집착했던 가나안 신들과는 달리 바빌로니아인들은 해와 달, 별 등과 같은 천체 현상에 관심을 기울이고 신으로 섬기는 수메르의 전통을 널리 퍼뜨렸다. 예를 들면, 아브라함의 출신지였던 우르의 거주민들은 달의 신을 열심히 섬겼다. 바빌로니아인들의 가장 위대한 신 마르둑은 원래 바벨론이라는 도시의 주신에 불과했지만, 바벨론의 영향력과 함께 마르둑의 위상도 점차 커져 마침내 모든 신들 가운데 가장 강력한 신으로 간주되기에 이르렀다.

교안

A. 들어가는 글

1. '되돌아온 비행기' 이야기로 시작하라.
2. 배경 설명: 요시야 왕은 훌륭하게 통치했지만, 애굽 왕 느고를 상대로 무모한 모험을 벌임으로 말미암아 스스로 통치 기간을 단축시키고 말았다. 그는 당시 세계 지배를 위해 겨루고 있던 세 왕국(앗수르, 바벨론, 애굽)의 회전하는 프로펠러 속으로 자신의 왕국을 밀어넣었던 것이다. 그의 아들들은 결국 그의 어리석은 행동의 대가를 거두게 될 뿐만 아니라, 하나님에 대한 변함없는 불순종으로 그들 자신의 문제까지 불러일으키게 될 것이다.
3. 적용: 캐시는 분명히 비행기가 공항으로 다시 돌아와 자신을 태울 것이라고 기대하지 않았지만, 그런 일이 일어났다. 마찬가지로 아무도 고레스가 권력을 잡자마자 유대인들을 석방할 것이라고 기대하지 않았겠지만, 그는 그렇게 했다. 때때로 하나님은 가장 놀라운 순간에 우리를 향해 그분의 손을 펼치신다.

B. 본문 이해

1. 재위 기간이 짧았던 왕, 여호아하스(36:1-3)
2. 사악한 왕 여호야김(36:4-8)

3. 재위 기간이 짧았던 왕 여호야긴(36:9-10)
4. 마지막 왕 시드기야(36:11-21)
5. 고레스의 귀환 명령(36:22-23)

C. 결론: '기초 땜질하기' 를 읽어주라.

토의 질문

1. 느부갓네살이 하나님의 징계 도구 역할을 했던 것이 그의 유일한 존재 이유였을까?

2. 유다 왕국이 외세에 복종해야 했다는 개념에 대해 생각해보라. 그것은 이스라엘 역사 초기에 하나님이 그분의 백성들에게 기대했던 것과 어떻게 다른가? 그들은 그것이 하나님의 뜻이라는 사실을 어떻게 확신할 수 있었을까?

3. 희망과 낙관의 차이는 무엇인가? 그 두 개념이 유대인들을 석방한 고레스의 칙령이라는 정황 속에 어떻게 적용되는가?

■ 용어 해설

1. **언약궤**(ark of the covenant) - 십계명이 새겨진 두 돌판을 담고 있는 상자로 성막과 성전의 지성소에 보관되어 있었다.
2. **아람**(Aram) - 메소포타미아 서부 지역에 위치해 있던 여러 왕국들의 집합체로 다메섹 왕국이 그 한 예라고 할 수 있다.
3. **바알**(Baal) - 가나안 종교 최고의 신으로 종종 인간을 제물로 바치는 제사와 관련되어 있었다.
4. **가나안 족속**(Canaanites) - 이스라엘의 정복 이전에 팔레스타인과 그 주변 지역에 살았던 거주민들로 성적으로 문란한 종교 관습으로 유명했다.
5. **에돔 족속**(Edomites) - 에서의 후손들로 세일 산과 같은 뜻으로 쓰였던 요단 강 동안의 사해 부근에 살았다.
6. **에브라임**(Ephraim) - (1) 요셉의 둘째 아들로 형보다 지배적인 지위를 차지했고, 그의 이름으로 불리는 지파의 조상이 되었다. (2) 북왕국을 주도적으로 이끌었던 지파로 그 이름이 종종 북왕국 이스라엘을 대표하는 데 사용된다.
7. **우상**(idol) - 보통 사람이나 동물의 모양을 띠는 물리적 물체로 신을 상징하거나 그 안에 신이 깃들어 있다고 간주된다.
8. **이스라엘**(Israel) - (1) 이삭의 아들 야곱의 언약의 이름. 그의 열두 아들은 열두 지파의 조상이 되었다. (2) 하나님의 모든 백성을 일컫는 이름으로 보통 히브리인들 혹은 유대인들과 같은 뜻으로 사용되었다. (3) 북왕국이 되었던 열 지파로 가끔 에브라임으로 불리기도 했다.
9. **유다**(Judah) - (1) 야곱의 아들로, 그의 이름으로 불리는 지파의 시조가 되었다. (2) 베냐민과 유다 지파로 구성되었던 남왕국으로, 그 수도는 예루살렘이었다.
10. **레위인**(Levite) - 지파의 유산에 의해 성전이나 성막과 관련하여 여호와를 섬기도록 지명된 레위 지파의 구성원으로, 좁게는 제사장으로서 봉사할 수 있었던 소규모 레위인 집단(아론의 후손들)만을 의미하기도 했다.
11. **일신론**(monotheism) - 성경의 가르침대로 오직 한 하나님만이 존재한다는 믿음.
12. **블레셋 족속**(Philistines) - 팔레스타인 남부 지역에 정착했던 사람들로(그 지역은 어

전히 그들의 이름으로 불리고 있다) 사울과 다윗의 숙적이었다. 그들은 철저히 예속되어 있다가 아하시야의 시대에 세력을 얻기도 했다.

13. **다신론**(polytheism) - 숭배되어야 할 많은 신들이 존재한다는 믿음.

14. **제사장**(priest) - 하나님과 사람 사이를 중재하는 의식을 행하는 일에 전문적으로 종사했던 사람으로 구약에서는 성전에서 희생 제사를 드리도록 허용되었던 아론의 자손을 의미한다.

15. **선지자**(prophet) - 하나님의 메시지를 사람들에게 직접 전했던 사람으로 때로는 장래 일어날 사건을 예언했지만, 보다 자주 심판의 메시지를 전달했다. '선견자' 나 '하나님의 사람' 이라는 용어로 바뀌어 사용되기도 했다.

16. **사마리아**(Samaria) - 북왕국 이스라엘의 수도로 아시리아인들에 의해 파괴되었다. 그후 아시리아가 그 지역에 강제 이주시켰던 이방인들이 '사마리아인' 으로 불리게 되었다.

17. **스바**(Sheba) - 아라비아 반도 남부 지역의 고대 왕국으로 솔로몬의 시대 동안 번창했으며, 그 여왕이 솔로몬을 방문한 바 있다.

18. **성막**(tabernacle) - 구약에서 성전이 건설되기 전까지 예배 장소로 지정되었던 천막.

19. **성전**(temple) - 예배 장소로 사용되었던 고정된 구조물. 구약에 의하면, 그 성전 건물이 일단 세워진 이후에는 하나님께 희생 제사를 드리는 유일한 합법적인 장소로 지정되었다.

■ 참고 도서

Sources for Bible Exposition

Archer, Gleason. *Encyclopedia of Bible Difficulties.* Grand Rapids, Mich.: Zondervan Publishing House, 1982.

________. *A Survey of Old Testament Introduction.* Chicago: Moody Press, 1964.

Beecher, Willis J. "Chronicles." In *The International Standard Bible Encyclopedia.* Vol. 1. James Orr, ed. Grand Rapids, Mich.: Eerdmans, 1956.

Bennett, W. H. *An Exposition of the Books of Chronicles.* Minneapolis, Minn.: reprint 1983 (orig. 1908).

Bimson, John J., ed. *Baker Encyclopedia of Bible Places.* Grand Rapids, Mich.: Baker Book House, 1995.

Braun, Roddy. *1 Chronicles.* Word Biblical Commentary. Vol. 14. Waco, Tex.: Word Books, 1986.

Browning, Daniel C., Jr. "Assyria, History and Religion of." In *Holman Bible Dictionary.* Trent C. Butler, ed. Nashville, Tenn.: Holman, 1991.

Butler, Trent C., ed. *Holman Bible Dictionary.* Nashville, Tenn.: Holman Bible Publishers, 1991.

Coggins, R. J. *The First and Second Books of the Chronicles.* New York: Cambridge University Press, 1976.

Corduan, Winfried. *Shepherd's Notes: 1, 2 Chronicles.* Nashville, Tenn.: Broadman & Holman, 1998.

Crockett, William Day. *A Harmony of the Books of Samuel, Kings, and Chronicles.* Grand Rapids, Mich.: Baker, 1956.

Curtis, Edward Lewis, and Albert Alonzo Madsen, *The Book of Chronicles.* International Critical Commentary. Vol. 10. New York: Scribner's, 1910.

Dillard, Raymond D. *2 Chronicles.* Word Biblical Commentary. Vol. 15. Waco, Tex.: Word Books, 1987.

Easton, Burton Scott. "Zoroastrianism." In *The International Standard Bible Encyclopedia.* Vol. 4. James Orr, ed. Grand Rapids, Mich.: Eerdmans, 1956.

Easton, M. G. *Easton's Bible Dictionary.* Oak Harbor, Wash.: Logos Research Systems, Inc., 1997.

Gwaltney, William C., Jr. "Assyrians." In *Peoples of the Old Testament World.* Alfred Hoerth, Gerald L. Mattingly, and Edwin Yamauchi, eds. Grand Rapids, Mich.: Baker, 1994.

Henry, Matthew, *Matthew Henry's Concise Commentary on the Bible*. Oak Harbor, Wash.: Logos Research Systems, Inc., 1997.

Hercus, John. *God Is God: Samson and Other Case Histories from the Book of Judges*. London: Hodder and Stoughton, 1971.

________. *More Pages from God's Case-Book*. Downers Grove, Ill.: InterVarsity Press, 1965.

________. *Out of the Miry Clay*. Downers Grove, Ill.: InterVarsity Press, 1967.

________. *Pages from God's Case-Book*. Downers Grove, Ill.: InterVarsity Press, 1963.

Hoerth, Alfred, Gerald L. Mattingly, and Edwin Yamauchi, eds. *Peoples of the Old Testament World*. Grand Rapids, Mich.: Baker, 1994.

Hoffmeier, James K. "Egyptians." In *Peoples of the Old Testament World*. Alfred Hoerth, Gerald L. Mattingly, and Edwin Yamauchi, eds. Grand Rapids, Mich.: Baker, 1994.

Hoglund, Kenneth G. "Edomites." In *Peoples of the Old Testament World*. Alfred Hoerth, Gerald L. Mattingly, and Edwin Yamauchi, eds. Grand Rapids, Mich.: Baker, 1994.

Hooker, Paul K. *First and Second Chronicles*. Louisville, Ky.: Westminster John Knox Press, 2001.

House, Paul R. *Old Testament Theology*. Downers Grove, Ill.: InterVarsity Press, 1998.

Howard, David M. "Philistines." In *Peoples of the Old Testament World*. Alfred Hoerth, Gerald L. Mattingly, and Edwin Yamauchi, eds. Grand Rapids, Mich.: Baker, 1994.

Hunt, Harry. "Wisdom and Wise Men." In *Holman Bible Dictionary*. Trent C. Butler, ed. Nashville, Tenn.: Holman, 1991.

Hurlbut, Jesse Lyman. *A Bible Atlas*. New York: Rand McNally, 1910.

Japhet, Sara. *I and II Chronicles*. Old Testament Library. Louisville, Ky.: Westminster John Knox, 1993.

Millar, James. "Music." In *The International Standard Bible Encyclopedia*. Vol. 3. James Orr, ed. Grand Rapids, Mich.: Eerdmans, 1956.

Myers, Jacob M. *1 Chronicles. 2 Chronicles*. Anchor Bible. Garden City, N.Y.: Doubleday, 1965.

Payne, J. Barton. *I and II Chronicles*. In The Wycliffe Bible Commentary. Charles F. Pfeiffer and Everett F. Harrison, eds. Chicago: Moody Press, 1962.

Pitard, Wayne T. "Arameans." In *Peoples of the Old Testament World*. Alfred Hoerth, Gerald L. Mattingly, and Edwin Yamauchi, eds. Grand Rapids, Mich.: Baker, 1994.

Pritchard, James B., ed. *The Ancient Near East: An Anthology of Texts and Pictures*. Princeton, N.J.: Princeton University Press, 1958.

Purkiser, W. T. *Exploring the Old Testament*. Kansas City: Beacon Hill Press, 1955.

Queen-Sutherland, Kandy. "Music, Instruments, Dancing." In *Holman Bible Dictionary*. Trent C. Butler, ed. Nashville, Tenn.: Holman Bible Publishers, 1991.

Selman, Martin. *1 Chronicles. 2 Chronicles*. Downers Grove, Ill.: InterVarsity Press, 1994.

Thiele, Edwin R. *Mysterious Numbers of the Hebrew Kings*. Chicago: University of Chicago Press, 1955.

Thompson, J. A. *1, 2 Chronicles*. The New American Commentary. Nashville, Tenn.: Broadman & Holman, 1994.

Tisdall, W. St. Clair. "Persian Religion." In *The International Standard Bible Encyclopedia*. Vol. 4. James Orr, ed. Grand Rapids, Mich.: Eerdmans, 1956.

Tobias, Hugh. "Hiram." In *Holman Bible Dictionary*. Trent C. Butler, ed. Nashville, Tenn.: Holman Bible Publishers, 1991.

Unger, Merrill F., ed. *Unger's Bible Dictionary*. Chicago: Moody Press, 1966.

Walton, John H., Victor H. Matthews, and Mark W. Chavalas. *The IVP Bible Background Commentary: The Old Testament*. Downers Grove, Ill.: InterVarsity Press, 2000.

Ward, William A. "Phoenicians." In *Peoples of the Old Testament World*. Alfred Hoerth, Gerald L. Mattingly, and Edwin Yamauchi, eds. Grand Rapids, Mich.: Baker, 1994.

Wilcock, Michael. *1 and 2 Chronicles*. In New Bible Commentary: 21st Century Edition. D. A. Carson, R. T. France, J. A. Motyer, and G. J. Wenham, eds. Downers Grove, Ill.: InterVarsity Press, 1994.

________. *The Message of Chronicles: One Church, One Faith, One Lord*. Downers Grove, Ill.: InterVarsity Press, 1987.

Wilson, Charles R. *First Chronicles. Second Chronicles*. In Wesleyan Bible Commentary. Vol. 2. Charles Carter, ed. Grand Rapids, Mich.: Eerdmans, 1967.

Yamauchi, Edwin. "Persians." In *Peoples of the Old Testament World*. Alfred Hoerth, Gerald L. Mattingly, and Edwin Yamauchi, eds. Grand Rapids, Mich.: Baker, 1994.

Sources for Enrichment and Illustrative Materials

Bainton, Roland H. *Here I Stand: A Life of Martin Luther.* Nashville, Tenn.: Abingdon Press, 1950.

Barth, Heinrich. *Travels and Discoveries in North and Central Africa: Being a Journal of an Expedition Undertaken Under the Auspices of H.R.M.'s Government in the Years 1849–1855.* London: Cass, reprinted 1965.

Bellamy, Patrick. "Carlos the Jackal: Trail of Terror" URL: http://www.geocities.com/kokalo69/carlos/carlos.html

Berkowitz, David. "Forgiven for Life!" Official Web page of David Berkowitz. URL: http://www.forgivenforlife.com/1a-testimony.html

Boyce, Mary. *Zoroastrians: Their Religious Beliefs and Practices.* London: Routledge & Kegan Paul, 1979.

Boyd, Malcolm. *Are You Running with Me, Jesus? Prayers.* New York: Holt, Rinehart, Winston, 1965.

Brand, Paul and Philip Yancey. *Pain: The Gift Nobody Wants.* Grand Rapids, Mich.: Zondervan, 1993.

Debo, Angie. *Geronimo: The Man, His Time, His Place.* Norman, Okla.: University of Oklahoma Press, 1976.

de Ramirez, Lori Langer. "Jataka Tales from India and Nepal." URL: http://www.columbia.edu/~ljl17/jatakas.html

Funderburk, Danny. "Biography." URL: http://www.dannyfunderburk.com/

Graham, Franklin, *Rebel with a Cause.* Nashville, Tenn.: Thomas Nelson, 1997.

Haley, Alex. *Roots: The Saga of an American Family.* New York: Dell, 1975.

Internet Movie Database. URL: http://www.imdb.com

Lewis, C. S. *The Last Battle.* In The Chronicles of Narnia. New York: Collier, 1956.

"Linen." *Webster's Interactive Encyclopedia.* Cambridge, Mass.: The Learning Company, 1996.

Linnemann, Eta. *Historical Criticism of the Bible: Methodology or Ideology.* Robert W. Yarbrough, trans. Grand Rapids, Mich.: Kregel, 2001.

Parada, Carlos. "Croesus: Between Myth and History." Greek Mythology Link. URL: http://homepage.mac.com/cparada/GML/Croesus.html

Preston, Douglas, and Lincoln Child. *The Ice Limit.* New York: Time Warner Books, 2000.

Ringenberg, William C. *Taylor University: The First 150 Years.* Grand Rapids, Mich.: Eerdmans, 1996.

Rousselow, Jessica L., and Alan H. Winquist, *God's Ordinary People: No Ordinary Heritage.* Upland, Ind.: Taylor University Press, 1996.

Rousselow-Winquist, Jessica L., and Alan H. Winquist. *Coach Odle's Full-Court Press*. Upland, Ind.: Taylor University Press, 2001.
Schweitzer, Albert. *Out of My Life and Thought: An Autobiography*. Baltimore, Md.: Johns Hopkins, 1998.
Suplee, Curt. *Everyday Science Explained*. Washington, D.C.: National Geographic Society, 1996.
Tuchman, Barbara W. *The March of Folly: From Troy to Vietnam*. New York: Ballantine Books, 1992.
Wilkinson, Bruce H. *The Prayer of Jabez: Breaking Through to the Blessed Life*. Sisters, Oreg.: Multnomah, 2000.
Wodehouse, P. G. *Quick Service*. New York: Doubleday, Doran & Co., 1940.

Main Idea로 푸는

역대상·하

1쇄 인쇄 | 2010년 12월 10일
1쇄 발행 | 2010년 12월 31일

책임 편집 | 맥스 앤더스(Max Anders)
지은이 | 윈프리드 코듀언(Winfried Corduan)
옮긴이 | 이중순
펴낸곳 | 주)도서출판 디모데 〈파이디온 선교회 출판 사역 기관〉

등록 | 2005년 6월 16일 제319-2005-24호
주소 | 서울 강남구 개포동 1164-21
전화 | 마케팅실 02) 574-2630
팩스 | 마케팅실 02) 574-2631
홈페이지 | www.timothybook.com

값 25,000원
ISBN 978-89-388-1497-5
Copyright © 주)도서출판 디모데 2010 〈Printed in Korea〉